제3판

사회복지실천론

THEORIES OF SOCIAL WELFARE PRACTICE

사회복지실천론 제3판

이경준 오봉욱 박선아 하태선 김상용 김경숙 공저

동문사

제3판 머리말

PREFACE

2014년 당시 가슴 아픔 이상의 사회적 충격과 우울을 이겨내고 사회복지실천론 초판이 탄생한 이후, 20018년 개정판은 정권교체나 새로운 경제위기 등 급변하는 시대 상황과 구조 속에서도 일관성 있고 체계적인 사회복지실천 지식 전달과 전문성 함양에 기여하겠다는 다짐으로 수행되었습니다. 우리 교재를 이용하고 계신 교수님들께서도 그 다짐에 격려와 충언을 보내주셨고, 저자들은 다시 그에 상응하고자 이전보다 더 내실 있는 사회복지실천 교재로 거듭나기 위해 2020년 세 번째 개정을 준비하게 되었습니다.

어쩌면 이번 3판도 엄청난 사회변화 속에서 진행되었다고 해도 과언이 아닙니다. 특히나 올해 초부터 급속도로 확산한 코로나19 사태와 그로 인한 팬데믹이 가져온 변화의 여파는 실로 개인과 사회를 넘어서는 초강력의 어떤 것임을 체감하고 있습니다. 사회복지실천현장도 예외는 아니어서 그간의 꾸준한 변화와 개선 모색에도 불구하고 사회복지 대상자들의 위기상황에 대한 예방과 대응, 복구와 회복을 위한 사회복지실천체계에도 적지 않은 결함과 공백이 드러나고 있음을 목격합니다. 이에 저자들의 새로운 노력이 더욱 요구되고 있음을 인식하고 재개정에 나서게 된 것입니다.

물론 현재 진행의 모든 현상을 다 담아낼 수는 없을 것입니다. 그럼에도 사회복지실천현장의 변화 추세와 새로운 관점의 수용과 전달, 실무연계 차원의 최신 지식정보 제공 등 우리 교재가 추구하는 본연의 역할을 다하기 위해 각론 하나씩을 차분하게 들여다보면서 체감도 있는 보완과 개선에 힘썼습니다. 또한 이번 개정은 한국사회복지교육협의회의 『사회복지학 교과목 지침서(2018.11)』에 의한 사회복지실천론 가이드라인을 참조하여 전체적 변화를 도모하였습니다. 그에 따른 주요 개정내용은 다음과 같습니다.

I부 사회복지실천의 토대 부분에는 1장 사회복지실천의 기본적 이해, 2장 사회복지실천현장의 이해(구, 사회복지실천 발달사), 3장 사회정의와 사회복지실천의 가치(구, 사회복지실천 가치와 윤리), 4장 사회복지사의 전문성과 성찰적 실천으로 구성하였습니다. 2장 사회복지실천현장의 이해 부분에서는 한국 사회복지실천의 발달과 동향 중 '사회복지실천현장의 성장 및 발전기' 부분을 추가하였고, 최근의 사회복지전달체계 및 서비스 변화를 반영하여 지역사회통합돌봄(커뮤니티케어), 통합사례관리 등에 관련한 최신 상황들을 기술하였습니다. 또한 사회복지실천현장에서의 도전과제를 포함하였으며, 「사회복지사업법」 개정에 따른 사회복지사 자격제도 요건 변화 내용을 추가하였습니다. 그리고 제3장에서는 '사회정의와 인권' 및 '옹호와 사회행동'을 추가하여 사회복지와 인권 및 권리옹호와 지원에 관련한 실천현장에서 알아야 할 것을 넣었습니다. 특히 이번 3판에서는 4장 사회복지사의 전문성과 성찰적 실천을 새롭게 추가하여 최근의 사회복지실천현장에서 더욱 강조되고 요구되는 사회복지사의 전문직으로서의 자기인식과 자기성찰의 중요성에 대해 기술하였습니다.

II부 사회복지실천의 접근방법 부분에는 5장 사회복지실천의 관점과 통합적 접근(구, 사회복지실천 기본원리와 통합적 접근방법), 6장 사회복지실천 대상체계와 접근 I, 7장 사회복지실천 대상체계와 접근 II, 8장 사회복지실천 관계와 의사소통(구, 관계론과 면접론 통합)으로 재구성하였습니다.

III부 사회복지실천의 과정 부분에는 9장 사회복지실천 과정론 I(접수, 자료수집), 10장 사회복지실천 과정론 II(사정), 11장 사회복지실천 과정론 III(계획수립, 계약, 개입), 12장 사회복지실천 과정론 IV(평가, 종결), 13장 사회복지실천 통합사례관리로 구성하였습니다. 특히 13장은 기존 사례관리와 희망복지지원단의 통합사례관리사업에 대해 이해할 수 있도록 추가하였습니다.

이와 같이 집필을 진행하다보니 예상했던 것 이상의 큰 변화가 이번 3판에 반영되었습니다. 이것으로 충분하다고 자부하지는 못하지만 내실을 다지기 위해 최선을 다했으며, 그래도 여전히 부족하다고 여겨지는 부분들은 사회복지실천현장의 변화와 요구를 반영한 개선 노력으로 앞으로도 꾸준하게 채워나갈 것입니다.

사회복지실천론 초판에서부터 저자들을 응원하고 고견을 전해주시는 동문사 신명선 부장님과 불철주야 개정에 힘써주신 편집부에 감사하며, 이번에도 전폭적인 지원으로 저자들의 사기를 높여주신 동문사 이중수 사장님께도 감사의 마음을 전합니다.

서로 다른 곳에 있어도 함께 같은 꿈을 꾸며
2020년 8월
저자 일동

개정판 머리말

PREFACE

2014년 초판 사회복지실천론을 출간하면서 저자들은 당시의 사회적 아픔과 사회구조적 문제점을 절실히 깨닫고 진정한 사회변화를 염원하였습니다. 그러면서 학교와 현장에서 전문가로서 활동을 이어가는 우리 스스로 미약한 힘이라도 그 변화에 기여하고자 하였습니다. 특히 앞으로 사회복지현장을 책임질 우리 학생들에게 좀 더 체계적이고 전문적인 학습이 가능한 사회복지실천 지식을 전하고자 노력하였습니다.

그렇게 출간 이후 3년이 흐르면서 사회적으로는 정권교체라는 커다란 변화가 있었고, 지속적인 변화의 물결이 진행되고 있습니다. 그러면서 우리 교재에 대해서도 적절한 개정의 요구가 나타나기 시작하였습니다. 실제로 우리 교재를 활용해주셨던 전국의 많은 교수님들로부터 본 교재의 장점과 개선점에 대한 소중한 조언들을 얻게 되면서 보다 절실히 개정의 필요성을 느끼게 되었습니다.

우선 장점으로는 본 교재가 사회복지실천론이 표방하는 기본 틀과 학습목표 및 내용점검 면에서 좋은 체계를 갖추었고, 내용적으로도 적절한 사례나 실전 서식 등을 포함하여 실용적이었다는 것입니다. 그러나 전체적으로 교재의 분량이 많다는 점, 내용적으로 서로 중복되는 부분들이 필요 이상으로 발견된다는 점, 사회복지실천론에서 굳이 깊게 다루지 않아도 될 내용들(예를 들어, '사회복지실천 개입모델')이나 만연체적 문장들, 오탈자 등에 대한 개선 요구들이 있었습니다.

이에 저자들은 교재의 전체 분량을 축소하면서도 가독성을 더욱 확보하고, 동시에 주차별 강의 분량에 적합한 방향에서 개정작업을 진행하였습니다. 이를 위해 각 집필분이 다시 한 번 내용을 돌아보고, 전체적인 윤문과정을 거쳐서 최종적으로 전체적인 목차

수정과 내용 조정이 크게 이루어졌습니다. 물론 일부에서는 여전히 각 장의 특성을 최대한 살리려다 보니 중복되는 내용들이 있음을 미리 밝힙니다.

개정판 사회복지실천론의 구성과 내용을 간략히 정리하면 다음과 같습니다.

제1장 사회복지실천의 기본적 이해는 사회복지실천의 개념과 정의, 목적과 목표를 바탕으로 이념과 철학을 설명하고, 실천현장과 사회복지사의 역할을 다루었습니다.

제2장 사회복지실천 발달사에서는 서구와 우리나라의 사회복지실천의 역사를 다루면서, 근대 사회복지실천의 흐름을 파악하고 향후의 방향성을 모색하는 데 관심을 두었습니다.

제3장 사회복지실천 가치와 윤리에서는 가치와 윤리에 대한 기본적인 이해를 도모하고, 이를 바탕으로 사회복지실천의 가치와 윤리성을 파악하고, 사회복지사 윤리강령의 이해를 목표로 하였습니다.

제4장 사회복지실천 기본원리와 통합적 접근방법에서는 실천과정에서 필요한 다양한 이론 및 관점, 모델들에 대한 기초적인 숙지와 접근방법상의 통합주의적 관점을 살펴보았습니다.

제5장과 제6장은 사회복지실천 대상체계와 접근 I, II로서 기본적 사회복지실천 개입의 대상이라 할 수 있는 개인, 가족, 집단, 지역사회에 대한 기본적인 이해와 실천적 접근을 위한 주요 개념과 접근모델 및 기법 등을 소개하였습니다.

제7장 사회복지실천 관계론은 사회복지실천에 있어서 관계의 정의와 관계형성의 중요성을 시작으로 관계형성의 원칙과 사회복지사의 윤리적인 책임감을 중심으로 구성하였습니다.

제8장 사회복지실천 면접론은 사회복지실천의 기본기술로서 면접에 대한 기본적인 이해 도모를 바탕으로 면접의 종류와 기술을 파악하고, 면접 시의 기록과 그 과정에 대한 기술 및 사회복지사의 책임감을 다루었습니다.

제9장부터 제12장까지는 사회복지실천 과정론(I, II, III, IV)으로 사회복지실천의 일반적 진행과정인 접수, 자료수집, 사정, 계획 수립, 계약, 개입, 평가 및 종결에 이르기까지 각 단계의 의미와 접근방법, 기초서식 사례, 사회복지실천가의 역할과 기능 등으로 구성하였습니다.

마지막 제13장 사회복지실천 사례관리는 사회복지실천에서 사례관리의 도입배경과 개념에 대한 이해, 사례관리의 특성과 목적, 개입 원칙, 실천과정 및 사례관리자의 역할을 이해하도록 기술하였습니다.

초판 발행 시 소망했던 '서로 다른 자리에 있어도 함께 같은 꿈을 꿀 수 있도록' 강의와 실천현장에서 앞으로도 더욱 노력하겠습니다. 여기에 더해서 '서로에게 모두 이로움을 줄 수 있기를' 고대하며, 교재의 내실화에 조언해 주신 모든 분들에게 감사드립니다.

저자들의 게으름을 살피며 각지의 고견을 모아 전달해주신 동문사 유성민 부장님과 편집부의 노고에 감사드리며, 이번에도 출판을 허락하시고 힘을 주신 동문사 이중수 사장님께 재차 감사드립니다.

각지에 있어도 함께 같은 꿈을 꾸며

2018년 3월

저자 일동

초판 머리말

PREFACE

2014년은 우리의 기억 속에 많은 사건사고를 남기는 한 해가 되었습니다. 특히 세월호 참사는 우리 시대의 씻을 수 없는 상처와 오명으로 남을 것입니다. 그로 인한 전 사회적인 충격과 여파 또한 언제, 어떻게, 어떠한 사회적 변화를 또다시 가져올지 장담할 수 없습니다. 희생자 및 유가족에 대해선 말할 필요도 없고, 동시대민들이 겪고 있는 거대한 공황과 깊은 우울, 사회적 정의와 지지체계 전반에 대한 커다란 절망과 회의와 불신은 또 어떻습니까.

학교와 현장에서 각종 사회복지를 논하고 교육하는 우리의 본분에서 이러한 시대적 상황의 책임 일면을 절감합니다. 학생들에게 소통과 신뢰, 진실과 사회정의를 말하며, 인간의 다양한 삶의 문제와 해결을 원조하기 위한 지식, 가치, 기술을 강조해온 우리가 과연 얼마나 본분에 충실하였는지 돌아보게 됩니다. 사회적 안전망의 붕괴, 사회정의를 유린당한 이 시대에 과연 우리 사회복지사들이 지향해야 할 바가 무엇인지, 궁극적으로 모두를 보듬고 안정시키고 다시 일으켜 세울 희망적인 방법은 무엇인지에 대해서 고민하게 됩니다.

사회복지실천은 이러한 사회적 현실 속에서 사회복지가 지향하는 이상과 그 실현 사이의 개입전략이라 할 수 있습니다. 교과목으로서의 사회복지실천론이란 그에 상응한 논리적 학습과 이해를 목적으로 하며, 사회복지실천 전문가로서 거듭나기 위한 기초적인 인성을 습득하는 과정입니다. 이제는 지금까지의 사회복지에 대한 열정 하나만으로는 부족합니다. 그것이 사회복지실천의 동기부여였다면, 이제는 그와 함께 체계적인 지식과 가치 그리고 기술에 대한 접근으로 더욱 성숙해야 합니다. 그렇다고 사회복지실천론에서 다루는 내용들이 완전히 낯설거나 새로운 내용들만은 아닐 것입니다. 어쩌면 우리의 일상생활 속 타인들 혹은 사회체계들 간의 다양한 관계를 통해 알게 모르게 존재해오는 생활 전반의 것들일 수 있습니다.

따라서 이 책은 학생들로 하여금 사회복지실천에 관한 명쾌하고 용이한 이해를 도모하고자 노력하였습니다. 특히 지나치게 난해한 이론기술이나 불충분한 사례기술의 아쉬움을 없애기 위해 이론적 관점에 대한 기술을 가급적 학생중심, 핵심중심, 이해중심으로 간략히 정리하고, 곳곳에 사례접목 기술 및 실전서식들을 배치하였습니다. 또한 그에 앞서 각 장의 첫 장에는 학습개요와 학습목표를 설정하고 핵심어를 제시하여 해당 학습의 방향을 제시하였습니다. 그리고 각 장의 마지막에는 '생각해 보기'란을 두어 해당 학습내용에 대한 정리 및 점검의 시간을 갖도록 유도하였습니다.

이 책은 한국사회복지교육협의회의 사회복지실천 교과목 목표를 기초로 목차 구성 및 내용적 틀을 구성함으로써 객관성과 체계성을 갖추고자 하였습니다. 그에 따라 이 책은 다음과 같은 총 13개의 장으로 이루어졌습니다.

제1장 사회복지실천의 기본적 이해는 사회복지실천의 정의를 비롯해서 목표, 이념, 사회복지실천현장 등에 관한 기초적 이해 도모를 목표로 구성되었으며, 제2장 사회복지실천 발달사는 근대 사회복지실천의 흐름을 파악하는 데 기여하고자 사회복지실천접근 모태로서의 자선조직협회와 인보관운동을 시작으로, 개별-집단-지역사회 대상의 방법론 개관, 환경 속의 인간 등의 핵심개념 및 우리나라 사회복지실천의 발달의 주요 흐름을 기술하였으며,

제3장 사회복지실천 가치와 윤리는 사회복지실천의 기본적인 가치와 의미, 갈등과 윤리적 딜레마 등에 관한 이해 도모, 사회복지사로서의 윤리적 태도와 윤리강령의 이해 등을 목표로 하였다.

제4장 사회복지실천 기본원리와 통합적 접근방법은 실천과정에서 필요한 다양한 이론 및 관점, 모델들에 대한 기초적인 숙지와 접근방법 상의 통합주의적 관점의 기반들을 살펴보는 것을 목표로, 제5장과 6장 사회복지실천 대상체계와 접근에서는 기본적인 사회복지실천의 대상, 즉 개인, 가족, 집단 및 지역사회와 그에 따른 실천적 접근에 관한 기초적 논의를 위해 주요 개념과 접근모델 및 기법 소개로 구성하였다.

제7장 사회복지실천 관계론은 사회복지실천에 있어서 관계의 정의와 관계형성의 중요성을 시작으로 관계형성 원칙의 종류와 특징, 장애요인 등으로 구성하였다.

제8장 사회복지실천 면접론은 사회복지실천의 기본적 기술로서의 면접에 대한 기본적 이해를 도모하고 면접의 종류와 기술을 살펴보며, 면접 시의 기록과 그 과정 등에 대한 기술을 바탕으로 구성되었다.

제9장부터 제12장 사회복지실천 과정론(I, II, III, IV)은 접수, 자료수집, 사정, 계획 수립, 계약, 개입 및 종결단계에 대한 각 의미와 접근방법, 기초서식 사례, 사회복지실천가의 역할과 기능 등으로 구성되었다.

제13장 사회복지실천 사례관리는 사회복지실천에서 사례관리의 도입 배경과 개념 이해, 사례관리의 특성과 목적, 개입 원칙, 사례관리의 과정 파악 등을 목표로 구성하였다.

이 책을 집필하면서 우리의 사회복지실천을 위한 하나의 열망, 그 열망을 실천하기 위한 한 가지 방법으로 드디어 이 책을 발간하게 되었습니다. 좀 더 진실하고 발전적인 모습으로 학생들에게 다가서고자 했던 한 가지 소망도 이루게 되었습니다. 늘 그런 것처럼 돌아보면 여전히 부족하고 아쉬운 부분들이 자꾸만 나타납니다만, 이것은 앞으로도 지속될 우리의 과제라 생각하고 겸손하게 계속 고민하도록 하겠습니다.

우리 모두 각자의 자리에서 최선을 다해 준비해나가면서 사회복지실천의 지향점을 향해 함께 꿈꾸며 나아가길 진심으로 기대합니다.

이 책이 발간되기까지 수고를 아끼지 않고 지원해주신 동문사 관계자들께도 깊이 감사드립니다.

세월호 희생자들의 安寧을 기원하며

2014년 8월

저자 일동

차 례

CONTENTS

Part 01

사회복지실천의 토대

01 사회복지실천의 기본적 이해
02 사회복지실천현장의 이해
03 사회정의와 사회복지실천의 가치
04 사회복지사의 전문성과 성찰적 실천

Chapter 01

사회복지실천의 기본적 이해

사회복지실천이란 클라이언트의 욕구 충족 및 클라이언트의 삶의 질 향상을 위해 체계적이고 전문적인 사회복지사의 활동을 말한다. 사회복지실천에 관한 기본적 이해는 사회복지사가 사회복지실천현장에서 업무를 수행할 때 가장 중요한 기본 틀을 제공한다고 볼 수 있다.

따라서 이 장에서는 사회복지실천의 개념을 파악하기 위해 서구 사회복지의 역사 속에서 사회복지실천이 무엇인가에 관해 지속적인 논의 과정을 살펴보고, 앞으로 사회복지실천이 추구해야할 방향을 정립하고자 한다. 또한 사회복지실천의 철학적 기반이 되었던 이념들을 살펴봄으로써 사회복지실천의 사상적 토대를 검토해보고자 한다. 세부적인 사회복지실천현장을 이해함으로써 사회복지실천의 실제 활동을 살펴보고, 다양한 사회복지사로서의 역할을 파악해보고자 한다.

학습목표

1 사회복지실천의 정의, 목적과 목표에 관한 이해, 이념 등에 관한 고찰을 통해 사회복지실천에 대한 전반적인 이해를 도모할 수 있다.

2 다양한 사회복지현장을 파악하고 전문가로서의 사회복지사의 역할을 이해할 수 있다.

주제어

사회복지실천의 정의, 목표, 이념, 사회복지실천현장

01 사회복지실천의 개념 및 정의

사회복지실천(social work practice)의 용어를 살펴보면 '사회복지'와 '실천'이 합쳐져서 만들어진 단어이다. 실천(practice)의 사전적 의미는 행위, 실행, 실제 등의 개념이 포함되어 있다. 따라서 사회복지실천을 풀어 설명하면 '사회복지의 실행' 또는 '사회복지를 위한 실제 활동'이라 말할 수 있다. 그렇다면 사회복지의 개념을 사회구성원 모두의 복지상태(well-being)를 위한 사회의 총체적 노력이라고 했을 때, 여기서 말하는 총체적 노력에는 국가, 사회의 접근을 포함하게 된다. 다시 말해 사회복지의 의미에는 직접적인 실천방법과 정책적·제도적·행정적 영역인 간접적 접근영역까지 포함하고 있어서, 사회복지실천의 범위가 너무 광범위해질 수 있다.

사회복지실천을 영어로는 'social work practice'로 쓰고 있다. social welfare(사회복지)가 아닌 social work(사회사업)으로 사용하고 있는 것은 우리나라에서 사회사업과 사회복지의 개념이 상이함에도 불구하고 혼용되어 사용하는 이유이기도 하지만, 사회복지실천이 추구하는 방향이 사회복지정책, 사회복지행정과 같은 거시적인 측면보다는 사회복지사가 사회복지서비스 대상자를 직접 만나서 실천하는 직접서비스 측면을 강조하고 있다고 볼 수 있다. 용어상에는 사회복지실천이라고 하지만 내용상에서는 직접서비스 중심의 사회사업실천을 말하고 있음을 알 수 있다. 역사적으로 검토해보면 사회복지실천은 사회사업(social work), 사회복지서비스(social welfare service), 임상사회사업(clinical social work) 등의 용어와 유사한 의미를 가지고 있다고 볼 수 있다.

사회복지현장의 실천방법은 전통적인 3대 방법론인 개별사회사업, 집단사회사업, 지역사회조직 방법으로 발달되어 왔다. 1970년대 이후부터 이 세 가지 방법론이 실천 현장에서 개별적인 하나의 방법으로 실천이 이루어지기보다는 세 가지 방법들이 서로 복합적으로 이루어지는 현실 인식에 따라 세 가지 방법론의 통합화를 위한 노력이 나타났다. 2003년 사회복지사 국가시험제도가 도입되면서 필수과목으로 기존의 3대 전통방법론 과목 대신 '사회복지실천론'과 '사회복지실천기술론'이라는 과목이 등장하게 되었다. 개별사회사업, 집단사회사업, 지역사회조직 중 지역사회조직은 별도로 '지역사회복지론'이라는 과목으로 분리하였으며, 사회복지실천론과 사회복지실천기술론에는 개별사회사업, 집단사회사업, 가족관련 사회사업 내용을 통합하여 포함시키게 되었다. 구체적으로 살펴보면 사회복지실천론은 사회복지실천의 기본 개념 및 가치와 윤리, 사회복지실천현장과 사회복지사의 역할, 사회복지실천 과정, 클라이언트와의 관계형성 및 기본적인 면접기술 등의 내용으로 구성되며, 사회복지실천기술론은 개인 대상, 집단 대상, 가족 대상 사회복지실천에 필요한 기본 지식과 구체적 기술을 다루도록 구성하였다.

사회복지실천은 복잡하고 다양한 활동이여서 간략하게 정의하기가 어렵다. 그럼에도 불구하고 학자별로 사회복지실천에 관한 정의를 살펴보면서 사회복지실천 개념의 변화과정을 알아보고자 한다. 리치몬드(Richmond, 1922)는 사회복지실천을 "개인 대 개인 및 인간과 사회 환경 간에 의식적인 조정을 통해 개개인의 인격을 발달시키는 과정"이라고 정의하였다(Richmond, 1922: 98). 리치몬드는 사회복지실천은 개인의 욕구충족과 인격 발달을 목적으로 하는 미시적이고 치료적인 과정임을 강조하였다. 개인의 욕구와 인격 발달을 벗어나 지역사회의 자원이 강조되면서 사회복지실천의 좀 더 포괄적인 정의가 보엠에 의해 나오게 되었다. 보엠(Boehem, 1958)은 "사회복지는 개인 또는 집단 내에서 그의 사회적 기능을 강화시켜 주기 위한 방법이다. 사회적 기능의 강화는 인간과 환경과의 상호작용으로 이루어지는 상호관계에 중점을 두는 활동으로서 개인의 능력을 회복시켜주는 활동, 개인과 사회자원을 보충시켜 주는 일, 개인의 역기능을 예방하는 기능이다"라고 정의하였다(Boehem, 1958; 이종복 외, 2011 재인용). 보엠은 지역사회자원을 강조하면서 인간과 환경 사이의 상호작용을 구성하고 있는 사회적 관계형성에 초점을 두었다.

1953년 전미 사회복지사협회(National Association of Social Workers)는 사회복지실천에 관한 공식적인 정의를 내렸다. 사회복지실천은 "인간과 사회 환경의 불균형, 부조화로 인해 나타나는 개인이나 집단의 문제를 해결하거나 최소화하는 일이며, 인간과 환경과의 상호작용에서 발생할 수 있는 잠재적 문제를 확인하여 사전에 불균형상태를 예방하고, 개인, 집단, 지역사회의 잠재력을 찾아 강화시키는 것을 목적으로 해야 한다"고 정의내렸다(NASW, 1958: 5-6; 이종복 외, 2011 재인용).

펄맨(Perlman, 1957)은 사회복지실천을 "문제를 갖고 있는 사람이 전문가의 도움이 제공되는 장소로 나와 주어진 과정에 의하여 도움을 받는 것(A person with a problem comes to a place where a professional representative help him by a given process)"이라고 규정하였다(양옥경 외, 2010). 펄맨은 사회복지실천의 구성요소를 이른바 4P, 즉 문제(problem), 사람(person), 장소(place), 과정(process)으로 규정하였다.

핀커스와 미나한(Pincus & Minahan, 1973)은 사회복지실천을 "사람과 자원체계 간의 연결과 상호관계"라고 정의하였다. 1973년 전미 사회복지사협회는 사회복지실천은 "개인, 집단 또는 지역사회가 사회적 기능(social functioning)을 향상시킬 수 있는 자신들의 능력을 회복하거나 증진시키고, 자신들의 목표달성을 위한 사회조건을 창조하도록 돕는 전문적 활동"이라고 정의하였다(NASW, 1974: 4-5; 양옥경 외, 2010 재인용). 여기서는 개인, 집단, 지역사회의 사회기능 향상 및 회복을 돕는 역할을 강조하면서 1958년 정의와 비교하여 사회복지실천의 전문직을 강조하였다.

돌고프(Dolgoff, 1994)는 사회복지실천은 “인간복지(human well-being)의 향상, 빈곤과 억압의 경감, 그리고 최상의 삶의 질 향상을 위해 업무를 수행하는 전문직”이라고 규정하였다(Dolgoff 외, 1997: 318; 양옥경 외, 2010 재인용). 여기서는 사회복지실천은 삶의 질 향상이 주된 목적이어야 함을 강조하였으며, 사회복지실천의 전문성을 강조하였다. 1994년 미국사회복지교육협의회는 사회복지실천을 개인, 가족, 집단, 조직, 지역사회를 대상으로 자원 활용을 할 수 있도록 돕고, 사회기능을 촉진, 회복, 유지, 향상시키는 것이라고 정의하였다. 또한 인간이 가지고 있는 잠재력 및 가능성 개발을 도와주는 임파워먼트를 실현하고, 이를 위해 필요한 사회정책, 서비스, 자원, 프로그램을 시행하는 것이라고 하였다.

이상에서 살펴본 사회복지실천의 정의들에 함축된 내용은 다음과 같다. 첫째, 사회복지실천은 인간의 문제와 욕구에 관심을 가진다. 둘째, 개인의 잠재능력 향상과 생활과업 수행을 중요하게 여긴다. 셋째, 개인의 사회적 기능 향상과 개인과 환경과의 상호작용을 중요하게 여긴다. 넷째, 개인, 가족, 집단, 지역사회가 서비스 단위가 된다. 다섯째, 원조활동에는 전문적인 지식과 이론이 바탕이 된다.

이러한 내용을 종합해 볼 때, 사회복지실천은 개인, 가족, 집단, 지역사회를 대상으로 그들의 사회적 기능 향상과 환경과의 보다 나은 상호작용을 할 수 있도록 도와주는 전문적인 활동이라고 정의할 수 있다.

02 사회복지실천의 목적과 목표

1) 사회복지실천의 목적

사회복지실천의 목적은 사회복지실천이 정립되기 시작하면서 계속적으로 변화되어 왔다. 사회복지실천의 목적을 구체화하기 시작한 것은 1929년 미국의 밀포드 회의에서 시작되어 사회복지사협회와 사회복지교육협의회를 통해 발전되어 왔다. 사회복지실천의 목적은 한마디로 "인간의 삶의 질의 향상을 위해 개인과 사회환경과의 상호작용을 촉진 또는 회복시키는 것이다"라고 정의할 수 있다. '인간의 삶의 질 향상'이라는 목적은 시대나 사회가 변해도 달라지지 않는 궁극적 목적이라고 할 수 있다. 하지만 세부적인 목적은 사회나 문화, 시대적 분위기와 기대 등이 반영되어 달라질 수 있다. 따라서 보다 구체적인 사회복지실천의 목적을 파악하기 위해 역사적인 사회복지실천 목적의 변화과정을 살펴보고자 한다.

먼저 1958년 미국 사회복지사협회는 공식적으로 사회복지실천의 목적을 다음과 같이 요약하였다(양옥경 외, 2010). 첫째, 개인이나 집단과 환경 사이의 불균형에서 발생하는 문제를 발견하고, 해결 또는 축소하도록 돕는다. 둘째, 개인이나 집단과 환경 사이의 불균형을 예방하기 위해 잠재영역을 밝혀낸다. 셋째, 치료 및 예방의 목적을 위해 개인, 집단, 지역사회에서 최대한의 잠재성을 찾아내 강화한다. 여기서는 인간과 환경 사이의 균형에 초점을 맞추어 개인, 집단, 지역사회 모두를 대상으로 하여 최대한의 잠재영역을 발굴하도록 돕는 역할을 강조하고 있다. 그러나 여기서 말하는 목적이 지나치게 간결하고 불분명한 부분이 많아 추후 보완이 필요하게 되었다. 그래서 1977년 전미사회복지사협회에서는 사회복지실천의 목적은 "모든 개개인의 삶의 질을 향상시키기 위하여 개인과 사회 환경 간의 상호 유익한 관계를 증진시키거나 회복시키는 것이다"라고 정의하였다. 여기서는 개인과 사회 환경 간의 관계증진 및 복귀를 위해 개입을 하는 것을 강조하였다.

핀커스와 미나한(1973)은 개인적으로 사회복지실천의 목적을 말하였다. 첫째, 개인의 문제해결 및 대처능력 향상, 둘째, 개인을 사회자원과 서비스 및 기회를 제공해주는 체계와 연결, 셋째, 이 체계들을 효과적이고 인도적으로 운영하도록 장려 및 촉진, 넷째, 사회정책의 개발 및 발전에 이바지하는 것이라고 주장하였다(Pincus & Minahan, 1973: 9; 양옥경 외, 2010 재인용). 여기서는 클라이언트를 문제해결의 주체로 보았으며, 체계라는 개념을 사용하여 자원, 기회, 서비스 개념을 소개하고 사회복지정책을 언급하여 사회복지실천과 정책과의 접목을 제시하였다. 즉, 사회복지실천을 개인의 심리적인 변화에 초점을 맞춘 미시적인 수준에서 지역사회와 주변 자원, 개인과 이를 둘러싼 전체적인 체계를 보게 하는 거시적 개입으로 확장시킨 것이다.

1994년 미국 사회복지교육협의회는 다음과 같이 사회복지실천의 목적을 네 가지로 정의하였다(CSWE, 1994: 97). 첫째, 개인, 가족, 집단, 조직 그리고 지역사회가 목적을 달성하고 고통을 완화시키며 자원을 활용할 수 있도록 도움으로써 이들의 사회기능을 촉진, 회복, 유지, 향상시키는 것이다. 둘째, 인간의 기본욕구를 충족시키고 인간이 갖고 있는 잠재력 및 가능성 개발을 돕기 위해 필요한 사회정책, 서비스, 자원, 프로그램을 계획, 공식화, 시행하는 것이다. 셋째, 곤궁에 처한 집단에게 힘을 실어 주고(empower), 사회적·경제적 정의를 실현하기 위해 조직, 행정적 옹호와 사회정치적 운동을 통해 정책, 서비스, 자원, 프로그램을 추구하는 것이다.

넷째, 이러한 목적과 관련된 모든 전문적 지식과 기술을 개발하고 활용하는 것이다. 이 정의의 특징은 사회복지실천의 목적에 사회적 약자에게 권한을 부여해주는 임파워먼트(empowerment)의 개념을 추가하여 사회정의를 위해 적극적인 접근까지 사회복지실천의 범위를 포괄적으로 정의한 것이다.

2) 사회복지실천의 목표

사회복지실천의 목표는 사회복지실천의 목적을 달성하기 위한 세부적인 실행 목표를 말한다. 1973년 시카고 회의에서 합의한 사회복지 실천 목적을 바탕으로 사회복지실천의 목표를 여섯 가지로 살펴보고자 한다(엄명용 외, 2011).

첫째, 개인으로 하여금 자신의 역량을 확대하고 자신의 문제해결능력 및 대처능력을 증진할 수 있도록 돕는다. 이를 위한 구체적인 일은 다음과 같다.

- 클라이언트 스스로 자신의 문제 상황에 대한 새로운 시각과 관점을 제시하는 일
- 자신의 장점과 강점을 스스로 깨달을 수 있도록 돕는 일
- 주변의 자원 또는 잠재적 대처자원을 동원할 수 있는 방법을 제시하는 일
- 문제해결전략 및 절차를 교육시키는 일
- 대인관계기술을 개발하도록 돕는 일 등

둘째, 각종 자원을 확보할 수 있도록 돕는다. 인간다운 삶을 유지하기 위한 자원은 다음과 같다.

- 주거, 음식, 최소한의 생활필수품 등의 유형의 서비스
- 의료서비스, 정신의료 상담서비스, 보호서비스, 법률서비스 등의 무형의 서비스

이를 위해 사회복지사는 유무형의 서비스를 직접 제공하거나 각 서비스 제공 기관들에게 클라이언트를 소개하고 연결하는 중개자의 역할과 사례관리자의 역할을 담당한다.

셋째, 개인과 개인 주변 환경에 속한 사람들 사이의 상호작용을 촉진한다. 모든 인간은 주변 사람들과의 원만한 상호관계를 유지하지 못할 때 갈등과 분쟁이 초래될 수 있다. 따라서 가족 간의 상호교류, 시설 거주 대상자와 운영진 사이의 상호대화를 촉진하기 위해 의사소통 경로를 구축하고, 그들 간의 조정을 순조롭게 이루어지게 하는 활동을 의미한다.

넷째, 사람들의 욕구에 반응하는 조직이 될 수 있도록 감시한다. 서비스 제공기관이 클라이언트의 존엄성을 존중하면서 적절한 절차와 기준에 따라 서비스를 제공하는지를 살피는 활동을 말한다. 기관에서 클라이언트에 대한 비인간적인 대우와 인권침해가 있는지를 감시하고 사회복지윤리강령을 위반하고 있는지를 감시하여야 한다.

다섯째, 조직과 조직, 기관과 기관 사이의 상호작용에 영향력을 행사한다. 클라이언트의 복지를 위해 여러 기관과 조직들 사이에 긴밀하고 원만한 협조가 이루어져야 한다. 복합적인 욕구를 가지고 있는 클라이언트들의 욕구 충족을 위해 공식적, 비공식적 기관들과의 조정 및 중재활동이 긴밀하게 이루어져야 한다.

여섯째, 사회·환경의 정책에 영향력을 행사한다. 클라이언트의 복지 향상은 반드시 제도적·정책적인 영향을 받게 되어 있다. 사회복지실천에서는 클라이언트와 주로 직접적인 접촉을 위주로 활동이 이루어지지만, 클라이언트의 환경 개선을 위해 정책형성 및 법 제정을 위한 활동도 함께 병행되어야 하다.

03 사회복지실천의 이념 및 철학

사회복지실천의 이념은 매우 다양하고 시대에 따라 당시의 이념과 철학의 영향을 받기도 했다. 이 장에서는 사회복지실천에 가장 영향을 미친 이념 및 철학에 관해 살펴보고자 한다(양옥경 외, 2010).

1) 인도주의(Humanitarianism)

모든 인간은 인간이라는 점에서 존중받아야 하고 동등하다는 인도주의와 인간은 인종, 종교, 습관, 국적 등을 초월하여 존중하고, 평등하다는 박애주의(philanthropy)가 초기 사회복지실천의 이념에 영향을 주었다. 이러한 인도주의, 박애주의 사상은 서구 기독교 사상으로 발전하였으며, '네 이웃을 네 몸과 같이 사랑하라'는 예수의 말씀에 따라 교회와 수도원을 중심으로 빈민들과 장애인들을 오랫동안 돌보게 되었다. 자선조직협회의 우애방문자들은 이러한 기독교 사상을 실천하기 위해 중산층 이상의 주부들이 모여 빈민들을 대상으로 인도주의적 원조활동을 시작하였다.

이러한 인도주의적 구호활동이 사회적 약자와 빈곤자를 향한 이타적 봉사정신으로 계승되어 사회복지실천의 기본사상으로 발전하였다.

2) 사회진화론(Social Darwinism)

18세기 하버트 스펜서는 다윈의 생물진화론과 마찬가지로 사회도 단순한 상태에서 진화하여 더욱 복잡한 형태로 진화한다고 보았다. 자연계는 적자생존의 원리에 의해 환경에 잘 적응하는 생물이나 집단만이 살아남고, 열등한 계층은 자연 소멸되는 것처럼, 사회에서도 부자와 같은 우월한 계층은 살아남지만 빈곤한 계층과 같은 사회부적합계층은 자연스럽게 소멸된다고 주장하였다. 즉, 사회적합계층(best fit)을 위해 사회부적합계층(unfit)은 사회에서 사라져야 한다는 것이다.

자선조직협회의 우애방문자들은 자신들을 사회적합계층으로 인식하였으며, 사회의 부적합계층으로 여겨지는 극빈자들을 방문하여 기독교적 도덕률을 강요하였다. 만약 이러한 도덕 및 윤리를 따르지 못한 경우는 최소한의 도움만 제공하여 겨우 생존만 가능하도록 하였다. 세상에 적응하지 못하는 자를 원조하는 것은 인류의 쇠퇴를 의미한다고 강조하였다(박병현, 2010). 결국 사회에서 사라져버려야 하는 대상에게 최소한의 도움만 제공해도 된다는 당위성을 제공하였으며, 사회진화론에 입각한 사회복지실천의 주목적은 서비스대상자의 인간다운 삶을 위해서가 아니라, 계층화를 유지함으로써 사회통제를 위한 것이었다.

3) 민주주의(Democracy)

민주주의는 권력이 왕이 아닌 국민에게 있음을 인정하는 국민의 기본권을 보장하고, 주권을 가진 국민이 선거제도 등의 참여를 강조한다. 민주주의는 인간의 존엄성을 바탕으로 개인의 자유와 권리 보장을 제도화하여 인간의 자유와 평등을 지향하고 있다. 이러한 민주주의의 영향을 받아 사회복지실천에서도 클라이언트의 자유와 평등을 보장하고, 전체적인 실천과정에서 클라이언트의 적극적인 참여와 자기결정을 강조하게 되었다. 주는 자와 받는 자의 관계는 우월한 자와 열등한 자의 관계가 아니라 평등한 관계가 되어야 하며, 클라이언트에게 모든 결정권을 주게 되었다.

민주주의에 입각한 사회복지실천은 인보관운동의 이념에 영향을 미쳤다. 빈곤 계층도 나름대로 가치관이 있으며, 이를 동등하게 인정해 주어야 한다고 주장하였다. 사회진화론에서는 빈곤, 장애의 책임을 전적으로 클라이언트 책임으로 돌렸으나, 민주주의에서는 그 책임을 사회책임으로 돌렸으며, 이들도 빈곤, 장애에서 탈피할 동등한 기회를 제공받을 권리를 가지고 있다고 주장하였다.

4) 개인주의(Individualism)

개인주의 사상은 두 가지 형태로 나타났다. 첫째, 자유방임주의 등장으로 사회복지도 자유 시장에 맡기는 정책이 등장하게 되면서, 최소한의 정부의 개입을 주장하면서 빈곤의 책임을 빈곤한 자 개인의 책임으로 돌렸다. '최소한의 수혜자격 원칙'을 통해 수혜자의 정부 보조금은 저임금 노동자의 임금보다 낮아야 한다는 정책을 주장하였다. 결국 개인주의에 입각한 사회복지실천은 수혜자격의 축소를 초래하여 실천의 범위를 제한하였다.

둘째, 개인주의 사상은 개인의 권리를 존중하는 데 영향을 주었다. 클라이언트의 개인적 특성을 중시하여 개별적인 접근을 강조하는 개별화 실천에 기여하게 되었다. 사회복지실천은 개인의 욕구와 특성에 맞춰서 실천 계획을 세우고 개입이 이루어져야 함을 강조하게 되었다.

5) 다양화(Diversitism)

오늘날 세계는 교통과 통신 등의 발달과 자유무역주의의 발전으로 국경을 초월한 교류가 활발해지고, 과거 소수 강국의 지배체제에서 벗어나 다양한 체제를 수용하는 다양화의 경향이 나타나게 되었다. 현재 미국은 소수 백인들의 지배체제에서 벗어나 중남미, 아시아, 아프리카, 동부유럽 국가들로부터 이민 온 다양한 민족들의 인구집단을 인정하고 그들의 욕구, 문화적 배경 등을 고려한 정책들이 발전하게 되었다. 사회복지실천에서도 인종, 나이, 성별, 민족적 배경, 성적 지향 등에 따라 사회적·심리적·정치적·경제적 현실이 매우 다르다는 것을 인식해왔다. 따라서 각각의 문화, 종교, 인종, 성적지향 등의 강점을 인식하고 다양한 인구집단의 풍부한 문화적 배경, 역사, 견해 등을 반드시 이해하고 민감해야 함을 깨닫게 되었다(Maguoire, 2007).

사회복지사는 다양한 계층과 특별한 욕구를 이해하고 수용하여야 하며, 다양한 문제 인식과 함께 다양한 접근방식에 대해 열린 자세를 가져야만 한다. 이러한 다양성에 기반을 둔 사회복지실천은 개별화를 추구하는 동시에 권한부여(empowerment model)에 대한 관심으로 발전하였다. 권한부여모델은 클라이언트 자신이 열등한 존재가 아니라 스스로 변화할 수 있는 잠재능력을 가진 가치 있는 존재임을 인식하게 하여 스스로 발전할 수 있는 여건을 만들어 주는 것이다. 클라이언트도 사회복지사와 같은 권한을 갖고 실천과정에 임한다는 것을 인정하는 이념적 변화를 초래하게 된 것이다.

• 표 1-1 • 사회복지실천의 이념 비교

주의 내용	인도주의	사회진화론	민주주의	개인주의	다양화
기본사상	인도주의, 박애주의적 구호 제공, 기독교사상의 실천	다윈의 생물진화론을 사회에 적용. 적자생존과 계층화 강조. 사회적합계층과 부적합계층으로 구분	인간의 존엄성, 자유와 평등 인정 클라이언트의 권리와 자기결정권 부여	국가의 개입보다는 개인의 책임 강조 개별적인 접근 강조	다양한 계층과 다양한 욕구 수용. 다양한 접근방법 강조
실천	봉사정신은 이타주의적 사회복지실천으로 구현	빈민에게 중산층의 기독교적 도덕 강요. 거부 시 최소한의 구제만 실시. 사회통제 목적의 실천	빈곤계층의 가치관 인정. 개인의 책임보다는 사회구조적 책임 강조. 사회민주주의로 발전	최소한의 수혜자격 원칙 개별화 중시	권한부여모델로 발전. 동등한 관계 인정, 제공자—수혜자개념에서 제공자—소비자 관계개념 형성

04 사회복지실천현장과 사회복지사의 역할

사회복지실천의 실상을 파악하기 위해 사회복지실천현장을 이해함으로써 사회복지실천의 실제적인 측면을 알아볼 수 있다. 사회복지실천현장은 사회복지사가 클라이언트와 직접 대면하는 사회복지서비스 전달체계의 최일선이라고 할 수 있다. 우선 사회복지실천현장의 개념을 살펴보고 다양한 기준에 따른 사회복지실천현장의 업무 내용 및 실제 기관의 예를 들어 알아보고자 한다.

1) 사회복지실천현장의 개념

사회복지실천현장은 넓은 의미에서는 분야 또는 영역을 나타내고, 좁은 의미에서는 클라이언트의 문제해결을 위해 사회복지사가 활동하는 장소를 뜻하고 있다(김혜란·홍선미·공계순, 2010).

(1) 넓은 의미의 사회복지실천현장

넓은 의미의 사회복지실천현장은 사회복지실천분야 또는 문제영역을 포괄하는 개념으로서 클라이언트에게 서비스를 제공하기 위해 직접, 간접적으로 관련되는 모든 현장을 뜻한다. 단지 물리적 공간, 장소만을 뜻하는 것이 아니라 사회복지실천이 이루어지는 분야 또는 영역을 포괄하는 것이다.

사회복지실천현장은 점차 늘어나면서 실천현장도 세분화되고 있다. 분야별로 실천현장을 이해하게 되면 유사한 클라이언트 집단이나 사회문제에 관한 전문지식과 기술을 갖추게 되어 보다 효과적인 사회복지실천이 가능하게 된다. 일반적으로 대상 집단별, 문제 영역별, 서비스 장소(setting)에 따라서 분류할 수 있다.

① 대상별 분류: 아동, 청소년, 노인, 여성, 장애인
② 문제 영역별 분류: 약물남용, 의료, 보건, 정신보건, 교정 분야 등
③ 장소별 분류: 병원, 학교, 기업, 교도소

(2) 좁은 의미의 사회복지실천현장

좁은 의미의 실천현장은 클라이언트에게 사회복지서비스를 직접 또는 간접적으로 제공하는 '구체적인 장소'를 의미한다. 사회복지서비스를 제공하는 사회복지기관을 말하며 구체적인 예로는 종합사회복지관, 장애인복지관, 아동보호전문기관, 노인요양기관 등을 들 수 있다.

사회복지기관은 클라이언트의 문제해결과정에 중요한 영향력을 미치며, 사회복지사의 활동을 규정하는 환경으로 이해할 수 있다. 사회복지사는 본인이 속한 기관의 조직적 특성과 맥락을 이해하여야 하며, 업무수행에 필요한 자원을 활용하여 효과적인 개입을

해야만 한다.

2) 사회복지실천현장의 분류

(1) 기관의 기능 혹은 목적에 따른 분류

① 1차 현장

- 기관의 주된 기능, 목적이 사회복지서비스를 제공
- 사회복지사들이 중심이 되는 실천현장
  예 지역사회종합사회복지관, 노인복지관, 사회복귀시설 등

② 2차 현장

- 기관의 1차적 기능은 따로 있으며, 필요에 의해 사회복지서비스 제공
- 기관 운영과 서비스 효과성에 사회복지서비스가 긍정적 영향을 미침
- 사회복지사가 부분적으로 개입
  예 병원, 학교, 교정시설, 동 주민센터 등

(2) 기관 설립주체 및 재원 조달방식에 따른 분류

① 공공기관

- 정부의 지원에 의해 운영.
- 사회복지사 업무는 정부규정이나 지침에 의해 규정됨.
- 서비스 계획, 관리, 지원하는 행정체계와 서비스를 직접 제공하는 집행체계로 구분

예 보건복지부, 시·도·군·구 및 읍·면·동 주민센터

② 민간기관

- 사회복지 관련 사업을 목적으로 사회복지사업법에 의해 운영
- 직접서비스를 제공하는 사회서비스 기관과 간접서비스나 행정지원을 위해 조직된 협의체로 구분

예 재단법인, 사단법인, 종교단체, 시민사회단체, 자원봉사단체 등에서 운영하는 비영리기관

(3) 서비스 제공 방식에 따른 분류

① 행정기관: 간접서비스 제공

- 직접적인 서비스 계획, 실천을 하기보다 사회복지실천을 위한 지원 기관
- 행정업무와 기관 간 연계 및 협의 업무 담당
- 사회복지서비스 전달체계상의 문제점 개선 및 기획, 감독, 조정 등을 통해 효율적인 전달체계 발전을 목표로 함

예 중앙정부, 보건복지부, 고용노동부, 교육부, 문화체육관광부 등

② 서비스기관: 직접서비스 제공

- 서비스 대상자에게 직접서비스 제공.
- 주요 대상자나 문제영역에 따라 다양한 기관 분류

예 아동상담소, 지역사회복지관, 장애인복지관, 보육시설 등

(4) 주거서비스 제공 여부에 따른 분류

① 거주(생활)시설

- 주거서비스를 포함한 사회복지서비스 제공
- 수용보호적 성격으로 24시간 서비스 제공

  예 아동양육시설, 아동보호치료시설, 노인주거복지시설, 장애인생활시설, 모자보호시설, 정신요양시설, 노숙인 복지시설 등

② 이용시설

- 자신의 가정에 기거하는 클라이언트 대상으로 주거서비스 외의 사회복지서비스 제공

  예 재가복지센터, 청소년상담보호센터, 치매주간보호센터 등

• 그림 1-1 • **사회복지 기관의 분류**

3) 사회복지사의 활동

사회복지사는 다음과 같은 전문가로서의 역할을 수행하게 된다 (Zastrow, 2003; 이윤로, 2008 재인용).

(1) 가능케 하는 자(enabler)(조력자)

가능케 하는 자의 역할이란 클라이언트 스스로 내적인 처리능력과 자원을 발견하도록 하여 자신의 노력으로 변화를 가져오는 것을 가능케 하는 자의 역할을 한다. 사회복지사는 클라이언트의 욕구 및 문제를 분명하게 파악하도록 돕고, 자신의 문제를 효과적으로 다룰 수 있는 능력을 개발시켜 주는 역할을 수행한다. 가능케 하는 자는 클라이언트의 표현을 격려하고, 감정의 분출을 촉진하며, 미래에 대한 희망을 전하고, 저항·양가감정을 줄여주며, 개인의 강점이나 사회적 자원을 발굴하고 지지해 주는 역할을 수행한다.

(2) 중개자(Broker)

중개자의 역할이란 클라이언트가 지역사회 내에 있는 서비스 체계나 자원을 활용할 수 있도록 돕거나 안내해주는 역할을 말한다. 중개자는 사례관리의 핵심적 기능으로 자원을 파악하고 대안자원 중 선택권을 클라이언트에게 제공하고, 의뢰기관과 클라이언트와 연결해 준다. 사회복지사는 클라이언트와 의뢰한 이후 적절한 도움을 받았는지 지속적인 확인과 추적 조사가 필요하다.

(3) 중재자(Mediator)

중재자의 역할이란 관련된 사람들 사이의 분쟁에 개입하여 타협점을 찾고, 화해를 통해 상호 만족스런 동의에 도달하도록 돕는 활동을 말한다. 여기서 중재자는 중립적이며 논쟁에 어느 한쪽 편도 들지 않고, 양자의 입장을 이해하도록 노력해야 한다. 예를 들어 이혼하는 부부 간의 분쟁, 이웃 간의 갈등, 집주인과 세입자 분쟁, 노사 간 분쟁, 범죄피해자와 가해자 간의 갈등 등에서 중재자의 역할을 할 수 있다.

(4) 옹호자(Advocate)

옹호자의 역할이란 클라이언트 및 가족의 권리를 옹호하고 대변하며, 정책변화를 모색하기 위한 활동을 수행하는 것을 말한다. 클라이언트 입장에서 일을 진행하고 대변하는 것으로 클라이언트가 필요한 것을 얻을 힘이 거의 없을 때 적절하다. 예를 들어 여성의 고용차별, 노숙인의 인권침해에 대항한 새로운 법률제정 운동 등에서 옹호자의 역할을 할 수 있다.

(5) 행동가(Activist)

행동가의 역할이란 주로 지역사회 수준에서 클라이언트의 이익이나 권리가 침해당하는 사회적 조건(사회적 불평등, 차별) 등을 인식하여 클라이언트가 인권을 보호받고 행사할 수 있는 사회를 만들기 위한 활동에 참여하는 것이다. 행동가는 사회 불의, 불평등, 박탈 등에 관심을 갖고 갈등, 대면, 협상 등을 활용하여 사회적 환경이 개인의 욕구를 보다 잘 충족하도록 변화시키도록 노력한다. 이를 위해 행동가는 소외 집단을 위해 지역사회 욕구를 조사하고,

분석하며 자원 활성화 등을 위해 노력한다.

(6) 협상가(Negotiator)

협상가의 역할이란 하나 혹은 그 이상의 문제로 갈등하고 있는 사람들을 함께 모아 상호 수용이 가능한 합의에 도달하도록 협상하고, 타협안을 찾아 서로 화해하고 수용하며 의견 일치를 이루어 내도록 돕는 역할을 말한다. 여기서 사회복지사는 중립적인 입장에 머물 수 없고 의견을 가지고 적극 개입하게 되며, 중재자(중립 입장)와 달리 협상가는 어느 한 편과 같은 동맹관계를 맺는다.

(7) 교육자(Educator)

교육자의 역할이란 클라이언트의 사회적 기능이나 문제해결능력이 향상될 수 있도록 교육프로그램 및 정보 제공하는 것이다. 사회복지사는 교육자의 역할 수행을 위해 전문적 지식과 정확한 정보를 알아야 하며, 훌륭한 의사소통기술을 갖고 있어야 한다. 예를 들어 부모교육, 직업훈련, 분노조절기법 교육 등에서 교육자의 역할을 수행한다.

(8) 조정자(Coordinator)

조정자의 역할이란 상이한 사람들과 기관을 조직화된 방식으로 함께 묶어 서비스의 중복 및 상호 간 갈등을 피하기 위해 협상과 합의를 이끌어내는 활동을 말한다. 조정자는 다양한 기관으로부터 서비스 조정 또는 동일 기관 내 상이한 부서 간 협력을 조정하게 된다.

(9) 조사연구자(Researcher)

조사연구자의 역할이란 문헌연구, 실천 결과 평가, 프로그램 장단점 사정, 지역사회 욕구 조사 등을 하는 것이다. 조사연구자는 전문적 이론과 기술을 발전시키고 사회복지실천 및 프로그램의 질 향상에 기여할 수 있다.

(10) 촉진자(Facilitator)

촉진자의 역할이란 클라이언트들의 변화노력을 격려하고 촉진하는 집단지도자의 역할을 말한다. 예를 들어 치료집단, 교육집단, 자조집단, 가족치료집단 등에서 집단이 기능하도록 돕고, 집단 내 지지를 자극하며, 집단 상호작용을 관찰 및 체계적인 피드백을 제공하게 된다.

(11) 훈련가(Trainer)

훈련가의 역할이란 기관, 조직 차원에서 직원들의 전문성 계발을 위해 직원세미나 혹은 워크샵, 슈퍼비전 등에 참여하여 직원 교육 및 훈련을 실시하는 것을 말한다.

(12) 계획가(Planer)

계획가의 역할이란 지역사회 주민이 원하는 것이 무엇인지 파악하여 서비스 개선에 필요한 정책이나 서비스 또는 프로그램을 개발하는 활동을 말한다.

(13) 동료와 모니터(Colleague and Monitor)

동료와 모니터의 역할이란 전문가로서 윤리적 행동 준수 격려 및 전문가협회 및 조직에 참여하여 동료 간 상호지지 제공 및 다른 전문가와의 협력관계를 도모하는 활동을 말한다.

4) 개입수준에 따른 사회복지사의 역할

Miley와 동료들은 사회복지사가 개입하는 대상의 수준 또는 차원에 따라 미시차원, 중범위차원, 거시차원, 전문가차원으로 구분하여 사회복지사의 역할을 다음과 같이 설명하였다(Miley et al., 1995; 이종복 외, 2013 재인용).

(1) 미시 수준(개인, 가족)

미시 수준이란 개인의 가장 친밀한 상호작용 과정에 개입하는 실천활동으로 클라이언트와 일대일로 접촉하면서 직접서비스를 전달하는 실천을 말한다. 사회복지사는 개별 클라이언트 차원에서 문제해결과정에 참여하여 클라이언트가 문제해결능력을 기르고 서비스나 자원을 확보할 수 있도록 돕는다. 사회복지사의 역할은 조력자, 중개자, 옹호자, 교사의 역할을 수행한다.

(2) 중범위 수준(조직, 공식적 집단)

미시 수준과 거시 수준의 중간 수준에서 이루어지는 활동으로 개인과 그 개인에게 가장 가깝고 중요한 사람들의 만남이 이루어지는 접점이라고 할 수 있다. 클라이언트에게 직접적 영향을 미치는 가족, 또래집단, 학급과 같은 체계, 자조집단이나 치료집단의 조직 및 운영 등이 해당된다. 사회복지사는 기관 내부 상호작용이나 기관 사이의 연결망을 강화하며, 조직차원에서 전문성을 계발하기 위해 교육을 담당한다. 사회복지사의 역할은 촉진자, 중재자, 훈련가 역할을 수행한다.

(3) 거시 수준(지역사회, 사회)

거시 수준은 클라이언트의 삶에 영향을 미치는 지역사회나 전체 사회, 국가의 복지체계를 대상으로 하는 활동이라고 할 수 있다. 사회복지사는 지역사회 문제를 해결하고 사회 불평등을 줄여나가기 위한 역할로 정책수립과 프로그램 개발, 사회변화를 위한 연대활동, 홍보, 교육활동 등을 한다. 사회복지사의 역할은 계획가, 행동가, 현장개입가 역할을 수행한다.

(4) 전문가집단 수준(사회복지 전문가집단)

전문가집단 수준이란 사회복지 관련 전문가들이 모인 집단에서 이루어지는 전문적 활동을 말한다. 사회복지 전문가로서 사회복지사 상호 간의 관계와 윤리적 행동을 지키도록 하고, 사회복지서비스 전달체계의 개발과 옹호활동, 사회복지서비스에 관한 실증적 조사연구를 수행하는 활동을 한다. 사회복지사의 역할은 동료, 촉매자, 연구자, 학자 역할을 수행한다.

• 표 1-2 • 사회복지사의 역할

내용 \ 수준	미시 수준	중범위 수준	거시 수준	전문가 수준
대상	개인, 가족	조직, 공식적 집단	지역사회, 사회	사회복지전문가집단
사회복지사의 역할	상담가, 조력자, 중개자, 옹호자, 교사	촉진자, 중재자, 훈련가, 행정가, 협상가	계획가, 행동가, 훈련자, 제안가, 현장개입가	동료, 촉매자, 연구자, 분석자, 학자

생각해봅시다

1 사회복지실천을 나름대로 정의해 보시오.

2 사회복지실천의 목표 중에 직접적인 실천과 간접적인 실천을 구분하여 보시오.

3 사회복지실천은 다양한 이념과 철학적 배경을 가지고 있다. 본인의 신념은 어떠하며, 어떤 차이가 있는지 논의해 보시오.

4 본인들이 경험했거나 이용해 본 경험이 있는 사회복지실천현장을 제시하고, 어떤 종류의 현장이었는지를 분류 해보시오.

5 사회복지사의 활동 중에 본인이 좀 더 노력해야 할 역할은 무엇인지 논의해 보시오.

Chapter 02

사회복지실천현장의 이해

이 장에서는 사회복지실천현장의 이해를 도모하기 위한 역사와 흐름, 변화 및 최근의 주요 동향을 시대별로 정리하고, 그 의의를 기술하였다. 구체적으로는 우선 현대 사회복지실천의 기틀을 제공한 영국의 초기 사회복지실천 경향과 이후 미국의 시대적 흐름을 중심으로 전문사회복지실천의 변화 추세를 설명하였다. 이어서 한국의 사회복지실천현장 발달과 흐름을 조망하기 위하여 근대 이전의 발자취를 돌아보고, 이후 근대적 사회복지실천 도입, 성장 및 발전, 최근의 발전적 논의를 위한 사회복지실천현장의 구조 변화와 도전 등을 정리하였다.

학습목표

1 사회복지실천 발달의 전체적 흐름을 파악하고 주요 시대적 이슈를 파악할 수 있다.
2 역사적 관점에서 사회복지실천의 발달과 빈곤문제의 상관성을 이해할 수 있다.
3 한국의 사회복지실천 발달에서 외원단체의 영향과 시사점이 무엇인지 파악할 수 있다.
4 한국의 사회복지실천현장의 분화와 전문성 강화의 배경을 설명할 수 있다.
5 최근 사회복지실천현장의 구조 변화와 도전에 대한 실천사례를 탐색하고 설명할 수 있다.

주제어

사회복지실천 발달사, 자선조직협회와 인보관운동, 개별사회사업, 집단사회사업, 지역사회조직, 환경 속의 인간, 한국의 사회복지실천 발달과 동향, 사회복지실천 체제 변화와 도전

01 서구 사회복지실천의 발달과 동향

사회복지실천의 역사는 전반적인 사회복지발달의 역사 속에서 매우 긴밀하고 중요하게 상호작용해 왔다. 특히 서구의 사회복지 발달 과정에서 영국의 산업혁명과 이를 통한 사회경제적 구조나 시민사회의 급격한 변화는 다량의 사회문제를 유발하였는데, 이에 대한 공적 차원의 개입 및 문제해결이 역부족인 상황에서 개인 또는 민간차원에서의 각종 자선 및 박애사업들이 등장하면서 사회복지실천의 조직화가 시작되었다. 이로써 사회복지실천 개입을 위한 기관과 전문직이 탄생하였고, 이후 더욱 발전적인 사회복지실천 논의가 진행되었다. 또한 역사적으로 영국에서 미국으로의 이민세대를 통해 사회복지의 발달은 그 실천적 가치와 의미를 더욱 가시화할 수 있는 대상의 확대와 실천분야론의 발전에도 큰 기여를 하게 되었다.

1) 사회복지실천의 태동기

서구 유럽에서 사회복지실천 역사는 산업사회 도래로 인한 역기능적 결과로서의 빈곤 심화와 그로 인한 갖가지 사회변동 요인들에 의해 주도되기 시작하였다. 중세 봉건 시대 빈민구제를 목적으로 하는 갖가지 공적 시책이 정리되어 만들어진 엘리자베스 빈민법(Elizabeth Poor Law) 이후, 산업사회로 접어들며 급속히 변화하는 사회경제구조와 도시인구 팽창화 등은 수많은 도시빈민을 발생시키고, 이에 따른 빈곤층 확산과 범죄증가 등의 새로운 사회문제를 야기했다. 더 이상 공적 체계에서의 빈민구제와 자선은 불가능한 수준으로 나타나기 시작하였고, 특히 산업혁명 이후 노동빈곤층의 급격한 증가에 따른 보다 강력하고 규제적인 공적 통제의 필요성이 대두되면서 1834년 신빈민법(New Poor Law)이 시행되었다. 이러한 일련의 빈민법 내지 구빈법 등은 공식적인 사회복지실천 구현의 첫 모색이자 사회구조변화에 따른 새로운 실천방안을 강구하기 시작했다는 데에서 그 의미를 찾아볼 수 있다.

그런가 하면, 역사적으로 사회복지실천은 19세기 말 영국에서의 자선조직협회와 인보관운동에서 그 기원을 찾을 수 있다. 과학적 자선과 미시적 접근을 통한 자선조식협회의 활동과 빈민운동 내지 사회변혁운동을 통한 인보관활동을 시작으로, 이후 사회복지발달의 역사는 사회복지전문직에 대한 교육 및 훈련체계, 연대 및 조직화, 이론 및 방법론적 논의 등으로 이어지면서 오늘날 사회복지실천의 기틀 마련에 기여하였다.

(1) 자선조직협회(Charity Organization Society)

① 탄생의 배경

18세기 중엽 영국의 산업화, 도시화에 따른 도시인구 팽창과 빈민화로 인해 각종 개인 및 사회문제들이 발생하면서 이를 해결하기 위해 영국에서는 민간차원에서의 자선단체들이 생겨나기 시작하였다. 당시에는 주로 종교적 차원에서 동기화한 단체들이었으며, 이후 성직자들과 함께 부유한 자선가들이 빈민 구제의 목적으로 활동을 해나갔다.

그러나 이 자선단체들은 적지 않게 자신들의 사회적 우월과 역량을 바탕으로 한 초미시적 수준의 보시나 자선을 바탕으로 하였다. 더욱이 초기에 이들 간 상호협력이나 연대가 제대로 이루어지지 않은 상태에서 서비스의 중복수혜나 사각지대에 대한 지원 미비 등으로 서비스 제공의 체계성이나 효율성에 많은 의문점들이 나타나기 시작하였다. 이러한 배경에서 점차 조직적이고 과학적인 자선의 필요성이 대두되고, 자선단체들 간의 연계와 조정을 통한 활동조직을 구상하게 되면서 1869년 영국 런던에서 최초의 자선조직협회(Charity Organization Society, COS)가 탄생하게 되었고, 이후 미국에서도 유사하게 활동하던 자선단체들이 1877년 뉴욕 버펄로에서 연대하여 미국 자선조직협회를 결성한다.

② 목적과 기능

자선조직협회는 그 탄생의 배경과 같이 지금까지의 무분별한 빈곤자 구제와 서비스의 중복지원을 방지함으로써 보다 체계적이고 효율적이며, 공정한 서비스를 제공하고자 하였다. 이를 위해 구제신청자에 대한 면밀한 조사를 통해 중복수혜의 가능성을 차단하고, 구제등록을 통한 지역 자선단체들 간 연락 및 조정의 기능을 수행하였다.

이러한 빈곤자들에 대한 환경조사와 조정활동을 바탕으로 적절한 원조서비스를 제공함으로써 궁극적으로 자선조직협회 활동의 목표는 과학적으로 선별된 사람들에 대한 삶의 영위를 위해 필요한 최소한의 여건을 조성하도록 지원하는 것이었다.

또한 자선조직협회를 통해서 빈민구제에 나선 자선가 내지 봉사자들을 통칭 우애방문원(friendly visitors)이라 하였다. 이들은 해당 가정을 방문하여 가정생활, 아동교육, 가계경제 등에 대해 조언하고 지도하였으며, 특히 미국에서는 빈민에 대한 한시적인 구호가 아닌 근로와 절약의 가치를 교육하는 데 주력하였고, 우애방문원의 가정방문, 면담, 기록, 분석 등의 활동은 사회복지실천 방법론 중 개별사회사업의 기초가 되었다(김혜영 외, 2010; 박주현 외, 2013). 이후 가족복지를 위한 기초적 접근 가능성을 제시하고 있다는 점에서도 주목할 만하다.

③ 관점

자선조직협회 활동의 주된 관점, 특히 주요 활동의 목적이나 대상인 빈곤을 바라보는 관점은 사회진화론적 관점과 기독교적 도덕성에 근거한 개인책임주의라 할 수 있다. 즉, 빈곤은 개인의 도덕성 결여나 나태함에서 기인하기 때문에 그 원인과 해결 모두 개인에게 주요 책임이 있다는 것이다. 그럼으로써 협회의 지원범위는 최소한도를 전제로 하고 '가치 있는 빈민'과 '가치 없는 빈민'을 구분하였으며(김용환 외, 2013), 구조를 받을만한 가치가 있는 빈곤자(Worthy Poor)에게는 도움을 제공한 반면, 일할 능력이 있는 거지, 알코올 중독자, 성매매 여성 등에게는 도움을 제공하지 않음으로써 도덕적 의무를 강조하였다는 점에서 오늘날 사회복지사업과 차이가 있다(엄명용 외, 2011).

④ 결과

자선조직협회의 활동은 오늘날 사회복지실천 발전에 있어 특히 방법론적 측면, 즉 빈민가정 방문을 통한 면담과 기록, 사례관리 등을 통한 개별사회사업 실천과 사회조사 등에 영향을 미쳤고, 사회복지실천 조직들 간의 체계성과 연대주의 제고에도 기여하였다.

그런가 하면 우애방문원을 통한 개입활동은 결과적으로 오늘날 사회복지 전문직의 시발점이 되었다는 점에서 의미가 크다. 즉, 특정 지역사회적 부유층의 개별적이고 시혜적이며, 무급의 단순 자선이나 봉사 차원에서 머물던 우애방문원들의 수가 급속한 빈곤화로 인한 다량의 욕구에 시대적으로 부응하지 못하게 되고, 빈곤문제해결을 위한 보다 전문적이고 안정적인 일자리가 필요해지기 시작하자 이들은 유급 직종으로 변환되면서 사회복지실천의 발전에 커다란 밑거름이 되었던 것이다.

그러나 자선조직가협회는 빈곤문제를 빈민들의 도덕성 결여에서 비롯된다는 개인주의적 빈곤관을 지니므로 빈곤발생의 사회적 측면을 경시하는 한계를 드러냈다. 자조의 개인주의적 윤리를 지나치게 강조하여 빈곤을 개인의 도덕적 결함으로만 간주함으로써 사회경제적 영향을 무시하였다는 점에서 보수적이며, 환경 조사는 빈민의 낙인을 수반한다는 점에서 비판받고 있다(김용환 외, 2013).

(2) 인보관운동(settlement house movement)

① 탄생의 배경

인보관운동은 자선조직협회의 빈곤에 대한 개인원인-책임주의적 관점이 빈곤문제해결을 비롯한 개인사회적 역할에 근본적인 한계가 있음을 지적하면서 사회적 변혁을 통한 문제해결을 도모하였다. 지역사회 내 각종 환경적 요소에 대한 문제적 인식과 사회구조 개혁을 위해 인보관운동가들은 직접 빈민의 곁에서 함께 생활함으로써 이들에 대한 도덕적 교화와 함께 빈곤의 구조적 문제와 환경의 개선을 추구하였다.

이러한 목적적 배경 하에 인보관운동을 주도한 바네트(Barnett) 목사와 젊은이들은 빈민들을 위해 헌신했던 아놀드 토인비(Arnold Toynbee)를 기념하여, 1884년 영국 런던 동부의 빈민 지역에 토인비홀(Toynbee Hall)이라는 최초의 인보관을 설립하였다. 이후 영국의 토인비 홀을 방문했던 미국인 제인 아담스(Jane Addams)는 운영 전반과 제도를 살펴본 후 1889년 미국 시카고에 토인비 홀을 모델로 한 헐 하우스(Hull house)를 설립함으로써 사회복지실천 역사에서 중요한 기틀을 마련하게 된다.

② 목적과 기능

흔히 인보관운동의 모토와 목표를 '거주(residence), 조사(research), 개혁(reform)', 즉 3R로 나타낼 수 있다. 연구와 조사를 통해 사회제도를 개혁해야 한다는 기본신념을 갖고 있으면서, 빈곤지역의 중심지에서 빈민들과 함께 생활하지 않으면 빈민과 그 주변을 이해할 수 없다는 데서 이 개념이 형성되었다(엄명용 외, 2011). 따라서 인보관운동은 사회개혁으로 빈민들과 함께 생활하면서 빈민들의 지역사회 환경과 생활개선을 목표로 활동하였고, 사후 치료보다도 사전 예방적인 접근을 중요시하였다. 설립자인 바네트 목사는 기독교 사회주의의 영향을 받아 사회계층 간의 격차를 줄이고 물질주의로부터 인간의 가치를 회복하고자 하였다(김혜영 외, 2010).

이러한 인보관운동을 이끈 초기 활동가들의 주축은 급진적 사회개혁의 열망과 이상을 품은 젊은 대학생층들이었다(Zastrow, 1995). 이들은 빈곤지역의 중심에 자리한 인보관에서 기본적인 의식주 지원 프로그램에서부터 각종 자활 및 자립지원과 역량강화교육, 성인교육 등을 비롯해 지역사회 계급 차이로 인한 문제해결이나 빈민보호 등을 위한 입법 활동과 같은 조직적 정치참여 활동에 이르기까지 오늘날 지역사회복지 및 조직사업의 근간이 되는 다양하고 구체적인 기능주의적 활동들을 전개해나갔다.

③ 관점

인보관운동은 탄생배경에서와 같이 빈곤을 비롯한 사회문제의 원인을 빈민자 개개인에 두기보다는 사회적 구조와 환경에서 찾고자 하였으며, 이러한 관점은 그들의 행동모토에서처럼 빈민지역에서 직접 생활하면서 그들의 생활여건을 파악하고 그에 맞는 개선을 위해 노력했던 수많은 제공 서비스들에서 엿볼 수 있다. 따라서 이러한 점은 오늘날 사회복지실천의 기본관점인 '환경 속의 인간'(Person in Environment)과 상통하는 의미가 있다. 또한 사회문제를 해결하기 위한 집단적·지역사회적 관점에서의 조직과 정치적 활동이 주요한 기능적 관점이라 할 수 있다.

④ 결과

인보관운동가들은 개인을 둘러싼 환경과의 상호작용에서 개인이 어떻게 대처하는가에 따라 문제가 발생 또는 해결될 수 있다고 믿었으며, 보다 정책적, 거시적 체계의 변화를 위해 노력하였다.

개혁적 성향을 가진 실천가는 사회의 시스템을 궁극적으로 변화시키고자 노력하였다. 그러나 자유주의적 성향을 가진 상당수의 실천가는 단기간 내의 사회적 변화를 피하기보다는, 사회의 불합리한 체계가 개개인의 욕구에 부응할 수 있도록 점진적인 변화를 촉구함으로써 사회문제가 해결될 것으로 믿었다(박주현 외, 2013).

그러한 믿음과 활동으로 인보관운동은 제1차 세계대전 이후 빈곤감소와 젊은 대학생들의 참여가 감소하며 쇠퇴하긴 하였으나, 오늘날 집단사회사업(group work)과 지역 사회조직(community organization) 활동의 모태로 여겨진다. 최근의 사회복지실천 방법론으로 활용되고 있는 클라이언트 중심 역량강화 모델의 이념적 근원이 되었다는 점(김용환 외, 2013)이나, 지역사회 문제를 해결하기 위해 정책과 법률 제정에 영향을 미칠 수 있는 조직적인 활동을 시도함으로써 지역사회조직 방법론의 발전에 기여했다는 점(김혜영 외, 2010) 등에서 그 의미를 찾아볼 수 있다.

2) 사회복지실천의 성장기

시대적으로 점차 증가하고 복합적인 양상으로 발전하는 빈곤문제와 새로운 사회문제들의 발생과정에서 이를 해결하기 위한 전문직의 필요성은 당연한 시대적 요구였다. 이 과정에서 몇 가지 배경에도 불구하고 자선조직협회의 유급직 전환은 사회복지실천을 위한 집중과 선택이 가능하도록 하는 중요한 계기를 마련하였다. 이로써 유급직원들은 지금까지의 시혜적이고 헌신적인 차원을 넘어서 자신들의 전문성과 전문가로서의 직업의식을 새롭게 하는 새로운 열망과 도전에 이르게 되었고(NASW, 1995), 점차 사회복지실천의 태동을 넘어 보다 내실 있게 성장하기 위한 기반을 다지기 시작하였다. 또한 이 과정에서 사회복지실천의 태생적 한계와 이를 극복하기 위한 이론적·합리적 체계의 필요성이 대두되고, 이에 대처하기 위한 다양한 노력들은 주로 미국의 사례에서 뚜렷하게 발견되고 있다.

(1) 전문직 발전을 위한 교육 훈련 제도 도입

자선조직협회의 유급직원들은 그들의 전문성 함양을 위한 다양한 교육적 욕구에 직면하게 된다. 특히 우애방문원들의 교육과 관리에 필요한 일정의 지침이 마련되어 있지 못함으로써 전문직 과제 수행의 첫 번째 난관에 봉착하게 되었다. 이에 사회복지실천과 전문직의 수행을 위한 교육적 차원에서의 노력이 일어나기 시작했다. 이에 따라서 우애방문원들의 역할을 정립하고, 서비스의 질을 향상시키기 위하여 일련의 표준 훈련 과정이 개발되었는데, 이것이 사회복지실천가를 위한 전문적 교육과정의 시초라고 알려져 있다(최혜지 외, 2013).

이와 함께 사회복지실천의 체계화에 기여한 메리 리치몬드(Mary Richmond)는 사회복지실천 전문교육을 담당할 교육기관의 필요성을 강조한 바 있는데, 이를 계기로 1898년 미국 최초의 사회복지 전문 인력 훈련 과정(Summer School of Philanthropy)이 개설되고, 이는 1904년에 뉴욕박애학교라는 명칭으로 1년 과정으로 확대 개설되었다. 이후 뉴욕 사회복지대학(New York School of Social Work), 시카고대학교의 사회복지 교육과정 개설 등을 시작으로 사회복지교육을 위한 고등교육의 장이 본격적으로 마련됨으로써 전문가 양성이 활발히 이루어지게 되었다(Johnson & Yanca, 2009).

이 과정에서 경제학자 시몬 패턴(Simon Pattern)은 '사회복지사(social workers)'라는 신조어를 만들어 우애방문자와 인보관 실무자에게 사용하였다. 또한 사회복지사의 주요한 역할이 개개인을 위한 사회서비스 전달이 아닌 옹호(advocacy)라고 주장함으로써 리치몬드와 논쟁하기도 하였다(최혜지 외, 2013).

(2) 성장기의 전문적 실천활동과 이론의 구축

1900년대 초기의 사회복지사들은 사회경제적 상황과 가족의 특성이 개인의 건강과 복지 수준에 미치는 영향력을 고려하여 개인의 긍정적 변화를 도모할 수 있도록 돕는 전문직으로서, 학교, 병원, 교정시설 등 다양한 전문영역에서 아동복지 및 학교사회사업가, 의료사회사업가, 교정복지사 등으로 활동하기 시작하였다(Zastrow,

2009; 김혜영, 2010 재인용 참조).

그런가 하면 1900년에 필라델피아(Philadelphia) 자선조직협회의 총책임자가 된 리치몬드는 개별사회사업을 체계화하는 데 기여한 가장 대표적 이론서인 『Social Diagnosis(사회진단)』(1917)를 출간하였다. 여기에서 그는 빈민이 처한 상황을 체계적으로 진단하는 기술을 제시하였고, 그간 우애방문자들의 활동 내용 및 실천과정을 종합하였다. 그는 또 다른 저서 『What Is Social Case Work?(개별사회사업이란 무엇인가?)』(1922)를 통해서 개별사회사업(Case Work)을 개인과 개인, 개인과 환경 간의 적절한 조화와 조정을 통해 인격의 발달 및 성장을 가져오게 하는 과정이라고 정의함으로써, 현재 사회복지실천의 기본 개념 틀인 '환경 속의 인간' 개념을 고려하였다(김혜영 외, 2010).

(3) 사회복지실천의 전문성 논란

초기 사회복지실천 성장기의 두 축이라 할 수 있는 자선조직협회와 인보관운동이 갖는 상호 관점의 차이와 그로 인한 개인 및 사회문제해결 방향의 커다란 차이에도 불구하고, 이들 모두는 당시의 최대문제인 빈곤문제의 타파와 개인 및 집단, 지역사회에서의 문제점들에 대한 각자의 시각으로 나름대로 전문가로서의 입지를 다져나가고 있었다.

그러나 이즈음 1915년 의학교육의 비평가인 아브라함 플렉스너(Abraham Flexner)는 『사회복지실천이 전문직인가?』라는 보고서를 통해 사회복지실천은 전문직의 일반적 특성을 가지고 있긴 하지만, 사회복지실천의 발전양상이 의학, 법학, 그리고 공학과 같은 기존의 확립된 전문직과 비교했을 때, 과학적 지식체계에 근거하지 않으므로 전문직으로서 부족한 점이 많다고 비판하였다(최혜지 외, 2013 참조).

이에 사회복지계는 지적받았던 사항을 개선하려고 노력하며 두 가지 반응을 보였는데, 첫째, 교육 및 훈련을 담당하는 학교 설립, 저서 출판, 전문가협회 구성으로 전문직의 기본 틀에 맞는 환경을 조성하였으며, 둘째, 전문직으로 인정받을 수 있는 실천기술 습득에 대한 관심이 높아지면서 이후부터 통일된 전문직에 대한 추구와 과학적 이론 추구 및 조사에서의 과학적 기반을 중요시하는 방향으로 발전하기 시작하였다(이원숙, 2008; 최해경, 2010 재인용). 사회복지사의 전문성에 대한 부분은 chapter 4를 통해 살펴보고자 한다.

3) 사회복지실천의 분화와 발전기

1920년대 세계 경제대공황은 빈곤의 원인을 개인에게서 사회로 돌리게 하는 중대한 계기를 제공하게 되었다. 그러면서 사회문제의 해결 또한 개인의 심리사회적 역동에 기반 한 미시적 접근에서 벗어나 사회구조적 문제해결과 공적 서비스 제공체계의 역할과 기능을 강조하는 거시적 접근을 시도하기에 이르렀다.

그럼에도 불구하고 1930년대는 사회복지전문직의 이론 및 실천적 측면에서 분화가 일어나면서 특정 문제의 원인과 해결을 위한 개인적 측면과 사회적 측면의 학문적 충돌이 강하게 일어난 시기이다. 그 대표적 분화가 바로 프로이트(Freud)의 정신분석이론을 중심으로 하는 진단주의와 랭크(Rank)의 이론을 중심으로 하는 기능주의다. 이들 간 논쟁은 전통적 정신분석이론에 대한 비판이 제기되면서 시작되었는데 1950년대까지 지속되었으며, 사회복지실천에 많은 영향을 주었다(엄명용 외, 2011).

또한 이 시기에 사회복지실천 전문교육의 기틀과 함께 개별, 집단, 지역사회를 대상으로 하는 전통적 실천방법론이 확고한 틀을 갖추게 되면서 사회복지실천분야는 보다 안정적이고 체계적인 차원으로 들어서기 시작하였다.

(1) 개별사회사업의 발전과 정착: 진단주의와 기능주의

진단주의는 프로이트의 정신분석학적 관점에 입각하여 과거 어린 시절에 대한 분석과 진단, 개인의 성격발달과 과거력의 영향 등을 주요 골자로 한다.

진단주의는 변화의 중심이 문제를 진단해 규정하고 치료계획을 세우는 사회복지실천가에게 있다고 보았다. 진단주의 학파는 클라이언트가 자신의 심리적 과거를 통찰하면 현재의 행동 패턴이라는 감옥에서 자유로워진다고 가정하고, 심리적 통찰을 발달시키고 자아 능력 강화를 위한 지지를 제공하는 것을 치료전략으로 하였다(최해경, 2009).

이를 통해서 진단주의는 사회 환경에 대한 적응력을 향상시키는 것을 목적으로 하며, 진단주의를 '질병의 심리학'이라고도 한다(김용환 외, 2013).

반면 기능주의는 1930년대에 경제 대공황으로 인한 높은 실업률이나 빈곤심화, 그로 인한 인간문제들의 원인을 개인 내적인 측면이나 과거 성장과정에서 비롯한 문제로 보는 것은 현실성이 결여된 주장이라고 반박한다. 또한 인간에 대한 낙관론을 바탕으로 사람을 병리적이거나 일탈적 존재로 보지 않고 원조를 필요로 하는 사람으로 본다는 입장이다. 따라서 사회복지실천가는 원조를 필요로 하는 사람의 성장에 기여한다는 믿음과 협력적 실천관계를 중시하며, 문제해결의 중심은 당사자 자신임을 강조한다.

또한 과거보다는 현재에, 'here and now(여기 그리고 지금)'의 상황에 초점을 둠으로써 실존주의적 입장과 '성장 심리학'에 근거하고 있으며, 치료라는 용어보다는 그러한 활동을 원조과정(helping process)이라 표현하면서 사회복지실천가는 치료자가 아닌, 전문적 지식을 적용하여 대상자들과 상호협력의 역할을 수행하는 존재로 인식한다(Jonson & Yanca, 2004).

과거에 얽매이지 않은 개인의 성장 가능성과 개인의 동기 및 의지에 초점을 두는 점, 치료에서 치료자의 권위적 위치 또는 권위적인 태도를 달갑지 않게 생각하는 기능주의 특성은 진단주의에 영향을 주어 진단주의가 개인의 내적 진단을 중시한 프로이트의 영향에서 약간 벗어나 환경속의 인간을 이해하는 쪽으로 나아가게도 하였다(엄명용 외, 2011). 이로써 진단주의와 기능주의는 개인의 문제를 바라보고 해결해 나가는 데에 매우 유용한 개별사회사업의 주요한 접근방식으로 자리 잡았다.

(2) 집단사회사업의 발전

인보관 활동을 통해 기원한 집단사회사업은 특히 1930년대에 접어들면서 중요한 사회복지실천 방법론으로 인정받게 된다. 특히 제2차 세계대전(1939~1945) 직후 귀국한 참전 군인들이 겪는 각종 정신적, 심리적 스트레스에 대한 공공차원의 원조방안이 강구되는 과정에서 정신의학적 접근의 필요성이 대두되었다. 동시에 유사한 고충을 겪고 있는 당사자들을 대상으로 정신분석이론에 근거한 집단치료 방법을 활용할 전문가 수요가 증가하게 되었다. 이를 통해 집단사회복지실천과 전문가들의 활동도 확장되기 시작하였다.

집단사회사업은 직접적인 리더십보다는 집단 구성원들 사이의 상호작용을 강조하였고 경쟁보다 협동에 초점을 두었다. 1945년 이후 정신병원과 진료소 등에서 집단사회사업 활동이 급격히 증가하였으며, 아동상담소에서도 집단사회사업을 활용하기 시작하였다. 1960년대에는 개별사회사업가들이 집단 형태의 가족 개입을 시작함으로써 개별사회사업과 집단사회사업이 통합되기 시작하였다(Brieland, 1995; 엄명용 외, 2011 재인용).

(3) 지역사회조직사업의 발전

1920년부터 주 단위 공적 복지기관이 설치되면서 지역사회조직사업은 새로운 국면으로 접어들었다. 대공황에 대응하기 위한 루스벨트 대통령의 뉴딜정책은 공공영역에서 사회복지사를 대거 고용하는 계기가 되었다. 이때 미국사회사업회의에 제출되었던 레인(Raine)의 보고서는 지역사회조직의 이론화에 큰 공헌을 하였다. 이 보고서는 지역사회조직사업의 개념, 방법, 활동, 분야, 자격, 교육훈련 등을 체계화하는 데 기여하였고, 지역사회조직사업의 주된 기능을 욕구와 자원의 조정으로 규정함으로써 사회복지실천 방법론의 하나로 정착시키도록 영향을 미쳤다(최덕경 외, 2012). 이에 상응해서 영구적인 사회적 보호망을 구축하려는 노력이 시작되었는데, 이를 위하여 1934년 6월 경제보장위원회(Committee on Economic Security)가 구성되었고, 1935년 8월 사회보장법(Social Security Art)을 입법하였다.

그러나 집단사회사업과 지역사회조직 실천방법의 이론적 체계가 확립되기에는 시기적으로 이른 상황이었다. 왜냐하면 당시 사회복지실천가들은 여전히 프로이트의 이론적 배경을 중심으로 개인의 성격과 내적 욕구를 파악하여, 이들이 주어진 환경 속에서 가용자원을 활용할 수 있도록 돕는 활동에 치중하는 경향이 많았기 때문이다. 대다수 사회복지실천가는 사회적 구제활동은 공공의 책임이라 생각하며, 민간영역에 속한 자신들은 주로 중상위계층의 클라이언트들을 대면하여 가족과 아동에게 서비스를 제공하는 것이 타당하다고 생각하였다(Leighninger, 2008; 엄명용 외, 2011 재인용).

이렇게 발전한 사회복지실천의 세 가지 고전적 방법론들은 오늘날의 실천적 접근에서는 크게 두 가지의 일반적인 범주로 나누어졌다고 볼 수 있다. 물론 학자마다 기준이나 관점이 다름으로써 차이는 있을 수 있으나 일반적으로 개별, 가족, 집단은 미시 수준(micro) 또는 임상(clinical)으로 분류되고, 지역사회조직은 행정, 정책과 함께 거시 수준(macro)로 편입되었다고 보는 것이다. 또한 최근에는 전문화에 대한 강조가 약화되면서 오히려 '일반적 실천'(generalist practice)이라는 접근을 통해서 사회복지실천가가 갖고 있는 지식과 기술이 광범위한 영역에 걸쳐 사용될 수 있으며, 문제의 사정과 해결모색이 보다 포괄적으로 이루어진다. 결국 오늘날의 사회복지실천은 개인 변화를 주창한 자선조직협회의 영향, 개혁성향의 사회변화를 주창한 인보관운동의 영향 그리고 근린지역사회 자원의 조직 및 동원을 강조하는 지역사회조직 운동 등의 영향이 통합되어 이루어진 것이라 볼 수 있다(엄명용 외, 2011 참조).

4) 사회복지실천의 통합과 발전기

사회복지실천의 분화와 발전기에 일었던 진단주의와 기능주의 학파 사이의 이론적 갈등은 펄만(Perlman)의 절충주의적 방식을 통해 통합이 모색되기 시작하였다. 여기서 통합적 방법은 사회복지실천가가 개인, 집단, 지역사회에서 제기되는 사회문제에 활용할 수 있는 공통된 하나의 원리나 개념을 제공하고자 하는 방법의 통합화, 즉 공통된 지식, 가치, 기술에 기반을 두는 것을 의미한다(김용환 외, 2013).

이와 관련하여 펄만은 기본적으로 진단주의의 입장을 취하면서도 기능주의의 견해를 수용하여 사회복지실천에서의 통합적 의미를 고취시켰다. 동시에 사회복지실천을 통한 문제해결과정에서 개인을 둘러싼 다양한 요인의 영향력을 다차원적 관점에서 진단해야 함을 강조함으로써(박주현 외, 2013 참조) 산발적이고 단편적이며 일률적인 관점보다는 총체적이고 논리적인 생태체계적 관점의 지향과 각 문제특성들에 접목가능한 절충적 접근을 요구하게 되었다. 이는 점차 복잡해지고 다양해지는 사회문제를 과거의 개별적 접근방법론만으로 대응하기보다는 전통적 사회복지실천 방법론들의 기본원리를 파악하고 이에 대한 방법론적 절충과 통합을 시도하려는 노력이었던 것이다.

1970년대 개별적인 사회복지실천 방법론의 전문화에 대한 강조가 약화되면서 '일반적 실천'(generalist practice)이라는 접근을 통해 사회복지실천가는 자신이 갖고 있는 지식과 기술을 광범위한 영역에 걸쳐 사용할 수 있고, 문제의 사정과 해결모색이 보다 포괄적으로 이루어질 수 있게 되었다. 그 결과로 이 시기에서는 이론이 더 이상 방법론에 따라 각기 개발되는 것이 아니라 특정 문제와 욕구에 대응하기 위해 통합 방법론적 모델들로 개발되어 활발히 등장하게 되는데(김혜영 외, 2010), 대표적 통합모델로는 4체계모델(Pincus & Minahan), 단일화모델(Goldsein), 문제해결과정모델(Compton & Galaway), 생활모델(Germain & Gitterman) 등이 있다.

5) 사회복지실천의 확장기

사회복지실천의 분화와 통합기를 거치면서 이제는 사회복지실천의 확장과 내실을 함께 기해야 하는 시기로 접어들었다. 그렇기 때문에 한편으로는 좀 더 새롭고 도전적인 관심분야로의 실천적 확장이 모색되기도 하였지만, 다른 한편으로는 역사적으로 사회복지실천의 가장 전통적인 과제 중 하나였던 빈곤에 대한 재발견과 사회적 변혁에 대한 관심은 결코 사라지지 않았다.

이 시기를 통해서 사회복지실천은 사회정책과 사회개혁에 보다 많은 관심을 나타내기도 하고, 혹은 개인 변화를 돕는 직접서비스 전달에 충실한 기능을 수행하는 등 초점의 변동이 있었다. 1960년대 중반에 이르러 많은 연구들은 빈곤이란 어느 특정 지역에 국한된 문제이기보다는 쉽게 경제적·인종적 차별과 연결될 수 있는 이슈임을 강조하였다. 존슨 대통령은 'War on Poverty(빈곤과의 전쟁)'을 선언하고 공적 부조 제도에 대한 개혁을 추진하여 빈곤가정 어린이의 조기 두뇌개발을 위한 헤드 스타트(Head Start) 프로그램과 포괄적인 지역사회 행동계획(Community Action Program) 등을 도입하였다.

사회복지 전문직 측면에서 문제가 된 이슈는 공공부문의 확대된 일자리에서 사회복지사 역할을 담당하는 사람의 대다수가 사회복지 고등교육을 이수한 인력이 아니라는 점이었다. 따라서 전미사회복지교육협의회(CSWE)는 1962년 학부교육과정을 개발하여, 1974년부터 학부 교육과정의 인증 제도를 시행하기에 이르렀다. 결국 1960년대 말부터 1970년대에 이르기까지 학부교육과정의 급증은 일반주의 사회복지실천에 대한 확대보급을 가져오게 되었다(최혜지 외, 2013).

이와 함께 사회발전과 변화로 인한 사회복지실천의 대상체계가 다양해지고 늘 새로운 문제양상이 발생하면서 이에 맞출 수 있는 구체적이고 체계적인 새로운 실천접근법도 필요하게 되었다. 대표적인 예로, 1960년대 이후로 사회구조의 변화 속에서 가족 내 구성원들이 겪는 복합적인 개인사회적 갈등과 그 문제의 치유를 위한 해결방안으로 가족치료적 접근은 매우 중요하게 인식되었으며, 오늘날에 사회복지실천의 중요한 대상이자 실천분야로 자리 잡았다.

그에 따라서 1970년대에 들어서는 개인뿐 아니라 집단과 지역사회를 포괄하는 서비스 이용자 그룹이 확대되고, 대응하는 사회문제와 욕구 또한 다양화되면서 행동주의 모델, 과업중심모델, 위기개입모델 등 새로운 사회복지실천적 접근들이 대두되었다(Johnson & Yanca, 2009; 박주현 외, 2013 재인용 참조; 김혜영 외, 2010).

6) 최근의 사회복지실천 변화 추세

(1) 레이거노믹스와 복지개혁

1980년대 들어서면서 미국의 경기침체와 물가상승에 의한 스태그플레이션은 지금까지의 공공사회서비스 정책과 그에 따른 국가재정지출을 위축시키는 결과로 이어졌다. 1981년 레이건 정부가 출범하면서 표방한 신자유주의 개혁과 특히 보수주의 경제정책, 일명 레이거노믹스(Reaganomics)[1]는 당시의 공공정책과 서비스 지출이 경제문제의 구조적 원인이라 인식하였다. 이는 곧 1930년대 대공황을 기점으로 유지되어오던 실업과 빈곤대책, 사회보험 등에 대한 국가적 책임과 중점과제에 대한 재검토를 의미하는 것이었으며, 실제로 '작은 정부론'이나 '최소개입의 원칙' 등을 내세워 1970년까지의 케인즈식 경기대책은 수정되기 시작하였다.

그 결과, 레이거노믹스에 의한 지출억제 정책은 실업과 빈곤, 사회경제적 불평등과 양극화 등을 최소화하기 위한 더 이상의 진전된 공적·사회적 역량강화 방안이나 증진방안들을 만들어내지 못했고, 기존 사회서비스 프로그램들조차도 일차적 보호 기능에 머물거나 오히려 축소되기에 이르렀다.

이에 사회복지실천가들은 정치적 행동의 중요성을 절감하였고, 정치적 과정에 사회서비스 소비자의 참여를 지지하기 위한 입법

1) 레이거노믹스: 레이건 + 이코노믹스

로비활동이나 소비자 권익옹호를 위한 선거인 등록과 정치적 인식개선 캠페인 등을 통해 사회운동을 전개하기도 하였다(Long et al., 2006; 박주현 외, 2013 재인용 참조).

이후 1990년대 미국은 개인의 책임과 근로기회를 강조하는 복지개혁을 통해 이른바 '생산적 복지' 패러다임을 도입한다. 이것은 기존에 일방적 수혜로 인식될 수 있었던 공공부조를 개인의 생산성과 사회적 기여를 전제로 서비스 수급의 자격을 강화 내지 보완함으로써 복지지출의 효율성과 합리성을 강조하게 되었다.

(2) 다양한 관점과 접근들의 부상

지금까지 사회복지 정책측면에서의 변화 못지않게 1990년대 이후 사회복지실천분야에서는 다양하고 복합적이면서도 보다 실용적이고 실천적인 관점과 접근들이 부각되기 시작하였다. 우선 공공부문 지원감소에 따른 시대상을 반영한 결과로서 1990년대 초반부터 문제 내지 욕구를 지닌 이용자 개인의 권한부여 및 역량강화 실천접근모델이 등장하였으며, 해결중심의 단기개입 접근이 실용적으로 인식되기 시작하였다.

그러나 이러한 배경에는 동시에 문제 또는 욕구를 가진 개인을 더 이상 병리적 관점에서가 아닌, 강점관점에서 바라보기 시작했다는 긍정적 측면도 작용하였으며, '환경속의 인간'이 재인식되면서 생태 체계적 관점이 재부상하고 보다 광범위한 사회복지실천의 접근이 강조되었다. 아울러 이 과정에서 시대변화에 따라 점차 복합적이고 복잡다단해지는 이용자들의 욕구에 상응하고 효율적인 문제해결을 도모하고자 자원의 조정과 연계, 강점관점을 핵심으로 하는 총체적이고 전문적인 서비스실천접근으로서 사례관리(case management)의 필요성과 그 의의도 더욱 증가하고 있다.

또한 사회복지실천을 위한 기본적인 개입전략으로서 실천가와 서비스 이용자의 동반자적 관계를 전제로 문제해결과 역량강화에 이용자 스스로 기여할 수 있도록 지지하는 원조관계접근(helping relationship)이나 사회복지실천 개입에 있어 효율성이 검증된 프로그램과 실천방법을 채택하도록 강조하는 증거기반실천의 개념 확산과 실천가들의 문화적 역량 향상과 훈련의 필요성 제고 등이 강조되고 있다. 또한 아동, 장애인, 노인, 빈곤층과 같은 전통적 서비스 이용자 외에도 국제 협력과 사회적 기업 등 실천가의 활동영역이 새롭게 개척되고 있다(박주현 외, 2013 참조).

02 한국 사회복지실천의 발달과 동향

1) 근대 이전의 사회복지실천 발자취

우리나라의 사회복지실천 역사는 서구의 그것과 어쩌면 큰 차이 없이 당대의 빈곤자 구제에서부터 그 출발과 내용을 확인해볼 수 있다. 이 장에서는 오늘날 의미 있는 사회복지제도로서 이해될 수 있는 당대의 대표적 제도를 간략히 소개하는 것으로 초기 사회복지실천의 역사를 대신한다.

우선 고구려의 '진대법'(고국천왕 16년, 194년)은 춘궁기에 관곡을 대여하였다가 추수기에 납입케 하는 제도였으며, 이어 고려시대에는 곡식의 매매를 통한 물가조절 기능과 구빈사업 등을 함께하는 상평창을 만들었다. 또한 환자의 치료와 빈민구제를 담당한 동서대비원, 혜민국 등이 있었다.

조선시대에는 흉년에 대비하여 미리 준비를 해두는 비황(備荒)제도가 있었는데, 상평창 등의 기관을 통하여 진휼(賑恤) 및 진대(賑貸) 사업을 시행하였다. 그리고 조선시대의 대표적 민간복지차원으로 향약(鄕約)과 계(契)를 볼 수 있다. 향약은 지배계층의 사회 안정과 질서를 위한 방법으로 사람(백성)의 교화와 구휼의 두 가지 목적을 갖고 있었으며, 반면 계는 지역사회 수준의 민간협동조합을 통한 상부상조의 활동이었다.

일제 강점기, 비록 타의에 의해서지만 현대적 사회제도의 도입으로서 대표적인 것이 '조선구호령'(1940년)이다. 우리나라에서 실시해 왔던 구호활동을 집약한 칙령으로서, 생활보호법의 성격을 갖는 것으로 볼 수 있다. 이는 일제강점기에 제정된 법령과 구호활동은 해방 이후 우리나라의 사회복지관련법령을 만드는 데 기초가 되었다(노혁, 2013).

2) 근대 사회복지실천의 도입기

우리나라의 근대 사회복지실천 도입은 1950년대 초 한국전쟁을 즈음한 시기에 이루어졌다. 서구의, 특히 미국의 원조단체들은 우리나라 사회복지실천의 초석을 다지게 하는 계기가 되었으며, 무엇보다도 전쟁으로 인해 혼란한 시대에 구호활동을 위해 상당한 노력들을 기울였다.

그러나 다수의 외원기관들이 들어와 활동하는 과정에서 예전 서구의 역사에서처럼 서비스의 중복수혜나 사각지대가 발생하면서 서비스의 조직과 전달의 문제가 드러나고 체계적인 협조의 필요성이 강하게 인식되기 시작하였다. 이를 위하여 1952년 3월, 외원단체들의 협력조직체인 한국외원단체협의회(Korea Association of Voluntary Agencies, KAVA)가 탄생하게 되었다. 이 조직은 지금까지의 구호 및 원조에 있어서 발생한 혼선을 예방하고 서비스 제공자 간의 협력과 조정기능을 강화하여 정보교환과 사업계획의 통일, 협력 체제를 통한 사업의 원활한 추진을 목적으로 하였다.

외원단체들이 국내에서 펼친 각종 사회사업 내지 실천방법들은 곧 우리나라 사회복지실천이 근대적 형성을 이루는 데에 중요한 영향을 미쳤다. 그 영향을 정리하자면 다음과 같다(최원규, 1996). 첫째, 한국의 사회사업이 기독교와 밀접한 관련 하에 전개되도록 하였다. 둘째, 한국에서 전문 사회사업이 시작되도록 하였으며, 셋째, 시설중심의 사회사업이 발전하게 된 계기를 만들었다. 넷째, 한국의 사회복지가 거시적인 사회정책보다는 미시적인 사회사업 위주로 발전하게 하였고, 다섯째, 한국인들로 하여금 사회사업을 구호사업 또는 자선사업과 같은 것으로 인식하게끔 하는 데 기여하였으며, 여섯째, 외원단체의 철수에 따라 외원에 크게 의존하던 한국의 민간 사회사업 부문이 이제는 정부에 의존하게 됨으로써 민간 사회사업 부문이 정부 통제 하에 편입되게 하는 데 영향을 미쳤다.

한국전쟁 이후 서서히 안정을 찾기 시작하고 경제적 발전의 초석이 마련되기 시작하면서 외원단체의 활동도 점차 줄어들기 시작하였다. 특히 1970년대에 들어서면서 한국의 고도 경제성장으로 외원의존도가 확실히 감소하면서 국내의 자생적 민간기관 및 단체를 포함한 우리나라의 사회복지실천은 아직 체계를 이어받거나 발전시키지 못한 상태에서 자구적인 전문실천을 모색하기 시작하였다. 그럼에도 외원단체들 중에서는 우리나라에서 토착화에 성공한 단체들도 있으며, 이들은 역사적 의미뿐 아니라 일정부분 실제로 우리나라 사회복지실천의 도입과 성장에 기여하기도 하였다.

외원기관에서 출발하여 한국 사회에 뿌리를 내리고 현재까지 사업을 전개하고 있는 몇몇 대표적인 국내 사회복지기관들로는 기독교 아동복지회(Christian Children's Fund, CCF: 현 한국복지재단), 선명회(World Vision of Korea: 현 월드비전), 홀트아동복지회(Holt Adoption

Program, HAP), 한국지역사회복리회(Save the Children, SCF: 현 세이브더칠드런), 캐나다 유니테리안봉사회(Unitarian Service Committee of Canada, USCC: 현 한국봉사회), 메노나이트 중앙재단(Mennonite Central Committee, MCC: 현 가정복지회), 스웨덴아동구호연맹(Swedish Save the Children Federation, SSCF: 현 한국아동복지회), 양친회(Foster Parent's plan, FPP: 현 양친사회복지회), 태화복지재단 등이 있다(엄명용 외, 2011).

3) 사회복지실천현장 기반 조성과 성장기

(1) 사회복지교육의 발달과 전문단체의 조직

사회복지실천의 도입에 이어서 보다 전문적이고 체계적인 양성교육에 대한 필요성과 그 중요성이 날로 증대되어 갔다. 이에 사회복지실천과 관련한 다양한 제도적 발전이 진행되는 가운데 사회복지교육에서의 변화도 확인하게 된다.

이에 따라 1950년대부터 시작된 전문사회사업 교육은 미국식 전문교육 모형을 받아들여 치료중심의 사회사업방법론을 교육하게 되었다. 1960년대에는 여러 대학에서 사회사업학과가 설치되었고, 1970년대부터 제도적 접근의 필요성과 사회사업이라는 용어에 대한 국민들의 부정적 이미지를 극복하기 위한 수단으로 사회사업학과가 사회복지학과로 바뀌는 경향이 나타나기도 했다. 동시에 거시적 실천의 도입과 관심이 커지기 시작했다(김융일, 2003; 엄명용 외, 2011 재인용).

이러한 교육적 측면의 변화와 함께 1965년에는 우리나라의 사회복지실천전문직 단체가 탄생하게 되는데, 주로 당시 병원이나 외원기관에서 일하고 있던 개별 사회사업가들을 중심으로 한 '한국 Case Worker 협회'가 그것이다. 이는 '한국 사회사업가협회'를 거쳐 1982년 '한국사회복지사협회'로 거듭나고, 한국사회복지사윤리강령을 비롯한 우리나라에서의 사회복지실천의 교육과 전문성 제고 및 실천가들의 권익대변을 위한 전문직 단체로서 성장하여 오늘에까지 이르게 된다.

(2) 사회복지실천의 법제도적 정착과 전문성 강화

사회복지사업법 제정(1970)으로 사회복지실천관련 법인 및 기관, 시설, 인력 등 운영 전반에 관한 법적인 근거가 마련되면서 우리나라의 민간 및 공공 복지서비스 제도의 기틀이 조성되었다. 이후 1980년대부터 1990년대 초까지 민간사회복지분야가 더욱 분화하고, 서비스 제공은 시설수용보다는 재가 및 지역사회 내 실천활동으로 점차 대체되었으며, 각종 서비스 프로그램들이 개발되기 시작했다. 동시에 공공행정 차원에서는 사회복지전담공무원제도가 도입(1987)되면서 보다 체계적이고 효율적인 사회복지실천 지원을 기대할 수 있게 되었으며, 이로써 민간차원의 실천과 함께 지역사회 내 각종 사회복지제도나 서비스 지원의 중요성을 각인시켰다.

이후 1990년대 중반부터 사회복지실천은 발전기에 접어들어 양적, 질적인 면에서 크게 발전했다고 볼 수 있는데, 이때부터 사회복지실천의 전문성 강화, 지방자치제에 따른 지방분권화, 재가 복지 서비스의 확대, 지역사회중심의 자활 사업 전개 등 질적인 변화로 새로운 전환점을 맞게 되었다(최해경, 2010).

그런가 하면 1983년 사회복지사업법의 개정으로 '사회복지사'가 법적 명칭으로 자리 잡았고, 동법의 1997년 개정으로 2003년부터 사회복지사 1급 국가자격시험이 시행됨으로써 사회복지사들의 양적 팽창을 관리하고, 동시에 전문가로서의 최소한의 지식기반 검증을 꾀하기 시작하였다.

또한 1997년 시행된 정신보건법에 의해 '정신보건사회복지사'가 탄생하여 지역사회 중심의 정신보건센터와 사회복귀시설에서 정신보건사회복지를 실천함으로써 사회복지사의 전문성에 대한 새로운 인식과 발전의 중요한 계기가 되었으며, 아울러 의료사회복지, 학교사회복지, 교정복지 등등의 전문적 실천분야가 분화하고, 그에 상응한 사회복지실천가의 전문성 강화가 진행되고 있다.

4) 사회복지실천현장 성장과 발전기

(1) 사회복지실천현장의 서비스 체제 변화와 도전

1980년대 중반 이후 공공과 민간영역의 복지서비스 전달체계와 전문 인력이 체계적으로 정비됨에 따라 미시적·중시적·거시적 실천접근을 반영하는 교과목을 균형 있게 배치하는 노력이 가속화되었다. 또한 일반주의실천(generalist practice)과 특화주의실천(specialistpractice)의 차별화를 위한 논쟁, 생태체계관점과 복지실천의 핵심가치에 대한 논의, 사회복지실천의 과학적 검증에 대한 시대적 요구증대, 통합적 실천방법으로서 사례관리서비스에 대한 관심 확대, 사회정책과 사회복지실천 간의 유기적 관계 등 우리나라 실정에 맞는 실천방법을 강구하는 노력이 진행되었다(이효선, 정푸름, 2012). 이 과정을 통해서 한국의 사회복지실천현장은 그 구조와 맥락에서 현격한 변화를 겪게 되었는데, 특히 2010년대 사회보장급여법 제정 및 개정으로 사회복지전담공무원의 배치와 업무, 통합사례관리 등에 관한 법적 근거가 마련된 점은 사회복지서비스 제공과 기관, 연계 등 서비스체계 전반에서의 성장과 발전을 더욱 촉진하였다.

최근 들어 우리 사회는 유래를 찾기 어려울 만큼의 저출산·고령화 현상 속에서 그 어느 때보다도 만연한 경제위기와 실업, 가족 해체 등에서 비롯되는 다양하고 복합적인 사회문제들에 대한 '사회적 돌봄' 요구에 더욱 직면하게 되었다. 이는 곧 사회복지서비스 다양화와 맞춤형 지원 그리고 이에 맞는 전달체계 개편 요구와 직결된다. 이런 현상을 반영하여 정부는 2018년 지역사회중심의 통합적 복지체계인 '지역사회통합돌봄'(커뮤니티케어, community care)를 제시하면서 우리나라 사회서비스 재구조화를 꾀하기 시작했다. 지역사회통합돌봄이란 "케어(care)가 필요한 주민들이 자기집이나 그룹홈 등 지역사회(community)에 거주하면서 개개인의 욕구에 맞는 서비스를 누리고 지역사회와 함께 어울려 살아가면서 자아실현과 활동을 할 수 있도록 하는 사회서비스 체계"(보건복지부, 2018)로 정의되며, 지역사회 거주를 기반으로 하면서 좁은 의미의 돌봄뿐 아니라 주거, 복지 및 보건의료서비스 등을 포괄하는 개념으로 접근한다.

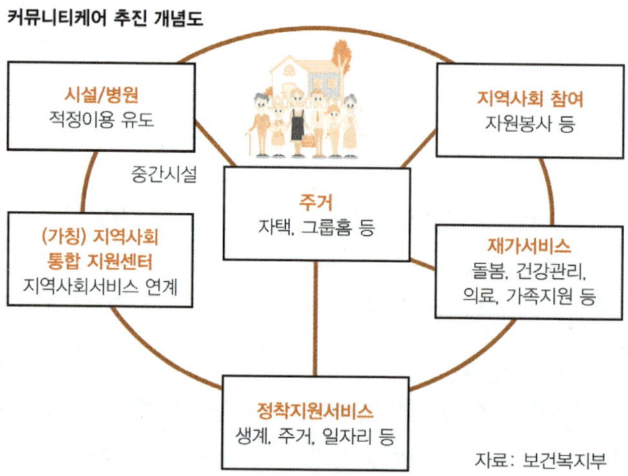

• 그림 2-1 • 커뮤니티케어 추진 개념도

이처럼 지역사회를 중심으로 하는 서비스체계는 지금까지 전혀 없지 않았지만, 최근의 급격한 사회변동과 문제 발생에 적극 대응하여 사회적 비용지출의 효율성을 제고하고 효과적인 사회보장제도의 지속가능성을 담보하며, 궁극적으로는 사회적 약자에 대한 사회복지의 기본가치 실현과 지원체제를 확립한다는 의미에서 지역사회통합돌봄은 시기적으로 매우 중요한 과업을 내포하고 있다. 따라서 사회복지실천현장에서는 사회복지사의 전문성을 강화하여 사례관리 전담인력을 보강하고 지역사회 연계를 통한 민관협동의 통합사례관리 강화가 요구되는 현실이다(이경준, 임수정, 2019).

그런가 하면, 오늘날 사회복지실천현장은 앞선 요구들과 함께 수많은 도전에 직면해있기도 하다. 우선 공공복지 영역에서의 전통적 관료주의나 전달체계의 효율성 문제, 민간복지 영역에서의 전문성 담보 우려와 불안한 재원 확보나 운용 문제 등의 극복을 넘어서 공공과 민간의 협력 및 연계체제 도모와 상호적 공공성과 책임성 공유, 더욱 높게 요구되는 사회복지기관의 윤리경영 의식과 사회적 경제관점 등 그 차원도 매우 다양하다. 더욱이 최근의 코로나19로 인한 팬데믹(pandemic) 현상 속에서 사회복지영역도 곳곳에서 취약점이 드러나면서 지역사회서비스 체제에 대한 총체적 점검과 함께 '비대면·비접촉' 시대의 새로운 서비스 모형과 프로그램들이 개발되어야 한다.

또한 노인, 장애인, 여성, 아동 등 전통적 사회계층 외에도 성, 종교, 경제 요인 등으로 인한 사회적 소수자들에 대한 인권관점의 실천주의도에 관심을 확장시켜야 하며, 총체적으로는 사회복지서비스를 필요로 하는 이들에 대한 내국적 관점에서 벗어나 난민 등을 포용하는 다문화주의 관점과 그에 입각한 사회복지실천이론과 방법론, 프로그램 개발과 같은 전문서비스 정립도 중요한 시대적 요구이자 도전이다.

(2) 사회복지사 양성교육 체제 변화와 질 관리

2000년대 들어서 사회복지사의 양적 팽창으로 전문성 제고를 위한 자격관리 체제에도 변화가 필요하게 되면서 2003년에 제1회 사회복지사1급 국가시험을 실시하게 되었다. 이후 전문영역에 특화된 사회복지사가 사회복지서비스를 제공토록 함으로써 서비스의 질적 수준을 높이고 전문성을 확보하기 위한 노력으로 2018년 보건복지부는 사회복지사업 개정을 통해 의료사회복지사, 학교사회복지사 및 정신건강사회복지사 등 3개 직군의 국가자격증을 신설하였다.

최근까지 사회복지사의 전문성 함양과 질 관리에 대한 논의가 계속되고 있는 가운데, 한국사회복지교육협의회를 중심으로 기존 사회복지사 양성교육 및 자격증 수여체제에 대한 전면 제고를 통해 2019년에는 사회복지사 자격제도에도 변화를 가져왔다(사회복지사업법 시행규칙 개정 공표, 2019.8.12.).

- 2020.1.1. 이후 사회복지학 과정 이수 대상자부터 기존 선택과목 이수학점을 4과목 12학점에서 7과목 21학점으로 확대
- 실습시간을 기존 120시간 기준에서 160시간으로 확대
- 실습세미나 이수 및 실습기관은 보건복지부장관이 선정한 기관에서만 가능

이와 같은 변화 모색과 질 관리는 무엇보다도 전문가로서의 자기지식과 의식을 확장하고, 변화하는 사회복지현장의 요구를 적시에 이해하고 수용할 수 있는 실천전문가로서의 실무 역량을 함양토록 하기 위한 것으로 앞으로도 지속적인 변화를 거듭하게 될 것이다. 그러나 이것은 사회복지사에 대한 합리적 처우 개선과 직업군에 대한 사회적 인식 고양이 수반되어야한다.

생각해봅시다

1 빈곤문제가 사회복지실천에 미친 영향에 대해 논해 봅시다.

2 Richmond의 저서 『사회진단』의 주요 내용을 추가 조사하고, 오늘날 사회복지실천에 미친 영향에 대해서 논해 봅시다.

3 Flexner의 사회복지실천에 대한 비판 배경을 설명해 봅시다.

4 '환경 속의 인간' 관점이 사회복지실천에서 중시되는 이유에 대해 논해 봅시다.

5 한국전쟁과 외원단체의 활동이 우리나라 사회복지실천에 미친 영향에 대해 논해 봅시다.

6 외원단체 중 국내에 정착한 대표적 기관 및 단체들의 현주소를 파악하고, 최근의 주요 활동들은 무엇인지 발표해 봅시다.

7 사회복지실천분야 중 자신의 관심분야에 대한 최근의 정책방향과 전문성 제고를 위한 과제에 관하여 조사하고 발표해 봅시다.

Chapter 03

사회정의와 사회복지실천의 가치

사회복지학은 인간과 사회를 대상으로 하는 가치 지향적인 학문이기 때문에 실천 현장에서 윤리적인 문제가 자주 발생할 수 있다. 사회복지사는 사회복지실천 과정에서 윤리적 갈등상황이 발생했을 때 어떤 결정이 바람직한 것인지를 숙고해야 한다.

이 장에서는 가치와 윤리에 대한 기본적 이해를 토대로 사회복지실천이 추구하는 핵심 가치들을 살펴볼 것이다. 사회복지실천현장에서 발생하는 윤리적 쟁점에 대해 사례를 토대로 알아보고, 윤리적 갈등 해결을 위한 원칙들을 공부할 것이다. 마지막으로 윤리적 갈등에 대한 기본 원칙을 제공하고 있는 우리나라 사회복지사 윤리강령의 내용을 살펴보고자 한다.

학습목표

1 사회정의와 인권 그리고 사회행동이 사회복지의 기본임을 인식할 수 있다.

2 가치와 윤리의 기본 개념을 살펴보고 사회복지실천이 추구하는 가치를 이해할 수 있다.

3 우리나라 사회복지사 윤리강령의 내용을 이해할 수 있다.

주제어

사회정의, 인권 옹호, 사회행동, 사회복지실천의 가치, 윤리, 사회복지사 윤리강령

01 사회정의와 인권 그리고 사회행동

1) 사회정의와 사회복지

사회복지제도가 만들어지는 과정에는 사회구성원의 사회적 논쟁은 윤리적 가치에 정당한가에 대한 판단에 근거한다(김기덕, 2002). 따라서 사회복지실천 분야뿐만 아니라 사회복지제도와 법률, 정책 그리고 복지국가의 구성에서도 윤리와 철학에 대한 사회적 합의는 필수적이다(유태한, 2019). 그러나 역사적 흐름을 볼 때, 한국 사회의 상황은 사회적 갈등 속에서 사회복지분야는 본래의 목적보다는 각 정치 진영의 정치적 수단으로 이용되어 왔다. 이러한 환경 속에서 사회복지정책의 사회구성원의 욕구에 체계적으로 대응하기 보다는 발전주의 패러다임을 보완하는 '최소주의 사회정책'으로써 역할을 다해왔다(문재인 정부, 2018). 이러한 역사적 사회상황은 사회복지제도의 구성원리에 대한 논의를 극도로 축소시켜 왔으며, 발전주의 패러다임을 보완하여 사회적 문제를 일시적으로 완화하는데 치중하게 함으로써 사회적 논쟁이 현재까지 축적되어 왔으며, 이러한 사회적 논쟁에 대한 종결적 합의 없이 최근에는 정부의 입장이 최소주의적 사회정책에서 벗어나 사회복지제도에 대한 범위와 국가책임을 확대하는 쪽으로 선회하였다(유태한, 2019).

사회복지는 인간의 삶에 개입하는 인간학으로써 사회복지분야를 둘러싼 사회적 논쟁의 해결은 단순히 책임을 회피하는데 목적을 두면 안된다. 사회복지분야의 사회적 합의는 효율적이어야 할 뿐만 아니라 규범적으로도 적절하여 사회의 구성원이 사회복지정책을 수용할 수 있어야 하며, 삶을 살아가는 규범으로써 수용하고 사회구성원으로써 협력적으로 행동할 수 있도록 도덕적 기초로써 작용할 수 있어야 한다(유태한, 2019).

한국사회복지사협회에서 제공하는 사회복지사 윤리강령에서는 "사회복지사는 인본주의·평등주의 사상에 기초하여, 모든 인간의 존엄성과 가치를 존중하고 천부의 자유권과 생존권의 보장활동에 헌신한다. 특히 사회적·경제적 약자들의 편에 서서 사회정의와 평등·자유와 민주주의 가치를 실현하는데 앞장선다."를 제시하고 있다. 이처럼 인본주의, 평등주의, 인간의 존엄성과 가치, 자유권, 생존권, 사회정의, 민주주의 등을 핵심가치로 제시하고 있다.

한국 사회에서 복지제도에 기대하는 중요한 기능 중 재분배이다. 즉, 분배적 정의의 실현은 사회복지분야의 총체인 복지국가의 실제 주된 기능 중 하나이며 이러한 재분배가 사회구성원에게 수용되기 위해서는 그에 대한 정당성을 확보할 수 있어야 한다. 그리고 정의라는 가치는 덕, 박애, 평등 등 사회복지가 추구하는 다른 가치들에 비해 더 강력한 구속력을 가진다. 구속력을 가진 정의라는 가치는 사회복지 개입의 정당성을 뒷받침하는 가장 강력한 근거를 제공할 것이다(신정완, 2014).

미국사회사업가협회에서는 사회정의의 가치에 대한 윤리적 원칙이란 "사회복지사들은 사회의 불의에 도전하는 것"이라고 기술하고 있으며, 사회정의를 위한 개입 스타일로는 "주로 빈곤, 실업, 차별, 기타 사회 부정의 등에 변화 노력의 초점을 두는 것"이라고 설명하고 있다. 즉, 사회복지사는 취약하고 억압받는 사람들과 집단을 위해 그들과 함께 사회적 변화를 추구해야 한다. 사회복지사의 사회변화에 대한 노력은 빈곤, 실업, 차별, 기타 사회 부정의의 문제에 우선적으로 초점을 두며, 이러한 활동은 억압 및 문화적인 인종차별에 민감한 것이다. 따라서 사회복지사는 필요한 정보와 서비스 그리고 자원에 접근하기 위해 노력하고 모든 사람들을 위해 의미있는 의사결정에 참여하려고 노력해야 한다(전선영, 2005).

2) 인권과 사회복지

사회복지실천영역에서 클라이언트 욕구중심의 실천기법이 클라이언트의 개인 속성을 변화시키고 자기결정권을 제한한다는 비판과 더불어 인권관점이 등장하였다. 인권관점은 사회복지서비스가 클라이언트의 권리이기 때문에 제공되는 것이며, 사회복지사의 역할은 클라이언트를 변화시키는 것이 아닌 있는 그대로의 인간으로서 그를 수용하고 권익을 증진하는 일이라고 강조한다(김수정, 2014).

사회복지사에게 인권에 기반한 실천은 인간의 존엄성과 평등, 자유, 민주주의의 이념을 학습하는 과정에서 당연한 것으로 인식하고 이론학습과 실천을 해왔다. 그럼에도 불구하고 인권에 대한 이해와 실천이 중요하게 인식되어 사회복지사의 보수교육에 중요한 주제로 제시되는 것은 사회복지와 별개로 인식되지 않도록 하기 위함이다.

인권은 「세계인권선언」, 「국제인권규약」, 「헌법」, 「국가인권위원회법」 등에서 기본적인 성격과 유형이 규정되어 있으며, 사회복지 관련법 중 「사회복지사업법」, 「국민기초생활보장법」, 「장애인차별금지 및 권리구제 등에 관한 법률」(약칭 장애인 차별금지법) 등에서 서비스 이용자의 인권증진에 관한 책임과 역할이 명시되어 있다. 그리고 사회복지사 윤리강령에도 서비스 이용자의 인권에 관한 사항을 인지하고 실천 활동에서 활용해야 하며, 윤리적인 실천이 중요하다.

사회복지실천현장에서 인권관점에 의한 실천을 방해하는 요인이 발생하더라도 사회복지사는 서비스와 프로그램의 기획과 실행, 평가 등에 있어서 클라이언트의 권리가 침해되지 않도록 존중하고 권익을 보장하며, 역량을 증진될 수 있도록 해야 되는 중요한

의의를 가진다(김수정, 2014). 이를 통해 존엄한 존재인 인간을 대상으로 서비스를 제공하는 사회복지사는 휴먼서비스 전문가임을 기억해야 한다.

사회복지사는 클라이언트의 욕구를 사정하고 이를 근거로 문제해결의 과정을 진행한다. 그러나 서비스 제공과정에서 전문가 중심의 개입인지 혹은 클라이언트가 주체가 되어 참여가 이루어지고 있는지 반성적 성찰이 요구된다. 이러한 비판 속에서 임파워먼트 기법은 클라이언트에게 권익을 부여하고 역량을 강화할 수 있는 새로운 대안으로 떠오르게 되었다. 물론 임파워먼트 기법은 클라이언트를 역량이 부족한 존재, 결여된 존재로 가정한다는 비판을 받아왔고, 이를 극복하기 위해 인권관점에 기반한 실천이 등장하였다(김수정, 2014).

국가인권위원회(2008)는 인권이 가진 특성을 다음과 같이 설명하였다. 첫째는 인간이 갖는 기본적 권리이다. 인권은 인간이기 때문에 갖는 천부적 권리이며, 인간다운 삶의 영위에 필요한 권리, 즉 인간답게 살 권리이다. 둘째는 인간이 갖는 보편적 권리이다. 즉, 성, 연령, 종교, 사회적 신분 등에 관계없이 모든 인간이 인간이기 때문에 가질 수 있는 권리이다. 셋째는 약자를 위한 권리이다. 사회적 약자는 당연히 누려야 할 권리를 침해 또는 박탈당하는 경우가 많다는 점에서 이들을 위해 반드시 지켜져야 할 권리이다. 넷째는 책임을 동반한 권리이다. 권리를 누리기 위해서는 그에 맞는 책임이 부여된다. 물론 사람의 사회적 지위와 특성에 따라 달라질 수 있다. 다섯째는 인권은 법으로 보장되는 권리 이상의 것이다. 따라서 인권은 법으로써 보장되고 있는 권리에만 한정되지 않고 인간의 존엄성을 보장하는 데에 반드시 필요한 권리는 인권으로 보장해야 한다(국가인권위원회, 2008).

사회복지사가 인권에 대한 인식은 철학적으로 인권사상을 내재화한다는 의미만이 아닌 사회복지시설이나 기관에서 사회복지서비스를 전달하는 업무 행위 자체가 인권증진서비스를 실행하는 것이라는 사실을 인식해야 한다. 따라서 사회복지사는 클라이언트의 문제를 해결하는 과정에서 인권관련 법률과 규범 등에서 제시한 인권 영역을 확인하고 인권증진의 관점에서 서비스를 계획하고 내용을 구성하여 개입 및 실행해야 한다(김수정, 2014).

최근 아동, 청소년, 노인 및 장애인복지시설 내 인권침해 관련 사건이 제시되고 있는 상황에서 더 이상 인권이 무시되는 사건이 발생되지 않도록 사회복지 관계자는 더욱 인권에 대한 감수성을 갖고 있어야 한다.

사회복지와 인권은 별개가 아니라는 점에서 사회복지사에 대한 인권교육과 클라이언트의 인권증진 지침 마련, 인권침해 사례에 대한 조사 및 조처, 인권침해 사건을 전담하는 구제절차와 구제기관의 공식화, 사회복지시설의 인권현황에 대한 외부의 감독 등이 가능하도록 관심을 가져야 할 것이다(김수정, 2014).

3) 옹호와 사회행동

미국사회사업가협회 윤리강령(1996)에서는 모든 사회복지사들은 옹호를 광범위하게 실천하는 책임을 져야 한다고 의무화하였다(전선영, 2005). 여기서 옹호란 '사회정의를 확보 및 유지하기 위한 목적에서 하나 이상의 개인이나 집단 또는 지역사회를 대신해서 일련의 조치를 직접 주장, 방어, 개입, 지지, 추천하는 행위'라고 정의하였다(Mickelson, 1995). 쉬나이더(Schneider, 2001)는 옹호는 대신하여 말하거나 탄원하기, 다른 사람 대표하기, 조치 취하기, 변화를 촉진하기, 권리와 혜택에 접근하기, 동지로 일하기, 영향력과 정치적 기술들 과시하기, 사회정의 보장하기, 클라이언트 역량강화하기, 클라이언트 문제에 동일시하기, 법적 기반 사용하기 등의 개념으로 구성된다고 말하였다(전선영, 2005).

옹호와 유사한 개념으로 '사회행동(social action)'이 있다. 즉 사회복지는 옹호보다 사회행동이라는 용어가 더 많이 사용되었으며, 사회행동은 특정 취약집단이나 계층의 복지욕구 및 문제해결을 위한 입법 활동이 주를 이루고 있다. 옹호와 사회행동은 모두 사회 변화를 목표로 하고 있으며, 상호 교환적 개념이라는 시각과 사회변화를 추구하는 사회행동이라는 큰 틀 속에 옹호가 하나의 역할로 있다는 위계적 개념으로 보는 것이다. 이런 점에서 사회복지 옹호를 사회정의 실현을 위해 사회 개선과 변화를 기꺼이 수용하여 클라이언트의 이익을 추구하기 위해 구체적인 전략을 활용하는 전문가 활동으로 정의하고자 한다(전선영, 2005).

한국의 사회복지사 윤리강령에서는 옹호가 사회복지사의 의무인 것으로 기록하고 있으나, 사회복지실천에서 옹호를 하고 있다고 생각하는 사회복지사는 많지 않다. 사회복지 옹호는 미시와 거시 차원의 개입 모두에서 다 가능하지만 예비 사회복지사와 사회복지사에게 어떤 점을 강조하여 교육하는가에 따라서 사회복지 옹호와 사회행동은 달라질 수 있다(전선영, 2005).

우리는 어떠한 가치관을 갖고 클라이언트를 위해 활동할 것이며, 활동할 것인지 생각해보자. 즉, 개인이 갖는 사회적 가치에 따라 옹호에 대한 태도와 개입 정도는 달라질 수 있다는 점이다. 물론 기관, 직위, 근무연수 등의 특성에 따라서도 사회복지 옹호에 영향을 미칠 수 있기 때문에 옹호와 사회행동에 대한 자기이해를 해야 할 때가 아닌가 생각된다.

02 가치와 윤리

1) 가치에 대한 기본적 이해

휴대폰을 사용하다가 실수로 땅에 떨어뜨려 액정이 파손되었다고 가정해 보자. 이럴 때 보통 우리는 서비스센터에 찾아가고, 비용을 지불하면 서비스기사는 액정을 교체해 준다. 구입 당시처럼 새것은 아니지만 액정을 수리했기 때문에 휴대폰 사용에는 큰 불편함이 없게 된다. 이처럼 기계의 경우는 고장 난 부품을 교체하면 예전처럼 사용이 가능해지지만, 사회복지실천에서는 기계가 아닌 인간과의 만남이기 때문에 기계 수리와 다른 양상이 나타나게 된다. 또한 기계는 조립설명서에 따라 수리하게 되지만, 사회복지실천에서는 명확한 실천 매뉴얼이 있다 하더라도 클라이언트와 사회복지사 또는 주변의 상황에 따라 다양한 과정과 결과들이 나타날 수 있다. 결국 사회복지실천은 감정과 사고체계를 가지고 있는 인간들의 원조활동이고, 개인의 가치와 신념에 따라 행동의 제약을 받게 되는 상황이 나타나게 된다. 사회복지실천 과정에서 가치가 수반되는 문제들을 자주 접하게 되며, 클라이언트와 사회복지사가 어떠한 가치관을 소유하고 있느냐에 따라 실천과정 및 결과는 달라질 수밖에 없다.

가치란 객관적으로 증명할 수는 없으나 개인이 주관적으로 선호하는 것으로, 개인이 어떠한 적절한 행동을 선택하는 데 있어 지침이나 기준이 되는 것이다(Lowenberg, 1988: 12; 양옥경 외, 2010 재인용). 또한 가치는 어떤 행동이 좋고 나쁘며, 옳고 틀리며, 바람직하고 바람직하지 못하다는 도덕적 판단의 기준을 말하며, '~이래야 된다, ~저래야 된다'는 당위성을 이야기한다고 볼 수 있다(엄명용 외, 2011). 따라서 가치는 인간행동의 기준이 되며 인간행동의 방향과 동기를 제공한다.

2) 가치의 분류

가치에는 개인적 가치, 사회적 가치, 기관의 가치, 전문직의 가치 등으로 분류할 수 있다(Dolgoff 외, 2005; 김혜영 외, 2010 재인용). 개인적 가치란 주로 가족, 종교, 문화의 영향을 받으며, 개인의 환경에 따라 다르게 형성될 수 있다. 사회복지사는 실천과정에서 클라이언트가 자신의 가치에 대한 언급을 하지 않더라도, 클라이언트가 어떠한 가치를 가지고 있는지 이해하기 위해 노력해야 한다. 사회적 가치란 개인적 가치에 영향을 미치지만 사회의 일반화된 공감대를 반영하는 것으로 시대의 변화에 따라 달라질 수 있다. 청소년의 권리에 대해서도 사회적 가치의 영향을 받는다. 기관의 가치란 각 기관의 역할, 기능, 책임에 따라 표방하는 고유한 가치를 말한다. 아동보호기관의 경우 가족보호를 중요한 가치로 삼는다. 하지만 다른 가치인 아동의 이익을 증진시키려는 기관의 가치와 종종 상충될 수 있다. 가톨릭 기관들은 낙태가 최선의 대안이 아니라고 생각한다. 입양기관의 경우 원치 않는 임신을 했을 때는 입양이 최선의 대안이라고 생각할 수 있다. 하지만 입양 이외의 다른 대안이 많이 있음에도 불구하고 기관의 가치는 일선 사회복지사의 가치에도 영향을 줄 수 있다. 전문직의 가치란 어떠한 직업이 사회에서 전문직으로 인정되는 과정에서 그 전문직의 독특한 실천활동과 관련하여 요구되어지는 가치를 말한다. 사회복지에 대한 가치에 기초한 윤리적 원칙들이 이에 해당된다.

3) 윤리에 대한 기본적 이해

윤리는 어떤 행동의 옳고 나쁘며, 바람직하고 바람직하지 못하다는 도덕적 판단의 기준이 된다. 베이커(Baker, 1995)는 윤리란 "선악의 속성이나 도덕적 의무를 결정하는 일련의 지침, 행동기준 또는 원칙"이라 하였다. 윤리는 행동화된 가치로서, 가치가 행동으로 표출된 것으로 인간이 마땅히 따라야 하는 규범의 총체를 의미한다.

가치와 윤리의 관계를 살펴보면, 가치는 '무엇이 좋고 바람직한가'와 관련된다면, 윤리는 무엇이 옳고 그른가를 다루는 데 있다. 가치는 방향을 제시해 주고, 윤리는 행동의 원칙이나 지침을 제공한다. 가치는 '추구해야 할 이상적인 것'과 관련된 것이고, 윤리는 '가치를 실현하는 실천적인 것'과 관련된다. 가치는 신념이며 과학적 근거도 없으며, 객관적으로 증명할 수 없고 주관적으로 선호하는 것이라면, 윤리는 실질적 결정을 내릴 때 필수적인 것으로 옳고 그른 행동에 대한 사회적 태도를 가리키는 도덕철학이다. 따라서 윤리는 가치에서 나오기 때문에 가치와 조화를 이루어야 한다(이종복·전남련, 2011).

03 사회복지실천의 가치와 윤리성

대부분의 사람들은 일상생활 속에서 다양한 가치들을 지니고 살아가고 있다. 사회복지사도 나름대로 자신의 가치관을 가지고 있다. 사회복지실천 과정에 발생하는 개인들의 가치들을 어떻게 다루느냐에 따라 상호 간의 협력적인 상황이 되거나 상호 갈등상황에 놓일 수도 있다. 보일 등(Boyle et al., 2006)은 사회복지사가 전문적 역할을 수행할 때 다루어야 하는 세 가지 가치 영역을 제시하였다(김기태 외, 2012). 첫째, 사회복지사는 먼저 자신의 가치관이 무엇인지를 깨달아 알고 있어야 한다. 사회복지사 개인의 가치는 클라이언트와 관련된 결정에 영향을 줄 수 있다. 사회복지사는 자신의 가치관, 윤리, 편견에 대한 자기인식(self-awareness)을 확실히 앎으로서 클라이언트의 원조과정에 방해가 되지 않도록 해야 한다. 둘째, 사회복지실천의 전문적 가치를 학습하여야 하며, 다양한 상황에 따라 이들을 적용할 수 있어야 한다. 이를 위해 사회복지의 기본가치 및 사회복지윤리강령에 대해 숙지하여야 한다. 셋째, 둘, 혹은 그 이상의 윤리적 원칙들이 갈등적인 상황에 놓였을 때 관심을 가지고 다룰 수 있어야 한다.

1) 사회복지실천의 전문적 가치

사회복지실천 과정에서 핵심이 되는 전문적 가치를 자스트로우(Zastrow)는 크게 세 가지로 제시하였다. 첫째, 개인의 독특성이다. 모든 사람들은 각자의 다양한 삶의 방식들을 가지고 있다. 자신의 가치체계, 인성, 삶의 목표, 경제적 자원, 정서적 신체적 강점, 개인적 관심, 과거 경험, 동료 관계, 정서적 반응, 자아정체성, 가족관계, 일탈행동의 패턴 등을 독특하게 가지고 있다. 사회복지사는 이러한 개인의 특성을 존중해주고 실천과정에서 고려하여야 한다. 둘째, 클라이언트의 자기결정권이다. 클라이언트는 자신의 의견을 표현하고 싶고, 모든 의사결정과정에 참여할 수 있는 권리가 있다. 정신장애 등과 같이 클라이언트 개인적 상황을 완전히 무시할 수 없지만, 그럼에도 불구하고 최대한 클라이언트 스스로 결정할 수 있도록 배려해주어야 한다. 셋째, 비밀보장이다. 클라이언트에 관한 개인적 정보를 절대 외부로 노출해서는 안 되며, 혹시 클라이언트의 원조과정에서 외부 협력을 위해 클라이언트에 관한 사항을 공유해야 할 때에는 반드시 클라이언트의 동의를 받아야 한다(zastrow, 1999; 김기태 외, 2012 재인용).

레비(Levy, 1973)는 사회복지 업무를 실천할 때 추구해야 할 가치, 즉 사회복지 전문직의 가치를 사람, 결과, 수단으로 구분하여 설명하였다. 첫째, '사람 우선 가치'이다. 인간에 대한 바람직한 개념적 가치로서 전문직 수행 대상인 사람 자체에 대해 전문직이 갖추고 있어야 할 기본적 가치관을 말한다. 구체적으로 말하면 개인의 가치와 존엄성, 개인의 건설적 변화에 대한 능력과 욕구, 상호 책임성, 소속의 욕구, 공통적 인간의 욕구, 개개인의 독특성에 대한 가치 등을 인정하는 가치이다. 클라이언트를 개별화된 인간으로 보고, 능력을 인정해 주며, 개별성에 따라 권한을 인정해 주어야 한다. 예를 들면 인간의 가치와 존엄성 존중, 개별성에 대한 인정 등이 해당된다. 둘째, '결과 우선 가치'이다. 목표로 하는 결과적 가치를 말하며, 서비스 제공 후 초래하는 결과에 대한 가치로서 바람직한 결과 성취를 위해 가져야 하는 가치이다. 또한 사회가 개인의 발전을 위해 사회참여에 대한 기회를 동등하게 제공해야 한다는 사회책임에 대한 믿음을 말한다. 예를 들어 인간의 기본적 욕구 충족, 부적절한 교육이나 주택문제 등의 사회문제를 제거하는 것을 의미한다. 셋째, '수단 우선 가치'이다. 인간을 다루는 수단적 가치로서 서비스 수행방법 및 수단과 도구에 대한 가치관이다. 사람은 존경과 존엄으로 다루어져야 하며 자기결정권을 가져야 하고, 사회변화에 참여하도록 도와줘야 하며, 하나의 독특한 개인으로 인정되어야 한다. 예를 들어 자기결정권 존중, 비심판적 태도가 해당된다(Levy, 1973: 34-42; 양옥경 외, 2010 재인용).

1996년 전미 사회복지윤리강령(NASW)은 사회복지의 가치를 여섯 가지로 구분하였으며, 이 가치에 기초한 윤리적 원칙을 기술하고 있다(Congress, 2005). 사회복지의 가치가 추구하는 기본적 가치는 다음과 같다.

첫 번째 주요 가치는 서비스 제공이다(service). 사회복지사 자신의 이익보다는 클라이언트를 돕는 일에 초점을 두어야 한다. 예를 들어 자산투자회사에서 근무하는 클라이언트가 결혼문제를 상담받게 되었을 때, 사회복지사는 상담을 대가로 자산투자에 대한 조언을 받으려고 하면 안 된다.

두 번째 주요 가치는 사회정의의 실현이다(social justice). 초기 사회복지실천의 역사를 보면 인보관 활동의 경우 지역주민들의 차별과 억압의 이슈에 민감하게 대처하였으며, 사회적 부정의와 억압에 맞서 싸우는 데 전념해왔다. 클라이언트의 다양한 문화적 배경을 이해하고, 문화적으로 적절한 서비스를 제공하는 것은 사회정의의 실현과 밀접한 관련이 있다. 하지만 클라이언트의 문화를 존중한다는 것은 다른 문화의 믿음과 행위에 대해 항상 존중해야 하는 것은 아니다. 예를 들어 우리나라를 비롯해 동양권에서는 자녀에게 신체적 체벌을 하는 것은 허용해왔으나, 미국은 아동학대로 처벌을 받게 될 수 있다. 따라서 사회정의의 실현을 위해 문화적 다양성의 인정이 필요하지만, 윤리적 딜레마는 항상 남아있게 된다.

세 번째 주요 가치는 인간의 고유한 존엄성을 인정하는 것이다(dignity and worth of the person). 하지만 실제 현장에서 클라이언트의 가치와 믿음이 사회복지사와 다를 때 어려움이 발생하게 된다. 예를 들어 신참의 여성 사회복지사가 한 달 동안 전혀 씻지 않은 정신분열증의 노숙인 남자를 상담하는 것이 쉽지 않을 것이다. 특히 존속살해 또는 자신의 딸을 성폭행하여 교정시설에 입소한 재소자를 위해 상담을 할 때, 사회복지사는 심리적으로 어려움을 느낄 수도 있다. 매 맞는 여성이 다시 남편에게로 돌아가려 할 때, 자기결정권을 존중하기 때문에 이 여성의 결정을 받아들여야 하겠지만 실제로는 많은 고민을 하게 될 것이다.

네 번째 주요 가치는 인간관계의 중요성에 대한 가치이다(importance of the human relationship). 인간관계의 단절에서 많은 사회적 문제가 발생될 수 있다. 사회복지사는 개인, 가족, 집단, 지역사회 등 어떠한 대상으로 업무를 수행하던지 간에 사람들의 관계 개선을 위해 노력해야 한다. 클라이언트의 특정 문제가 해결된 것으로 실천과정이 끝났다고 여기지 말고, 사회복지사가 매개체가 되어 클라이언트와 주변 사람들과의 인간관계 회복을 위해 힘써야 한다.

다섯 번째 주요 가치는 성실성이다(integrity). 사회복지사들이 주로 만나는 클라이언트들은 과거에 거절과 상처를 받은 경험이 많기 때문에 신뢰를 형성하기가 쉽지 않을 수 있다. 따라서 사회복지사는 더욱 성실함과 책임감을 가지고 클라이언트를 대해야 한다. 갈등 관계에 있는 부부 클라이언트의 경우 모두에게 성실하게 대하여야 하지만, 각각에게 어떤 정보는 줄 수 있으며, 어떤 정보는 줄 수 없는지를 설명해야 한다. 또한 사회복지사는 끊임없이 전문직의 사명, 가치, 윤리원칙, 윤리기준을 인식하고 그것들을 일치시켜는 태도를 견지해야 한다.

여섯 번째 주요 가치는 사회복지사의 능력을 말한다(competence). 사회복지사들은 항상 자신의 능력 범위 안에서 일해야 하며, 자신의 전문적 기술을 향상시키기 위해 노력해야 한다. 국가 자격증인 사회복지사의 취득은 공인된 사회복지사의 전문 과정을 마쳤기에 클라이언트를 도울 수 있는 능력이 있다는 것으로 여겨진다. 하지만 자격증이 있지만 특정 대상, 예를 들어 장애인에 대한 경험이 전혀 없는 사회복지사는 장애인 대상으로 일할 수 있는 능력을 키우기 위해 또 다른 과정을 이수하기를 원할 수 있다.

• 표 3-1 • 사회복지 전문직의 가치와 윤리적 원칙

사회복지 전문직의 가치	윤리적 원칙
서비스	사회복지실천의 주요목적은 어려움에 처한 사람을 도우며 사회적 문제를 다룬다.
사회정의	사회복지사들은 사회의 부정의에 도전한다.
인간의 존엄성과 가치	사회복지사들은 인간의 천부적인 존엄성과 가치를 존중한다.
인간관계의 중요성	사회복지사들은 인간관계의 본질적인 중요성을 인정한다.
성실성(통합성)	사회복지사들은 신뢰성과 통합하려는 태도로 행동한다.
사회복지사의 능력	사회복지사들은 그들의 능력범위 내에서 사회복지를 실천하며, 그들의 전문성을 발전시킨다.

2) 사회복지전문직의 윤리성

사회복지사의 활동은 사회가 인정한 전문직이기 때문에 사회복지실천 과정에서 윤리성을 요구하고 있다. 다른 직업과 달리 사회복지전문직에게 윤리성을 요구하는 이유를 살펴보면 다음과 같다(엄명용, 2011). 첫째, 사회복지실천의 3대 구성요소인 지식, 기술, 가치에서 가치는 윤리적인 측면을 포괄하고 있는 요소이다. 모든 사회복지실천에는 실천을 위한 지식과 기술만으로는 실천이 이루어질 수 없으며, 클라이언트의 가치, 사회복지사의 가치, 사회복지전문직의 가치, 사회의 가치 등이 함께 영향을 줄 수 있기 때문이다. 둘째, 전문직의 구성요소 중 하나는 윤리성을 요구한다. 따라서 사회복지사의 활동을 전문직으로 여기기 위해서는 윤리성이 중시될 수밖에 없다. 이를 위해 1967년 한국사회복지사협회가 설립될 초기부터 사회복지사 윤리강령을 채택하였으며, 모든 사회복지사는 이를 준수하도록 의무화하였다. 셋째, 사회복지사들이 만나는 사회복지 대상자들은 주로 사회적 약자 및 소수자를 대상으로 하게 된다. 이들은 사회적인 권력과 지위를 가지고 있지 못하기 때

문에 사회적으로 부당한 대우를 당하더라도 저항하거나 스스로 자신들의 권리를 주장하기 어려운 경우가 많다. 따라서 사회복지사는 이러한 대상자들의 입장을 최대한 옹호하여 최선의 복지서비스를 받을 수 있도록 노력하는 윤리성이 요구된다. 넷째, 사회복지실천현장에는 수많은 윤리적 갈등들이 존재한다. 사회복지사는 날마다 이러한 윤리적 문제들에 당면하고 있으며, 윤리적 문제를 잘 이해하고 유능하게 대응할 것을 요구받고 있다.

04 윤리적 갈등의 의사결정

사회복지실천현장에서 가치와 윤리 사이에 갈등이 발생할 때 사회복지사는 하나의 가치나 윤리를 우선적으로 결정해야 하는 윤리적 딜레마를 경험한다. 이때 사회복지사가 도움을 받을 수 있는 의사결정과정과 윤리적 결정지침은 다음과 같다.

1) 로웬버그와 돌고프의 윤리적 의사결정모델

로웬버그와 돌고프가 제시한 윤리적 의사결정모델은 사회복지실천에서 윤리적 의사결정을 내리는데 도움이 되는 지침이다.

• 표 3-2 • 로웬버그와 돌고프의 윤리적 의사결정모델

단계	내용
1단계	문제가 무엇인지, 문제를 야기하는 요인은 무엇인지를 확인한다.
2단계	누가 클라이언트이고 피해자인지, 지지체계와 다른 전문가 등 해당 문제와 관련된 사람과 단체는 누구누구인지 확인한다.
3단계	사회적 가치, 전문가로서의 가치, 클라이언트와 사회복지사의 개인적 가치 등 두 번째 단계에서 확인된 다양한 주체들이 주어진 문제와 관련해서 어떤 가치가 있는지 확인한다.
4단계	주어진 문제를 해결하거나 혹은 최소한 문제의 정도를 경감시킬 수 있는 개입목표를 명확히 한다.
5단계	개입수단과 개입대상을 확인한다.
6단계	확정된 목표에 따라 설정된 각각의 개입 방안의 효과성과 효율성을 평가한다.
7단계	누가 의사결정에 참여할 것인가 결정한다.
8단계	개입방법을 선택한다.
9단계	선택된 개입방법을 수행한다.
10단계	선택된 개입방법이 수행되는 것을 검토하며 예상하지 않았던 결과가 나타나는지 주의를 기울인다.
11단계	결과를 평가하고 추가적인 문제들이 무엇인지 확인한다.

2) 로웬버그와 돌고프의 윤리원칙 준거틀

로웬버그와 돌고프는 윤리적 의무들이 서로 갈등이 만들어지는 상황에서 어떤 원칙이나 법적 의무를 우선시 해야 하는지를 결정하는 것을 돕기 위해 '윤리원칙 준거틀'을 제시하였다.

이때, 서비스를 제공하는 과정에서 사회복지사가 클라이언트와의 관계에서 윤리원칙이 충돌하는 경우에는 상위의 원칙이 더 우선 적용된다. 즉, 사생활보호와 비밀보장의 원칙과 생명보호의 원칙 사이에서 생명보호의 원칙이 더 우선시 되어야 함을 말한다.

사회복지사는 어떤 실천 상황에서든지 관련된 윤리적 원칙과 법적 의무를 확인하고 이후 갈등이 생기면 '윤리적 준거틀'에서 제시된 범주에 따라 결정한다.

• 표 3-3 • 로웬버그와 돌고프의 윤리원칙 준거틀

윤리원칙	원칙명	내 용
윤리원칙1	생명보호의 원칙	인간의 생명보호가 모든 다른 것에 우선한다.
윤리원칙2	평등과 불평등의 원칙	능력이나 권력이 같은 사람들은 '똑같이 취급받을 권리'가 있고, 능력이나 권력이 다른 사람들은 '다르게 취급받을 권리'가 있다.
윤리원칙3	자율과 자유의 원칙	클라이언트의 자율성과 독립성, 그리고 자유는 중시되나 무제한적인 것은 아니라는 것으로서 자신이나 타인의 생명을 위협하거나 학대할 권리 등은 없다.
윤리원칙4	최소 해악의 원칙 (혹은 최소 손실의 원칙)	선택 가능한 대안이 다 유해할 때 가장 최소한으로 유해한 것을 선택해야 한다.
윤리원칙5	삶의 질의 원칙	지역사회는 물론이고 개인과 모든 사람의 삶의 질을 좀 더 증진시킬 수 있는 것을 선택해야 한다.
윤리원칙6	사생활 보호와 비밀보장의 원칙	사회복지사가 클라이언트에 대해서 알게 된 사실을 다른 사람에게 공개해서는 안된다.
윤리원칙7	성실의 원칙 (혹은 진실성과 완전공개의 원칙)	클라이언트와 여타의 관련된 당사자에게 오직 진실만을 이야기하며 모든 관련 정보를 완전히 공개해야 한다.

05 사회복지사 윤리강령

윤리강령은 사회복지 대상자의 권리인정으로 인해 다양한 형태의 윤리적 갈등이 발생함에 따라 이를 해결하기 위한 윤리적 지침의 필요성이 대두되었다. 사회복지사가 반드시 지켜야 하는 행동원칙이나 지침을 의미하며, 사회복지실천 과정에서 다양한 문제에 부딪히게 될 때 판단의 근거나 방향을 제시해주는 것이 사회복지실천 윤리이다.

윤리강령의 기능은 전문가들이 자신의 전문직 가치기준에 맞게 실천할 수 있도록 판단기준을 제시하며, 해당 전문직 실천 대상자들에게 그 전문직이 지켜야 할 기본윤리행위를 알리고 전문직의 비윤리적 행위에 대해 판단할 수 있는 기준을 제시하고 있다(양옥경 외, 2010).

한국사회복지사협회에는 1992년 사회복지사 윤리강령을 제정한 이후, 3차례의 개정작업을 거쳐 2001년 서문, 기본적 윤리기준, 클라이언트에 대한 윤리기준, 동료에 대한 윤리기준, 사회에 대한 윤리기준, 기관에 대한 윤리기준, 윤리위원회의 구성과 운영에 관한 부분으로 범주화하였다.

1) 윤리강령의 기능

① 사회복지실천현장에서 윤리적 갈등이 생겼을 때 지침과 원칙을 제공한다.
② 자기규제를 통해 클라이언트를 보호한다.
③ 스스로 자기규제를 가짐으로써 사회복지전문직의 전문성을 확보하고, 외부통제로부터 전문직을 보호한다.
④ 일반 대중에게 전문가로서의 사회복지 기본업무 및 자세를 알리는 일차적 수단으로 기능한다.
⑤ 선언적 선서를 통해 사회복지전문가들의 윤리적 민감화를 고양시키고 윤리적으로 무장시킨다.

2) 우리나라 사회복지사 윤리강령

-전 문-

사회복지사는 인본주의·평등주의 사상에 기초하여, 인간의 존엄성과 가치를 존중하고 천부의 자유권과 생존권의 보장활동에 헌신한다. 특히 사회적·경제적 약자들의 편에 서서 사회정의와 평등·자유와 민주주의 가치를 실현하는 데 앞장선다. 또한 도움을 필요로 하는 사람들의 사회적 지위와 기능을 향상시키기 위해 저들과 함께 일하며, 사회제도 개선과 관련된 제반 활동에 주도적으로 참여한다. 사회복지사는 개인의 주체성과 자기결정권을 보장하는 데 최선을 다하고, 어떠한 여건 에서도 개인이 부당하게 희생되는 일이 없도록 한다. 이러한 사명을 실천하기 위하여 전문적 지식과 기술을 개발하고, 사회적 가치를 실현하는 전문가로서의 능력과 품위를 유지하기 위해 노력한다. 이에 우리는 클라이언트·동료·기관 그리고, 지역사회 및 전체사회와 관련된 사회복지사의 행위와 활동을 판단·평가하며 인도하는 윤리기준을 다음과 같이 선언하고 이를 준수할 것을 다짐한다.

(1) 사회복지사의 기본적 윤리기준

① 전문가로서의 자세

- 전문가로서 품위와 자질 유지, 업무에 대한 책임
- 클라이언트에 대한 차별대우 금지
- 클라이언트의 복지증진을 위한 국가와 사회에 요구
- 업무수행과정에서의 부당한 압력과의 타협 금지
- 자신의 이익을 위해 전문직의 가치와 권위를 훼손하지 말 것
- 전문적 가치와 판단에 따른 자율적인 업무 수행
- 사회정의의 실현과 사회복지사의 권익옹호 등

② 전문성 계발을 위한 노력

- 최상의 서비스를 위해 지식과 기술의 개발, 활용, 전파
- 정보의 비밀보장으로 클라이언트 보호
- 클라이언트의 자발적이고 고지된 동의에 기초한 연구
- 전문성 계발 명목 하에 서비스 제공에 소홀함 금지
- 제반교육에 적극 참여 등을 포함

③ 경제적 이득에 대한 태도

- 클라이언트의 지불능력에 상관없이 서비스 제공, 차별대우 금지
- 서비스에 대한 공정하고 합리적인 이용료 책정
- 부당한 방법에 의한 경제적 이익 취득 금지 등

(2) 사회복지사의 클라이언트에 대한 윤리기준

① 클라이언트와의 관계

- 클라이언트의 권익 최우선
- 클라이언트의 인간존엄성 존중, 전문성 기술과 능력 발휘
- 자기결정권 보장과 이익의 대변
- 사생활 보호와 비밀 유지
- 클라이언트의 알 권리 존중
- 클라이언트 동의하에 정보 활용
- 클라이언트와 전문적 관계 악용 금지
- 클라이언트와 성적 행위 금지
- 클라이언트를 사회복지 증진을 위한 동반자로 인정하는 등

② 동료의 클라이언트와의 관계

- 적절한 절차 없이 동료 혹은 다른 기관의 클라이언트와 전문적 관계를 맺지 말 것
- 긴급한 사정으로 인한 동료의 클라이언트에게 자신의 클라이언트와 동등한 서비스 제공 등

③ 사회복지사의 동료에 대한 윤리기준

- 동료에 대한 존중과 신뢰

- 사회복지전문직의 이익과 권익의 증진을 위해 동료와 협력
- 동료의 윤리적, 전문적인 행위 촉진 및 법률 규정이나 윤리기준에 따라 대치
- 문제 야기 시에 클라이언트 이익 보호
- 전문직 내 다른 구성원의 비윤리적 행위에 대한 적절한 조치 수행
- 동료 사회복지사 및 타 전문직 동료와 민주적인 직무관계 수립

④ 지도감독자 윤리 기준

- 지도감독자로서의 지위 악용 금지
- 전문적인 기준에 의한 공정한 책임 수행, 평가 공유
- 슈퍼바이저의 전문적 지도, 조언을 존중하고 전문적 업무 수행
- 수련생 및 실습생에게 인격적·성적으로 수치심을 주는 행위 금지 등

(3) 사회복지사의 사회에 대한 윤리기준

- 인권존중과 인간의 평등 및 사회적 약자를 옹호하고 대변하는 일을 주도
- 서비스 개발을 위한 국가 사회정책의 수립, 발전, 입법, 집행에 적극적인 참여 및 지원
- 사회 환경 개선과 사회정의 증진을 위한 사회정책의 수립, 발전, 입법, 집행을 요구, 옹호
- 지역사회문제의 이해와 해결에 적극 참여

(4) 사회복지사의 기관에 대한 윤리기준

- 기관정책 목표달성, 서비스 효율성과 효과성 증진
- 기관의 부당한 정책이나 요구에 대한 공식적 절차 활용
- 사회복지사는 소속기관 활동의 적극적인 참여, 기관의 성장 발전을 위한 노력

(5) 사회복지윤리위원회의 구성과 운영

- 한국사회복지사협회는 사회복지윤리위원회를 구성하여, 사회복지윤리실천의 질적 향상 도모
- 사회복지윤리위원회는 윤리강령을 위배, 침해하는 행위에 대한 접수 및 공식적 대처
- 사회복지사는 사회복지협회의 윤리적 권고와 결정 존중

생각해봅시다

1 사회복지실천의 기본가치에 대해 본인의 신념과 어떤 차이가 있는지 논의해 봅시다.

2 사회복지실천에서 윤리가 차지하는 중요성은 무엇인지 설명해 봅시다.

3 한국사회복지사 윤리강령의 구성은 어떻게 되었는지를 설명하고, 각각의 윤리기준을 정리해 봅시다.

4 사회복지실천현장에서 경험하게 되는 다양한 윤리적 딜레마를 예를 들어 설명해 봅시다.

5 윤리적 딜레마를 경험할 때 어떤 과정을 통해 해결하는 것이 바람직한 것인지 설명해 봅시다.

Chapter 04

사회복지사의 전문성과 성찰적 실천

사회복지사는 전문가인가? 라는 물음에 대한 고민과 그에 대한 이해를 돕기 위해 사회복지사 스스로에게 질문을 던지고 그에 따른 사회복지사의 정체성과 전문성을 이해하기 위한 내용이 담겨져 있다. 다양한 사회복지실천현장에서 활동하는 사회복지사에 대한 이해와 정체성, 전문성을 위한 과정에서 기본이 되는 전문직에 대한 이해와 사회복지 전문직의 정체성에 대한 논의 및 과제에 대해 살펴보고, 예비사회복지사 자신에 대한 이해를 포함한다. 즉, 사회복지사는 실천의 도구로서 자신을 활용하는 전문직이므로 자기인식(self-awareness), 자기성찰(self-reflection)의 중요성을 생각해보는 장이 되고자 구성하였다.

학습목표

1 사회복지가 왜 전문직이 아니라고 비판받았는지 이해할 수 있다.

2 전문직의 여부를 판단할 수 있는 속성을 파악할 수 있다.

3 자기인식의 중요성을 이해할 수 있다.

주제어

사회복지 전문직, 정체성, 자기인식

01 사회복지전문직의 개념과 정체성

1) 사회복지전문직의 개념과 정체성

미국에서 사회복지가 자선활동에서 전문직으로 발전할 시기에 사회복지 전문성에 대한 논의가 시작되었는데 이 논의의 대상자가 플렉스너(Flexner)이다. 이는 미국에서 1915년에 열린 자선 및 교정컨퍼런스에서 사회복지실천는 전문직인가?라는 논문 발표를 통해 사회복지는 전문직이 아니라 클라이언트를 다른 기관에 의뢰하는 중개인에 지나지 않는다고 주장한바 있다.

플렉스너(Flexner)가 주장한 사회복지가 전문직이 아니라고 주장한 구체적인 이유를 살펴보면 다음과 같다.

사회복지는 전문직으로서 갖추어야 할 다음과 같은 속성이 없기 때문에 전문직이라고 볼 수 없다.

첫째, 사회복지는 사회과학적 기초가 결여되어 있다.

둘째, 독자적이고 정확한 지식체계와 가르치고 배울 수 있는 전문기술이 없다.

셋째, 정부의 책임 하에 실시되는 교육제도와 전문적 자격제도가 없다.

넷째, 전문가를 위한 전문직 조직체가 없다(예: 협회 등)

다섯째, 전문적인 실천에 대한 윤리강령이 없다.

플렉스너(Flexner)의 논문에서는 전문성에 대한 특성이 결여되고 그 원인에 대해서는 사회복지의 범위가 너무 광범위하기 때문에 경계를 명확하게 정하는 것은 불가능하다는 것을 지적하였다.

따라서 전문직은 사회과학적 지식, 전문기술, 교육제도, 자격제도, 전문직 조직체, 윤리강령이 있어야 하는데 사회복지는 이러한 속성을 갖추지 않았기 때문에 전문직이 아니다라고 주장하고 있다. 전문성에 대한 정확한 정의를 내리기는 어렵지만 국어사전에 의하면 전문직이란 특정 분야에 대한 전문적인 지식이나 기술이 필요한 직업이나 직책을 의미하며, 사회적으로 인정받은 전문직은 고도의 지식과 기술 뿐만 아니라 철학과 윤리강령이 있는 사회에서 인정하는 직업을 의미한다.

예 의사, 교사, 성직자, 법조인, 회계사, 교수 등 소수의 특정 분야에 직업을 지칭한다.

그린우드(Greenwood)는 전문직의 속성(1957)을 다섯 가지로 제시하였다. 그린우드가 제시한 전문직 여부를 판단할 수 있는 속성을 살펴보면 다음과 같다.

첫째, 체계적인 이론(체계화된 지식기반과 기술)

체계적인 이론의 사용 여부가 전문직과 비전문직을 구별하는 하나의 기준이 된다. 기술의 근원이 되는 체계적인 이론이 존재하는 것은 전문직이 되기 위한 중요한 요소가 된다.

둘째, 전문적인 권위

클라이언트와의 관계에서 전문직으로서 권위를 갖게 된다. 즉 전문가는 사회복지사 또는 사회복지직에 부여된 전문적인 권위와 신뢰가 있어야 한다.

셋째, 사회적인 인가(재가)

공동체 및 사회의 인가 또는 재가 여부에 따라 전문직에 부여되는 권한과 특권이 다르다.

보통 특정 지식과 기술 등을 갖춘 전문가를 배출하는 자격이 있는 집단을 결정하여 권한을 주거나 자격시험을 관장하는 등 독립적인 권한을 부여한다.

넷째, 윤리강령

전문직은 사회로부터 인가 또는 재가를 받아서 얻어지는 권한과 권위를 가지게 되고 전문직의 특권이 잘못 사용되는 것을 방지하고 규제하기 위해 체계화된 윤리강령이 있어야 한다. 윤리강령은 전문직의 행위에 대한 옳고 그름의 판단기준이 되므로 전문가와 클라이언트를 보호하게 된다.

다섯째, 전문직 문화(공유된 전문적 가치와 규범)

전문직은 자체의 고유한 가치나 규범, 상징을 만들어서 공유하고 이를 보존한다. 전문직은 다른 목적을 위한 수단이 되어서는 안 되며, 사명감과 직업의식을 가지고 전문직 활동을 수행해야 한다(김혜영 외, 2014).

사회복지직을 전문직이라고 규정하고 지속적으로 전문직을 추구해나가는 과정 속에 있다고 평가하였다. 그리고 그린우드(Greenwood)가 제시한 전문직의 속성은 지나치게 이분법이라는 한계점을 가지고 있으며, 위 다섯 가지 속성으로만 전문직을 판단하기에는 매우 미흡하다는 비판을 받았다.

홀(hall, 1968)이 제시한 전문직의 대한 준거틀을 다섯 가지로 제시하였다. 홀(hall)이 제시한 전문직의 특성을 살펴보면 다음과 같다.

첫째, 전문적 조직의 활용이다. 전문직으로 일을 할 때 사고와 판단의 중요한 원칙으로 공식조직과 비공식 조직, 동료집단 모두를 포함한다. 이를 통해 전문직에서 공통체의식이 발생한다.

둘째, 공적 서비스에 대한 신념이다. 클라이언트 및 공중에 대한 서비스의 이상은 전문직업의 일차적인 목표라고 할 수 있다.

셋째, 자기규율(규제)에 대한 신념이다. 전문직업인의 일을 가장 잘 판단할 적임자는 동료 전문직업인이며, 이는 가장 바람직하고 실제적임을 의미하고 동료통제에 대한 신념이다.

넷째, 직업의식이다. 자신이 하는 일에 대한 전문직업인의 헌신, 낮은 임금에도 불구하고 일을 하고 싶어하는 열정 등을 반영한다.

다섯째, 전문적인 자율성이다. 클라이언트, 사회복지사 혹은 조직으로부터 외부의 강압이나 압력없이 자발적으로 의사결정을 내려야 하는 것을 말한다.

사회복지학계와 사회복지현장에서는 전문직으로써 전문성을 향상시키고 학문의 정체성을 확보하여 사회적 승인을 얻기 위해 계속적으로 노력을 해야 할 것이다.

이러한 노력을 하기 위한 방향을 제시하면 다음과 같다.

① 전문직으로서 고유의 사명을 달성하기 위한 정확한 목적을 갖는다.

② 전문직으로서 가치나 기본적인 목적을 합의를 통해 이끌어 내고 실천현장에 접근할 수 있도록 공통적인 인식의 틀을 갖춘다.

③ 다양한 사회체계와 관련된 이론과 지식을 포괄적으로 습득하고 이를 통합된 접근방법 내에서 선택적으로 활용하는 접근방법이다(양정남, 2016).

2) 사회복지 전문직의 정체성에 대한 논의 및 과제

① 플렉스너의 비판 이후에 전문직으로 인정받기 위해 사회복지계는 교육적으로 의사소통 가능한 기법을 개발하기 위한 노력을 지속적으로 하고 있다.

② 보수체계를 정립하고 교육 및 훈련 제도를 채택하였으며, 이론을 구축하고 미국 병원 사회사업 협회(1918), 미국사회복지사협회(1921), 미국 정신의학 사회복지사협회(1924) 등 전문직 협회를 설립하였다.

③ 사회복지실천 기초이론을 구축하는 과정에서 정신분석이론에 의존함으로써 심리학 중심의 의료 모델로 치우치는 경향이 있고 개별사회복지실천 중심으로 발달하게 되었다. 이러한 경향은 오늘날 임상 사회사업으로 이어졌고 미국 사회복지 주류를 형성하고 있으며, 개별 치료가 큰 부분을 차지하고 있다.

④ 미국 사회복지의 영향을 많이 받은 우리나라도 1980년대 이후 사회복지사의 사회적 위상과 전문성의 문제가 대두되었다. 이러한 움직임을 살펴보면 사회복지계 내부에서 사회복지전문직에 대한 정체성 위기를 발생시키고 사회복지사로서의 정착을 촉구하는 움직임을 느낄 수 있다.

02 자기인식

1) 자기인식(self-awareness)의 중요성

사회복지사는 높은 자기인식을 가지고 있으며, 가장 중요한 도구는 자신이라는 것을 알고 있어야 한다. 자신의 부족한 부분에 대해서도 정확하게 자기인식을 해야하고 무엇보다 중요한 것은 사회복지사가 사회복지실천을 수행해야 하는 전문가로서 자기 자신이 누구인지에 대해 분명하게 알아야 한다는 것이다. 즉 자신과 클라이언트의 차이를 잘 이해할 수 있어야 한다.

자기인식을 정의하면 자신의 가치, 신념, 태도, 행동습관 등을 깨닫고 사회복지실천에서 의사결정을 하는데 어떠한 영향을 미치는지를 정확하게 인식하는 것을 말한다(이영분 외, 2002). 따라서 사회복지사에게 자기인식은 자기성찰의 자세로 지속적으로 자신을 이해하고 자신을 탐구하려는 행동이 있을 때 가능하고 사회복지사는 자신이 상대방에 대한 자기인식이 반드시 요구된다고 볼 수 있다. 다시 말해서 자기인식은 사회복지사는 자신의 욕구, 감정, 생각, 행동에 대한 자기인식을 발전시켰을 때 좀 더 객관적으로 클라이언트에 대해서 객관성을 가질 수 있으며, 개인적 경험을 의도적으로 활용하여 자신의 업무를 효과적으로 진행, 향상시키는 원동력이 됨을 의미한다.

자기인식이 높은 사회복지사와 낮은 사회복지사의 특성을 비교해 보자(제석봉, 2006: 89).

(1) 자기인식이 높은 사회복지사

- 자신의 감정을 확인하고 분류한다.

- 클라이언트 감정의 시작점이 어디인지 안다. 또한 자신의 감정이 어디서 종결되는지 안다.
- 자신의 취약한 영역과 미해결된 문제를 인식하고 받아들인다.
- 개인적인 가치와 상담관계에 대한 가치의 영향력을 이해한다.
- 내적인 대화를 인식하고 관리한다.
- 개인적인 방어기제를 이해하고 통제한다.
- 클라이언트가 사회복지사의 스타일에 언제, 어떻게 반응하고 있는지 안다.
- 자신이 어떻게 결과에 영향을 미치는지 이해한다.
- 클라이언트에 대한 반응에 기반해 행동을 수정한다.
- 개인적인 장점과 약점에 기반해 직업적인 목표를 세운다.

(2) 자기인식이 낮은 사회복지사

- 자신의 감정을 회피하거나 인식하지 못한다.
- 자신의 감정을 클라이언트에게 투사한다.
- 미해결된 문제들이 객관성을 방해하기 때문에 부적절하게 반응한다.
- 클라이언트에게 감정적으로 반응하지만 왜 그런 것인지 이해하지 못한다.
- 자기패배적 사고를 이해하지 못하기 때문에 비주장적으로 행동한다.
- 자신의 방어적인 반응을 알지 못한다.
- 개인적인 가치에 의해 관계가 무의식적으로 영향을 받으며, 그 가치의 영향력을 관리하지 못한다.
- 자신의 행동이 다른 사람에게 어떻게 영향을 미치는지 인식하지 못한다.

- 클라이언트의 요구와 반응에 의해 행동하지 못하고 자신의 욕구와 스타일에 기반해 행동한다.
- 개인적이고 직업적인 욕구를 인식하지 못하기 때문에 목표설정을 회피하거나 제한한다.

2) 자기인식을 위한 질문

자기인식을 통해 유능한 사회복지사로 성장해 가기 위해서는 반드시 자기 자신이 누구이며, 왜 지금 이 업무를 하고 있는지 사회복지적 가치에 근거해서 분명하게 자기성찰을 하는 것이 중요하다.

사회복지실천을 효과적으로 수행하기 위해서는 사회복지사가 자신의 업무에 대해 고도로 동기부여가 되어 있어야 하며, 사회복지실천의 이념과 가치를 구현하기 위해 실제적으로 행동에 옮겨야 한다. 이를 위해 사회복지사는 자기인식을 끊임없이 점검할 필요가 있다. 따라서 사회복지사의 자기인식을 돕기 위해 다음 몇 가지 질문을 제시해 본다.

첫째, 현재 담당하고 있는 사회복지실천 업무에 대해서 사회복지사로서 나는 어떻게 느끼는가?

둘째, 나의 가정은 어떠한가? 내 업무가 내 가정에 어떤 영향을 미치고 있는가?

셋째, 서비스 이용자와의 관계는 요즘 어떠한가? 서비스 이용자는 나를 어떻게 보고 있는가?

넷째, 나는 내 업무의 초점을 잘 맞추고 있는가? 가령 '무엇이 중요한가? 무엇이 긴급한가? 다음에 할 일은 무엇인가? 등을 잘 정리해서 집중하고 있는가?

브릴(Brill)은 사회복지사의 자기인식에 도움이 될 수 있는 질문들을 다음과 같이 정리하였다.

첫째, 나는 나 자신에 대해 어떻게 생각하고 느끼고 있는가? 나는 정말 사회복지사로서 일할 수 있는 사람인가?

둘째, 나는 나 자신의 기본적인 욕구(신체적, 정신적, 사회적, 영적, 지적 욕구 등)를 어떻게 다루고 있는가? 나는 내 속에서 꿈틀거리는 다양한 욕구들을 어떻게 해결하고 있는가?

셋째, 나의 가치관은 어떤 것이 있으며, 이것이 나의 행동 및 타인과의 관계를 어떻게 규정하고 있는가?

넷째, 나는 내가 살고 있는 사회와 직장과 어떻게 관계하고 있는가?

다섯째, 나의 생활양식은 어떠한가?

여섯째, 나의 기본적인 인생관은 무엇인가?

일곱째, 나는 내가 상대하는 사람들에게 나 자신을 어떻게 보여주고 있는가?

사회복지사의 자기인식(self-awareness)은 자신의 가치, 신념, 태도, 행동습관을 깨닫고, 이들이 사회복지실천에서의 관계와 의사결정에 어떻게 영향을 미치는지를 정확하게 아는 것이 중요하다. 즉, 자기 자신을 도구로 활용하는 사회복지사는 자신의 효과성에 대한 강점과 한계를 정확하게 할 수 있도록 자기 자신을 끊임없이 성찰하는 것이 매우 중요하다. 따라서 사회복지사는 클라이언트가 보이는 성격과 특성, 문제에 대해 민감성, 유연성, 적절성, 직관력을 가지고 반응해야 할 것이다.

생각해봅시다

1 사회복지사가 전문가라고 생각합니까? 그 이유에 대해 설명해 봅시다.

2 사회복지사와 자원봉사자의 차이는 무엇이라고 생각하는지 설명해 봅시다.

3 사회복지사가 전문가가 되기 위해 무엇이 필요하다고 생각되는지 설명해 봅시다.

4 사회복지사가 되기 위해 자기인식이 중요한 이유가 무엇인지 설명해 봅시다.

Part 02

사회복지실천의 접근방법

Chapter 05

사회복지실천의 관점과 통합적 접근

사회복지사는 사회복지실천 과정에 필요한 다양한 이론들과 관점, 모델 등을 숙지하여야 한다. 다양한 클라이언트의 복잡한 문제를 해결하기 위해서 클라이언트와 문제를 바라보는 다양한 관점들의 특징과 차이점을 제대로 파악하여야 하고, 실천현장에 적용할 수 있는 능력도 갖추어야 한다.

사회복지실천은 개별사회사업, 집단사회사업, 지역사회조직의 전통적인 방법론에서 '환경 속의 인간'이라는 이중초점을 기반으로 사회복지실천 방법의 통합화가 진행되어 왔다. 이 장에서는 통합적 접근방법의 주요 특징과 이론적 기반들을 살펴보고, 통합적 접근방법을 기반으로 하는 사회복지실천모델들을 알아보고자 한다.

학습목표

1 통합적 접근방법의 주요 이론적 기반이 된 일반체계이론, 생태학, 생태체계이론의 특징들을 이해할 수 있다.

2 생태체계적 관점을 통해 환경 속의 인간 이해를 체계적으로 설명할 수 있다.

3 통합적 접근방법을 기반으로 한 사회복지실천모델들의 주요 실천기법들을 파악할 수 있다.

주제어

통합적 방법론, 일반체계이론, 생태학, 생태체계이론

01 사회복지실천의 기본 원리

1) '환경 속의 인간' 관점

사회복지실천의 기본적인 시각은 한마디로 '환경 속의 인간(person in environment)'이라고 말할 수 있다. '환경 속의 인간'의 개념은 사회복지실천 방법이 시작되고 정형화되는 과정에서 실천의 기본 원리로 작용해 왔다. 사회복지실천의 목적이 개인과 환경 간의 상호작용의 증진을 통해서 사회구성원 모두의 삶의 질을 향상시키는 것이라고 할 때, 개입의 초점을 개인에게 맞출 것인가 또는 환경에 맞출 것인가에 따라 개입 방향이 달라질 수 있다. 사회복지실천을 개인에게 맞춘다는 것은 개인-환경 간의 상호작용 증진의 책임을 개인에게 둔다는 것을 의미하고, 사회복지실천을 환경에 맞춘다는 것은 개인-환경 간의 상호작용증진을 위해 환경을 변화시킨다는 것을 의미한다.

하지만 '환경 속의 인간'이란 시각은 개인과 환경 간 상호작용 증진의 책임을 개인과 환경 모두에게 두는 것을 의미한다. 인간이 경험하는 각종 문제의 원인을 개인 또는 환경 중 어느 한쪽의 결함으로 보기보다는 개인적 요소와 환경적 요소가 상호작용을 통해 나타난 결과로 보는 것이다. 사회복지사는 개인, 가족 또는 집단체계의 사회적 기능을 향상시키기 위해서 이들 체계들이 그들 주변의 다른 사람들 그리고 그들의 생활에 영향을 미치는 사회체계들과 어떻게 상호작용 하는가를 주시하면서 활동한다. 문제의 원인을 사정하고 문제해결을 시도하려 할 때, 문제해결방안을 개인의 변화에서만 찾을 것이 아니라 그 개인의 문제 또는 역기능에 영향을 미치는 주변 사회적 환경의 변화 또는 개선에서도 찾아야 한다는 것이다.

전미사회복지사협회(1981)의 실천현장에서는 "사회복지실천의 목적은 모든 사람의 삶의 질을 향상시키기 위해 개인과 사회 사이의 상호 유익한 상호작용을 증진시키거나 복구시키는 것이다" 라고 밝히고 있다. 이러한 목적을 달성하기 위해 사회복지사는 3가지 유형의 활동을 한다고 하였다. 첫째, 개인과 개인 주변 환경의 타인 사이의 상호작용을 촉진한다. 둘째, 개인이 자신의 능력을 확대시키고 자신의 문제해결 및 대처 능력들을 향상시킬 수 있도록 도움을 제공한다. 셋째, 사회 및 환경과 관련된 정책에 영향을 준다.

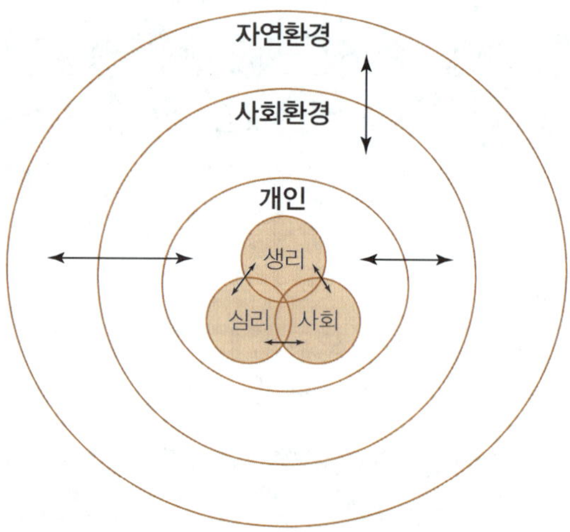

• 그림 5-1 • 인간과 환경의 관계

따라서 사회복지사는 개인, 가족 또는 집단체계의 사회적 기능을 향상시키기 위해서 이러한 체계들이 그들 주변의 다른 사람들 그리고 그들의 생활에 영향을 미치는 사회체계들과 어떻게 상호작용하는가를 주시하면서 활동한다. 즉, 문제의 원인을 조사하고 문제해결을 시도하려 할 때 문제해결방안을 개인의 변화에서만 찾을 것이 아니라, 그 개인의 문제 또는 역기능에 영향을 미치는 주변 사회환경의 변화 또는 개선에서도 찾아야 한다. 또한 개인과 환경 사이의 상호작용 내용과 양상이 어떠한가에 대해서도 관심을 가져야 한다.

2) 개인에 대한 관점

사회복지실천에서는 인간을 '전체로서의 인간'으로 이해하고 접근한다. '전체로서의 인간'이란 인간을 하나의 부분만이 아닌 신체적인 측면, 정서적인 측면, 지능적인 측면, 영적인 상태와 사회성을 모두 총합하여 전체적으로 보는 인간 이해를 해야 한다.

인간의 행동은 생물체가 동기에 의해서 규정된 선행조건에 반응하는 모든 과정을 의미한다. 즉 생물체의 기질과 사회적인 영향력이라는 것이 작용하여 사회행동이라는 결과가 나타난다고 보고 있다. 따라서 인간의 행동을 이해하고 올바른 실천을 하기 위해서는 인간발달단계의 발달적 특징을 이해하고, 개인의 성격을 이해하며, 나아가 사회의 적응과 부적응으로 인한 정상행동과 이상행동을 모두 이해해서 사회복지실천에 적용을 해야 한다. 인간의 문제는 생물학적 또는 신체적·지적·정서적·사회적·영적 특성, 경제 상황, 가족 상황, 문화 배경 등의 특성이 혼합되어 하나의 전체적인 인간의 문제로 표출된다.

'환경 속의 인간'이라는 의미 속에 '인간'은 개인의 '성격'과는 다른 의미이다. 성격은 전체 인간의 한 구성부분에 불과하며, 인간의 의미를 개인의 성격으로 국한하려 할 경우, 사회복지실천활동은 사회복지 영역보다는 오히려 심리학의 영역으로 치우칠 수 있다. 이러한 전체로서의 인간에 대한 관심은 사회복지 전문직이 관여해야 할 업무의 폭을 결정하게 된다. 예를 들어, 음식, 주거, 위생 및 건강유지 등의 기초 욕구를 충족시키는 데 어려움을 겪고 있는 클라이언트의 경우, 클라이언트의 결핍된 욕구충족행위를 원조하기 위해서 사회복지사는 클라이언트의 신체 기능 상태, 지식 및 기술의 수준, 정서적 안정 상태, 자신 또는 타인을 지각하는 상태, 생에 대한 동기 수준, 생의 목적 또는 야망의 유무와 그 내용 등을 진단한 후 진단결과에 따라 다양한 활동을 여러 차원에서 전개할 수 있다.

3) 환경에 대한 관점

인간의 생존과 번영은 환경과의 상호작용의 질, 즉 환경의 요구에 얼마나 효과적으로 순응하고, 개인의 요구에 맞게 환경을 얼마나 적절하게 변화시킬 수 있는가에 의해 결정된다. 환경 속의 인간을 이해하기 위해 환경의 세부적인 차원을 이해해야 한다(권중돈 외, 2005).

환경은 인간을 둘러싸고 있는 내부환경, 즉 사회환경과 외부환경, 즉 물리적 환경을 모두 포함한다. 물리적 환경은 다시 ① 기후와 지리적 조건 등의 자연적 환경과 ② 건축물, 대중매체, 교통체계 등과 같이 자연적 환경 내에 인간이 만들어 낸 구조나 대상들을 모두 포함하는 인위적 환경으로 구분된다.

인간은 자연적 환경과 인위적 환경의 요구에 순응하거나 자연적 환경을 자신이 생활하기에 적합하게 바꿈으로써 환경에 적응해 간다. 물리적 환경이 인간의 생존을 좌우하는 필요조건이라고 한다면, 물리적 환경의 기초 위에 형성된 사회환경은 다양한 인간의 삶과 행동에 직접 혹은 간접적인 영향을 미치는 조건, 상황 그리고 인간 존재 간의 상호관계를 의미한다. 이러한 사회환경에는 미시체계인 개인이 접촉하는 타인, 가족, 집단, 조직, 이웃 등의 중간체계와 국가, 문화 등의 거시체계가 포함된다. 개인을 둘러싸고 있는 사회환경, 즉 다양한 수준의 사회체계는 인간의 삶과 행동에 직접 또는 간접적 영향을 미치며, 인간으로부터 영향을 받기도 한다.

• 표 5-1 • 인간과 환경과의 관계

<table>
<tr><td rowspan="5">생태체계적 관점</td><td rowspan="3">내부환경
(사회환경)</td><td rowspan="3">인간의 삶과 행동에 직접 또는 간접적인 영향을 미치는 조건, 상황 그리고 인간 존재 간의 상호관계를 의미)</td><td>미시체계</td><td>개인</td></tr>
<tr><td>중간체계</td><td>개인이 접촉하고 관계를 맺고 있는 타인, 가족, 집단, 조직, 이웃 등</td></tr>
<tr><td>거시체계</td><td>지역사회, 조직, 사회제도, 문화 등</td></tr>
<tr><td rowspan="2">외부환경
(물리적
환경)</td><td rowspan="2">인간의 생존을 좌우하는 필요조건</td><td>자연적 환경</td><td>기후와 지리적 조건</td></tr>
<tr><td>인위적 환경</td><td>건축물, 대중매체, 교통체계 등과 같이 자연적 환경 내에 인간이 만들어 낸 구조, 대상</td></tr>
</table>

4) PIE 사정 분류체계

PIE 사정 분류체계는 클라이언트가 경험하는 사회적 기능수행 문제를 사정하기 위한 체계적 접근법을 제공한다. PIE 체계는 4가지 요소를 갖는다. 처음 두 가지 요소는 사회복지실천의 핵심적 서술로 구성되어 있으며, 두 번째 두 요소는 타 전문직의 분류작업을 사용하여 정신적, 신체적 문제를 확인하도록 되어 있다. 다음의 4가지 요소 모두는 클라이언트 문제에 대한 전체 그림을 그리는 데 필요하다.

PIE 체계는 다음과 같은 형식으로 클라이언트 문제를 기술한다.

(1) PIE의 기본 구조

- 요소 I (제1축): 사회적 기능수행 문제, 유형, 정도, 지속기간, 대처능력
- 요소 II (제2축): 환경상의 문제 (물리적·사회적 맥락)
- 요소 III (제3축): 정신건강상 문제
- 요소 IV (제4축): 신체건강상 문제

(2) PIE 사정 예시

- 요소 I (제1축): 클라이언트의 사회적 역할 기능수행 문제 사정의 경우는 다음과 같다.
  ① 클라이언트가 어려움을 겪고 있는 모든 사회적 역할들을 규명한다. 예 배우자 역할 문제
  ② 각 문제의 유형(형태)을 규명한다. 예 결혼문제 중 배우자 유기가 문제라면, 문제유형은 상실형으로 규명
  ③ 적절한 사회적 역할과 유형부호를 찾는다. 예 배우자 역할 문제, 상실형은 1250.XXX
  ④ 심각성 정도를 결정해서 부호화한다. 예 부부역할문제, 상실형의 심각성이 심한 것으로 결정되면, 1250.4XX
  ⑤ 지속기간을 결정하고 부호화한다. 예 배우자 역할 문제가 3년간 지속되어 왔다면, 1250.42X
  ⑥ 대처 정도를 결정해서 부호화한다. 예 클라이언트가 과거에 어려운 상황에서 보통정도 대처를 한 적이 있다면, 대처 정도는 3이 되므로, 1230.423
  ⑦ 요소I에 추가로 규명되는 사회적 역할문제들이 있다면 문제 각각에 대해 이 과정을 반복한다.

FACTOR 1: 사회적 기능문제

1. 가족역할	코드	형태	심각성	시간	대처능력	개입방법
□ 부모역할	11					
□ 배우자역할	12					
□ 아이역할	13					
□ 형제역할	14					
□ 다른 가족원역할	15					
□ 의미있는 타인역할	16					

2. 다른 대인관계상의 역할	코드	형태	심각성	시간	대처능력	개입방법
□ 연인	21					
□ 친구	22					
□ 이웃	23					
□ 구성원	24					
□ 기타	25					

3. 직업상의 역할	코드	형태	심각성	시간	대처능력	개입방법
□ 임금노동자	31					
□ 가사노동자	32					
□ 자원봉사자	33					
□ 학생 역할	34					
□ 기타	35					

4. 특수한 생활상황의 역할	코드	형태	심각성	시간	대처능력	개입방법
□ 소비자						
□ 입원환자						
□ 외래환자						
□ 집행유해 / 가출옥자						
□ 죄수						
□ 합법적인 이민자						
□ 밀입국자						
□ 피난민						
□ 기타						
□ 사회적 상호작용문제가 없음	0000					

사회적 상호작용의 문제 유형
10 힘
20 양가감정
30 책임
40 의존
50 상실
60 고립
70 희생
80 혼합
90 기타

심각성 지표	
1 문제 없음	4 높음
2 낮음	5 매우 높음
3 보통	6 극심함

기간 지표
1 3년 이상
2 1년 이상 - 5년 미만
3 6개월 이상 - 1년 미만
4 1개월 이상 - 6개월 미만
5 2주 이상 - 1개월 미만
6 2주 미만

대처능력 지표
1 매우 뛰어난
2 뛰어난
3 보통
4 다소 부적절
5 부적절
6 대처능력 부재

02 사회복지실천의 통합적 접근방법

1) 통합적 접근방법의 등장배경

전통적인 사회복지실천의 방법론은 개별사회사업, 집단사회사업, 지역사회조직, 사회복지행정, 사회복지조사 등으로 구분되어 발달되어 왔다. 그러나 개인, 집단, 지역사회에 제기되는 사회문제에 대처해 나가고자 할 때 사용할 수 있는 공통된 하나의 원리나 개념을 제공하기 위한 노력이 시작되면서, 통합적 접근방법(integrated or united approach) 또는 일반주의 실천방법(generalist practice)이 나타나게 되었다. 통합적 접근방법이 1950~1970년대에 등장하게 된 배경은 다음과 같다(김융일 외, 2009).

① 전통적 방법은 극히 제한된 특정 문제에만 적용할 수 있었고, 최근 사회 변화에 따른 새로운 복잡한 문제 상황 하에서는 전통적 방법을 이용한 원조기술을 가지고는 도저히 개입

하기 어렵게 되었다. 다양하고 복잡한 문제에 효과적으로 대응하는데 있어 한계를 느끼게 되면서 통합적 접근의 필요성이 제기되었다.

② 전통적 방법은 너무 분화되고, 전문화되어 왔기 때문에 서비스의 파편화 현상을 초래했고, 다양한 문제와 욕구를 가진 클라이언트가 다양한 기관이나 사회복지사를 찾아다니는 부담을 초래하게 되었다.

③ 전문화 중심의 교육훈련이 사회복지사의 분야별 직장 이동에 도움이 되지 않았다.

④ 공통기반을 전제로 하지 않는 분화와 전문화가 각각 별개의 사고와 언어 및 과정을 보여줌으로써 사회복지전문직의 정체성 확립에 장애가 나타나게 되었다. 각 영역 사이에 의사소통의 혼란이 초래되면서 사회복지 전문직의 정체성 확립에 걸림돌이 되었다.

1929년 밀포드회의에서 사회복지실천의 공통된 요소를 발견하기 위한 시도로 개별사회복지실천을 기본으로 8개 영역을 공통요소로 정리하여 발표하였다. 바틀렛(Bartlett, 1970)은 『사회복지실천의 공통기반』이라는 책을 통해 사회복지방법의 지식과 가치가 다양한 방법을 규정하고 있음을 강조하면서 그 공통된 기초를 묶어 소개하였다(Bartlett, 1970; 양옥경 외, 2010 재인용). 이후 골드스타인(Goldstein), 핀커스와 미나한(Pincus & Minahan), 플랜저(Flanzer), 시포린(Siporin), 콤튼과 갤러웨이(Compton & Galaway), 메이어(Mayer), 무릴로(Murillo) 등이 통합적 접근방법의 이론적 틀을 구축하기 위해 노력하였다. 이러한 사회복지의 내부적인 노력과 더불어 체계이론, 생태체계이론 등의 외부적인 영향으로 통합적 방법론이 등장하게 되었다.

2) 통합적 접근방법의 개념

여기서 말하는 통합적 접근방법이란 개별사회사업, 집단사회사업, 지역사회조직과 같은 전통적인 방법을 통합적으로 사용하여 클라이언트에게 개입하는 접근방법을 말한다. 접근방법의 통합화를 통해 모든 사회복지사가 개인, 집단, 지역사회에 제기되는 사회문제를 해결하고자 할 때 활용할 수 있는 공통된 하나의 원리나 개념을 제공하기 위함이다.

통합적 접근방법의 통합 방향은 세 가지로 구분할 수 있다. 첫째, 결합적 접근방법이다. 클라이언트가 경험하고 있는 문제와 문제 상황 여하에 따라 전문화된 각종 방법을 단독으로 또는 여러 가지 방법을 임기응변식으로 사용하게 된다. 둘째, 중복된 접근방법이다. 각 방법상의 원리와 기술을 비교해 공통성, 유사성, 차이성, 다양성을 확인하고, 이들 방법 간의 상호관련성을 조합하여 사용하는 것이다. 셋째, 단일화 접근방법이다. 전문직으로서 사회복지실천의 공통된 기반을 재확립하고, 방법을 특징짓는 총체적 관점과 틀을 확정하여 방법의 재편성을 도모해 나가는 것이다.

통합적 접근방법은 ① 순환적 사고, ② 생태체계적 관점, ③ 단일화모델, ④ 이론과 개입의 개방적 선택, ⑤ 환경 속 인간 관점으로 접근한다.

3) 통합적 방법의 특징(김융일 외, 2009)

① 통합적 방법은 사회복지실천에 본질적 개념, 활동, 기술과업 등에 어떤 공통된 기반이 있음을 전제하고 있다.

② 통합적 방법이 갖고 있는 가치관은 클라이언트의 잠재성을 인정하고, 계속적 성장을 통하여 그의 잠재성을 계발할 수

있으며, 성장과 잠재성은 미래지향적임을 강조한다.

③ 사회복지 지식은 과거 심리내적인 역동적 측면으로부터 상황 속의 인간을 이해하고자 하는 일반체계이론까지 확대된 개념을 사용한다.

④ 인간, 환경 양면적 상호작용에 초점을 둠으로써 인간과 환경의 공유영역, 즉 사회적 기능수행영역에 사회복지사가 개입해야 함을 강조한다.

⑤ 클라이언트를 존엄하게 대우하며 그의 강점에 의존하고 또한 그의 참여와 자기결정 및 개별화를 극대화할 것을 강조하며, 사회사업과정의 계속평가를 주장한다.

4) 일반주의 실천의 특징

맥마흔(McMahon, 1996)은 통합적 방법을 지향하는 일반주의 실천의 특징을 5가지로 제시하였다(이윤로, 2008).

(1) 생태체계적 관점을 취한다.

생태체계적 관점은 개인과 환경 사이에 발생하는 다양한 상호작용을 강조하고, 유기체가 얼마나 환경과 조화를 이루는지를 검토하고 부조화가 어떻게 문제에 영향을 주었는지를 보게 한다. 생태체계적인 관점은 환경 속의 인간의 관점을 증대시킬 수 있다.

(2) 다차원적인 접근을 활용한다.

다양한 문제를 가지고 있는 다양한 클라이언트를 다룰 수 있도록 준비되어야 한다. 미시 수준(개인), 중시 수준(집단, 가족), 거시 수준(지역사회, 조직, 제도)에서 모든 실천이 가능하여야 한다.

(3) 개방적인 이론과 개입을 선정한다.

어떤 한 가지 이론과 개입을 고수하지 않고 문제의 성격에 기초하여 개입을 결정하게 된다. 만약 사회복지사가 초보적 수준에서 해결하기 어려운 클라이언트를 만나게 되면 전문적 기술을 가진 다른 사회복지사에게 의뢰하게 된다.

(4) 6단계의 문제해결과정

문제해결과정은 관계 형성, 자료수집, 사정, 개입, 평가, 종결이라는 6단계를 통해 점진적으로 이루어진다.

03 통합적 방법론의 이론적 기반

1) 생태체계관점(ecosystems perspective)

(1) 생태체계관점의 발생 배경

메이어와 마타이니(Meyer & Mattaini, 1999)는 사회복지실천에 있어 생태체계관점의 의미를 미국의 사회복지실천 역사를 통해 설명하고 있다(NASW, 1999). 사회복지실천은 리치몬드(Richmond, 1917)에 의해 '인간과 환경'에 초점을 두는 실천관점이 지배하게 되었다. 이러한 클라이언트의 정신내부에 대한 관심과 함께 인간 상호관계 또는 사회관계 문제에 초점을 두는 심리사회적 관점은 사회복지실천의 특성을 구별하는 중요한 요소가 되었다. 하지만 인간 혹은 환경 어느 쪽을 강조해야 하는지에 대해 끊임없는 불균형이 초래

되었다. 용어상으로도 인간과 환경이 서로 독립적인 것처럼 여겨져 실천현장에서는 인간과 환경 중 어느 하나만을 선택하는 경우가 나타났다. 예를 들어 사회복지사가 학교가기를 거부하는 아이의 우울증을 치료하게 되었다고 가정해보자. 사회복지사는 아이의 행동을 이해하기 위해 학교, 가족 환경의 역할을 제대로 다루지 않을 수 있었다. 반대로 학교, 가족 환경의 역기능에만 관심을 기울이고 힘들어하는 아이 자체의 반응이 무시될 수 있었다. 보통 사회복지사 자신의 선호도에 따라 이중초점이 아닌 하나의 초점만을 선택하게 되었다.

또한 사회복지사들은 클라이언트의 환경에 대한 개입이 어렵다고 느끼면서 클라이언트의 환경 보다는 클라이언트만을 분리하여 개입하고자 하였다. 이것은 인간행동과 발달과정에 대한 지식은 광범위하게 발달되었지만, 환경에 대한 명확한 개입은 발달되지 못한 상태였기 때문이었다. 환경을 배제한 한 개인에게만 초점을 맞추는 것을 선호하였으며, 사회복지사들도 마치 정신과 의사나 심리상담가처럼 여기는 경향이 늘어나게 되었다. 심리사회적인 관점은 점차 사라지고, 환경 속의 인간이라는 관점은 소홀해지게 되었다.

그런데 1960~1970년대의 급속한 사회변화는 빈곤, 소수민족, 아동학대, 가정폭력, 노숙인 등과 같은 새로운 생활양식을 가진 사회적 약자들의 문제가 심각하게 대두되었다. 이들을 돕는 과정에서 단순한 심리상담만으로는 문제해결이 어렵다는 것을 새롭게 깨닫게 되었다. 심리사회적인 관점으로 이들을 개입하는 것이 보다 효과적이라는 것이 명백해지자, '환경 속의 인간' 관점을 재조명하게 되었다. 이런 과정을 통해 새롭게 주목받은 것이 바로 '생태체계관점'이었다.

생태체계관점은 클라이언트의 문제를 지나치게 단순화하거나 축소하는 것을 피하게 하고, 복잡한 클라이언트 문제를 정리하여 이해가 쉽도록 한다. 생태도를 통해 클라이언트의 문제를 그래픽으로 한 눈에 파악할 수 있다. 모든 사람은 자신의 사회적인 관계에서 벗어나 이해하기 어렵다. 생태도는 인간과 환경을 분리하지 않게 하고, 인간과 환경 사이의 연결 관계를 보게 하고 한다.

생태체계관점은 생태학과 일반체계이론의 두 개념을 포함하고 있다. 먼저 일반체계이론과 생태학에 대해 살펴본 후 생태체계관점의 특징을 설명하고자 한다.

(2) 이론적 배경: 일반체계이론

일반체계이론은 19세기 후반부터 자연과학에서 광범위하게 활용된 이론이다. 체계이론 이전에는 기계론적이며 환원주의적이었다. 기계론이란 직선적 인과관계를 말하는 것으로 A가 B를 일으키며, 그것이 C에 적용하여 D가 일어나게 한다는 것이다. 환원주의란 복잡한 현상은 그 현상을 여러 개의 보다 단순한 부분들로 구분하고, 그 부분들을 분석함으로써 설명해야 된다는 것이다. 하지만 이런 좁고 제한된 관점은 여러 사회현상을 설명하는데 한계에 부딪치게 되었다. 예를 들어 우리는 흡연이 항상 폐암을 유발시키는 것이 아니라는 것을 알고 있다. 또한 담배를 피우지 않는 사람들도 폐암에 걸리는 사실을 알고 있다. 단순한 원인-결과의 틀만으로는 여러 사회현상을 설명하기 어려운 것이다. 다른 매개변인들, 즉 자동차 매연 또는 심한 스모그 지역과 같은 불결한 사회 환경이 폐암 발생을 증가시킬 수도 있다(이윤로, 2008).

그러므로 특정 사회문제의 발생이 어느 한 요인이 원인이 되었다고 말하기보다, 여러 가지 요인의 관련성을 검토해보는 것이 바람직한 것이다. 이제는 순환적 인과론(circular causality)의 사고 전환이 필요한 것이다. 순환적 인과론은 문화인류학자 베이트슨(Bateson)이 주장한 것으로 A가 B를 일으킬 수 있기도 하지만, B가 A를 일으킬 수도 있다는 개념이다. 다시 말해 사람들은 서로에게 영향을 주기 때문에, 어떤 행동을 한다고 해서 그것이 일정한 결과를 초래하는 것은 아닌 것이다. 나아가 어떤 한 대상이 영향을 받으면 그것들은 상호반응을 하게 된다. 특히 개인과 환경은 항상 서로 반응하며, 어느 한쪽에 개입을 하면 다른 쪽에도 영향을 미치게 된다는 것을 알게 되었다.

사회복지실천에서도 이러한 순환적 인과론에 입각한 새로운 이론적 틀이 필요하게 되었다. 개인문제 또는 사회문제를 해결하기 위해 연관된 다양하고 복잡한 모든 요인들을 파악해 내고, 이 요인들이 어떻게 문제를 발생시키는 데 상호작용을 하였는지를 이해하고, 개입 전략을 수립하는 데 있어 광범위한 이론적 틀이 필요하게 되었다. 그런데 체계이론이 '환경 속의 인간'이라는 초점을 토대로 클라이언트에 대한 총체적인 관점을 갖게 해 주고 있음을 알게 되었다. 그래서 체계이론은 1970년대 이후 사회복지실천에 중대한 영향을 끼치게 되었으며, 일반주의 실천(generalist practice)의 기반은 생태학적 견지를 포함하고 있는 체계이론에 기초를 두게 되었다.

컴퓨터 게임 중독에 빠진 철수 사례

컴퓨터 게임중독에 빠진 중3 철수 사례 설명. 컴퓨터 게임을 그만 둘 수 없다면 학교 수업에 지장이 생기게 되고 다른 요소들까지 영향을 받게 된다. 철수의 인생에 "어느 한 부분"에 대한 개입이 성공하면, 철수의 게임 중독도 영향을 받을 것이다. 만약 학교에서 개입할 경우, 담임선생님이 철수에게 특별한 관심을 보인다면 철수가 자신감이 생겨 컴퓨터 게임에 대한 관심이 줄어들 수 있다.

① 일반체계이론의 특성

일반체계이론은 사회복지 실천에 있어 가족체계와 가족역동 분야와 관련하여 큰 기여를 하였다. 일반체계이론의 주요 개념이 직관적이기 때문에 명확하게 이해하기가 쉽지 않다. 따라서 일반체계이론이 사회복지실천에서 적용되는 사례들과 가족체계를 예로 들어 설명하고자 한다(Turner, 1996; 이원숙, 2008).

가. 체계(system)

체계란 상호작용하고 있는 요소들의 복합체로서 전체와 부분 간에 관계를 맺는 일련의 단위라고 할 수 있다. 체계의 상호 작용에는 일정한 순서가 있으며, 정적이지 않고 역동적이며, 끊임없이 움직이고 있을 뿐 아니라, 체계의 목적이 지향하는 바에 따라 항상성과 규칙을 유지하며 끊임없이 변화한다.

예 가족체계는 가족구성원들에게 안전, 보살핌, 보호, 특정 자원, 사회화, 재생산 등의 기능을 수행한다. 가족은 시간이 지남에 따라 다르게 조직되고, 항상 변화하고 있으며, 가족성원들은 인생 전반에 걸쳐 다양한 역할들을 담당한다. 가족들은 시간이 경과함에 따라 대표적 패턴들을 형성한다.

나. 경계(boundary)

모든 체계는 경계를 갖는다. 경계는 체계가 어떻게 분류될 수 있을지를 규정한다. 경계는 일정한 형태를 갖춘 물리적인 경계와 개념적인 경계로 나눌 수 있다. 물리적인 경계란 수업을 하나의 체계로 볼 때, 강의실은 경계선이 되고, 학교 건물은

담으로 경계가 명확하게 구분된다. 하지만 개념적인 경계는 일정한 형태를 갖춘 관계를 말한다. 예를 들어 학생이라는 체계는 수업시간에 정기적으로 만나며 상호작용이 일어나기 때문에 체계로 볼 수 있다. 하지만 물건을 사기 위해 길게 줄 서 있는 사람들은 체계라고 할 수 없다.

경계는 다른 체계와 구분할 수 있는 각 체계의 테두리라고 할 수 있다. 사회복지실천 과정에서 사회복지사는 클라이언트의 문제를 사정하기 생태도를 그리는데, 이때 클라이언트와 함께 클라이언트의 체계들을 선택하고, 원을 통해 경계선을 만들게 된다.

예 가족체계의 경계는 구성원을 결정해 준다. 가족과 외부세계를 분리시켜 주기도 하지만, 체계 내에서 하위체계를 구분시켜 주기도 한다.

다. 개방체계(open system)와 폐쇄체계(closed system)

모든 유기체의 경계는 침투성이 있어 에너지 교환이 이루어진다. 에너지의 교환은 체계를 성장하게 하지만 닫힌 체계는 에너지의 접근이 불가능하여 번창할 수 없다. 개방체계란 주변환경으로부터 투입(input), 즉 새로운 정보, 에너지의 유입을 자유롭게 허용하며, 주변과의 지속적인 상호작용을 통하여 체계를 유지한다. 폐쇄체계란 다른 체계와 상호작용하지 않고 외부로부터 어떠한 에너지의 접근도 허용하지 않는다. 그래서 자체의 에너지만을 써야하는 엔트로피 현상이 발생하게 된다.

예 철수의 사례에서 철수가 집밖에 나가기를 두려워한다면, 철수의 개인체계가 폐쇄체계라면 철수의 성장은 어려울 수 있다.

가족구성원을 대상으로 생태도를 작성할 때, 가족구성원들 각각의 주위에 원을 그리고, 체계들 간의 정보, 에너지, 자원의 흐름이 개방적인지 폐쇄적인지를 표시할 수 있다. 원을 그릴 때 주로 선의 모양을 달리하여 표시한다. 견고한 선(——)은 체계의 정체성이 극단적으로 분명하고 체계 간 교환이 단결되어 있는 폐쇄된 경계를 나타낸다. 중간 중간 끊긴 선(------)은 개방된 경계를 의미하며, 체계의 정체성이 분명하고 체계 간 상호작용이 규칙에 따라 이루어지는 경우이다. 점선(⋯⋯)은 극단적인 개방성을 나타내며, 체계의 정체성이 불분명하거나 모호하며 체계 간 교환이 전혀 걸러지지 않은 채로 예측키 어려운 방식과 형태로 이루어지는 것을 의미한다(compton et al., 2005: 25; 이원숙, 2008 재인용).

라. 엔트로피와 네겐트로피

엔트로피 현상[2](entropy)이란 모든 체계는 에너지의 유입이 없으면 해체나 죽음으로 향하게 된다는 자연 보편법칙을 말한다.

예 사람은 나이를 먹으면 결국 사망에 이르게 되며, 자녀들은 성장하면 가족을 이루기 위해 원가족을 떠나게 된다.

네겐트로피(negentropy = negative entropy, 역엔트로피)[3]란 개방체계에서는 환경이나 주위의 다른 체계와 정보 및 에너지를 교환하면서 산출을 생산하여 환경으로 보내게 된다. 그래서 체계가 열려있으면 자기가 쓰는 것보다 많은 에너지를 유입할 수 있다.

---

2) 엔트로피: 체계 내의 조직구성 및 그 기능이 쇠퇴하게 되는 상태(폐쇄체계에 의해 다른 체계와 상호 교류가 없는 체계) (부적 엔트로피)

3) 네겐트로피: 체계의 조직과 질서를 유지시키는 힘, 조직이 살아 움직이며 발달하게 하는 힘이 작용하고 있는 상태

예 이상적인 가족체계는 네겐트로피 상태이며 새로운 경험에 열려 있고, 현 상황에 부적합한 패턴이 있다면 이를 변화시킬 수 있는 상태를 말한다. 또한 일시적 위험에 직면하더라도 이를 효율적으로 회복시키는 자원을 발달시킬 수 있다.

마. 하위체계(subsystem)

하위체계란 전체로서의 체계를 유지하기 위하여 특정 기능 혹은 과정을 수행하도록 할당된 부분이다. 현존하는 모든 체계들은 다양한 하위체계들로 구성된다.

예 부부 하위체계, 부모-자녀 하위체계, 형제자매 하위체계, 개인으로 구분할 수 있다.

바. 항상성(homeostasis)

체계는 요소들간의 관계가 변하더라도 전체적인 구조와 성격은 유지하려고 한다. 항상성은 인간 성장에 필수적인 것으로서, 체계는 안정상태를 유지하려고 변화에 저항하는 경향이 있다.

사. 평형상태(equilibrium)

평형상태란 외부환경으로부터 새로운 에너지를 투입받지 않고 현상을 유지하려는 체계의 속성을 말한다.

따라서 일반체계이론을 활용하는 사회복지사들은 클라이언트의 '엔트로피' 상태(질서가 깨진 상태)를 확인하고 개인과 그를 둘러싼 사회체계(특히 가족체계) 사이에 균형, 즉 평형상태를 회복하려는 것에 초점을 두어야 한다(Healy, 2005).

아. 체계의 변화과정

체계의 변화과정은 투입, 전환, 산출, 피드백으로 설명할 수 있다.

투입(inputs)은 체계가 환경으로부터 에너지, 사물, 정보 등을 받아들이는 것을 의미하며, 체계에 영향을 주는 외적사건, 사회적 접촉, 자극 등도 의미한다.

산출(outputs)이란 체계가 이를 둘러싼 환경에 있는 다른 체계에 미치는 영향을 의미한다. 산출은 다른 체계에 대해 투입으로 작용하는 동시에 그 자체에 대해 피드백을 통해 다시 투입으로 작용한다고 볼 수 있다. 예를 들어 인간은 이산화탄소, 쓰레기 등을 환경에 방출한다. 가족은 자녀를 출산하고 사회화시키며, 외부세계에서 역할을 수행할 수 있도록 준비시키는 것을 말한다.

전환(throughputs)은 투입을 산출로 전환시키는 과정을 말한다. 즉, 어떠한 에너지, 정보 등이 체계 내부로 투입되고 나면 체계 내에 영향을 받아 변형되고 규제받으며, 체계의 기능 수행을 위해 활용되게 된다. 예를 들어 인간의 신체 중 소화기와 호흡기는 전환과정에 해당된다고 볼 수 있다.

피드백(feedback)은 체계가 자신의 기능을 모니터하고 안정된 상태를 유지하는 데 필요한 메커니즘을 말한다. 체계는 정보의 투입에 반응하는 행동을 가져오며, 새로운 정보에 자신의 행동 결과를 포함시켜, 이것에 의하여 다음의 행동을 수정하는 의사소통의 조직망을 의미한다. 긍정적 피드백이란 체계가 목적에 따라 바르게 행동하고 있으며, 같은 행동이 좀 더 요청되는 것을 의미한다. 즉, 산출이 바람직하다는 것을 확인시켜준다. 부정적 피드백이란 체계가 목적달성을 어렵게 하는 정도를 전달하며 체계행동의 수정을 의미한다. 즉, 산출이 양적 혹은 질적인 측면에서 기대하는 바를 충족시키지 못한다는 것을 말해준다.

② 생태학적 관점

생태학은 유기체들이 어떻게 환경을 활용하며, 그것을 파괴하지 않고 자신의 요구에 맞게 변형시킴으로써 자신을 유지하는가, 적응과정에서 환경의 다양성을 어떻게 증진시키며, 생명을 지지하는 환경의 속성을 어떻게 향상시키는가를 이해하는 학문이다.

생태학적 관점이란 모든 유기체는 자연환경 안에 존재하게 되고 환경과의 상호작용을 통해 성장해 가기 때문에 인간-환경을 하나의 단일체계로 보고, 개인과 환경체계에 대한 개입뿐 아니라 인간과 환경과의 상호교류에 대해 각 체계와 유사한 수준에서 개입해야 한다는 시각을 제공한다.

생태학적 관점의 주요 개념들을 살펴보면 다음과 같다(Turner, 1996; 이원숙, 2008).

가. 사회 환경(social environment)

사회 환경이란 일정한 기간에 걸쳐 특정한 지리적 및 사회적 장소에서, 개인과 가족의 일생에서, 사회 및 문화체계 속에서, 사람과 사람들의 상호작용 및 교류가 지속되는 것을 말한다. 그러므로 환경이 곧 우리요, 우리가 곧 환경인 것이다. 사회 환경은 개인, 집단, 가족, 지역사회, 조직, 계층, 문화라는 몇 가지 층들로 구분될 수 있다.

나. 환경 속의 개인(person-in-environment)

사람들은 그들 주변의 다양한 체계들과 끊임없이 상호작용한다. 사회복지실천은 개인과 다양한 체계들 간의 상호작용을 증진시키고자 하며, 환경과 개인의 적합성(person-in-environment fit)을 향상시키는 데 초점을 둔다.

다. 교류(transaction)

사람들은 환경에서 다른 사람들과 활동적이며 역동적으로 커뮤니케이션하고 상호작용한다.

라. 에너지(energy)

에너지는 사람과 환경에 적극 관여하는 데서 나오는 자연적인 힘이다. 에너지는 투입과 산출의 형태를 지닐 수 있다.

마. 공유공간(interface)

개인과 환경 간의 상호작용이 발생하는 바로 그 지점을 말하는 것이다. 이에 따라 환경 속의 개인에 대한 사정에서는 반드시 공유공간에 초점이 주어져야 한다.

바. 적응(adaptation) 및 대처(coping)

적응은 환경적 조건에 적응하는 능력이다. 개인이 효과적으로 기능하기 위해서는 새로운 조건과 환경에 적응해야만 한다. 대처란 문제를 극복하고자 고투하는 것을 의미한다. 적응은 새로운 긍정적 혹은 부정적 조건에 대한 반응을 포함하지만, 대처는 우리가 경험하는 문제를 다루고자 하는 방식을 의미한다.

사. 상호의존성(interdependency)

사람들은 서로 간에 투입, 에너지, 서비스, 일관성 등을 상호 의존한다. 사람들은 존재하기 위해 서로를 필요로 한다.

아. 생태적 체계의 구성

콤튼과 갤러웨이(Compton & Galaway, 1989)는 상이한 수준의 환경을 개인이 처한 개별 상황, 미시 수준, 중간 수준, 거시 수준 등으로 구분하였다(엄명용 외 2011). 여기서는 외적 수준을 추가하여 설명하고자 한다.

개별 상황(individual situation)이란 개인이 어느 특정한 순간에 경험하고 인지하는 부분적 환경이다. 우리가 직접 마주치는 환경으로서, 우리가 주어진 순간에 어떻게 지각하는가에 따라 쉽게 영향을 받는 부분이다.

미시 수준(micro level)이란 개인의 독특한 물리적·물질적 특성을 가진 환경 내에서 경험하는 활동, 역할 및 대인관계 유형을 의미한다. 예를 들어 가정, 가족, 놀이터 등과 같이 사람들이 쉽게 얼굴을 마주 대하면서 상호작용에 참여할 수 있는 부분이다. 이러한 미시적 수준은 인간의 행동 및 정서발달과 성장에 매우 중요한 영향을 미친다.

중간 수준(mezzo level)은 개인이 적극적으로 참여하는 둘 이상의 환경 간의 상호관계로 이루어진다. 예를 들어 가정과 학교, 학교와 이웃, 가족, 직장, 사회생활 사이의 관계가 해당된다.

거시 수준(macro level)이란 개인이 속한 사회의 이념이나 제도의 일반적인 형태 혹은 개인에게 영향을 미치는 환경요소를 의미한다. 예를 들어 일반적 문화, 법, 종교, 정책, 관습 등이 해당된다.

외적 수준(exo level)이란 개인이 적극적 참여자로 관여하지 않지만, 개인이 속한 환경(미시체계)에서 일어나는 일에 영향을 주거나 받는 사건이 발생되는 하나 또는 그 이상의 환경을 의미한다. 예를 들어 부모의 직장, 형제가 다니는 학교, 부모와 친구조직망, 교육청의 활동, 사회복지기관의 활동, 대중매체, 정부기관, 교통통신시설 등이 해당된다.

③ 생태체계적 관점

생태체계적 관점의 대표적 이론적 기반은 체계이론과 생태학이론으로 공통적으로 인간행동에 대한 환경의 영향을 강조하고, 인간과 환경을 하나의 체계로 보고 인간, 환경이라는 각 체계뿐 아니라 이들의 상호작용에도 함께 관심을 갖는다. 생태체계적 관점이란 사회복지실천에 대한 체계이론의 적합성을 높이려는 데 있다. 생태체계적 관점에서는 인간의 심리적 과정이 생물학적·대인관계적·문화적·경제적·조직학적·정치적인 요인 사이의 복잡한 상호작용의 발현이며, 이러한 요인들은 상호작용하면서 일생을 통해 인간행동에 영향을 미친다고 보았다.

생태체계적 관점으로 개입할 때 가장 핵심적인 목적은 개인과 환경 간의 적응과 상호작용을 증진시키는 데에 있다. 개인과 환경 간의 적응은 수동적인 것이 아니라 '능동적이며 변화지향적인 과정'이다. 체계의 상호작용 자체를 향상시키려는 사회복지실천의 노력이야말로 정신분석학, 심리학과 같은 휴먼서비스 전문직과의 차이를 구분 짓는 핵심적인 특성이라고 할 수 있다(Healy, 2005).

가. 생태체계적 관점의 특징

첫째, 상황 속에서 인간의 다양한 변화가능성을 제시한다.

생태체계이론의 근본적 원칙은 체계의 일부 변화는 그 체계의 다른 부분을 변화시키고, 다음에 전체 체계의 기능수행을 변화시킨다.

둘째, 클라이언트의 강점을 강조한다.

사회복지사가 클라이언트와 환경의 부적응 교류 패턴을 개선하려고 할 때 서로의 욕구에 적응해 온 균형과 과정을 존중해야 한다.

셋째, 현재 행동을 '상황 속의 개인'의 편안한 적합성으로 설명한다.

현재 행동을 인간과 상황에 상호 이익을 주는 안정된 균형을 찾고 유지하는 것으로 본다. 인간은 어떻든지 간에 자신과 자신의 상황에 가장 적합한 방법들로 행동하려고 한다(적합성).

넷째, 역기능을 상황 속에서 적응적이거나 합리적인 것으로 개념화한다.

개인의 역기능을 병리적이 아니라 또 다른 가능성으로 본다. 사회적 기능수행상의 문제로 보고 상호작용의 부적응적 패턴으로 고려하게 된다.

다섯째, 개인, 개인의 사회집단 및 사회적·물리적 환경 안에서 변화를 위한 여러 가지 대안을 탐색한다.

나. 생태체계관점이 사회복지실천에 미친 영향

첫째, 생태체계관점은 사회복지사가 심리사회적 관점을 가질 수 있도록 돕는다. 클라이언트와 사회복지사는 클라이언트의 상황을 생태도로 나타내는 과정에서 문제의 복잡한 상호작용을 인식하게 된다. 개인이나 환경 어느 한 쪽을 병리화하기보다는 체계 내부 또는 체계 사이에 일어나는 상호작용에 주목하게 한다.

둘째, 생태체계관점은 사회복지사가 단선적 사고에서 벗어나 체계적 사고를 가질 수 있도록 돕는다. 단선적 사고는 A점에서 B점까지 일방적 혹은 쌍방적 관계만을 생각하게 한다. 마치 나무에서 떨어지는 사과는 오직 한 방향인 위에서 아래로 만 떨어진다는 뉴턴 식 사고를 말한다. 앞에 나온 철수의 사례에서 보면 사회복지사는 철수와의 관계에만 집중하게 한다. 다른 요소들에 대해서는 관심을 갖지 않게 된다. 하지만 체계적 사고는 사물이 어떠한가에 초점을 두는 존재론적 관점이 아닌 각각의 요소들이 서로 상호작용하는 방법에 관심이 있다. 사물의 성질에 관심을 두는 것이 아니라 현실의 구성, 한 개인과 사건을 함께 묶는 과정에 관심을 기울인다. 개인의 관점은 그가 경험하는 현실에 따라 큰 차이가 있고, 그가 현상을 어떻게 보느냐에 따라 다양하게 해석될 수 있다.

셋째, 사회복지실천에 기여할 수 있는 다양한 개입방법이 있다는 점을 인식하도록 하며, 여러 가지 개입방법에 대해 기본적인 소양을 갖추도록 유도한다. 기터맨(Gitteman, 1996: 474)이 말하기를 생태학적 관점은 어떤 이론이나 개념, 모델, 접근도 모든 것을 다 고려할 수 없다는 점을 일깨워준다. 인간조건은 대단히 복잡하기 때문에 우리들은 특정한 조정력과 능력뿐만 아니라 넓은 관점도 동시에 개발해야 한다. 결국 실천기법들 간의 경쟁이 중요한 것이 아니라 우리들에게 필요한 것은 다양한 관점과 다양한 개입방법이라는 메시지를 던지게 된 것이다

(Healy, 2005).

2) 통합적 방법 모델

(1) 핀커스와 미나한의 4체계모델

핀커스와 미나한(Pincus & Minahan)의 4체계모델(1973)은 일반체계이론을 근거하여 포괄적이고 전체적인 관점에서 클라이언트체계를 사정할 수 있는 기초를 제공하고 사회복지사로 하여금 인간과 그의 공식적·비공식적 자원체계 간의 연결에 초점을 두게 한다(이종복·전남련, 2011). 인간의 행복은 주변 환경 속에 있는 체계에 의존되어 있기 때문에 사회복지실천은 주변 환경 체계에 초점을 맞추어야 한다. 즉, 사람들과 사회 환경에 존재하는 체계들 사이의 상호작용이 실천의 초점이 된다.

일반적으로 사람들은 다음 세 가지 체계의 도움을 받는다(이윤로, 2008). 첫째, 가족, 친구, 동료와 같은 비공식적 자연체계, 둘째, 지역사회집단이나 협회 같은 공식적 체계, 셋째, 병원이나 학교 같은 사회체계의 도움을 받게 된다. 그런데 문제를 겪는 클라이언트들은 이러한 체계들의 도움을 받지 못하고 있다. 도움을 주는 체계가 아예 존재하지 않거나, 적절한 자원이 없을 수 있다. 또한 도움체계를 모르고 있을 수 있고, 사용하기를 원하지 않을 수 있다.

사회복지실천 과정에서 클라이언트와 그들의 환경 사이에 어떠한 상호작용 요소가 문제를 일으키는지를 파악하는 것이 중요하다. 사회복지실천의 과제는 첫째, 사람들의 문제해결능력 및 처리능력을 향상시키도록 돕는 것이다. 둘째, 사람들의 자원, 서비스,

그리고 기회를 제공하는 체계들과 연결시키도록 돕는다. 셋째, 그런 체계들의 효과적이고 효율적인 운영을 증진시킨다. 넷째, 사회정책의 개발과 개선에 공헌하는 것이다.

핀커스와 미나한은 사회복지실천의 네 가지 기본 체계를 규정하였다.

① 변화매개체계/변화주도체계(change agent system)

사회복지사 및 사회복지사를 조직하는 기관 및 조직을 말한다. 변화매개인이란 계획적인 변화를 목적으로 특수하게 고용된 '돕는 사람', 즉 사회복지사를 말한다.

※ 변화매개체계가 표적체계가 되는 경우: 사회복지사가 자신이 속한 기관장에게 기관정책을 변경하도록 설득하게 된다.

② 클라이언트체계(client system)

서비스나 도움을 필요로 하는 사람으로 변화매개인과 업무동의나 계약을 맺은 사람을 말한다. 또한 변화매개인과 협력하는 개인, 집단, 가족 및 지역사회도 대상이 된다.

※ 클라이언트체계가 표적체계가 되는 경우: 부부 간 갈등을 겪는 클라이언트에게 부부 간 의사소통을 배우도록 한다.

③ 표적체계/목표체계(target system)

변화매개인들이 그들의 목표를 달성하기 위해 영향을 주거나 변화를 시키는 것이 필요한 개인이나 집단 및 조직을 말한다. 때로는 클라이언트체계와 중복되기도 한다.

※ 클라이언트체계와 표적체계가 같은 경우: 자신의 우울증 문제해결을 위해 상담을 받으러 온 중년의 클라이언트

※ 클라이언트체계와 표적체계가 다른 경우: 담임선생님이 비행청소년을 학교사회복지사에게 의뢰한 경우(담임선생님 - 클라이언트체계, 비행청소년 - 표적체계), 법원의 명령으로 인지행동치료를 받으러 온 학교폭력 가해자의 경우(법원 - 클라이언트체계, 학교폭력가해자 - 표적체계)

④ 행동체계(action system)

변화매개자들이 변화노력을 달성하기 위해 서로 상호작용하는 개인, 집단 및 조직을 말한다. 예를 들어 학교폭력 피해자가 클라이언트인 경우 가족체계, 학교체계, 동료체계, 청소년 관련 단체 등이 행동체계가 된다. 클라이언트 체계, 표적체계, 행동체계가 서로 같을 수도 있고 다를 수도 있다.

※ 행동체계가 동시에 표적체계가 되는 경우: 아동의 행동문제를 개선하기 위해 부모의 양육방식을 변경(표적체계)하고, 동시에 부모가 아동의 행동을 점검하도록 한다(행동체계).

콤튼과 갤러웨이(Compton & Galaway)는 핀커스와 미나한의 4체계에 전문가체계와 의뢰-응답체계를 추가하였다.

⑤ 전문(가)체계(professional system)

전문가단체, 전문가를 육성하는 교육체계, 전문적 실천의 가치와 사회적 인가 등을 말한다. 전문체계의 가치와 문화는 변화매개인 사회복지사의 행동과 사고에 영향을 주게 된다.

⑥ 의뢰-응답체계(referral-respondent system)

클라이언트가 다른 사람의 요청이나 법원, 경찰 등에 의해 강제로 사회복지기관에 오는 경우, 일반 클라이언트와 구별하기 위해 사용한다.

의뢰체계는 서비스를 요청한 사람을 말하며, 응답체계는 법원이나 경찰, 외부 전문가 등의 요청에 의해 서비스기관으로 오게 된 체계를 말한다.

(2) Perlman의 문제해결과정 모델

인간의 삶 자체가 끊임없는 문제해결과정이라는 가정 하에 펄먼(Perlman, 1957)은 최초로 '문제'를 사회복지실천의 변화 표적으로 제시하였다. 클라이언트는 현재의 위기극복을 통해 미래에도 더욱 효과적으로 문제를 다루어나가는 방법을 습득할 수 있다고 가정한다.

펄먼은 4P로 사회복지실천을 정의하였다. 사회복지실천이란 문제(Problem)를 가지고 있는 사람(People)이 어떤 장소(Place)에 자신의 문제를 가지고 도움을 얻기 위해 찾아오게 되면, 문제해결에 필요한 자원을 보완해 주는 과정(Process)을 활용하는 것이다. 4P의 구체적인 내용은 다음과 같다.

① 문제(Problem): 어떤 욕구, 장애, 욕구불만 또는 부적응 등에서 때로는 이러한 모든 것들이 얽힌 것에서 일어난다.

② 사람(People): 진단학파의 이론을 적용하여 클라이언트와 그 가족을 분석하였고, '상황 속의 인간'의 중요성을 강조한다.

③ 장소(Place): 사회시설 또는 기타 여러 종류의 복지기관을 말한다.

④ 과정(Process): 원조를 전문적으로 하는 사람과 클라이언트 간에 진전되는 업무로 의미심장한 인간관계 중에서 진행되는

일련의 문제해결을 말한다.

(3) 저메인과 기터맨의 생활모델(life model)

저메인과 기터맨(Germain & Gitterman, 1980)의 생활모델은 생태체계적 관점을 기반으로 인간과 환경의 상호작용에 초점을 두고 개인, 집단, 지역사회 등 제반 체계에 개입할 수 있는 실천원칙과 기술을 통합시켰다. 클라이언트의 문제를 반드시 인격 장애로서만 보지 않고 생활 맥락에서 문제를 파악하고 생활과정 안에서 문제를 해결해나가도록 하였다. 여기서 말하는 생활과정이란 인간이 각기 다양한 환경에서 태어나 죽을 때까지 다양한 생활경험 속에서 겪는 독특한 발달과정을 뜻한다.

생활모델의 개입목표는 인간의 욕구와 환경자원 간의 적응수준을 향상시키는 것이다.

① 생활모델의 특징

- 클라이언트의 다양성 존중: 클라이언트의 사회경제적 지위, 종교, 성, 연령 등을 있는 그대로 수용하고 존중한다.
- 클라이언트와 사회복지사의 동반자적 관계 강조: 클라이언트는 자신의 삶에 대해 전문가라고 보며, 클라이언트와 사회복지사의 관계를 동반자적인 것으로 본다.
- 통합된 양식과 방법 및 기술 사용: 인간과 환경의 상호작용에 초점을 두고 개인, 집단, 지역사회 등 제반 체계에 개입할 수 있도록 실천원칙과 기술을 통합한다.
- 개인과 집단의 강점을 강조: 생활에서 발생하는 스트레스는 인간-환경 사이의 적응적 교류의 균형이 깨지면서 발생하는 것이어서 개인과 집단이 소유한 잠재능력을 발휘하고 환경의

긴장 요인을 줄여 성장과 촉진적 교류를 회복하고자 한다.

② 스트레스를 발생하는 세 가지 영역

인간과 환경과의 적응적 교류의 균형이 깨지면 혼란이 나타나고, 이러한 혼란은 긴장(stress)을 초래한다. 스트레스는 다음과 같은 세 가지 상호 관련된 생활영역에서 일어난다(이윤로, 2008).

- 생활주기 변화(life transition) 또는 외상적 사건: 성장발달상의 변화, 지위와 역할의 변화, 생활공간의 재구성, 예를 들어 결혼 또는 아이의 출생, 자녀의 분가, 중년기, 사랑하는 사람의 사망 등이 속한다.
- 환경의 압박: 사회적 환경, 물리적 환경이 서로 영향을 주고받는 통합적 체계에서 오는 문제를 말한다. 예를 들어 기회의 불균형, 융통성 없는 조직들, 빈곤, 억압 등이 속한다.
- 대인관계 문제: 가족이나 집단 내에서 역기능적 대인관계 과정, 의사소통의 장애 등을 말한다.

3) 골드슈타인의 단일화모델(unitary model)

골드슈타인(Goldstein)의 단일화모델(1973)은 사회체계모델, 사회학습 혹은 문제해결모델, 과정 모델을 결합한 것으로서 유기체로서의 개인과 역동적인 사회관계 및 양자 간의 상호관계에 초점을 둔다. 사회복지사는 자원을 확보하고 활용하는 능력을 통해 사회변화가 가능하다고 하였다. 사회학습을 개인이나 소집단 체계에 국한시키지 않고, 조직이나 지역사회 등 보다 큰 체계들이 변화될 수 있음을 강조하였다(김융일 외, 2005: 73).

4) 강점관점

강점관점 실천이란 클라이언트가 가지고 있는 잠재능력, 재능, 자질을 강화시켜 줌으로써 사회적 적응을 보다 가능하게 하는 데 초점을 두는 것이다. 모든 인간은 성장하고 변화할 능력을 가지고 있고, 클라이언트는 문제를 가지고 있는 측면과 실제 해결을 할 수 있는 능력과 지식을 함께 가지고 있다는 데서 출발한다(이종복·전남련, 2011). 강점관점 사회복지사는 클라이언트가 자신의 강점과 능력을 확인하고 개발하도록 도와주며, 자신의 자원과 환경을 이용하여 욕구를 적절하게 충족하도록 원조하는 역할을 한다.

의료적인 관점은 사람들을 병리화 시켜 인간의 비정상성, 장애, 약함, 오류, 결함 등으로 수많은 진단명과 라벨을 만들어 냈다. '병리를 가진 사람(person with a pathology)'이 아니라 '병리적 사람(pathological person)'으로 낙인을 찍어 사람의 강점을 모호하게 만들게 되었다. 사회복지사가 사용하는 라벨은 그들이 클라이언트의 가치를 어떻게 보는가 그리고 심지어는 어떻게 처우할 것인가에 대한 아이디어까지 영향을 미친다(Miley et al., 2007: 83-84; 이원숙, 2008 재인용).

(1) 강점관점의 기본 원칙(Saleebey, 2006; 엄명용 외, 2011 재인용)

① 모든 개인, 집단, 가족 그리고 지역사회는 강점을 가지고 있다.

사회복지사는 클라이언트들은 본인 삶에 대해 무엇인가를 알고 있고, 삶의 경험을 통해 무엇인가를 배웠을 것이며, 역경 극복에 대한 희망을 갖고 있고, 무엇인가에 흥미를 갖고 있으며, 어떤 특정한 일은 잘 해 낼 수 있을 것이라는 진정한 생각 또는 믿음을 지속적으로 유지해야 한다.

② 외상, 학대, 질병 또는 그 밖의 힘겨운 삶들은 클라이언트 인생에 상처가 될 수 있지만, 이들은 동시에 도전과 기회의 원천이 될 수 있다.

생활의 고통을 참아내며 생존해 온 사람들은 역경에 굴복하지 않았다는 일말의 자부심을 갖고 있다. 이러한 자부심은 현재 역경 속에서 경험하는 당혹감, 정신적 혼란, 자기불신 등이 감정 속에 잠시 감춰져 있을 수 있다. 하지만 빛이 비춰지고 자극될 때 이들은 변화를 향한 힘의 원천이 될 수 있다.

③ 성장과 변화의 상한성은 없다는 전제 하에 개인, 집단, 지역사회가 원하는 바를 진지하게 받아들여야 한다.

불가능이나 절망의 상태에 초점을 둘 때보다 클라이언트의 희망과 가능성에 무게를 둘 때 긍정적인 결과가 발생할 수 있다. 사회복지사가 클라이언트의 희망과 가능성에 대한 믿음이 클라이언트에게 전달될 때, 클라이언트의 몸과 마음은 최상의 상태로 반응하게 되고 기대 이상의 결과가 나타날 수 있다.

④ 사회복지사와 클라이언트의 협동 작업이 이루어질 때 클라이언트에게 최선의 도움이 주어질 수 있다.

협동 작업이란 모든 문제해결과정에 클라이언트를 적극적으로 참여시키는 것이다. 클라이언트가 수동적인 역할을 하지 않고 클라이언트 자신이 자신의 문제에 대해 어떤 생각을 갖고 있으며, 그 문제를 어떻게 해결하고자 하는가에 주의를 집중하여 그것들을 존중하는 것이다. 클라이언트 문제에 대한 전문가는 사회복지사가 아니라 클라이언트가 되어야 한다.

⑤ 모든 환경은 자원으로 가득 차 있다.

우리 주변에는 수많은 자원들이 있음에도 불구하고 적절하게 활용되지 못하는 경우가 있다. 특히 정책, 제도와 같은 공식적 자원이 갖춰지기를 기다리는 동안 비공식적 자원들(물질, 생각, 재능, 도구, 인력 등)이 주변에 산재해 있다고 믿을 때, 우리는 그것들을 충분히 활용할 수 있다.

⑥ 보살핌과 그 맥락의 조화

서로에 대한 보살핌(care)은 클라이언트를 둘러싸고 형성되어 있는 사회적 연결망에 의해 영향을 받을 수 밖에 없다. 강점관점은 가족, 이웃, 지역사회, 국가 및 문화를 아우르는 사회적 관계를 잇는 맥락힘줄의 강화를 통해 사회적 보살핌을 구현하고자 한다.

(2) 강점관점의 특성

① 문제가 아닌 도전을 강조한다.

클라이언트의 문제를 도전, 전환점, 성장의 기회로 바라볼 때, 그들은 자신의 관점을 의미 있게 변화시킨다.

② 병리가 아닌 강점을 강조한다.

병리로 진단하는 것은 클라이언트의 강점을 덮어 버리고, 실천가의 능력도 덮어 버리게 된다.

③ 과거가 아닌 미래를 중시한다.

미래의 성장을 위해 이용될 수 있는 자원을 발견하기 위해 현재를 탐색한다.

생각해봅시다

1 사회복지실천의 통합적 방법론의 등장배경을 설명해 봅시다.

2 통합적 접근방법의 이론적 기반에 속하는 내용을 설명해 봅시다.

3 생태체계관점의 특징과 사회복지실천에 미친 영향이 무엇인지 설명해 봅시다.

4 병리적 관점과 강점관점을 비교하여 설명해 봅시다.

5 통합적 접근방법의 주요 특징을 설명해 봅시다.

Chapter 06

사회복지실천 대상체계와 접근 I

이 장에서는 사회복지실천의 주요대상인 개인, 가족, 집단, 지역사회 중 개인과 집단에 대한 기본적 이해를 도모하고 실천적 접근모델 및 기법들을 정리하였다. 우선 개인대상 사회복지실천과 접근에서는 개별사회사업실천의 정의 및 목적과 특성, 실천적 접근을 위한 구성요소와 기법 등을 소개하였다. 가족대상 사회복지실천과 접근에서는 가족체계의 이해를 위한 주요 개념들을 집중적으로 정리하면서 실천적 접근을 위한 다섯 가지의 대표적 치료기법들을 기술하였다.

학습목표

1 사회복지실천을 위한 대상체계의 구분과 그 필요성을 이해할 수 있다.

2 개인대상 사회복지실천의 목적과 실천을 위한 구성요소를 설명할 수 있다.

3 가족대상 사회복지실천의 필요성 대두와 가족체계관련 주요 개념을 설명할 수 있다.

4 가족대상 사회복지실천을 위한 개입모델의 개요를 파악할 수 있다.

주제어

사회복지실천 대상체계, 개인과 개별사회사업, 가족과 가족상담 및 치료

01 개인대상 사회복지실천과 접근

사회복지실천 개입의 최소단위이자 기본단위인 개인은 역사적으로 가장 오래된 전통적 대상으로서, 19세기 말 빈민구제의 자선조직협회 활동을 모태로 한 개별사회사업의 주 대상체계이기도 하다. 개인대상 사회복지실천은 개인에 대한 심리적·사회적 개입과 복합적 서비스 욕구를 지닌 개인을 대상으로 다수의 서비스 제공자가 개입하는 사례관리를 포함한다. 이에 개인 대상 실천은 서비스 이용자와 사회복지실천가 사이의 상호관계성과 이를 바탕으로 하는 서비스 원조의 집중도가 매우 높다(오봉욱(a) 외, 2013 참조).

개인대상 실천은 그 발전과정에서 문제의 원인이나 책임을 개인에게만 한정시킬 수 있다는 비판에 직면하기도 했지만, 오늘날 사회·환경적 차원의 요소들을 함께 고려하는 가운데 여전히 사회복지실천에서 상당한 부분을 차지하고 있다. 대부분의 지역사회복지관에서 지역 내 만성적·복합적 문제를 지닌 개인을 대상으로 사례관리를 시행하고 있다는 점은 개인대상 실천의 중요성을 말해준다(박지영 외, 2010).

1) 개인의 이해와 개인대상 사회복지실천의 정의

사회복지실천 대상으로서의 개인은 우선 원조를 필요로 하고 그에 따른 자신의 욕구를 해결하고자 하는 모든 개인으로서, 가장 포괄적이고 보편적인 대상체계로 볼 수 있다. 그러나 동시에 구체적이고 특수한 대상체계로서의 개인도 있다. 즉, 앞선 모든 개인들에 비해서 좀 더 특수한 상황과 그에 따른 특정한 욕구문제를 가진 개인들을 의미한다.

개인 수준에서의 사회복지실천과 그 방법론적 접근은 개별사회사업의 개념 정의를 통해서 이해할 수 있다. 대표적 학자들의 정의를 살펴보면, 우선 오늘날 개인대상 사회복지실천의 틀을 제시한 리치몬드(Richmond, 1922)는 개별사회사업을 "개별적·의식적으로 개인과 그의 사회 환경 간의 조정을 통하여 그 사람의 성격을 발달시키는 과정"으로 정의하였다.

바우어스(Bowers, 1949)는 여러 학자들의 견해를 종합하여 개별사회사업이란 "클라이언트와 그가 속한 환경의 전체 또는 일부분에서 보다 나은 적응을 해나가도록 개인이 가진 능력과 지역사회의 자원을 적절히 동원하기 위하여 인간관계학의 지식과 대인관계의 기술을 활용하는 예술"로 정리하였다.

펄만(Perlman, 1958)은 절충주의적 관점에서 개별사회사업이란 "개인이 사회인으로서의 기능을 수행함에 수반되는 여러 가지 문제를 보다 효과적으로 해결하기 위해 복지기관에서 활용하는 과정"으로 정의하였다. 즉, 기관의 기능과 실천가와 이용자 간 역할을 강조하는 효과적 문제해결과정이라고 이해된다.

이와 같은 정의와 함께, 예를 들면 개인적 어려움(침울함 등)은 다른 사람과의 관계에 영향을 미치게 되고, 개인 간의 어려움(부부 간의 결혼생활에서의 긴장 등)은 개인의 기능에 영향을 주게 되며, 환경적인 자원의 부족(사회적 격리, 부적절한 주택 등)도 개인의 기능에 영향을 미친다(허남순 외 공역, 2004). 따라서 대상체계의 기본이자 출발점인 개인에 대한 사회복지실천은 개인을 둘러싼 다중의 인간관계나 환경체계 속에서 나타날 수 있는 개인 내적 문제, 개인 간 갈등과 대처 문제, 개인과 환경체계 간 기능적 불균형 및 적응 문제 등을 사회복지실천가와 그 개인의 대면을 통해서 해결하는 전문적 과정으로 이해할 수 있으며, 개인의 능력과 이를 원조하는 실천가의 역량, 지역사회 자원과 기관의 기능 그리고 각 요소들 간의 상호작용과 동시에 개별화 등을 핵심으로 볼 수 있다. 또한 개인 수준에서 나타나는 문제적 상황들의 개선, 즉 결과적으로 개인에게 영향을 미치게 되는 역기능적 관계들 간의 조정과 적응을 통한 문제해결을 도모하는 원조활동이 바로 개별사회복지실천인 것이다.

2) 개인대상 사회복지실천의 목적과 특성

개인대상 사회복지실천의 목적은 개별사회사업의 정의를 통해서 나타난 것처럼 서비스 이용자로서의 1인 클라이언트 체계가 갖는 개인·사회적 문제들의 해결 원조에 있으며, 이는 실천가와의 일대일 관계를 기반으로 개별화된 원조과정을 진행한다.

이에 따라 개인대상 실천의 이해를 위한 개별사회사업의 특성을 살펴보면 다음과 같다(이영주 외, 2010 참조).

- 개별사회사업의 대상은 문제를 가진 개인과 가족까지 포함한다.
- 개별사회사업의 주체자는 문제에 대한 과학적 지식과 전문적 기술을 가진 전문가이다.
- 그 방법은 대상에 따라 달라지는 개별적(case by case)인 것이다.
- 개별사회사업은 성격의 성장, 발달과 환경에의 적응을 다루는 의식적인 노력이다.
- 개별사회사업은 워커와 클라이언트 간 인간관계를 중요시하는 협동적인 활동이다.
- 개별사회사업은 과정(Process)이며 예술이다.
- 예방보다는 치료적 입장에서 문제해결 및 재조정을 중요시한다.
- 개인과 그의 사회 환경과의 상호작용을 중요시하는 개인의 내면강화와 환경 조정을 한다.
- 클라이언트의 주체성을 인정한 측면의 도움이다.
- 기관의 기능을 중시한다.

3) 개인대상 사회복지실천 구성과 접근

개별사회사업의 정의와 그 개념을 이해하고 목적과 특성에 따른 실천적 의미를 파악하기 위해서는 근본적으로 개인대상 체계에 대한 사회복지의 실천적 구성요소들에 대한 고찰이 필요하다. 또한 그러한 구성요소들의 이해가 전제되어야 개인대상 실천접근을 위한 필요성과 합리성이 파악된다.

이와 관련하여 개별사회사업의 구성요소를 통해 개인대상 사회복지실천의 개념화를 시도한 대표적 학자인 펄만은 개별사회사업의 기본적 구성요소로서 '문제(Problem)를 가진 사람(People)이 일정 장소(Place)에서 전문적 과정(Process)을 통해 원조 받는', 이른바 4P를 제시한 바 있다(Perlman, 1957). 이어서 그는 기존의 4P에 전문가(Professional)와 제공자원(Provisions)을 더 추가하여 6P(Perlman, 1986)를 제시하면서 구성요소의 체계를 설명하였다. 즉, 사회복지실천은 개인정서적·사회적 문제를 가진 개인이 기관을 통해 전문적인 원조를 받는 과정으로써, 전문지식과 기술을 갖춘 전문가가 지역사회의 각종 자원을 제공하고 조정하는 활동을 펼치는 것으로 정의할 수 있다.

또한 개별사회사업의 실천은 전문적이고 과학적인 원조를 제공하는 데 요구되는 지식과 기술, 특히 대면관계를 통한 접근과 효과성을 제고하기 위한 기초로서의 면접과 의사소통기술에서부터 클라이언트와의 원조관계 형성(개별화, 의도적 감정표현, 통제된 정서적 관여, 수용, 비심판적 태도, 자기결정, 비밀보장 등), 문제 파악과 욕구 사정, 기록 등을 통해 접근한다.

02 가족대상 사회복지실천과 접근

전통적 사회복지실천 접근 중 개인대상 또는 집단대상의 사이에 놓여 있던 가족 수준에 대한 실천 접근은, 특히 1960년대 이후 급속한 사회구조의 변화 속에서 가족 내 구성원들이 겪는 복합적 갈등과 그에 대한 해결방안을 모색하기 위한 보다 체계적이고 새로운 접근이 요구되면서 발전하기 시작하였다. 그 결과, 오늘날 가족상담 및 치료적 접근은 사회복지실천의 주요 접근방법으로 인정받고 있으며, 이는 사회복지실천의 대상체계로서 가족의 의미와 전문적 개입의 필요성이 그만큼 중요하게 인식되고 있음을 의미한다.

1) 가족과 가족체계의 기본적 이해

(1) 가족 및 가족체계의 의미

가족은 사회복지실천의 관심체계들 중 최고로 중요하다. 가족은 그 구성원들의 사회적, 교육적, 보건적 욕구를 포함하는 기본적인 욕구를 충족시키는 기능을 수행한다(Hartman, 1981; 최덕경 외, 2012 재인용). 가족은 구성원들 간에 다양한 방식으로 영향을 주고받는 역동적인 체계라 할 수 있다. 가족은 계속해서 변화하며 가족구성원 개개인이 전체 가족을 변화시킬 수도 있고, 가족 자체가 개인을 변화시킬 수도 있다(강문희 외, 2011).

체계의 특징은 상호협력의 효과적 관계를 통해 공동의 목적을 이루고자 노력하며, 이것으로 균형을 유지하고자 하지만, 서로 불균형을 이룰 때는 갈등이 발생한다. 체계로서의 가족도 이와 같은 특징을 지닌 하나의 조직으로서, 그 속에서 지속적으로 상호작용하는 각 구성원들의 역동적 관계와 균형을 중시하며, 변화를 주도하는 사회복지실천의 중요한 대상체계이다.

(2) 가족체계의 주요 개념

가족에 대한 기본적 이해와 실천을 위해서는 우선 가족체계에 대한 이해가 전제되어야 하며, 이를 통한 체계적 관점과 특성 및 기능적 차원의 이해 그리고 가족 수준 사회복지실천을 위한 방법론적 고찰이 필요하다. 이에 가족체계의 이해를 위한 주요 개념들을 살펴보고자 한다.

① 가족 하위체계

전통적으로 가족하위체계는 성, 세대, 일반적 관심(지적 능력, 사회적 능력, 책임) 등에 따라서 형성되고 구분된다. 가족 내의 대표적 하위체계는 부부, 부모-자녀, 형제-자매 하위체계를 들 수 있다. 부부 하위체계는 두 사람의 결혼과 더불어 형성된다. 부부 하위체계가 건강하게 기능하기 위해서 부부는 각자 원가족의 영향에서 어느 정도 독립적이고 적절히 분화되어야 한다. 부모-자녀 하위체계의 주요 기능은 자녀양육, 지도, 통제와 연관된다. 자녀는 부모의 부부관계에 개입되거나, 부부 간의 갈등 때문에 걱정할 필요 없이 부모의 자녀로서 독립적으로 기능하고 존재할 수 있다. 형제-자매 하위체계에서는 상호관계를 통하여 서로 지지하고, 분화하고, 희생자가 되기도 하는 과정을 통해 많은 것을 배운다. 협동, 협상, 강제, 반대, 친구 만드는 방법, 자신을 보호하는 방법 등을 배우며, 형제-자매 하위체계를 통해서 대등하지 않은 세력과의 관계에 적응하는 방법을 배우기도 한다(남연희 외, 2012).

② 경계와 공유영역

경계(boundary)란 한 체계와 다른 체계, 혹은 체계를 외부환경으로부터 구분하는 일정의 선을 의미한다. 사회체계의 경계는 해당 체계의 정체성 형성 및 유지와 밀접한 관계가 있으며, 체계가 주위환경과 교류할 때에도 내외적 통제의 기능을 담당한다.

다시 말해서, 이 경계는 직접 보이지 않으나, 개인과 하위체계 간 또는 가족과 다른 가족 간에 허용할 수 있는 접촉의 양과 종류를 구분하는 역할을 수행한다(최덕경 외, 2012).

반면 공유영역(interface)은 서로 다른 체계들이 접촉하거나 의사소통하는 지점을 의미한다(Barker, 2003). 또는 한 체계가 다른 체계와 공유하는 경계 부분을 일컬으며, 이 두 체계는 공유된 경계와 경계 유지를 위해 공동으로 노력하여 공통의 목표달성을 추구하는 것으로 설명된다.

경계와 공유영역을 구별하는 데 있어서 공유영역은 서로 다른 두 체계의 공통된 관심사를 반영하는 점이 경계와 다르다(Norlin et al., 2003). 경계는 체계의 정체성을 유지하기 위해 필요한 반면, 공유영역은 상이한 두 체계가 공통된 이익이나 관심을 추구하기 위해 필요하다(최해경, 2009 재인용).

③ 가족경계선

가족경계선은 관계의 밀착 정도를 기반으로 서로의 독립과 자율성을 보호하는 일종의 개별적 범주화라 할 수 있다. 만일 하위체계 간 상호작용이 원활하고 유연하며, 상호인정과 존중이 잘 일어난다면 '명료한 경계선'을 갖추었다고 볼 수 있으나, 상대적으로 모든 정보가 공유되거나 지나친 간섭이 일어나는 '애매한 경계선'이나, 지나치게 독립적이거나 단독 지향적인 '경직된 경계선'이 형성될 경우 하위체계 간 균형이 불안해지고 갈등이 조성되는 것이다.

대부분의 가족들은 그들 가족 안에 그러한 경계선이 존재하는 것을 인식하지 못하고 살아가는 것이 보통이다. 그러나 가족들 간의 사생활 존중이나 비밀 공유 등의 문제들이 불거지면 가족경계선과 관련된 인식을 하게 된다. 주변에서 흔히 일어나는 일로서 가족구성원 각자의 우편물을 다른 가족이 먼저 열어 본다든지 또는 어른들의 대화에 자녀들이 끼어드는 것에 대하여 부모들이 대처하는 태도라든지 등등의 예들이 바로 가족경계선과 관련된 일들이다(강문희 외, 2011).

④ 가족규칙과 가족항상성

가족생활 영위를 위한 힘의 안배와 나름의 역할을 규정하고, 그에 따른 행동을 요구할 수 있는 근거가 바로 가족규칙이다. 이는 가족 내에서 명시적 또는 암묵적으로 존재할 수 있으며, 가족성원들은 상호작용을 통해 가족규칙을 조직하거나 합의함으로써 체계로서의 가족에 대한 정체성과 성원들의 성장에 기여하도록 작동하는 것이 이상적이다.

또한 여러 하위체계로 구성된 가족은 가족경계선이라는 상호인정해야 할 일종의 규칙들로 연결되어 있다. 이때 체계로서의 가족은 협의된 규칙과 적절한 공동의 목표를 중심으로 상호교류를 통해 균형을 유지하고자 노력하는데, 이러한 속성을 가족항상성이라 한다. 만일 공동의 목표가 흔들리는 불안한 상태가 조성되어 하위체계 간 갈등이나 불화가 조성되고 해결되지 않으면 항상성은 깨어지지만, 이전의 균형 상태로 되돌아가고자 하는 성원 간의 노력과 피드백이 잘 작용하면 항상성은 유지되는 것이다.

예를 들어 게임을 좋아하는 자녀와 이에 대한 부모의 입장에서 서로 약속하고 합의된 규칙 준수 내지 공동의 목표달성 여부에 따라 가족 내의 일정한 상태나 균형을 유지하려는 가족항상성의 유지 여부도 판단해 볼 수 있다(강문희 외, 2011 참조).

⑤ 순환적 인과관계

가족체계 내 구성원들은 서로 유기적으로 연결되어 있고, 그런 만큼 상호 영향관계 속에 놓여 있다. 가족 내의 문제를 이해하는 데 있어서는 이러한 상호연결고리와 영향관계를 파악하고, 그 인과관계를 어떻게 해석할 것인지가 중요하다.

일반적으로 가족 수준에서의 실천개입은 직선적 인과관계가 아닌 순환적 인과관계를 통해 접근해야 한다. 즉, 어떤 현상을 이해하려고 할 때, '왜'라는 의문이 중요하고 원인을 찾아가는 방향으로 문제에 접근하게 되는 직선적 측면보다는, 한 사람의 행동(A)으로 다른 사람의 반응(B)이 나타나고, 그 반응(B)이 또 다시 행동(A)에 작용하여 또 어떤 반응결과를 일으킨다고 생각하는 순환적 측면을 통해 문제관계를 풀어가는 것이 중요하다는 것이다.

예를 들면, 아내는 남편이 술 마시고 늦게 귀가하는 것이 문제라 말하고, 남편은 아내가 집에서 잔소리하고 귀찮게 하니까 술 마시고 늦게 귀가한다고 말하는 경우에 적용될 수 있다(최규련, 2008 참조).

⑥ 환류

환류(feedback)는 정보의 투입에 대한 반응으로 행동하며, 연속적인 행동을 수정하도록 그 행동의 결과를 새로운 정보로 포함시키는 것을 뜻한다. 체계는 목표와 관련된 환류를 외부환경으로부터 받아들이기 때문에 목적지향적이 된다. 부정적 환류는 체계가 목표를 성취하기 어려운 방식으로 행동하고 있다는 정보를 주어 목표와 조화를 이루도록 행동을 수정하게 하며, 긍정적인 환류는 지금의 적절한 행동을 더욱 요청한다는 의미를 전달한다. 체계는 환류로써 목표를 달성하기 위한 노력을 보다 더 효과적으로 조정할 수 있다(남연희 외, 2012).

2) 가족대상 사회복지실천 개요

(1) 가족대상 사회복지실천의 목적과 활용

가족 수준에서의 사회복지실천은 가족구성원들 간의 관계나 가족구성원 중 한 사람의 행동 또는 정서·심리상의 문제에 개입하여 문제를 해결 또는 경감시키기 위한 노력이다. 개인을 단위로 하는 것보다 가족을 단위로 개입하는 것이 개입효과가 더 크다고 판단될 때 또는 클라이언트의 문제해결을 위해서는 가족 모두의 협조와 노력이 요구된다고 판단될 때 가족과의 실천을 택하게 된다.

대개의 가족실천 모델들은 일반체계이론의 영향을 받아 가족을 하나의 역동적인 체계로 간주한다. 따라서 가족구성원 개인이 나타내는 문제의 원인을 개인적 요인에서 찾은 것이 아니라 가족구성원들 간의 상호작용 패턴, 즉 관계양상에서 찾고자 한다. 문제의 해결도 개인적 변화에 초점을 두기보다는 가족구성원들끼리 상호작용하는 방식의 변화에 초점을 둔다.

가족대상 사회복지실천은 주로 부부갈등, 부모-자녀 간 문제, 아동문제, 다세대 간의 갈등 등을 중재·해결하기 위해 사용된다.

현재 여러 가지 다양한 이론적 토대를 갖고 있는 가족실천 모델들이 개발되어 활용되고 있다. 대표적인 가족실천 모델로는 정신역동 모델, 대상관계 모델, 구조적 모델, 전략적 모델, 경험적 모델, 행동주의 모델, 해결중심적 단기치료모델 등이 있다. 우리나라의 사회복지실천에서 가족과의 실천은 교회, 병원, 가족치료센터, 가족치료연구소, 가정복지연구소, 일부 사회복지관, 대학의 연구실 등 다양한 장소에서 실시되고 있으며, 가족과의 실천에 대한 관심이 점차 확산되고 있는 추세다(엄명용 외, 2009).

(2) 가족대상 사회복지실천을 위한 기본 가정

가족 수준에서의 사회복지실천은 기본적으로 '가족중심' 또는 '가족대상'이라는 측면에서 가족을 기반으로 함을 의미하며, 동시에 환경 속의 인간이라는 관점과 더 큰 사회체계의 다단계적 관점을 기반으로 한다. 이에 가족에 대한 전문적인 지식과 사회복지실천 기반에 관한 기본 가정은 다음과 같다(전재일 외, 2007).

① 가족에 대한 직접 실천은 다양한 이론과 개입방법을 이해하고 적용해야 한다. 이론적인 틀에는 체계적, 행동적(생물·심리·사회적) 그리고 스트레스 대처 관점 등이 포함된다.
② 가족중심의 실천은 상황 속의 인간과 환경 속의 인간을 강조한다.
③ 가족의 욕구나 결손뿐만 아니라 강점도 파악하여, 가족에 대한 실천이 이루어져야 한다.
④ 경험상의 지식으로 실천방법을 지속적으로 개발하여야 한다.
⑤ 지식의 개발은 명제적인 지식과 과정상의 지식, 모두를 포함한다.

3) 가족대상 사회복지실천 접근

가족대상 사회복지실천에는 다양한 이론적 모델들이 활용되고 있으나, 이 장에서는 미시적 가족복지실천 차원에서 가족치료적 접근을 중심으로 몇 가지 모델과 그 주요특성을 소개하고자 한다.

(1) 구조적 가족치료(Minuchin)

구조적 가족치료는 체계이론에 기초한 다음의 세 가지 원리를 강조한다(Beavers & Voeller, 1983; 최규련, 2008 재인용).

① 사회적 상황은 개인의 정신생활에 영향을 미치고 개인은 사회적 상황에 영향을 미치는 상호작용이 반복된다.
② 상호작용방식은 인간관계규칙이 포함되는 구조와 관련되므로 가족구성원 개인의 문제행동은 가족관계의 구조문제를 반영한다. 따라서 가족구조를 바꾸면 구성원의 정신내적 과정과 행동변화가 가능하다.
③ 치료자가 내담자 가족과 일할 때 그의 행동은 사회적 상황의 일부가 된다.

구조적 가족치료는 과거보다는 현재의 잘못된 가족구조를 고치는 것을 중시하고 가족구성원 간의 상호작용 방법과 관계규칙을 도식화한다. 그리하여 복잡한 가족문제를 진단하고 치료하는 실제적이고 명확한 지침을 제시한다(김혜숙 외, 2012).

구조적 가족치료의 특징은 치료목적을 구조적 변화에 두는 것이며, 실천가는 가족이 재구조화해가는 과정에 적극적 자세로 개입한다. 구조적 가족치료는 기능적이고 역기능적인 가족구조를 가족체계, 위계질서, 규칙, 역할, 협상과 조정으로 명확하게 규정함으로써 가족구조의 맥락 안에서 변화를 시도하려는 접근방법이다(남연희 외, 2012).

주요 개념은 가족구조, 가족위계, 가족경계, 하위체계, 제휴, 세력, 가족적응 등이며, 대표적 기법은 실연, 경계선 만들기, 긴장고조, 과제부여, 증상활용, 균형 깨뜨리기 등이다(이현경, 2010; 남연희 외, 2012 참조).

(2) 경험적 가족치료(Satir)

경험주의적 가족치료는 1960년대 인본주의 심리학의 영향을 많이 받았으며, 개인과 가족의 정서적 경험과 지금-여기(here and now)의 경험을 강조하고 있다(송정아, 최규련, 1997). 또한 가족 내 의사소통의 명확화를 강조한다.

사티어(Satir)는 문제가 있는 가정의 의사소통은 모호하며 간접적이라고 지적하면서, 이러한 의사소통은 가족구성원의 낮은 자존감(self-esteem)에서 기인된다고 하였다. 즉, 자신의 자존감을 확장하고 결핍된 욕구를 채워줄 것이라는 기대를 가지고 배우자를 만나지만, 결혼을 통해 그 환상이 깨지면서 불화가 발생한다. 나름대로 그 차이를 직접적으로 직면하지 않고 상대방을 자신이 원하는 방식으로 조정하기 위해 의사소통은 점점 모호해지고 간접적이 되며, 때로는 제삼자인 자녀를 사이에 두고 대화하는 방식을 취하기도 한다(Zastrow, 1989; 이종복 외, 2010 재인용).

사티어의 경험적 가족치료는 심리 내적 개인역동, 상호작용의 에너지, 원가족 규칙, 영성, 그리고 예술치료 모두를 통합적으로 다루는 치료로서 병리적인 것(psycho pathology)에 초점을 두는 것이 아닌 인격적 성장(growth)을 중심으로 하는 인본주의 접근이다. 또한 여기에서 강조되는 특징은 개인과 가족의 정서적 경험으로서,

경험이란 가족구성원 개인의 자존감과 연관되며 감정표현이 강조된다. 사티어 모델은 개인의 경험이 전체 가족의 얽힌 에너지와 관련되는 가족체계이론이며, 인간의 내적 문제는 가족의 상호작용 문제와 관련 있다고 보았다(이현경, 2010).

이 치료모델의 주요 개념은 원가족 삼인군과 가족규칙, 자아존중감, 빙산모델, 의사소통과 유형 등이며, 대표적 기법으로는 가족조각, 원가족 삼인군 치료, 무용치료와 예술치료, 공동치료, 빙산모델을 활용한 치료 등이 있다(이현경, 2010 참조).

(3) 다세대 가족치료(Bowen)

보웬(Bowen)의 가족치료는 여러 가족치료접근 중에서 인간의 행동과 인간문제에 대해 가장 포괄적인 관점을 가지고 있다. 이 모델은 정신분석에서 출발하여 가족생활로 구체화되었으며, 하나의 독립된 가족치료모델로 발전하였다(Nichols & Schwartz, 1995; 전재일 외, 2004 재인용).

이 모델의 주요한 전제는 개인이 성숙하고 건강한 성격으로 분화하기 위해서는 먼저 개인의 가족에 대한 미해결된 정서적 애착이 긍정적으로 해결되어야 한다는 것이다. 따라서 정신역동적 접근법과 체계적 관점을 연결시킨 것으로 볼 수 있다. 치료의 초점은 개인이나 부부단위이지만, 주로 다세대의 가족체계에 두고 있다.

보웬이론에서 가족 내 문제의 핵심은 가족구성원의 불안과 정서적 융합에 있다. 가족체계가 변화하려면 폐쇄된 가족유대를 개발하고 삼각관계에서 벗어나야 한다. 문제는 사람이 아니라 체계 안에 원래부터 있는 것으로 보고 개인의 변화는 다른 사람과의 관계성 변화를 통하여 이루어진다고 본다. 따라서 보웬의 다세대 가족치료모델은 클라이언트로 하여금 자기발전을 향해 평생 노력하도록 격려하며, 실제로 가족과 접촉을 하면서 그들의 사고기능을 변화시켜 줌으로써 그들의 자아분화를 높이는 데 목적이 있다(이종복 외, 2010).

주요 개념은 자아분화와 융합, 핵가족 정서체계, 삼각관계, 가족의 투사과정, 다세대 전달과정, 출생순위, 정서적 단절, 사회의 정서적 과정 등이며, 대표적 기법으로는 탈삼각화와 치료적 삼각관계, 관계성 실험, 코칭, 질문, 나-전달법, 불안완화기법 등이 있다(김혜숙 외, 2012; 이현경, 2010 참조).

(4) 전략적 가족치료(Haley)

전략적 가족치료에서는 클라이언트 통찰을 통한 성찰이나 이해의 변화보다는 행동의 변화를 일으키는 데 관심이 더 많다. 실천가들은 이론보다는 치료기법에 대해 주로 기술한다. 그들은 특정한 행동의 연쇄과정을 관찰하고 변화시키는 것에 관심을 갖는다. 모든 전략적 치료모델에서 치료의 목표는 현재에 제시된 문제를 해결하는 것이다. 대부분 전략적 가족치료는 주 1회 간격으로 총 10~15회의 치료를 실시한다(이종복 외, 2010).

전략적 가족치료 접근은 가족구성원이 변화되는 일차 변화(first oder change)가 아닌 가족규칙과 가족구조가 바뀌는 이차 변화(second oder change)로 구별된다. 전략적 가족상담사는 병리적 가족이 가족안전을 위한 '항상성을 제거하는 과정'을 '가족의 변화'보다 더 중요시하는 특징을 가지고 있으므로 '위계와 권력'에 관심을 가지며 위계와 통제관계를 파악한다. 전략적 가족상담은 원인을 파악하고 규명하는 데 대한 관심보다 전략을 고안하는 데 주안점을 둔다. 이 상담은 가족체계적 입장에서 보았을 때 가족문제가 가족 전체의 역기능적 상호작용과정 때문에 발생한다고 보지만, 구조적 측면으로 보았을 때 가족문제가 가족의 위계와 관계 속에서 발생하는 것으로 문제발생은 가족체계 유지에 기여한다고 가정한다(이현경, 2010).

주요 개념은 의사소통과 관계규정, 관계통제와 위계 등이며, 대표적 기법으로는 위계의 재구조화, 역설적 개입기법, 고된 체험기법(시련기법), 의식처방기법, 불변의 처방기법, 순환 질문기법 등이 있다(이현경, 2010; 김혜숙 외, 2012 참조).

(5) 해결중심 단기가족치료

해결중심 가족치료는 전략적 가족치료 이론에 근거하고 있으며, 클라이언트의 긍정적 사고를 지지하고 촉진시킴으로써 문제의 규모를 줄여 나가도록 하는 접근이다.

이 모델의 기본전제는 무엇보다도 내담자의 잠재적인 변화 요구를 중요시하고 문제해결능력을 인정한다는 것이다. 즉, 내담자는 진심으로 지금의 모습과는 다른 모습으로 살아가기를 원하기 때문에 미래에 대한 기대와 더욱 나은 삶을 살 수 있는 자원이 있다고 보는 것이다. 그러므로 이 모델에서 치료자와 내담자는 상호협력적 관계로서, 치료자는 내담자에게 지시적으로 가르치기보다는 내담자가 자신의 목표를 알도록 상황을 제시해 준다. 그리고 성공할 수 있다는 자신감을 심어 주는 역할을 하게 된다. 내담자의 문제는 내담자 자신이 치료자보다 더 많이 알고 있다고 본다. 따라서 내담자 스스로 해결 방안과 제일 나은 방법을 찾을 수 있도록 함께 노력해 가는 것이다(김혜숙 외, 2012).

해결중심 가족치료는 다른 치료모델과 달리 치료기간이 짧으면서도 치료자들이 일련의 질문기법과 과제부여기법들을 활용하여 클라이언트를 강화하는 데 효과가 크고, 전체 가족이 참여하지 않아도 적용할 수 있는 장점이 있다(전재일 외, 2004).

주요 개념은 정신건강에 대한 강조, 내담자의 강점과 자원 활용, 탈이론적/비규범적/내담자의 견해 중시, 간략화, 변화의 불가피성, 현재와 미래지향성 등이며, 대표적 기법에는 첫 면담 이전 변화에 대한 질문들, 예외질문, 기적질문, 척도질문, 대처(극복)질문 등이 있다(송성자, 1995; 김혜숙 외, 2012).

생각해봅시다

1 개인대상 사회복지실천은 어떻게 발달해왔는지 설명해 봅시다.

2 개별사회사업의 목적과 구성요소는 무엇인지 설명해 봅시다.

3 가족대상 사회복지실천에서 가족체계와 관련한 주요 개념들을 파악하고, 각각의 사례를 찾아 발표해 봅시다.

4 가족대상 사회복지실천을 위한 각 치료적 기법들의 주요 특징과 효과성에 대해 논해 봅시다.

Chapter 07

사회복지실천 대상체계와 접근 II

이 장에서는 사회복지실천의 주요대상 중 집단 및 지역사회에 대한 기본적 이해를 도모하고 실천적 접근모델 및 기법들을 정리하였다. 우선 집단대상 사회복지실천에서는 집단의 정의와 유형 및 목적을 비롯해서 실천적 접근을 위한 세 가지 모델을 표로 정리하였다. 마지막으로 지역사회대상 사회복지실천에서는 지역사회 및 지역사회복지실천의 개념과 정의, 기능을 기술하고 지역사회수준 개입을 위한 전통적 모델과 개입기법들을 소개하였다.

학습목표

1 집단대상 사회복지실천의 개념과 유형 및 그 사례를 설명할 수 있다.

2 집단대상 사회복지실천의 기능과 장점을 이해할 수 있다.

3 지역사회대상 사회복지실천의 개념과 기능을 설명할 수 있다.

4 지역사회대상 사회복지실천 접근을 위한 모델과 개입기법을 이해할 수 있다.

주제어

집단과 집단사회사업, 지역사회와 지역사회복지

01 집단대상 사회복지실천과 접근

역사적으로 집단대상 사회복지실천은 1844년 영국 런던 YMCA가 당시 청년층에 대한 기독교정신 파급에 여가 및 사회화집단을 활용하면서부터 시작된 것으로 볼 수 있다. 산업화, 도시화의 과정에서 도시빈민지역 청년들을 중심으로 한 사회 환경 개선과 이를 위한 집단활동이 그 목적이자 내용이었다. 또한 사회복지 발달사 측면에서 중요한 자리를 차지하고 있는 인보관운동은 활동의 단위로서 집단을 조직하고 도시빈민들을 교육, 계몽하며 그들에 대한 정서적 원조를 제공하였다(Zastrow, 1987 참조).

1) 집단의 기본적 이해

(1) 집단의 개념과 특성

사전적 의미에서 '집단'이란 '일정한 역할을 가지고 여럿이 한데 모여 떼를 이룬 무리나 모임'이다. 사회학적 의미에서는 2인 이상의 일정한 구성원을 가지고, 구성원들은 소속감과 공통의 관심 및 목적을 갖는다. 그 안에서 상호작용하며 직간접적인 영향을 주고받는다. 이는 곧 집단성원들 간 상호의존적이며 정서적으로 결속되어 있음을 의미하며, 동시에 일정의 규범과 질서가 존재하고, 그 속에서 성원들은 각자의 기능과 역할을 수행하면서 집단 공동의 목표를 달성하기 위해 성장과 발달을 지향한다는 집단의 특성을 함께 내포하고 있다.

(2) 집단의 유형과 목적

집단의 유형은 관점에 따라 매우 다양할 수 있다. 집단 성원 간 상호작용과 정서적 결속 정도에 따른 일차집단(가족, 친구, 소집단 등)과 이차집단, 집단 구성방식에 따른 자연집단(가족, 친구, 또래 등)과 형성집단(학급, 위원회 등), 집단의 크기에 따른 소규모 집단(보통 6~7명 내외)과 대규모 집단, 집단의 운영방식에 따른 개방형 집단(입·탈회 자유)과 폐쇄형 집단 등이다(이영주 외, 2010 참조). 이와 같은 유형은 각자의 특성과 목적을 가지고 있으며, 그것은 곧 해당 집단의 정체성과 성원들의 기능 및 역할에도 영향을 미친다.

그런가 하면 집단 수준의 사회복지실천에서는 일반적으로 집단의 목적에 따른 구분을 통해 대상체계에 대한 개입을 구체화하는데, 크게 치료집단과 과업집단으로 나누어 볼 수 있다(최덕경 외, 2012; 이영주 외, 2010 참조).

① 치료집단

치료집단은 집단성원의 교육과 성장, 지지와 치유, 사회화, 행동변화 등의 욕구 충족을 목적으로 다음의 하위 유형들과 각 사례를 살펴볼 수 있다(Toseland & Rivas, 1995; 최선화, 2006 재인용 참조; 이영주 외, 2010 참조).

- 지지집단(support group): 일상생활 속에서 발생하는 문제들을 효과적으로 대처하고 적응해나가도록 원조하고, 대처기술을 학습할 수 있도록 돕는다. 사례로는 암을 극복하려는 환우모임, 한부모 가족모임, 자녀교육의 어려움을 갖는 다문화가정부모 모임 등이다.

- 교육집단(educational group): 성원들이 자신의 내면은 물론 자신이 속한 사회를 잘 이해할 수 있도록 강의형태 등을 통해 정보나 지식, 기술을 원조한다. 사례로는 청소년 성교육모임, 부모역할 훈련모임 등이다.
- 성장집단(growth group): 자의식 고취 및 사고의 전환을 촉진함으로써 개인적 변화들을 이끌어낼 목적으로 성장 잠재력을 향상시켜 자극과 통찰력을 얻고 모델링을 찾으며, 새로운 행동을 시험해보기도 한다. 사례로는 부부를 위한 결혼생활 향상모임, 청소년 성장모임 등이다.
- 치유집단(therapy group): 공통의 문제를 가진 개개인의 문제 완화와 제거, 행동변화와 정서적 지지를 통한 치료와 회복에 중점을 둔다. 사례로는 알코올중독 및 마약중독자모임, 금연모임, 청소년 보호관찰집단 등이다.
- 사회화집단(socialization group): 사회적인 관계를 잘 하지 못해 어려움을 겪는 개인에게 사회생활에 요구되는 기술을 익히거나 학습시킴으로써 사회생활 적응과 기능화를 원조한다. 사례로는 공격성향이나 과잉행동주의력 결핍 아동모임, 퇴원한 정신장애인 사교모임 등이다.

② 과업집단(task group)

과업집단은 조직의 문제에 대한 해결책을 찾기 위해 명령이자 성과물로서의 과업을 수행하는 집단이다. 개인의 성장과 발전보다는 집단의 의사를 결정하고 산출물을 만들어 내는 데 초점을 두며, 주요 하위유형들로는 위원회(committee), 행정집단(administrative group), 대표자협의회(delegate group), 팀(team), 치료협의회(treatment conference), 사회행동집단(social action group) 등이 있다.

2) 집단대상 사회복지실천: 정의, 목적과 가치

(1) 집단대상 사회복지실천의 정의

일반적으로 집단대상 또는 집단 수준에서의 사회복지실천을 방법론적 측면에서 집단사회사업(group work)이라 한다. 집단사회사업의 정의나 목적을 획일적으로 논하기에는 개입대상으로서의 집단의 유형이나 구분, 목적과 기능 등이 매우 다양하기 때문에 결코 쉽지 않으나, 공통의 개념과 특성들을 집약한다면 어느 정도 일반적인 정의는 가능할 수 있다.

그런 의미에서 우선 집단실천은 유사한 목표를 갖고 있는 개별 구성원들을 하나의 집단으로 묶어 그 집단을 대상으로 사회복지사가 집단이라는 환경과 집단 내의 역동성을 활용해 집단구성원들의 개별목표와 집단 공동의 목표를 성취하기 위해 노력하는 실천방법(엄명용 외, 2009)으로 이해할 수 있다. 좀 더 풀어서 보자면, 집단사회사업은 의도적 집단 경험을 통해 개인의 욕구 충족과 사회심리적 기능 향상, 개인이나 집단의 당면문제해결에 기여하는 사회복지실천 방법 중 하나로 집단지도로도 불린다(이영호, 2008 참조). 또한 사회복지 개입으로서의 집단활동은 의도적인 상호작용을 나누며, 개입이 지향하는 바가 있기 때문에 일상적인 활동의 형태로 나타나는 집단과는 차이가 있으며(최선화, 2006), 집단 상호작용을 통해 개인들로 하여금 좀 더 적응적인 사회적 기술과 기능을 수행하도록 지지하고 자극하는 활동이자 과정(김동배, 이윤로, 2004)을 집단사회사업으로 정의할 수 있다.

(2) 집단대상 사회복지실천의 목적과 가치

집단대상 사회복지실천의 목적은 집단사회사업의 정의와 특성을 통해서도 나타나듯이 집단 내 성원들의 개인사회적·정서적 욕구 충족을 위해 과업을 수행하고, 이러한 경험을 통해 개인적·사회적 적응과 기능화에 이바지하는 것이다.

이와 관련하여 클라인(Klein, 1972)은 집단사회사업의 일부분이고, 그들의 대인관계에 있어서 그리고 그들의 환경과의 참만남에 있어서 개인을 돕는 사회복지사의 역사적 임무에 적합한 여덟 가지의 특별한 목표를 제시하고 있다(전재일 외, 2004 재인용 참조).

① 재활(rehabilitation): 사람이나 일이 이전의 능력 또는 수준으로 회복하는 것을 의미하며, 감정적 또는 정신적 어려움이나 행동, 어떤 태도나 가치를 변화시키는 수단에 관련한 원조활동이다.

② 교육훈련(habilitation): 치료보다는 성장과 발달을 강조하며, 어려움을 가진 어떤 개인이 어렸을 때 행동하는 법을 배운 적이 결코 없었기 때문에 '재활'이라는 용어가 의미하는 것으로는 회복될 수 없다고 보고, 교육훈련이 성장과 발달을 가져온다고 본다.

③ 교정(correction): 사회법(social law) 혹은 사회적 관습에 대해 어려움을 가지고 있는 사람들과 범법자의 잘못된 품성이나 행동을 바로잡는 것을 의미한다.

④ 사회화(socialization): 사람들이 사회적으로 기대되는 것을 행하는 방법 그리고 다른 사람들과 같이 살아가는 방법을 배우도록 돕는 것을 의미한다.

⑤ 예방(prevention): 문제가 발생하기 전에 미리 대처하고 사람들이 필요로 하는 환경적 영양물을 제공하는 것을 의미한다.

⑥ 사회행동(social action): 사람들이 각종 문제에 대처하고 적응하는 것 외에 그들의 환경을 변화시키는 것을 배우도록 원조하고, 집단에서의 적극적 관계를 통한 결정에의 참여와 자신에 대한 책임을 지고 더 큰 지역사회에 대해 책임지는 것을 배우게 한다.

⑦ 문제해결(problem solving): 사람들이 과업을 달성 및 결정하고 사회문제를 해결하도록 집단을 이용하는 데 도움을 주는 활동을 의미한다.

⑧ 사회적 가치(social value): 사회적 가치의 발달을 조장하는 과정은 개인이 생활과 관련된 실천 가능한 사회적 가치를 발달시키는 것을 돕는 것과 관계가 있다.

그런가 하면, 코노프카(Konopka, 1963)는 사회복지실천가의 전문적 가치 외에 인정해야 할 집단사회사업의 중요한 가치를 다섯 가지로 정리한 바 있다(남연희 외, 2012 재인용).

① 집단 내에서 인종, 종교, 연령, 국적 그리고 사회계층이 다른 사람들 간의 긍정적 관계와 참여

② 참여하는 민주주의 원리에 반영된 협동과 상호결정의 가치

③ 집단 내에서 개인 창의성의 중요성

④ 각 성원 혹은 전체로서의 집단에 관한 일에 대하여 사고와 감정을 표현하고, 집단의 결정과정에 관여할 권리를 가지는 것을 포함하여 참여할 자유의 중요성

⑤ 각 성원의 독특한 관심이 표현될 만큼 집단 내 고도의 개별화의 가치

3) 집단대상 사회복지실천 접근

집단 수준의 실천적 접근을 위해서는 기본적으로 집단의 특성과 관련한 주요 개념 파악이 필요하다. 우선적으로 집단대상 개입은 집단구성원 간 상호작용과 그로 인해 발생하는 집단역동(group dynamic)에 주목한다. 이는 개별구성원들 간 상호교류와 힘을 통해 전체집단 및 구성원들에게 영향을 미침으로써 치료적 성과를 가져오고, 이는 곧 개인적, 집단적 목표를 달성하는 데에 중요한 힘의 원천이 된다.

또한 집단역동은 집단 내 의사소통을 전제로 하며, 이를 바탕으로 구성원들의 소속감이나 능동적 구속을 강조하는 집단결속력(group cohesion)과 집단 내 질서유지를 위한 규범과 역할, 지위를 통한 사회통제역학(social control dynamic) 그리고 집단구성원의 공통적 가치나 신념, 관습 등을 의미하는 집단문화(group culture) 등의 개념을 중심으로 실천적 접근을 시도한다.

(1) 집단대상 사회복지실천의 세 가지 모델

사회복지실천의 집단대상 개입은 집단의 기능에 따라 사회적 목표모델, 치료(교정)모델, 상호작용(매개)모델 등 세 가지(Papell & Rothman, 1966)로 구분해서 살펴볼 수 있는데, 각 모델별 주요 특징과 내용은 다음의 표 7-1과 같다(남세진, 조홍식, 1997 재인용 참조).

• 표 7-1 • 집단사회사업의 세 가지 모델

특징	사회적 목표모델	치료(교정)모델	상호작용(매개)모델
주 과제	• 필요한 자원제공과 사회적 붕괴의 예방 • 비공식적 정치 및 사회행동	• 사회적 사고 및 위험으로부터의 회복과 재활 • 집단매개체를 통한 치료	• 앞 두 모델의 조합 • 문제해결을 위한 상호원조체계의 개발
장기적 목적	• 보다 나은 민주사회 건설	• 개개인의 사회적응 향상	• 개인과 사회의 조화
구체적 목표	• 소속감 증대, 민주적 참여에 대한 훈련 • 처음에는 전문가에 의해 집단 목표가 결정되나 점차 그 책임은 집단에게 이양	• 집단 상호작용을 활용하여 역 기능 행동을 하는 성원의 치료와 재활 • 세부적인 집단목표를 전문가가 사전에 결정	• 적정수준의 적응과 사회화를 성취하기 위해 성원간의 상호 원조체계형성, 대인관계 향상 • 집단목표의 결정을 전문가와 회원이 공유
개입장소 및 기관	• 회원이 있는 가정, 인근지역, 인보관, 지역사회복지관	• 임상기관, 사회복지기관 및 시설	• 임상기관, 사회복지관 (집단목표에 따라 다양)
초점	• 개인의 성숙과 민주시민의 역량개발	• 개인적인 역기능의 변화	• 성원 간의 자조, 상호원조체계 개발
지도자 역할	• '영향력을 끼치는 자(influence person)'의 역할: 바람직한 역할모델 제시	• 전문적인 '변화매개인(change agent)'의 역할	• 중재자(mediator)의 역할
대상	• 시민, 이웃, 지역주민	• 역기능 또는 문제의 해결을 위해 도움을 필요로 하는 자	• 공동관심사의 성취를 위해 협력하는 구성원
집단활동	• 토론, 참여, 합의, 집단과제의 개발 및 실행, 지역사회조직화, 성원의 사회행동 기술 습득	• 성원의 행동변화를 일으키기 위해 구조화된 개입을 하거나 직접, 간접적 영향을 발휘	• 관심사를 토론, 상호 원조형성, 상호이익이 되는 결속된 사회 체계의 형성
집단크기	• 3~25명 정도	• 7~10명 정도	• 상황에 따라 유동적
신입회원 가입문제	• 개방적이며, 누구나 친구가 될 수 있다	• 전문가의 통제	• 전문가와 회원의 동의에 의한 자유로운 가입
회합기간	• 지도력 유형에 따라 유동적	• 장기적이며, 시간사용계획을 사전에 설정	• 유동적, 지도자와 성원이 합의
대표학자	Ryland, Wilson, Coyle, Klein	Vinter, Sarri, Glasser, Redi	Schwartz, Lewin, Tropp, Bion

(2) 집단대상 사회복지실천의 장점

집단을 이용한 사회복지실천은 사회복지사로 하여금 단 한 번에 한 사람 이상에게 원조를 제공할 수 있고, 전문가적 노력의 사용을 잠재적으로 비축하는 이점이 있다. 또한 각 성원이 집단 내에서 서로 역할을 바꾸고 서로의 문제를 해결하도록 도와주는 원조자적 역할을 하게 된다. 얄롬(Yalom, 1985)은 치료집단의 장점으로 열한 가지를 제시하였다(홍봉수 외, 2010; 고명수 외, 2013 재인용).

① 희망의 고취: 치료방법에 대한 신뢰나 구성원이 도움에 대한 기대를 가지고 있을 때 그리고 치료효과를 믿고 있거나 다른 구성원의 기능이 향상되는 것을 보고 자신도 좋아질 것이라는 희망을 갖는다.

② 보편성: 자신의 문제는 혼자만의 문제가 아니라는 것을 인식하고 안도감을 경험한다.

③ 정보의 나눔: 치료자가 문제해결에 대한 직접적 지침을 제공할 때 치료적 경험을 한다.

④ 이타심: 구성원들은 비슷한 문제를 갖고 있기 때문에 서로에게 정서적 지지, 안정, 제안과 통찰을 제공한다. 자신감이 없는 이들에게 누군가에게 도움이 된다는 경험은 그 자신의 자존감을 높여 준다.

⑤ 사회화 기술의 발달: 대인관계 상황에서 필수적인 사회적 기술을 배우고, 역할 훈련을 통해 적응력을 배우게 된다.

⑥ 모방행동: 비슷한 상황에서 다르게 행동하는 사람들을 관찰하며, 보다 발전된 방법을 학습할 수 있다.

⑦ 감정 정화: 집단구성원들이 안전한 분위기에서 자신의 감정과 생각들을 서로 공유함으로써 억압된 자신의 감정과 생각들을 자유롭게 발산하는 등 치료효과가 있다.

⑧ 일차적 가족집단의 교정적 반복: 집단구성원들이 가족들과 상호작용하는 방식으로 집단지도자와 상호작용을 하게 되어, 해결되지 않은 가족갈등에 대해 탐색하고 도전할 수 있도록 격려와 지지를 받게 된다.

⑨ 실존적 요인: 치료 과정에서 구성원들이 다른 사람들로부터 받을 수 있는 도움에는 한계가 있다는 것과 자기 인생에 대한 책임은 자신에게 있다는 것을 알게 된다.

⑩ 집단응집력: 집단의 성원들이 서로를 수용하고 지지하며, 소속감을 갖게 됨으로써 집단구성원의 긍정적인 변화에 영향을 미친다.

⑪ 대인관계 학습: 자신의 대인관계에 대해 돌아보게 되고 대인관계형성에 필요한 기술을 습득하게 된다. 또한 집단의 안전하고 지지적인 분위기에서 대인관계 형성을 위한 새로운 방식을 시험해볼 수 있는 기회를 가질 수 있다.

02 지역사회대상 사회복지실천과 접근

사회복지실천은 역사적으로 자선조직협회의 활동에서와 같이 개인 내지 사람 중심의 서비스 과정에서 시작한 것이 사실이다. 그러나 그 개인 또는 사람이 갖는 문제적 상황과 그에 대한 원인과 해결도 반드시 그 개인이나 사람만을 통해서 이루어져야 한다고 주장할 수 없다. 개인을 둘러싼 환경적 요인들과 사회적 구조, 그 안에서의 개인이나 사람의 역할을 통해서도 문제적 상황은 발생하고 치유적 접근도 가능하다는 인식이 자리했기 때문이다. 대표적으로 인보관 활동은 사회 환경적 개혁에 초점을 두고 집단적 접근뿐 아니라 지역사회 대상의 교육, 계몽 등으로 보다 큰 체계로부터의 변화와 그 영향력에 집중하면서 지역사회실천의 동기가 되었다. 따라서 지역사회대상 사회복지실천이란 지역사회가 실천의 단위가 되고 그 속에서 상호작용하며, 영향관계에 있는 지역주민들의 보호(care)와 조직활동(organization)을 통한 사회적 기능 개선 원조활동이다.

1) 지역사회의 정의와 기능

지역사회(community)는 우리 사회 모든 구성원들의 소속이자 삶의 장이다. 그 속에서는 사회적 가치와 규범, 상호영향 관계가 존재하며, 그에 의해 구성원들의 사고와 행동양식이 통용되고 삶의 질 유지 및 향상에 기여하는 각종 자원과 체계가 제공된다.

지역사회는 학자들의 견해에 따라 각기 다르게 정의될 수 있지만, 크게 두 가지 의미로 이해된다. 첫째, 구조적 관점으로 지역사회의 공간적·지리적·정치적 성격을 고려한다. 이것은 지역사회를 도시, 마을, 이웃과 같은 구조로 보며 지리적 경계를 고려하는 것이다. 둘째, 사회심리학적 관점으로 구성원의 귀속력 정도를 강조하면서 지역사회를 사회적 유대의 연계망으로 간주하는 것이다. 이 관점은 장소나 기능보다는 사람들이 서로 관계 맺는 방식과 '우리'라는 개념으로 지역사회를 정의한다(고명수 외, 2013). 즉, 하나는 지리적 조건으로 형성된 지역사회를, 다른 하나는 공통된 이해와 관심으로 형성된 교회, 조합, 시민단체와 같은 이익집단을 의미한다(엄명용 외, 2009).

이 두 가지 정의는 앤더스와 카터(Anderson & Carter)의 지역사회 정의를 통해 좀 더 구체화할 수 있으며, 그 가운데 지역사회의 영역과 그에 따른 각각의 기능도 확인할 수 있다. 즉, 이들은 지역사회를 장소와 비장소의 개념으로 나누어 정의하였는데, 우선 장소(as place)로서의 지역사회란 "주거와 생계를 위해 제한된 영역상의 공간을 공유하며, 이러한 공간 속의 공유과정에서 생겨나는 특징적인 사회적 행동양식을 마련함으로써 공통의 욕구를 충족시키기 위한 기능을 수행하는 곳"으로 정의된다. 반면, 비장소로서의 지역사회는 "주요한 사회적 기능(재화와 서비스 생산·분배·소비, 사회화, 사회통제, 사회참여, 상호부조 등)을 수행하는 사회적 단위와 체계의 결합"으로 정의된다. 여기에는 장소와 상관없이 다른 구성원과 나누고 있는 연대의식이나 정체감을 중심으로 형성되기도 한다(양옥경 외, 2005 재인용).

그런가 하면 지역사회를 하나의 기능적 단위로 볼 때, 지역사회란 수동적이기 보다 능동적 개념으로서 가족이 가족원들의 보호막으로서의 기능을 하는 대신 지역사회는 그 구성원들을 지탱하고 보호하며, 활력을 주는 풍부한 자원이 될 수 있다고 인식된다(Weick & Saleebey, 1995; 전재일 외, 2004 재인용 참조).

2) 지역사회대상 사회복지실천의 정의와 목적

사회복지실천에서의 지역사회복지를 포괄적으로 정의하면 "전문 혹은 비전문 인력이 지역사회수준에 개입하여 지역사회에 존재하는 각종 제도에 영향을 주고, 지역사회의 문제를 예방하고 해결하고자 하는 일체의 사회적 노력"(최일섭·류진석, 2002)을 의미한다. 따라서 지역사회복지는 개인복지나 가족복지보다 넓은 차원의 개념이며, 아동복지, 노인복지라는 대상층 중심의 복지활동보다 지역성이 뚜렷하다는 점에서 그 차이를 발견할 수 있다(양옥경 외, 2005).

또한 지역사회대상 사회복지실천은 지역에 속한 주민들이 자신들의 사회적 기능 향상을 위해 필요한 의식개혁, 환경개선, 지역사회 조직화 등을 자발적, 주체적, 협력적으로 해 나갈 수 있도록 사회복지실천가가 안내자, 조력자, 조정자, 운동가, 전문가 등의 역할을 수행하는 것을 말한다. 현재 우리나라에서 지역사회에 위치한 종합사회복지관을 중심으로 실제로 이루어지고 있는 지역사회실천 개념에는 지역사회보호활동과 지역사회조직 활동이 혼합되어 있다(엄명용 외, 2009).

이러한 지역사회수준 사회복지실천은 지역사회 성원들의 복지증진에 가장 적합한 환경을 조성하여 제공하는 데에 궁극의 목적이 있으며, 변화의 초점과 대상 또한 개인이나 가족, 집단보다는 더 큰 단위의 지역사회가 된다. 그렇다고 지역사회수준의 실천이 개인, 가족, 집단 수준의 실천과 전혀 별개이거나 다른 실천접근들에 비해 상위에 존재하거나 반드시 우선 시 된다는 것은 아니며, 오히려 유기적 관계와 절충성을 가지고 있음을 간과해선 안 될 것이다. 이에 자스트로우(Zastrow, 1992)는 지역사회수준 실천과 개인, 가족, 집단과의 사회복지실천 사이에는 유사한 점들이 있으며, 의사소통과 관계형성기술, 집단들과의 활동 시 필요한 기술, 문제해결의 기술은 서로 적용이 가능하다고 보았다.

3) 지역사회대상 사회복지실천 접근

(1) 지역사회수준의 개입

지역사회대상 사회복지실천의 접근은 전통적으로 로스만(Rothman, 1964)이 제시한 세 가지 모델, 즉 지역사회개발(community development), 사회계획(social planing), 사회행동(social action)을 통해 확대, 발전되어 왔다. 이에 이 장에서는 로스만의 세 가지 모델을 중심으로 지역사회복지실천의 틀을 살펴보고(최일섭·류진석, 2002), 이어서 지역사회수준에서의 개입방법들을 정리해 본다(양옥경 외, 2005 참조).

① 로스만의 세 가지 모델

가. 지역사회개발

지역사회개발모델은 자조기반에 근거하고 있으며, 지역사회 문제의 해결을 위한 지역사회 능력과 사회통합이라는 과정목표를 통해 지역사회를 새롭게 만드는 데 초점을 둔다. 지역사회의 문제나 욕구를 다룰 때 주민의 자조(self-help)정신을 강조하기 때문에, 주민 스스로 문제를 해결할 수 있는 능력을 강화시켜 주는 데 역점을 두고, 문제의 파악 및 문제해결과정에 있어 주민의 광범위한 참여를 장려한다. 지역사회개발모델은 인구의 다양성을 고려하고 존중하며, 이러한 다양성을 이용하여 지역사회의 모든 사람들을 위한 지역사회의 발전을 성취하기 위해 노력한다.

이때 사용되는 유용한 전략은 협력(collaboration)이다. 협력은 최소한의 대립과 갈등에 기초한 기술로서 행위자 간의 서로 다른 힘(power)을 최소화하고 합의를 도출하고자 한다. 상대편이 비교적 차이점을 거의 보이지 않을 때, 변화에 열려있을 때 그리고 양립할 수 있는 목적을 지지할 때, 협력은 적절하고 효과적이다.

나. 사회계획모델

사회계획모델은 사회문제를 해결하기 위하여 합리적인 계획을 수립하고 통제된 변화를 도모하는 기술적인 과정이다. 따라서 지역사회주민의 참여정도는 문제의 성격 및 관련기관의 문제해결 방향에 따라 달라질 수 있다.

사회계획은 다양하고 복잡한 문제를 가지고 있는 현대사회에서 문제해결을 위한 전문가가 필요하다고 보고 있다. 따라서 사회복지사는 주로 계획가(planer) 및 분석가(analyst)의 기술을 행사할 수 있는 전문적인 역할을 담당하게 된다.

다. 사회행동모델

사회행동모델은 지역사회의 불우계층에 처한 주민들이 사회정의와 민주주의에 입각해서 자원과 보다 향상된 처우를 받을 수 있도록 그 지역사회에 요구하는 행동을 말한다. 따라서 사회행동에 참여하는 사회복지사는 지역사회의 기존 제도와 현실에 대한 근본적인 변화를 추구하며, 권력, 자원, 지역사회 정책결정에 있어서의 역할 등의 재분배를 추구한다.

사회행동모델의 사회복지사는 사회적 불이익집단에 대한 옹호자(advocate)와 근본적인 변화를 추구하기 위한 행동가(activist) 등의 역할을 수행하게 된다.

(2) 지역사회수준의 개입방법

① 사회적 지지체계의 개발

헵워스와 라슨센(Hepworth & Larsen, 1986)은 사회적 지지체계를 개발하는 방법으로 다음의 세 가지를 제시했다.

첫째, 클라이언트의 자연적 지지체계를 의도적으로 개입하여 활성화하는 것(예: 사교육비 부담 학부모들에 대한 개입, 원거리 서비스 수요자에 대한 기존 지역사회 자원 활용 원조 등)

둘째, 클라이언트의 욕구에 환경이 적응할 수 있도록 기존의 다양한 기관 및 프로그램을 활용하는 것

셋째, 공식조직을 통한 지지체계로서의 자원봉사자를 활용하는 것

② 서비스 조정

서비스 조정은 수요자의 욕구충족이라는 하나의 목적을 달성하기 위해 그와 관련한 서비스들을 파악하고 정리하여 적절한 시기에 원조를 행하는 것을 말한다.

존슨(Johnson, 1989)은 조정(coordination)의 형태를 다음의 세 가지로 제시했다.

첫째, 여러 전문가들이 특정 수요자에게 관심을 갖고 서로 조직화하는 서비스 연결

둘째, 다른 기관이나 전문가에 대한 정보를 제공하고 서비스가 가능하도록 연결하는 의뢰

셋째, 조정의 마지막 형태로서 문제에서부터 욕구 해결 및 평가까지의 모든 과정을 책임지는 사례관리

③ 프로그램 개발

클라이언트의 욕구와 문제해결을 위한 서비스가 지역사회에 없을 때, 실천가는 새로운 프로그램 및 자원을 개발하게 된다. 그 단계를 간략히 살펴보면 그림 7-1과 같다(이창호, 최일섭, 1993 참조).

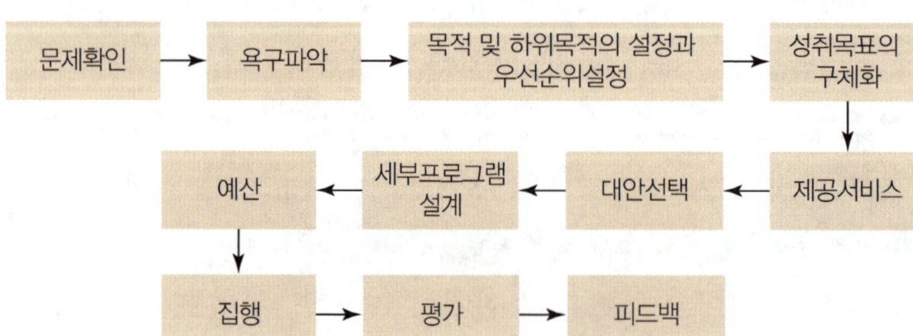

• 그림 7-1 • 프로그램 개발 단계

④ 클라이언트 집단을 위한 옹호활동

존슨(Johnson, 1989)은 옹호를 위한 접근방식으로 정치적 과정에 영향력을 행사는 것과 사회행동을 언급하였다. 정치적 과정에 영향력을 행사한다는 것은 대부분의 공공정책이 입법행동의 결과로 나타나고, 입법행동은 정치영역에서 이루어지므로 정치과정에 영향력을 행사하여 정책결정과정 클라이언트 집단의 욕구에 적절히 반응하도록 노력하는 것을 의미한다. 또한 사회행동은 기본적 제도변화를 위해 권력구조, 제도, 정치적 구조에 압력을 행사하는 것을 의미한다.

생각해봅시다

1. 집단역동이란 무엇이고, 집단사회복지실천의 장점을 설명해 봅시다.
2. 집단사회사업의 목적과 가치를 설명해 봅시다.
3. 집단 수준의 세 가지 개입모델을 비교 논의해 봅시다.
4. 지역사회의 개념과 주요 기능을 논해 봅시다.
5. 지역사회수준의 개입을 위한 Rothman의 세 가지 모델을 파악하고, 개입기법들을 설명해 봅시다.

Chapter 08

사회복지실천 관계와 의사소통

사회복지실천은 사회복지의 전문가인 사회복지사와 사회복지에 대한 필요와 요구가 있는 클라이언트와의 관계에 의해서 이루어진다. 이처럼 사회복지실천현장에서 사회복지사와 클라이언트 간의 관계는 사회복지실천의 목적과 목표를 성취하는 데 좌우되는 중요한 부분을 차지한다. 따라서 사회복지사는 클라이언트와의 관계를 형성하기 위해 클라이언트의 심리적·정서적·신체적 등의 특성에 대한 이해가 기반이 되어야 하고, 이를 토대로 부단한 노력이 요구된다.

사회복지실천을 위한 기본적인 기술 중 하나가 면접기술이다. 면접은 사회복지사가 클라이언트를 대상으로 개입결정을 위한 자료수집과 클라이언트의 문제 파악과 해결을 위해 요구되는 기술로 사회복지사가 클라이언트와의 대화 그 이상의 것이며, 도움을 요청하는 클라이언트를 돕기 위해 사용되는 목표지향적 활동이다. 사회복지실천에 있어서 면접은 클라이언트의 정보를 수집하고, 이를 바탕으로 과업을 수행하거나 클라이언트의 욕구를 해결하기 위해 수행하는 시간제한적인 의사소통 중에 이루어지는 개입의 주요 도구이다.

학습목표

1 사회복지실천에 있어서 관계의 정의와 관계형성의 중요성을 이해할 수 있다.
2 사회복지사와 클라이언트 간의 관계원칙의 종류와 그 특징을 설명할 수 있다.
3 사회복지실천에서 관계형성의 장애요인이 무엇인지 이해할 수 있다.
4 사회복지실천에 있어서 면접의 개념과 목적, 특징을 이해할 수 있다.
5 사회복지실천에서 면접의 종류와 기술을 설명할 수 있다.
6 사회복지실천에서 면접을 진행할 때 기록의 목적과 기록유형, 과정을 이해할 수 있다.

주제어

관계, 전문적 관계, 관계형성의 원칙, 면접(면담, interview), 질문기술, 기록기술

01 사회복지실천에서의 관계

카네기(Dale Carnegie, 2010)는 사람의 마음을 읽어야 진정한 행복과 성공을 얻을 수 있다고 하였다. 이는 작게는 가족 관계에서 시작하여 점차 사회 구성원으로서 구성원들 사이의 관계에 이르기까지 그 변화는 끊임없이 이루어진다. 이와 마찬가지로 사회복지사는 클라이언트와의 관계, 클라이언트가 자신의 가족과 자신이 포함된 사회에서 어떠한 관계를 갖는가에 대해 이해하고 변화시키고자 노력을 하게 된다.

1) 사회복지실천에서의 관계 개념

사회복지실천의 초기부터 현재까지 사회복지이론가와 실천가에게 '관계'는 매우 중요하게 인식되어 왔으며, 사회복지사들은 이러한 관계의 개념을 의식적이고 의도적으로 사용하였다. 사회복지실천에 있어서 '관계'란 사회복지사와 클라이언트 사이에서 성장, 발전하는 정서적 힘(Compton & Galaway, 1979)으로서 관계를 통해서 클라이언트는 변화, 성장, 발전하게 되고, 자신이 처한 고통이나 문제를 극복할 수 있는 힘을 얻게 된다(박영희, 1993).

사회복지실천현장에서 사회복지사와 클라이언트 간의 만남이 이루어졌을 때, 서로에게 정서적인 교감이 기초가 될 때, 관계는 변화하게 된다. 즉, 사회복지실천에서의 관계는 전문성, 의도적인 목적과 시간제한, 권위 등의 특성을 포함하는 관계가 형성된다는 점에서 일반적인 인간관계와는 다르다. 이처럼 사회복지실천에서의 관계란 사회복지사와 클라이언트 간의 감정과 태도의 역동적인 상호작용으로서 클라이언트의 문제해결과 그를 둘러싸고 있는 환경과의 사이에 보다 나은 적응을 위해 협력, 협상하는 것뿐만 아니라 개인, 가족, 집단, 지역사회의 자원을 적절히 동원하고 활용할 수 있도록 돕는 활동의 총체로 볼 수 있다.

비에스텍(Biestek, 1957: 32)은 개별사회사업(casework)에서 관계란 "사회복지사와 클라이언트 간의 감정과 태도의 역동적인 상호작용으로서 클라이언트가 자신과 환경 간의 좀 더 나은 적응을 이룰 수 있도록 돕는 목적을 갖고 있다."고 하였으며, 펄만(Perlman, 1957)은 관계란 "하나의 촉매제로서 문제해결과 도움을 원하는 인간의 에너지와 동기를 지지하고 양성하며 자유롭게 하는 원동력이다."라고 하였다. 핀쿠스와 미나한(Pincus & Minahan, 1973: 73)은 관계란 "사회복지사와 그가 관계하는 다른 체계들 간의 정서적인 유대로 볼 수 있으며, 이들 관계에는 협력, 협상 또는 갈등의 분위기가 포함될 수 있다."라고 하였다. 노던(Notthen, 1982)은 인간의 행동이 각기 다른 정서적인 반응을 불러일으키는 것처럼, 관계란 "일차적으로 한 사람으로부터 다른 사람에게로 흘러가는 감정적인 반응으로 구성된다."고 하였다(조상윤 · 서대석 · 오봉욱, 2008: 166).

2) 사회복지실천에서 전문적 관계의 특성과 기본요소

(1) 전문적 관계의 특성

사회복지실천에서 관계 형성의 목적은 클라이언트가 환경에 보다 잘 적응할 수 있도록 돕는 것이다. 사회복지사와 클라이언트 간의 관계는 클라이언트가 인간다운 삶을 살아갈 수 있도록 원조하며, 스스로 문제를 해결할 수 있는 능력을 갖추도록 지지하기 위한 의도적인 목적을 갖고 형성한다는 점에서 전문적 대인관계라 할 수 있다.

사회복지실천에서 전문적 관계의 특성을 살펴보면 다음과 같다.

첫째, 서로 합의된 의도적인 목적을 갖고 있다. 사회복지사와 클라이언트 간에 기본적으로 클라이언트의 보다 나은 적응 및 문제해결을 위한 원조를 목적으로 진행된다는 것을 의미하는 것으로, 이와 같은 목적은 사회복지실천의 전반적인 목적과 가치체계와 일치한다.

둘째, 시간 제한적이다. 클라이언트와 구체적으로 한정된 기간을 갖고 관계를 맺는다. 목적이 달성되었거나 달성될 수 없다고 생각될 때 관계는 종결된다. 사회복지실천 과정은 시작단계, 중간단계, 종결단계에 이르는 시작과 종결이 요구되는 과정이기에 관계에서도 시간적인 제한이 필요하다. 목표가 달성되면 특별한 관계는 끝을 맺게 된다.

셋째, 클라이언트 욕구 중심적이다. 사회복지사는 자신의 이익보다는 클라이언트의 이익을 위해 자기 자신을 헌신한다. 따라서 타인의 욕구에 민감할 수 있도록 객관성과 자아인식에 기초한 관계를 형성한다.

넷째, 권위성을 지닌다. 사회복지사는 전문적 지식과 기술, 전문직의 윤리강령에 의한 권위를 지닌다. 이는 전문적 능력에 근거하고, 특수 분야에 관한 지식에 근거를 둔 전문적 권위(professional authority)로 전문가들이 지니는 권위를 말한다.

다섯째, 통제된 관계이다. 현재 진행 중인 사례에 대해 객관성을 유지하고 자신의 감정, 반응, 열망을 자각하고, 그 책임을 진다는 의미에서 통제된 관계이다.

(2) 전문적 관계의 기본요소

사회복지사는 전문지식을 갖고 클라이언트와의 계약에 의한 전문적 관계를 형성한다는 점에서 다음과 같은 관계의 기본요소들이 존재한다. 이 요소들은 관계의 목적과 유형에 따라 다양하게 사용될 수 있다(Compton & Gallaway, 1994: 272-288; 양옥경 외, 2005: 130-133; 엄명용 외, 2006: 198-205; 이종복·전남련, 2011: 145-150).

① 타인에 대한 관심과 도우려는 열망: 이타주의

타인에 대한 관심은 '상황 속의 인간'을 이해하고 클라이언트의 삶속에서 발생한 일에 대해 진심어린 관심을 가지며, 이들의 감정에 대해 교류할 수 있어야 함을 의미한다. 관심이란 책임감, 배려, 존중, 타인에 대한 이해 및 클라이언트의 더 나은 삶에 대한 바람을 포함하고 있으며, 클라이언트의 삶과 욕구에 대한 조건 없는 긍정적 인정을 의미하는 것이기도 하다. 도우려는 열망이란 원조관계의 전문가에게 가장 필수적인 자질이라 할 수 있다. 클라이언트로 하여금 자신의 삶을 스스로 선택하고 통제하는 능력을 의미한다. 헌신적인 자세는 스스로를 알고자 하는 데 용기를 주며, 다른 사람을 위한 서비스에 자기 자신을 기꺼이 내주게 함으로써 클라이언트로 하여금 자신의 삶을 스스로 선택하고 통제하는 능력을 향상시키도록 도우려는 사회복지사 자신의 마음이다.

② 이해(understanding)와 공감(sympathy)

이해란 상담 내지 모든 인간관계의 기본적인 기술로서 다른 사람, 즉 상대방의 마음을 읽고 상대방의 눈을 통해 세상을 볼 수 있는 능력이다. 이러한 이해의 능력이 클라이언트와 관계하는 일의 상황에서 구체적으로 나타날 때에는 클라이언트의 감정, 욕망, 가치, 신념 그리고 지각을 정확하고 민감하게 감지하는 능력 그리고 이러한 사회복지사의 이해를 클라이언트에게 충분히 의사소통을 통해 전달할 수 있는 능력의 표현을 의미한다.

공감은 상대방의 감정과 관점을 이해할 수 있는 능력을 의미한다. 공감적인 태도와 기술은 클라이언트와의 관계에서 강한 신뢰감과 라포(rapport)를 형성할 수 있도록 해준다. 즉, 상대방의 세계를 있는 그대로 이해하려는 자세를 말한다(김혜영 외, 2012: 111). 상담자의 공감반응은 상담의 성과와 매우 높은 상관관계를 갖는다(김영란·연문희, 2002: 34). 이처럼 공감반응이 서비스의 효과에 긍정적인 영향을 미친다.

③ 존경심(respect), 보살핌(caring)

사회복지사가 클라이언트에 대한 관심과 존경심, 아울러 보살핌의 생각을 가지고 있음을 느끼게 함과 동시에 사회복지사는 클라이언트도 자신의 문제 내지 자신의 인생에 대하여 무엇인가 할 수 있는 능력을 갖고 있다는 것을 확신하고 있다는 감정을 클라이언트에게 전달할 수 있는 능력의 표현이다.

④ 구체성(concreteness)

클라이언트로 하여금 그의 행동, 사고 그리고 감정을 그 자신의 독자적인 방법으로 정확하게 묘사 내지 표현할 수 있게 도와줄 수 있는 능력(조휘일·이윤로, 2003: 137 재인용)이다. 사회복지사는 클라이언트가 자신의 경험과 감정을 구체적이고 독특하게 표현하여 자신만의 독자성을 나타낼 수 있도록 도와주어야 한다. 그럼으로써 이는 초기에 공감을 불러일으킬 수 있고, 나중에 가서는 문제해결의 구체적 계획을 세우는 데 연결될 수 있는 근거가 된다.

⑤ 직면(confrontation)

직면이란 사회복지사가 클라이언트의 이야기를 경청해 온 결과, 어떤 모순점이나 다른 점이 발견되면 이를 클라이언트에게 이야기해 주는 것이다(Carkhuff, 1971: 171). 즉, 클라이언트가 자신의 문제에 대한 회피 혹은 직면하지 않을 때 사회복지사는 클라이언트의 실질적인 문제와 욕구에 초점을 두고 직면하도록 도와주는 것이다.

⑥ 자기노출(self disclosure)

자기노출은 사회복지사가 도움의 상황에서 적절하다고 생각되는 자신의 경험을 클라이언트와 함께 나눌 수 있는 능력으로서 자기개방이라고도 말한다. 다시 말해서 자기 자신의 신상에 관한 기술이나 감정 혹은 생각을 남에게 전달하는 기술이다. 사회복지실천에서 거의 금기로 정해 놓았던 사적인 대화 내지 역감정 전이가 유발될 수 있는 여지가 있다. 사회복지사와 클라이언트의 관계가 일대일의 동등한 인격적 관계라고 할 때에 효과적인 도움의 기술로 활용될 수 있을 것이다. 자기노출에는 감정을 표현하는 것과 자신의 경험을 얘기하는 것으로 구분된다. 사회복지사가 클라이언트의 자기노출을 유도하기 위하여 먼저 순수한 감정을 노출한다고 하여 클라이언트에 대한 부정적인 감정까지 노출하게 되면 갈등을 일으킬 수 있다.

⑦ 따뜻함(warmth)

따뜻함이란 휴먼서비스를 제공하는 전문가는 반드시 지녀야 할 자질이다. 클라이언트의 복지를 위하여 사회복지사가 언어적·비언어적 방법을 활용하여 전달할 수 있는 능력이라고 표현할 수 있다.

⑧ 자아실현(self-actualization)

자아실현은 인간의 욕구들 가운데 가장 최상에 위치하는 욕구이다. 여기서 사회복지사가 클라이언트의 모든 문제를 그 자신의 성장을 위한 기회들로 볼 수 있으며, 따라서 모든 인간의 문제와 난관에 당면해서도 유머 감각을 유지할 수 있는 능력을 말한다.

⑨ 수용(acceptance)

수용이란 클라이언트를 자신의 감정과 사고에 대한 권리를 가진 독특한 개인으로서 배려하고, 클라이언트에 대한 진실된 관심과 인식, 경청하는 태도, 그들의 행동에 대한 주의 집중, 돕고자 하는 열망의 전달, 클라이언트에 대한 진실된 염려를 의미한다. 타인에게서 수용 받는 느낌은 클라이언트로 하여금 자신이 가치가 있으며 타인으로부터 이해받고 있다고 느끼도록 해준다. 수용은 단순히 클라이언트의 행동에 대해 인정해 주는 것과는 의미가 다르다. 수용은 사회복지사가 그 사람이 한 행동에 대한 것이 아니라, 그 사람 자신에 대한 수용을 전달하는 것을 의미한다.

⑩ 감정이입(empathy)

감정이입은 타인이 경험한 것을 이해하기 위하여 타인의 감정과 생각에 자신을 투사시키는 능력이다. 감정이입에 있어 필수적인 것은 편견 없이 그들을 있는 상태 그대로 바라보는 능력이다. 감정이입을 통하여 클라이언트는 사회복지사라는 중요한 타인으로부터 충분히 이해받고 있다고 느끼면서 자기인식이 확장됨과 동시에 자신의 문제를 탐색하고 정체성을 발견하며, 자신에 대한 현실적 목표를 세우고 이를 달성하기 위해 나아가게 된다.

⑪ 진실성(authenticity)

진실성은 정직성, 믿음직함, 가장되지 않은 것, 신뢰감 등과 같은 뜻을 함축하고 있다. 진실된 태도는 신뢰감 발달에 필수적이다. 신뢰는 클라이언트가 자신의 문제를 돕는 사회복지사의 정직성과 성실성을 시험하여 성공적인 경험을 함으로써 발달된다.

⑫ 권한(power)

권한은 다른 말로 권위로 표현되기도 한다. 권한은 지식, 전문적 기술, 사회복지사가 전문적 자격을 얻기 위해 투자했던 노력, 기관 등으로부터 부여되기도 하고, 클라이언트에게 미친 영향력에 의해 클라이언트로부터 부여받기도 한다.

⑬ 헌신과 의무(commitment and obligation)

헌신과 의무는 원조 상황에서의 책임감을 의미하는 것으로서 일관성을 포함하는 개념이다. 원조관계에서 관계의 목적을 이루기 위해서는 사회복지사뿐만 아니라 클라이언트 역시 헌신과 의무로 묶여져야 한다. 원조 관계에서 대개 헌신적인 자세는 일정한 의무도 함께 요구하고 있다.

그 밖에 요구되는 전문가의 자질에 대해서 성숙함, 창조성, 자기를 관찰하는 능력, 도우려는 열망, 용기, 민감성, 인간적 자질 등을 갖춰야 한다고 하였다(이준우·이화옥·임원선, 2004).

02 사회복지실천에서의 관계형성 원칙

사회복지실천에서 사회복지사는 클라이언트와의 관계를 형성하는 과정에서 인간의 존엄성과 평등을 전제로 클라이언트와의 만남이 이루어진다. 이러한 만남은 클라이언트에 대한 기본적인 원칙이 요구되며, 이것이 지켜지지 못하게 되면 상호 간의 신뢰관계가 형성되지 않아 사회복지사의 실천개입 목적과 목표가 성취되지 못할 수도 있다. 따라서 의도된 목적을 갖고 관계를 형성하는데 있어서 기본적인 관계를 위한 원칙을 이해하는 것은 매우 중요하다.

1) 관계형성의 기본원칙: 관계의 7대 원칙

비에스텍(Biestek, 1957)은 『개별사회사업의 관계(Casework Relationship)』라는 책에서 사회복지사와 클라이언트 간의 원조관계의 기본원칙을 제시하였다. 이것은 도움을 구하는 모든 사람들에게 공통적인 기본감정 및 태도유형이 존재하며, 관계의 목적을 심리·사회적인 욕구와 문제를 가진 클라이언트를 원조하는 것에 있다고 하면서 이를 바탕으로 관계의 7대 원칙이라고 불리는 관계론을 정립하였다.

또한 심리·사회적인 욕구와 문제를 가진 사람들의 욕구를 일곱 가지로 분류하고, 이에 대하여 사회복지사가 민감하면서도 적절한 반응을 함으로써 클라이언트와의 역동적인 상호작용을 통하여 원조과정이 원활하게 이루어질 수 있다고 보았다.

사회복지실천의 기술에서는 사회복지사와 클라이언트의 원조관계가 기반이 되는데, 사회복지사와 클라이언트의 협력적 원조관계를 형성하기 위해서는 무엇보다 클라이언트와의 긍정적 관계를 유지하는 것이라 할 수 있다. 사회복지사와 클라이언트 간의 관계의 기본원리는 다음과 같다(오봉욱 외(b), 2013).

(1) 개별화(individualization)

개별화란 사회복지사가 클라이언트를 만날 때 클라이언트는 자신만의 고유한 역사와 능력, 성격을 가진 인간이며, 세상에 단 한 사람밖에 없다는 것을 인식하는 것이다.

사람은 자신이 속한 사회와 가정 등의 생활경험과 자기 정체성에 의해 구별되고자 하는 욕구를 지닌 존재이다. 사람은 같은 환경 속에서도 상황에 대해서 제각기 다르게 판단하거나 행동을 취하게 된다. 이처럼 사회복지사는 클라이언트의 문제를 이해하고 문제해결을 위한 계획을 세우고자 할 때 클라이언트를 둘러싼 환경과 인격, 특성 등 각각의 개별성에 관심을 가져야 하는 개별화 원리를 강조하고 있다. 이를 위해서는 클라이언트에 대한 정보인식이 가장 필요하다(오봉욱 외(b), 2013).

사회복지사가 개별화의 원리를 적절히 사용한다는 것은 클라이언트를 어떤 유형이나 계층에 속한 존재로 보지 않고, 각각의 차이가 있는 독특한 개인으로 인식하면서 개인의 차이에 기반을 두고 개입이 이루어지는 것을 의미한다.

사회복지사는 개별화를 위해서 클라이언트의 성별이나 직업, 나이에 따라 면접시간을 조정하고, 클라이언트를 위한 개별 환경 등 비밀이 존중된다는 안도감과 신뢰감을 주는 것은 매우 중요하다. 그리고 클라이언트와의 약속시간을 준수하고 면접을 위한 사전준비를 철저히 해야 한다.

(2) 의도적인 감정표현(purposeful expression of feelings)

클라이언트가 자신의 감정과 생각을 처음 만나게 되는 사회복지사에게 표현하는 것은 정말 쉽지 않다. 특히 자신의 사적인 영역에 대해 타인에게 표현한다는 것은 용기가 요구되는 부분이다. 이처럼 클라이언트로 하여금 자신의 감정, 특히 비난받을지도 모르는 부정적 감정을 자유롭게 표현하도록 해 주는 것을 의도적인 감정표현이라고 한다. 사회복지사는 클라이언트의 감정적 긴장 상태와 부정적인 감정을 표현하도록 적절하게 촉진자의 역할을 해야 한다. 클라이언트는 자유롭게 자신의 감정을 표현함으로써 자신의 문제를 개방하게 되고, 자신의 문제에 대한 인식이 향상되어 변화를 위한 노력에 적극적으로 참여하게 된다. 이를 위해서는 사회복지사와 클라이언트 간의 관계 형성이 매우 중요하며, 사회복지사는 의도적으로 적극적인 태도와 감정을 표현함으로써 클라이언트가 솔직한 자신의 감정을 표현할 수 있도록 해야 한다.

사회복지사의 의도적인 감정표현에 의한 장애요인을 살펴보면, 클라이언트의 감정표현을 촉진함에 있어 성급한 판단이나 과잉해석, 비현실적인 변화에 대한 보장과 성급한 충고나 조언을 줄 수 있다. 또한 클라이언트의 감정표현에 대한 비난은 오히려 감정표현을 억제하게 될 수 있다.

(3) 통제된 정서적 관여(controlled emotional involvement)

사회복지사는 클라이언트와의 관계에서 많은 정보를 수집하게 된다. 그리고 그 과정에서 클라이언트가 표현한 감정에 대해 영향을 받기도 한다. 클라이언트는 표현된 감정에 대한 공감적 반응을 얻고 싶어 하며, 사회복지사의 적절한 정서적 관여는 클라이언트로 하여금 수용된다는 느낌, 자신의 문제가 이해되는 심리적 안정을 찾는다.

이처럼 클라이언트의 표현된 감정에 대한 사회복지사의 민감성과 이해 그리고 그에 따른 적절한 반응으로 대하는 것을 통제된 정서적 관여라고 말한다. 사회복지사와 클라이언트와의 관계 속에서 가장 중요한 것은 둘 사이의 '공감'이다. 사회복지사는 클라이언트의 감정에 호응하기 위해 정서적인 관여를 하게 된다. 즉, 정서적 관여는 사회복지사에 의해 그 정도와 방향이 통제될 수 있어야 한다. 즉, 통제된 정서적 관여가 필요하다.

(4) 수용(acceptance)

사람은 누구나 자신이 만나는 사람들이 자신의 모든 부분에 대해 이해하고 수긍하며 받아주길 원한다. 사회복지실천에서도 클라이언트는 자신이 만나는 사회복지사가 자신의 모든 부분에 대해 수용해 주길 원한다.

이처럼 클라이언트의 장점과 단점, 잠재력과 제한, 바람직한 행동이나 바람직하지 않은 행동, 긍정적 감정과 부정적 감정, 바람직한 성격과 그렇지 못한 성격 등 있는 그대로의 모습을 받아들이는 것을 수용이라고 말한다. 이것은 클라이언트의 존엄성과 인격에 대한 가치를 존중한다는 의미이며, 이때 존중하고 받아들이는 것은 선한 것(the good)이 아니라 있는 그대로의 참된 것(the real)이다.

사회복지사의 클라이언트에 대한 수용의 저해 요인으로 인간의 행동에 대한 지식이 충분하지 못한 경우 클라이언트를 바르게 수용하기 어렵다. 사회복지사가 자신의 미해결된 정서적 문제를 가지고 있는 경우 자신의 문제와 유사한 클라이언트를 바르게 수용하기 어렵다. 또한 자기인식이 부족하여 자신의 감정을 자각하지 못하는 경우 자기의 무의식적인 분노와 거부가 클라이언트에게 영향을 미칠 수 있기 때문에 수용에 장애가 된다. 사회복지사가 가진 인종, 신념, 문화, 경제적 지위 등의 차이로부터 발생하는 편견과 선입견 그리고 문제해결을 보장할 수 없는데도 말로만 안심시키는 것은 클라이언트가 현실적인 대처를 할 수 없도록 막는 것과 마찬가지며 수용에 장애가 된다. 그리고 수용과 인정을 혼동할 때와 클라이언트에 대한 존중심이 결여된 경우, 클라이언트에게 열등감을 느끼게 한다.

(5) 비심판적 태도(nonjudgemental attitudes)

사람은 자신에 대해 비난하거나 심판하려는 사람과의 관계를 형성하고자 하지 않는다. 사회복지실천에서도 클라이언트는 사회복지사로부터 비난받거나 심판을 받는다고 판단되면 관계를 형성하려고 하지 않는다. 클라이언트의 문제나 욕구의 원인이 그들의 환경에 의한 것이든 혹은 성격의 문제이든지 간에 클라이언트에게 책임이 있다는 것을 언어적으로나 비언어적으로 비판하거나 판단하지 않는 것을 비심판적 태도라고 말한다.

클라이언트는 자신에 대하여 대부분 부정적 감정을 지니고 있거나 사회적 낙인에 대한 두려움, 비난이나 거부당하는 것에 대한 두려움을 가지고 있는 경우가 많다. 따라서 이러한 두려움과 불안으로 인해 자신의 문제를 개방하고 변화하는 것에 방어적 태도를 보이기 쉽다. 사회복지사로부터 언어적, 비언어적으로 비심판적인 태도를 전달받게 되면 방어적인 태도가 아닌 협조적인 태도를 보이게 된다.

사회복지사가 클라이언트에 대해 비심판적 태도를 갖는데 저해하는 요인으로 편견이나 선입견이 있다. 이는 클라이언트를 객관적으로 보기 어렵게 한다. 사회복지사의 클라이언트에 대한 성급한 확신이다. 이는 클라이언트가 자신에게 심판적인 태도를 보인다고 느낄 수 있다. 사회복지사가 클라이언트에 대해 다른 사람과의 비교 또는 유형화하려는 태도이다. 사회복지사가 클라이언트 자신을 범주화한다고 느낄 수 있다. 그리고 사회복지사에 대한 적개심과 같은 클라이언트의 부정적 감정표현 등이 있다.

(6) 클라이언트의 자기결정(self-determination)

사람은 경제소득과 학력, 성별 등에 관계없이 누구나 자신의 삶에 대해서 객체가 아닌 주체가 되고 싶어 한다. 사회복지실천에서도 타인의 도움을 필요로 하여 사회복지사를 만나 자신의 충족되지 못한 욕구를 말하고 서비스를 요구하는 이들도 마찬가지이다.

사회복지실천 전 과정에 걸쳐서 클라이언트가 모든 의사결정과정에 참여하여 스스로 선택하고 결정하는 것을 자기결정이라고 말한다. 모든 인간은 자기 삶에 대한 결정을 스스로 내릴 수 있다는 인간의 능력과 욕구의 원리에 바탕을 둔 것이다.

클라이언트의 자기결정을 돕기 위하여 사회복지사가 해야 할 일은 클라이언트로 하여금 그의 문제와 욕구를 전체적 관점에서 관찰하고 이해할 수 있도록 돕고, 클라이언트가 자신이 거주하고 있는 지역사회에서 활용할 수 있는 자원에 대한 정보를 제공해주고, 자신의 잠재적인 자원을 활성화할 수 있도록 자극을 주는 등의 지지가 필요하다. 클라이언트에게 자신의 문제를 해결하고 성장할 수 있는 관계의 환경을 만들어 주어야 한다.

그리고 사회복지사가 클라이언트의 자기결정에 있어서 피해야 할 일은 사회복지사가 문제해결을 위한 중요한 책임을 지고 클라이언트에게는 단지 종속적인 역할 만을 수행하도록 하는 것이다. 클라이언트가 요구하는 서비스는 무시하고 클라이언트의 사회적·정서적 생활의 세세한 부분까지 관여하려는 태도를 지양해야 한다. 직접적·간접적으로 클라이언트의 행동을 조종하거나 클라이언트를 통제하기 위해 설득하려는 태도를 갖지 않아야 한다.

클라이언트의 자기결정의 한계로는 클라이언트의 신체적·정신적 능력을 넘어서는 자기결정 능력을 기대할 수 없다. 도덕적 제한과 법률적 제한이 있으며, 사회기관의 규정에 따라야 한다.

(7) 비밀보장(confidentiality)

사람은 누구나 비밀이 보장되기를 원한다. 이것은 사회복지사와 클라이언트 간의 관계에서도 비밀이 보장되지 못하면 신뢰가 형성되지 못해 관계가 만들어지지 못한다. 비밀보장은 클라이언트가 전문적 관계에서 노출한 비밀스런 정보를 사회복지사가 전문적 치료 목적 외에 타인에게 알려서는 안 된다는 원리에 바탕을 두고 있다. 따라서 비밀보장은 클라이언트의 기본적 권리에 기초를 두고 있다.

비밀의 유형에는 자연적 비밀, 약속된 비밀, 위임된 비밀이 있다. 첫째, 자연적 비밀은 드러나면 대상의 명예를 손상시키고 해를 주는 정보이다. 둘째, 약속된 비밀은 말하는 사람이 듣는 사람과 비밀보장의 확인과 약속을 한 것이다. 셋째, 위임된 비밀은 드러내지 않을 거라는 이해가 있을 때 전달되는 비밀을 말한다. 사회복지실천 과정에서 세 가지 유형의 비밀이 모두 상존한다. 그러나 대부분 위임된 비밀이 많으며, 사회복지사는 윤리적 의무를 가지고 비밀을 지켜야 한다.

비밀보장의 한계에는 첫째, 클라이언트의 복합적인 문제를 해결하기 위해 기관 내외의 다른 전문가와 필요한 정보를 공유해야 할 때, 둘째, 학생이나 초심자의 경우 지도감독을 위해 슈퍼바이저에게 상세히 보고해야 하는 경우, 셋째, 기관에 보관하는 기록이나 동료들과의 사례회의의 경우, 넷째, 타인이나 클라이언트 자신의 생명을 위협하는 경우 생명보호가 우선이라는 점에서 비밀보장의 원칙은 한계가 있다(양옥경 외, 2005: 145). 따라서 사회복지사는 클라이언트와의 계약을 하거나 초기 인터뷰 과정에서 비밀보장 원칙의 한계에 대해서도 미리 설명해두는 것이 중요하다.

• 표 8-1 • 클라이언트의 욕구에 따른 관계형성 원칙

클라이언트의 욕구	관계의 원칙
1. 개별적인 한 인간으로 대우받고 싶은 욕구	개별화
2. 긍정적 혹은 부정적이든 자신의 감정을 표현하고 싶은 욕구	의도적 감정표현
3. 표현된 감정에 대해 공감적 반응을 얻고 싶은 욕구	통제된 정서적 관여
4. 가치있고 존엄성을 가진 인간으로서 인정받고 싶은 욕구	수용
5. 타인으로부터 심판이나 비난을 받고 싶지 않는 욕구	비심판적 태도
6. 스스로 선택하고 결정하고 싶은 욕구	클라이언트의 자기 결정
7. 자신의 사적인 정보에 대한 비밀을 지켜 주기를 바라는 욕구	비밀보장

출처: 조상윤·서대석·오봉욱(2008), p.177 재인용; 최덕경 외(2012), p.193.

2) 관계형성의 장애요인

사회복지사와 클라이언트 간의 관계를 방해하는 요인에는 불신, 비자발성, 저항, 전이와 역전이, 자기 노출 등이 있다(양옥경 외, 2005: 146-152; 조상윤·서대석·오봉욱, 2008; 김기태 외, 2008).

(1) 사회복지사와 클라이언트 사이의 불신

둘 이상의 사람 간의 관계를 형성하는데 방해가 되는 것은 사람 간의 불신이다. 사회복지사가 클라이언트에 대해 개별화하지 않거나, 클라이언트의 과거력을 파악하여 "○○○는 이럴 거야!"라는 판단을 내리거나 부정적인 태도를 갖게 되었을 때 두 사람 사이에는 불신이 만들어지게 된다. 이와는 반대로 클라이언트가 사회복지사와의 관계에서 불신을 갖는 경우는 대부분 사회복지사와의 관계 이전의 경험으로부터 유래된다. 즉, 살아온 과정에서 격리와 인정을 받아보지 못한 사람은 사회복지사를 신뢰하고 그에게 의지하는 것이 어렵기 때문에 비난, 거부, 상처를 미리 예상하여 방어적인 태도를 보이게 된다. 이런 상황에서 클라이언트의 자기노출은 어려워지고 더 이상의 변화는 기대할 수 없다. 사회복지사는 클라이언트의 회피행동 뒤에 숨어 있는 두려움에 맞설 수 있도록 도울 필요가 있다.

(2) 비자발성

사회복지사와 클라이언트 간의 관계를 형성하는 데 방해가 되는 것은 클라이언트의 비자발성이다. 즉, 비자발적 클라이언트는 변화의 동기 없이 타인에 의해 전문적 도움을 받도록 강요받은 사람으로 개입과정에 대한 불만과 적대적 감정을 표현하기 쉽다.

또한 비자발적인 클라이언트는 사회복지사가 가지고 있는 권한에 대한 두려움으로 진정한 변화 없이 거짓말로 자신들의 변화노력을 가장할 수 있다. 비자발적인 클라이언트와의 관계에서 사회복지사는 자신의 선입견으로 클라이언트를 마치 죄인을 대하듯 다루지 않도록 조심해야 한다.

(3) 클라이언트의 저항

사회복지사는 클라이언트에 대한 사정과 분석을 통해 개입계획을 세우게 된다. 이때 개입계획에 따라 진행이 되지 않으면 개입목표를 성취할 수 없게 된다. 이처럼 저항은 클라이언트가 개입목표와 반대되는 행동을 보이는 것을 의미한다. 저항은 인간의 양가감정에서 원인을 찾을 수 있다. 즉, 인간은 변화를 원하여 도움을 청하면서도 동시에 익숙한 것을 버리고 새로운 행동을 해야 하는 것에 대한 두려움으로 변화에 대한 저항을 하게 된다. 저항의 진행단계를 살펴보면 갈등, 방어, 해결, 통합의 순서로 이루어진다. 이처럼 클라이언트의 저항을 줄이기 위해서는 사회복지 실천과정에 대한 클라이언트의 참여와 클라이언트와의 신뢰를 바탕으로 한 관계형성이 요구된다. 그리고 클라이언트가 익숙하지 못한 상황에 직면할 때는 클라이언트의 두려움을 탐색하고 시범과 역할극을 통해 상황에 익숙해지도록 돕거나, 서비스와 개입절차에 대해 잘못 이해하여 저항하는 경우에는 명확히 설명해주고, 서로의 역할을 분명히 하여 저항을 줄여준다. 사회복지사는 저항에 대해 부정적으로만 생각하지 말고, 변화의 자연스러운 과정으로 생각하는 것도 필요하다.

(4) 전이(Transference)와 역전이(Counter-transference)

전이는 클라이언트가 다른 사람과 과거의 경험에서 비롯된 소망, 두려움 그리고 다른 감정을 사회복지사에게 보이는 것이다. 대처기술이 제한되어 자신의 문제에 대해 도움을 받기 원하며 의존하고자 하는 한편, 두려움과 부정적 감정이 강해서 전문가와 관계 맺는 것이 어렵다. 따라서 사회복지사는 클라이언트의 반응이 비현실적임을 지적하고 사회복지사에 대한 현실적인 관점을 갖도록 도와야 한다.

역전이는 사회복지사가 클라이언트를 마치 자신의 과거 어떤 시점의 인물이나 관계로 느끼고 무의식적으로 그렇게 반응하는 것이다. 역전이는 왜곡된 인식과 감추어진 부분, 소망과 치료를 방해하는 감정반응과 행동을 만들어내면서 관계를 악화시킨다. 따라서 사회복지사는 자신의 감정의 기원에 관심을 갖고 클라이언트의 현실적인 관계에 관점을 갖도록 노력해야 한다.

(5) 클라이언트의 양가감정

클라이언트에 대한 사회복지사의 미숙하거나 부적절한 태도에 의해서도 관계 형성에 장애요인이 된다. 클라이언트가 경험한 감정을 인식하지 못할 때, 태만해지거나 클라이언트를 무시할 때, 적절치 않게 직면을 사용할 때, 클라이언트의 중요한 정보를 기억하지 못할 때, 클라이언트에 대해 반대 혹은 논쟁, 과도하게 충고할 때, 대화내용을 좌지우지하거나 클라이언트를 자주 방해할 때, 클라이언트가 행하기에 어려운 조언이나 과제를 부여할 때 등이 있다.

사회복지사는 자신의 실천개입 과정에 대해 지속적으로 모니터링하고, 선배 사회복지사의 슈퍼비전을 받거나 자기반성을 통해 클라이언트와의 관계형성을 방해하는 오류를 줄이도록 노력해야 한다.

(6) 사회복지사의 미숙하거나 부적절한 태도

클라이언트에 대한 사회복지사의 미숙하거나 부적절한 태도에 의해서도 관계 형성에 장애요인이 된다. 클라이언트가 경험한 감정을 인식하지 못할 때, 태만해지거나 클라이언트를 무시할 때, 적절치 않게 직면을 사용할 때, 클라이언트의 중요한 정보를 기억하지 못할 때, 클라이언트에 대해 반대 혹은 논쟁, 과도하게 충고할 때, 대화내용을 좌지우지하거나 클라이언트를 자주 방해할 때, 클라이언트가 행하기에 어려운 조언이나 과제를 부여할 때 등이 있다.

사회복지사는 자신의 실천개입 과정에 대해 지속적으로 모니터링하고, 선배 사회복지사의 슈퍼비전을 받거나 자기반성을 통해 클라이언트와의 관계형성을 방해하는 오류를 줄이도록 노력해야 한다.

• 표 8-2 • 관계형성의 장애요인에 따른 사회복지사의 대처

관계형성의 장애요인	사회복지사의 대처
사회복지사와 클라이언트 간의 불신	상호 간의 신뢰관계(rapport)를 형성하기 위해 노력한다.
비자발성	클라이언트가 스스로 자신의 문제를 이해하고, 적극적으로 참여하여 변화할 수 있도록 돕는다.
클라이언트의 저항	저항이 부정적인 것이 아님을 이야기 하고, 자연스럽게 받아들일 수 있도록 돕고, 자신의 저항에 대해 이해할 수 있도록 돕는다.
전이	클라이언트의 반응이 비현실적임을 알려주고, 사회복지사에 대해 다른 관점을 갖도록 노력한다.
역전이	사회복지사 자신의 문제로 클라이언트의 문제와 욕구에 개입하는 데 부족함을 솔직히 이야기하고, 다른 사회복지사에게 의뢰한다.
클라이언트의 양가감정	클라이언트가 자신의 양가감정을 이해할 수 있도록 돕고, 자유롭게 표현하도록 돕는다.
사회복지사의 미숙하고 부적절한 태도	클라이언트에 대한 개입과정이 올바른지 선배 사회복지사에게 슈퍼비전을 받고, 자기성찰과 반성을 위한 자세를 가질 수 있도록 노력한다.

03 관계 형성에서 사회복지사의 윤리적 책임감

사회복지실천에서 사회복지사와 클라이언트 사이의 관계 형성에 있어서 윤리란 매우 중요하다. 특히 사회복지는 개인의 존엄성과 사회정의 등의 가치실현을 목적으로 하는 가치 주도적인 전문직이며, 이는 다른 어느 전문직보다 더 윤리적이며 가치 지향적이다. 이런 점에서 사회복지사가 전문가로서 클라이언트와의 사이에서 행하여야 할 행동지침으로 사회복지사 윤리강령이 제시된다.

사회복지의 전문적 지식과 기술을 실천현장에서 적용하는 과정에서 사회복지의 가치 및 윤리에 입각한 결정을 내려야 하는 상황에 있다는 점에서, 사회복지사의 윤리적 책임 행동에 중요한 의미를 갖게 된다(김경희, 2000).

사회복지사의 전문적 태도와 전문적 능력은 윤리적 책임 행동에 유의한 영향을 미친다(송유미, 2008)는 점에서 사회복지사는 클라이언트와의 사이에서 사회복지 전문가로서 어떠한 책임감을 가져야 할지 자기인식과 내적 성숙을 갖추기 위해 노력해야 한다.

04 사회복지실천에서의 면접

사회복지실천에서 면접은 사회복지사와 클라이언트 간의 만남을 통해 사회복지사와 클라이언트 각자가 원하는 바를 이룰 수 있도록 노력을 하게 된다.

1) 사회복지실천에서의 면접 개념

면접(面接)이란 두 사람이 대면하여 만나는 것을 말한다. 이는 사회복지사가 클라이언트와 그의 문제를 이해하고 원조한다는 목적을 가지고 의도적으로 이끌어 나가는 전문적 대화이다. 그리고 사회적 상호작용과 의사소통의 과정이며 인지, 정서, 행동의 변화를 목적으로 한 언어적이고 비언어적인 행동으로서 문제해결을 위한 개입이다. 사회복지실천에서 면접은 전문적인 관계를 바탕으로 일방적인 활동이 아닌 상호적인 활동이고, 클라이언트의 문제 파악 및 실행, 평가의 총체적인 과정에서 기본적인 의사소통의 한 방법이다. 또한 사회복지실천에서 면접은 정보수집뿐만 아니라 그 자체가 클라이언트와의 대화를 통해 치료적 효과를 갖기도 한다. 그러나 치료(상담)를 목적으로 면접을 진행할 수 있지만, 그것이 모두 치료나 상담이라고 하지는 않는다(정원철, 2005).

사회복지 실천과정에서 첫 면접(면담)은 사회복지사와 클라이언트 모두에게 다양한 감정과 반응을 불러일으킨다. 문제해결에 대한 희망을 갖고 사회복지사를 처음 만나 면접을 하게 될 때 클라이언트는 도움 요청에 있어서 어디서부터 설명해야 되는지, 사적인 부분을 이야기 할 때의 사회복지사의 반응에 대한 걱정 등 양가감정을 갖게 된다.

사회복지사와 클라이언트의 관계에서는 '서비스를 제공하는 자'와 '서비스를 받는 자'로 만들어진다는 점에서 사회복지사는 클라이언트가 자신의 문제를 올바르게 인식하고 감정을 표현하며 행동에 변화를 가질 수 있도록 목표지향적 의사소통을 해야 한다(최덕경 외, 2012: 202).

2) 사회복지실천에서 면접의 목적과 특징

(1) 면접의 목적

면접은 전문적 지식과 가치를 가진 사회복지사가 클라이언트에 대해 충분히 이해하기 위해 대면하는 것이다. 면접은 정보수집과 사정을 위한 이해와 개입을 위한 원조의 목적을 갖고 있다. 면접이란 "전문적 지식과 가치를 바탕으로 클라이언트와 그 상황을 충분히 이해함으로써 그 문제를 효과적으로 해결하는데 있다"고 하였다(Gfrett, 1982). 햅워스와 라슨(Hepworth & Larsen, 1990)은 "삶의 질 향상과 성장을 위해 문제를 해결하고 이에 필요한 전략이나 행동을 모색하기 위한 정보의 상호작용"이라 하였다. 브라운(Brown, 1992: 101)은 면접은 지식기반을 가진 과학이며 사회복지사가 면접에서 창의적 방법을 활용하므로 예술이라 할 수 있다(김기태 외, 2008: 136). 이처럼 면접은 자료의 수집, 치료관계의 확립과 유지, 클라이언트에게 정보제공, 원조과정에서 장애를 파악하고 제거하는 것, 목표달성을 위한 활동, 원조과정을 촉진하는 것 등을 제시한다. 따라서 사회복지실천에 있어 면접의 목적은 클라이언트와 관계를 해결하고, 자료 수집 및 정보제공을 통해 클라이언트의 문제를 해결하며, 클라이언트의 성장과 삶의 질 향상에 있으며 이것은 신뢰관계, 즉 라포(rapport)를 형성해야 이루어질 수 있다.

사회복지실천에 있어서 면접의 목적은 사회복지의 기능에 따라 다르지만, 일반적 목적은 사회조사를 위한 정보적인 것과 평가에 도달하기 위한 조정적인 것 그리고 사회변화를 위한 치료적인 것이 있으나, 실제로 한 면접에서도 여러 가지 목적을 동시에 갖게 되는 것이다(Kadushin, 1972: 15-21).

(2) 면접의 특징

컴프턴과 갈라웨이(Compton & Galaway, 1999: 205-206)는 사회복지 면접의 특성을 다음과 같이 제시하였다. 첫째, 사회복지면접은 면접을 위한 장(setting)이 있으며, 클라이언트의 문제해결을 위해 면접을 하는 일정한 기관이 있다. 둘째, 사회복지면접은 구체적 목표를 달성하기 위한 의도적인 목표지향적이다. 즉, 문제해결과정의 목적과 그 목적을 위해 추구하는 방향이 명확하다. 셋째, 사회복지면접은 불필요한 것을 제거하기 위해 제한되며, 계약성을 내포한다. 즉, 면접의 시기, 기간, 장소, 내용이 포함된 계약에 의해 진행된다. 넷째, 면접자와 클라이언트는 특정한 역할을 갖고, 그 역할에 입각해서 상호작용을 하며, 개인적인 차원보다는 공식적이고 의도적인 활동이다(양옥경 외, 2005: 153; 김기태 외, 2008; 최덕경 외, 2012: 216).

05 사회복지실천에서의 면접의 종류와 기술

사회복지실천에서 사회복지사는 클라이언트의 특성과 상황을 고려하여 면접의 방법과 기술을 선택하고 면접을 적절히 활용할 수 있어야 한다.

1) 사회복지실천에서의 면접 종류

면접은 구조화 정도에 따라 다음과 같다.

첫째, 구조화된 면접으로 표준화된 면접이라고도 한다. 이 면접은 면접조사표나 질문을 만들어 모든 피면접자에게 동일한 절차와 방법으로 수행하고, 면접자가 임의로 형식, 순서, 내용을 바꿀 수 없다.

둘째, 반구조화된 면접으로 지침이 있고, 미리 결정된 질문과 주요 단어가 있다.

셋째, 비구조화된 면접으로 비표준화된 면접이라고도 한다. 이 면접은 개방형 면접이고, 사람들의 견해를 이해하는 가장 좋은 방법 중의 하나이다(김혜영 외, 2012: 140-141).

면접은 그 목적에 따라 다음과 같은 종류가 있다(Zastrow, 1995).

첫째, 정보수집면접(사회조사)으로 클라이언트의 개인적, 사회적 문제와 관련된 인구사회학적 배경(나이, 성별, 학력 등)과 개인성장 발달사(개인력, 가족력 등)에 관한 정보수집, 클라이언트의 배경을 알기 위해 사용되며, 문제의 보다 구체적인 이해를 위해 사용된다. 또한 클라이언트의 유형, 문제영역, 기관의 성격에 따라 초점이 달라질 수 있으며, 객관적 사실과 주관적인 감정, 태도 등이 포함된다.

둘째, 진단(사정)을 위한 면접으로 클라이언트의 서비스계획을 결정하기 위한 면접, 현재 문제상황, 그 문제해결을 위한 목표, 목표달성을 위한 개입방법의 결정 등이 이 면접을 통해 확인된다. 이때 사정면접은 사회복지사와 클라이언트 간의 형성된 관계를 토대로 충분히 얻은 정보를 바탕으로 이루어진다.

셋째, 클라이언트의 변화를 위한 치료적 면접으로 클라이언트의 변화를 돕고, 클라이언트가 속해있는 환경을 변화시키는 것을 말한다. 클라이언트의 자신감, 자기효율성 강화, 기술훈련, 문제해결 능력 등을 목적으로 하고 클라이언트를 둘러싼 환경을 변화시키기 위해 사용되기도 한다. 주변에 있는 인적(사람)·물적 자원(기관)이 면접의 대상이 된다(양옥경 외, 2005: 155-156; 이종복·전남련, 2011: 174).

2) 사회복지실천에서의 면접기술: 준비기술과 의사소통 방법

사회복지실천에서 첫 면접(면담)은 사회복지사와 클라이언트 모두 상대방에 대한 첫 인상을 심어 주며, 이것은 후속 상담 및 관계형성 그리고 문제해결과 서비스의 효과에 영향을 준다.

(1) 면접(면담)의 준비 기술

사회복지사가 면담 준비를 위해 활용할 수 있는 기술 여덟 가지를 제시하였다(엄명용 외, 2008 재인용; 오봉욱 외(b), 2013: 168-170).

① 사전 검토(preparatory review): 클라이언트의 이전 기록과 기관의 정보를 검토하고, 클라이언트의 기본 배경(학력, 경제력, 종교 등)을 검토하는 것이다. 이 단계에서 클라이언트에 대한 편견이나 선입견을 갖는 것에 주의해야 한다.

② 사전 탐색(preparatory exploring): 접수나 초기 면담을 담당한 사람과 클라이언트의 의뢰자에게 클라이언트 및 그의 상황에 대한 질문을 통해 정보를 수집하는 것이다.

③ 사전 협의(preparatory consulting): 슈퍼바이저나 동료에게서 조언을 구하는 것을 의미한다. 예를 들어 우울증을 보이는 주부 클라이언트를 면담할 예정인 사회복지사는 우울증 증상 및

잠재적인 자살 가능성을 파악하기 위한 질문 목록을 슈퍼바이저, 동료와 함께 협의해 볼 수 있다.

④ 사전 정리(preparatory arranging): 첫 면담을 위해 체계적인 물리적 환경을 조성하는 것이다. 물리적 공간은 면담에 중요한 영향을 미친다. 공간의 크기, 온도, 채광, 조명, 실내장식, 안락한 의자 등 실내의 분위기뿐만 아니라 비밀보장을 받을 수 있는 공간의 위치와 방해를 받지 않을 수 있는 독립성 그리고 교통의 편의를 고려한 접근성 등이 영향을 미친다. 상담은 마음의 문을 열고서 사적인 어려운 이야기를 나누어야 하기 때문에 클라이언트의 기분이나 감정을 편안하게 할 수 있는 분위기를 만드는 것이 중요하다.

⑤ 사전 공감(preparatory empathy): 클라이언트가 초기면담에 오기 전이지만 클라이언트가 겪을 수 있는 느낌이나 현재의 문제 및 상황에 민감하게 반응할 수 있도록 사전 공감을 실천해 보는 것이다.

⑥ 사전 자기탐색(preparatory self-exploration): 자기인식 및 전문적인 자질 향상과 매우 관련이 깊다. 효과적인 의사소통을 방해할지도 모를 자신의 감정과 태도를 잘 인식하고 있어야 한다.

⑦ 집중적인 자기 관리: 사회복지사의 개인 사정이 전문가로서의 의무와 서비스 전달에 방해가 되지 않도록 하기 위한 것이다.

⑧ 사전 계획(preliminary planning) 기록: 사회복지사가 면담 전에 면담의 목적과 목표를 검토하고, 면담에서 논의할 주요과제를 임시적으로 설정하는 것을 의미한다.

따라서 클라이언트가 '지금-여기서' 원하는 것이 무엇인지를 정확하게 파악하고, 그에 대한 해결방안을 강구해 봄으로써 면담의 목적을 명료화할 수 있다.

(2) 면접(면담)의 시작 기술

사회복지사를 만나기 위해 클라이언트가 기관을 방문하거나 전화로 자신의 생각과 감정, 행동을 표현하는 것은 그리 쉬운 일이 아니다. 사회복지사와 클라이언트와의 효율적인 원조관계가 이루어지기 위해서는 사회복지사의 전문적인 관계형성을 위한 기술과 분위기 조성기술 등은 매우 중요하다. 면담을 시작하기 위해서는 자기소개, 클라이언트에게 클라이언트 자신 및 동행인에 대한 소개 요청, 첫 면담의 목적 설명, 클라이언트의 역할 설명, 기관의 정책 및 윤리적 요건에 대한 설명, 환류(feedback) 요청 등과 같은 과업을 수행하게 된다(Cournoyer, 2000; 김인숙·김용석, 2002). 면접의 주요 요소로 바람직한 의사소통, 바람직한 장소(물리적 조건), 분명한 목표와 합당한 과정이 있다(박세정·손명희, 2008: 140).

다음으로는 사회복지실천에서 면접의 기술로 의사소통 방법이 있다. 의사소통이란 사회복지 실천과정 속에서 사회복지사와 클라이언트와의 관계를 형성하고 문제를 파악하며 해결하는 매우 중요한 면접기술이다. 의사소통(意思疏通)은 가지고 있는 생각이나 뜻이 서로 통하는 것을 말한다. 즉, 일방적인 자신의 생각을 전달하고 끝나는 것이 아니라 '서로 통하는 것'을 말한다(이현주 외, 2014).

① 의사소통의 목적

의사소통의 목적(Johnson, 1998)은 클라이언트를 돕고자 하는 과정에 필요한 정보수집과 사고, 감정의 표현, 욕구의 충족과 문제해결, 행동체계의 구조화, 정보제공과 충고, 격려 그리고 방향성의 제시 등에 있다.

사회복지사는 클라이언트와의 관계 형성에 매우 중요한 의미를 둔다. 여기서 관계 형성은 사람 간의 의사소통에 의해 만들어지게 되며, 의사소통의 수단으로 언어적·비언어적인 수단을 사용하여 메시지를 전달하고 수용과 표현을 하면서 이루어진다.

② 면접 및 의사소통의 기술

면접의 기술로는 관심집중, 관찰기술, 경청기술, 질문기술, 초점·안내·해석기술, 분위기 조성기술, 명료화와 직면 및 요약하기, 감정이입과 초점화, 무조건적인 존중 등이 있다(Johnson, 1989: 189-193; 이종복·전남련, 2011: 179-186; 오봉욱 외(b), 2013: 174-185).

가. 관심 표현기술

사회복지사가 클라이언트의 말과 행동에 대해 흥미와 관심이 있다는 여러 가지 표현을 말한다.

나. 관찰기술

관찰기술은 클라이언트의 언어적 행동뿐 아니라 비언어적 행동에 대한 것에 주의를 기울여 그것을 이해하는 것이다. 관찰은 초기면담 이전에 클라이언트가 대기실의 상황에서부터 시작된다.

다. 경청기술

면접에서 가장 중요한 기술로, 클라이언트가 하는 말을 주의 깊게 듣고, 클라이언트의 비언어적인 자세와 행동을 관찰하고 클라이언트가 자유로이 표현할 수 있도록 적극 격려하고, 사회복지사와 클라이언트 양자 간의 대화 내용을 기억하는 것을 포함한다. 이때 적극적 경청은 사회복지사가 클라이언트의 메시지를 정확하게 받아들여 이해하고 있음을 끊임없이 클라이언트에게 전달함으로써 클라이언트가 사회복지사에게 정확히 이해받고 있다는 생각을 갖도록 하는 행위까지를 포함한다.

경청은 클라이언트가 무엇을 말하는지, 면접자의 질문에 어떻게 반응하는지를 듣는 것이며, 클라이언트의 어려움에 공감하고 그에 따른 반응을 하면서 적극적으로 듣는 것이다. 경청은 클라이언트의 고민에 대한 공감과 적극적인 반응으로 클라이언트의 마음이 공감되어 관계(신뢰)형성이 자연스럽게 되고, 클라이언트의 자기개방이 증진되어 문제해결에 도움이 된다. 경청의 방법으로는 사회복지사의 언어적·비언어적 표현이 있다.

트레비식(Trevithick, 2000)은 경청기술과 관련된 기본 기술을 다음과 같이 제시하고 있다(오봉욱 외, 2013 재인용).

- 가급적이면 최대한 개방적이고 직관적이며 공감하고 자기인식을 하고 있도록 한다.
- 눈 맞춤을 유지한다.
- 개방적이고 주의를 기울이는 몸자세를 취한다.
- 비언어적 형태의 의사소통방법에 주의를 기울이고, 이러한 형태의 의사소통이 주는 의미를 파악한다.
- 의사소통의 한 방법으로 침묵을 허용하고 활용할 수 있도록 한다.
- (너무 멀지 않게, 너무 가깝지 않게) 적절한 신체적 거리를 유지한다.
- 주요한 단서를 파악하고 이를 확인한다.

- 사회복지사 자신이 보일 수 있는 산만한 행동과 매너리즘에 빠져 있는 행동을 인식한다.
- 모호하고 혼돈스러운 언급을 회피한다.
- 사람들이 자신들의 시대에 맞는 적절한 언어를 활용하는 중요성을 인식한다.
- 면담 장소와 일반적인 물리적 환경의 중요성을 인식한다.
- 간섭되거나 산만해질 가능성을 최소화한다.
- 면담의 전반적인 분위기, 특히 의사소통이 되고 있지 않는 분위기에 민감해진다.
- 면담에서 정서적인 내용을 경청하면서 이에 적절한 질문을 한다.
- 가능할 때마다 그리고 적절할 때 피드백을 제공한다.

그리고 주의할 점으로는 다음과 같다.

- 민감한 문제나 고통스러운 주제와 관련하여 목소리 톤에 주의를 기울인다.
- 예상하거나 편견 혹은 낙인을 찍는 일을 피하며, 조숙한 판단이나 평가를 내리는 것을 피하도록 한다.
- 도움이 될 만한 이론들을 상기하고 적절한 시점에서 이해를 돕기 위해 이론을 이해 가능한 언어로 설명토록 한다.

☞ 사회복지사가 돕고자 하는 마음이 성급하여 클라이언트의 말과 상황을 듣기도 전에 성급한 판단과 조언, 자신의 경험, 감정, 의견 등을 제공하는 실수를 범하기 쉽다. 따라서 사회복지사는 일체의 판단이나 충고의 충동을 억누른 채 클라이언트의 말을 끝까지 인내심을 갖고 들어야 한다는 것이다.

라. 질문 기술

질문은 상대방의 생각을 듣기 위한 답을 요구하게 된다. 면접 시 클라이언트에게 정보를 습득하기 위해 질문을 하게 되는데, 이때 개방형 질문과 폐쇄형 질문으로 나눠질 수 있다. 첫째, 개방형 질문은 질문에 대한 대답에 자유로워서 클라이언트의 생각을 무엇이든지 말할 수 있고 광범위한 대답을 요구하는 질문이다. 이 질문은 클라이언트가 하고 싶은 말을 자율적으로 충분하게 함으로써 많은 정보를 수집할 수 있는 장점이 있다. 둘째, 폐쇄형 질문은 클라이언트의 초점을 제한하고 확실한 사실에 대해서만 묻는 방식, '예', '아니오'라는 대답만 요구하여 정보를 이해하기 위해 사용되지만, 클라이언트가 대답할 수 있는 방법을 제한하기 때문에 이해 폭을 좁힌다. 하지만 시간이 제약된 상황에서 사실이나 정보를 얻고자 할 때 유용하다.

그리고 변화를 위한 질문 기법으로 첫째, 상담전의 변화를 이해하고 주의 깊게 관찰하는 것이 해결방법을 찾는 시기를 앞당기는 효과를 가져 올 수 있다고 보고 질문하는 상담 전 변화에 대한 질문이 있다. 둘째, 성공했던 경험과 현재 잘하고 있는 것을 발견하는 질문으로 의식적이고 의도적으로 성공하였던 행동을 강화시키는 전략의 질문으로 예외 질문이 있다. 셋째, 문제가 해결된 상태를 상상해보고, 해결하기 원하는 것을 구체화하고 명료화하며, 치료목표를 현실적이며 구체적으로 설정하기 위한 질문으로 기적 질문이 있다. 넷째, 문제가 모호하고 주제가 불일치할 때 사용하며, 수치로 표현하고자 할 때 사용하는 척도 질문이 있다. 다섯째, 문제와 고통을 계속 호소하고 악화되거나 절망적인 경우에 그동안 위기에서 살아남기 위해 대처해 온 것을 발견하고, 그것을 인식 및 확대하기 위한 근거로 이용하는 대처 질문이 있다(인천기독교종합사회복지관, 2009: 28).

• 표 8-3 • 질문의 유형별 예시

질문의 유형	질문의 예시
상담 전 변화에 대한 질문	면접을 신청한 뒤에 면접을 하기까지 변화가 있었나요?
예외 질문	지금 가진 그런 문제가 일어나지 않았던 때가 언제였나요?
기적 질문	만약 당신이 잠자는 동안 밤 사이에 기적이 일어나서 당신의 문제가 해결이 되었다면 당신은 무엇을 보고 기적이 일어난 것을 알 수 있을까요?
척도 질문	지금 당신의 고민에 대해서 살펴보고자 합니다. 1부터 10까지 중에서 당신의 고민이 해결되었을 때가 1이고, 고민이 가장 심각할 때를 10으로 본다면 오늘 현재 당신은 몇 점이라고 느끼고 있습니까?
대처 질문	사회복지사를 만나기 전까지 어려운 상황에서 그 어려움을 어떻게 관리하고 견디었으며, 얼마나 많은 대처방법을 사용해왔습니까?

또한 문제탐색, 정보수집, 문제해결 장려, 느낌과 생각 공유 등 질문의 목적에 따라 다음과 같이 질문을 할 수 있다.

• 표 8-4 • 질문의 목적과 예시

질문의 목적	질문의 예시
문제를 보다 깊이 탐색	아버지가 이제 너와 함께 살지 않아서 어떤 것들은 더 나아졌다고 말했는데 그것이 의미하는 것은 구체적으로 무엇이었니?
더 많은 정보를 조사	친구가 너랑 놀려고 하지 않았을 때 어떻게 했니?
문제해결 장려	친구가 갖고 있는 문제를 해결할 수 있는 방법에는 어떤 것이 있을지 말해 줄 수 있는 친구있니?
느낌 공유에 대한 장려	친구가 느낀 것을 느껴본 사람 있니?
집단 내의 상호작용을 이끌어 낼 때	친구가 말할 때 듣지 않으면, 친구가 왜 화를 낸다고 생각하니?

출처: 김종운 외, 2012: 66 재인용

면접 시 유의해야 하는 질문으로는 한 번에 너무 많은 질문, 사회복지사의 유도된 질문, '왜'라는 질문을 통한 책임추궁, 비판 등 클라이언트의 방어적인 태도로 가는 경향이 있는 것 등이다. 면접시 클라이언트가 사회복지사에게 질문하는 경우 간단하지만 예의 있게 대답 후 초점을 다시 클라이언트에게 옮기는 것이 중요하다. 왜냐하면 클라이언트의 문제로부터 회피의 기회를 제공하고 전문적 관계의 본질을 손상시킬 수 있기 때문이다.

또한 집단 프로그램을 진행하는 경우에 집단 프로그램을 진행하는 사회복지사가 집단구성원에게 질문을 하고 충분한 시간을 주었는데도 아무도 대답하는 사람이 없다면, 그 질문은 반복되어야 한다. 이때 질문과 발언이 집단구성원을 방어적으로 만들게 하거나 불편하게 느끼지 않도록 주의해야 한다(김종운 외, 2012).

마. 해석 기술

해석은 클라이언트에게 어떤 의미를 전달하고자 하는 사회복지사의 시도라고 할 수 있다. 클라이언트의 표현과 행동상황 저변의 단서를 발견하고, 그 결정적 요인들을 이해하여 그것을 클라이언트가 깨달을 수 있도록 도와주는 방법이다. 여기서 중요한 것은 시기의 문제이다. 해석은 클라이언트가 받아들일 준비가 되어 있다고 판단될 때 조심스럽게 하는 것이 중요하다. 즉, 클라이언트가 스스로 거의 깨달은 후에 해석을 하거나 스스로 해석을 내리도록 인도하는 것이 가장 현명하다.

바. 분위기 조성기술

면담을 위해 심리적인 안정을 주기 위한 분위기를 조성하는 기술을 말한다. 사회복지사를 만나고 있는 상황에서 사적인 이야기를 전달하는 것이 매우 부담스럽다는 점에서 분위기를 조성하는 기술은 매우 중요하다.

사. 명료화, 직면하기 그리고 요약하기

명료화는 클라이언트의 말에 내포되어 있는 의미를 클라이언트에게 분명하게 말해 달라고 요청하거나, 클라이언트가 인식하고 있는 것과 모호한 경우에 이를 보다 구체적이고 객관화할 수 있도록 하는 것이다. 이 기술은 클라이언트가 표현을 분명하게 할 수 있도록 격려함과 동시에 클라이언트가 말한 내용을 정리하여 사회복지사가 잘 이해하고 있는지를 확인하기 위한 방법이다.

직면하기는 클라이언트의 말과 행위 사이의 불일치, 모순됨을 클라이언트가 주목하도록 도움으로써 진실한 것이 어느 것인지를 밝히는 기술이다. 이 기술은 클라이언트가 자신의 경험 일부로 지각하기를 두려워하거나 거부하는 측면에 주의를 돌리도록 요청하는 것이다.

요약하기는 클라이언트의 생각, 행동, 감정을 사회복지사가 정리하여 사회복지사의 언어로 정리하는 것으로 문제를 보다 명확하게 정리할 수 있게 한다. 이 기술을 통해 그동안 진행된 사항을 파악할 수 있고, 문제나 요점을 재점검할 수 있는 기회를 가질 수 있다.

아. 감정이입과 초점화

감정이입은 어떤 사람과 같은 감정을 가지고 있음을 내포하는 것으로 클라이언트의 고통과 고민 등을 이해하고 함께 공유하고 있음을 내포한다.

초점화는 클라이언트가 자신의 문제를 언어로 표현할 때 산만하거나 모호하여 조리 있게 말을 하는 것이 쉽지 않다. 이때 사회복지사가 클라이언트 스스로 자신의 문제를 명확히 볼 수 있도록 함으로써 사회복지사와 클라이언트 간의 전문적 관계에서 불필요한 방황과 시간낭비를 줄여 주고, 특정 목표에 집중할 수 있도록 도와준다.

자. 무조건적인 존중

클라이언트의 생각과 행동을 지지하거나 동의한다는 의미가 아니라 태도를 비난하거나 반대의 태도를 취하지 않고 그대로 받아들인다.

06 사회복지실천에서 면접의 기록

사회복지실천에서 면접의 기록은 사회복지사가 개입한 사례를 첫 단계부터 종결과 사후지도까지의 전 과정을 합당한 형식을 갖춘 틀에 따라 객관적으로 서술하는 일이다. 즉, 사회복지사는 서비스 내용을 기록을 통해 설명하고 평가하여 클라이언트와 기관 및 지역사회에 대한 자기 책임성을 다하여야 한다. 면접의 기록은 사회복지사가 수집한 정보와 개입과정의 진행 상황을 문서화하는 것이다.

1) 사회복지실천에서 기록 관리의 목적과 활용

사회복지실천에서 기록 관리의 목적은 제공 서비스나 개입의 책무성을 확인할 수 있는 증거가 된다. 기록은 서비스의 지속성을 유지할 수 있도록 정보를 제공할 수 있다. 그리고 다른 전문가와 의사소통의 수단으로 활용된다. 또한 슈퍼바이저가 슈퍼바이지에게 슈퍼비전을 제공할 수 있는 기초자료로 활용될 수 있다. 그리고 평가의 근거자료로 활용되며, 사회복지실천기술 개발이나 확산을 위한 기초자료로 활용될 수 있다(오봉욱 외(b), 2013).

또한 기록의 활용은 클라이언트의 욕구확인, 서비스 내용의 보고, 사례 유지, 전문가 간 의사소통의 원활화, 클라이언트와 정보공유, 슈퍼비전, 자문, 동료검토의 활성화, 서비스 과정과 효과 모니터링, 학생과 다른 전문가들의 교육자료, 행정적 과업을 위한 자료제공, 조사를 위한 자료제공 등의 의미를 갖는다(홍순혜·한인영 역, 1997).

• 표 8-5 • 기록의 활용

용도	기록 활용 대상	내 용
책무성 입증	자원 지원자	자원 사용에 대한 정당성 확보
지속성 확보	후임 사회복지사	담당 사회복지사가 변경되더라도 지속성 유지
의사소통 수단	다른 전문가 집단	개입 주체간 의사소통 및 책임 소재 명확화
슈퍼비전 자료	슈퍼바이저	슈퍼비전을 제공할 수 있는 감독 및 교육 활성화
평가근거 자료	평가기관	평가기관의 개입활동에 대한 평가근거 제시
기술 개발 자료	사회복지업무 종사자	효과적인 사회복지실천기술 개발 및 확산

출처: 오봉욱 외(b)(2013). p. 331 재인용

기록의 형태에는 녹음기를 사용한 음성자료, 비디오 촬영을 통한 영상자료, 글로 작성하는 메모 등의 방법이 있다. 메모(note taking)는 사회복지사의 지난 면담에 대한 기억을 상기시키고, 클라이언트가 한 계약이나 개인력과 사회력, 해결되었거나 미해결된 사항에 대한 정리 등을 기록하기 위해서 필요하다. 그리고 녹음과 녹화(tape recording & video taping)는 메모하는 것보다 모든 대화의 내용을 기록하여 제공하지만, 녹음을 채록하는 데 많은 시간과 노력, 비용이 요구된다(최덕경 외, 2012: 222-223).

2) 사회복지실천에서 기록의 내용

사회복지실천에서 기록의 내용은 실천영역과 기관의 특성, 기관 면접 및 사정양식에 따라 차이가 있으나, 공통된 부분을 살펴보면 다음과 같다. 클라이언트의 인구사회학적 특성, 가계도와 생태도, 클라이언트의 욕구 및 애로사항, 클라이언트의 개인력과 사회력, 클라이언트가 희망하는 사회복지서비스, 사회복지사의 소견과 사정, 의뢰여부, 서비스의 목적, 서비스의 계획(일정, 서비스 내용, 기대효과 등), 클라이언트의 자기결정 및 비밀보장의 원칙 설명, 서명 등이 그것이다.

3) 사회복지실천에서 기록 유형

사회복지실천에서 사회복지사가 활동을 기록하여 슈퍼바이저나 동료 사회복지사 혹은 다른 분야의 전문가가 읽을 수 있도록 한다. 이를 위해서는 그 상황에 맞는 기록 유형을 선택해야 하는데, 최소 기본기록, 과정기록, 이야기체기록, 요약기록, 문제중심기록 등이 있다(최덕경 외, 2012: 225-227; 오봉욱 외(b), 2013: 337-343).

(1) 최소 기본기록(minimum basic recording)

최소 기본기록은 기본정보인 클라이언트의 이름, 주소, 전화번호, 직업과 수입, 가족이나 친척 주소, 면접날짜, 클라이언트의 주요문제, 목적, 개입계획, 클라이언트의 반응, 필요한 자원, 클라이언트를 위해 필요한 행동과 종결상태를 포함한 단순하고 경제적인 기록 방법이다.

(2) 과정기록(process recording)

과정기록은 실천과정 중의 사회복지사와 클라이언트 간의 상호작용을 알 수 있는 언어적, 비언어적 표현, 행동을 중심으로 기록하는 방식으로, 면접과정 중에 발생한 모든 일을 그대로 기록하는 것이다. 이 기록은 정확한 피드백을 얻을 수 있어 초보 사회복지사나 실습생이 슈퍼바이저로부터 슈퍼비전을 받기 위한 기초자료로 활용되기 쉽도록 상세하게 기록하는 것이 특징이다. 그러나 완벽한 기록은 불가능하다는 점이다. 그리고 사회복지사가 프로그램을 진행하면서 기록하는 것이 어렵고, 주관성이 개입되어 중요하지만 기록하지 않음으로써 왜곡이 발생할 수 있다. 또한 시간이 많이 소요되어 요즘 많이 사용되지는 않는다.

(3) 이야기체기록(narrative recording)

이야기체기록은 개별적이며 독특한 기록양식으로 클라이언트 상황과 서비스 교류의 특수한 본질을 반영할 수 있어 임상실무를 기록하는데 유용하다. 이야기체기록은 대화 형태가 아닌 이야기하듯이 서술하고, 기록자에 의해 내용이 재구성된다. 일정한 형식에 얽매이지 않고 사례마다 주제를 정하여 정리할 수 있으나, 과정기록보다는 덜 하지만 정리하는데 시간이 많이 소요되고, 지나치게 단순화되거나 초점이 흐려질 우려가 있어서 기록자의 관점에 많이 좌우될 수 있다.

(4) 요약기록(summary recording)

사회복지기관에서 자주 사용하는 기록형태로, 기관에 따라 기록의 내용은 다르지만, 일반적으로 개시일, 사회력, 행동계획, 시간의 경과에 따라 변화된 상황, 중요한 정보 등을 요약하여 기록한다. 그리고 사회복지사가 제공한 것보다 클라이언트에게 변화된 내용을 주로 초점을 두고, 일시와 클라이언트에 대한 간단한 내용을 기록한 후 서비스의 개입내용, 클라이언트의 변화에 대해 짧게 요약한다. 사례가 장기간 지속될 경우 유용하며 쉽고 짧게 사용할 수 있으나, 클라이언트의 언어적 표현이나 비언어적 표현 등이 사실적으로 전달되지 않을 수 있다.

(5) 문제중심(지향적)기록(problem-oriented record: POR)

문제중심기록은 기록차원을 넘어 문제해결 접근방법을 반영하며, 문제를 파악하기 위한 자료수집, 문제의 규정과 구체적 문제목록 작성, 개입계획, 개인의 수행 및 점검으로 나눠져 개입의 초점을 잘 보여주며, 효율성을 향상시킨다는 평가를 받는다. 가장 많이 사용하는 기록 포맷은 SOAP이다.

- S: 주관적 정보(Subjective Information) - 클라이언트 입장에서 보는 상황에 대한 정보
- O: 객관적 정보(Objective Information) - 전문가의 관찰, 임상적 검사, 체계적 자료수집으로 이루어진 정보
- A: 사정(Assessment) - 주관적 및 객관적 정보를 검토하여 얻은 전문가의 결론
- P: 계획(Plan) - 전문가의 문제해결방안

혹은 SOAIGP 기록 포맷이 있다.

- S: 주관적 정보(Subjective Information) - 클라이언트 입장에서 보는 상황에 대한 정보
- O: 객관적 정보(Objective Information) - 전문가의 관찰, 임상적 검사, 체계적 자료수집으로 이루어진 정보
- A: 사정(Assessment) - 주관적 및 객관적 정보를 검토하여 얻은 전문가의 결론
- I: 인상(Impression) - 사회복지사가 받은 인상, 가설, 사정 또는 평가
- G: 목표(Goals) - 현재 목표
- P: 계획(Plan) - 전문가의 문제해결방안

(6) 녹화 및 녹음기록

비디오 촬영 및 음성기기를 활용하여 기록하고 면접과정을 관찰·재조사하며 분석하는 것으로, 면접이나 개입장면의 전체를 기록하므로 직접 필기하는 것보다 효과적이며, 기록 보관의 보충적인 역할로 사용된다. 가족치료 및 실천에 대한 과정 지향적인 접근법을 지도 감독할 때 유용하게 사용되지만, 클라이언트가 녹화 및 녹음에 대해 의식하거나 집중력이 감소되어 서비스 개입과정과 결과에 영향을 미칠 수 있다. 따라서 녹음이나 녹화 시 클라이언트에게 사전에 알리고 반드시 동의를 구해야 한다.

• 표 8-6 • 기록기술의 유형

구분	과정기록	요약기록	문제중심(지향적)기록
특징	• 대화내용 중심 기술 • 면접(인터뷰) 적합 • 대화체, 이야기체 기술	• 요약기록 • 활용도 높음 • 시간, 사건, 주제별요약	• 문제중심으로 기록 • 문제해결중심모델 적합 • 과정은 SOAP방식 기록
활용	• 교육적 도구	• 가장 많이 활용	• 의사소통, 정보교환
장점	• 비평이 쉬움 • 시행착오의 개선 용이 • 판단의 근거 파악 용이 • 면담 기록에 적합	• 기록 비용 절감 • 전반적 경향 쉽게 파악 • 기록 형식에 따른 제약이 작음	• 전문직 간 의사소통 유리 • 책임성 및 집행력 강조
단점	• 완벽한 기록은 불가능 • 기록 비용이 많이 소요 • 기억에 의존	• 기록자의 판단에 의존 • 판단의 근거 확인 불가 • 초점이 불명확	• 사정의 단순화

출처: 오봉욱 외(b)(2013). p. 337 재인용

위의 과정기록, 요약기록, 문제중심기록을 다시 정리하면 다음과 같다. 과정기록은 대화내용을 직접 또는 간접 인용 형태로 기록하는 데 적합하며, 주로 교육용으로 사용된다. 요약기록은 사회복지기관에서 활용도가 높으며 전반적인 경향을 요약하여 기록하는 것이 특징이며, 기록에 드는 시간 비용을 절감할 수 있는 장점이 있다. 문제중심기록은 문제해결중심모델에 적합하며 전문직 간 의사소통을 위해 개발되었고, 전문성을 강화하는 추세를 고려할 때 활용도가 증가할 것으로 예상된다.

마지막으로 기록 시 유의사항으로 기록을 위한 보조기기 이용 시 사전점검과 클라이언트에게 기록에 대한 사전양해와 동의를 구하고 진행해야 된다.

07 면접기술의 과정과 사회복지사의 책임감

사회복지실천에서 면접기술의 과정은 준비단계, 시작단계, 중간단계, 종결단계 순으로 살펴볼 수 있다. 준비단계에서는 면접을 위한 분위기 조성과 물리적 조건, 면접방향성에 대해 고려하고, 시작단계에서는 준비단계 이후의 변화에 대해 고려하고, 중간단계에서는 면접의 목적을 위한 과정 점검을 고려하고, 종결단계에서는 면접의 종결을 준비하고 종결이후에 대해 고려하는 단계로 볼 수 있다.

• 표 8-7 • 사회복지실천에서 면접기술의 과정

구분	내 용
준비 단계	• 면접 분위기를 조성한다. 면접실 시설물, 분위기, 공간배치 등의 물리적 조건 • 면접 관련서류 및 기자재 완비: 녹음, 녹화장비, 메모지, 문구류 등 • 사회복지사의 옷차림: 대상을 고려한 복장 • (타기관으로부터 의뢰된 경우) 지난 면접기록 검토 및 면접방향성 설정 • 사회복지사는 면접을 위한 준비단계에서 '의무를 성실히 이행하였는가' 자기평가 실시
시작 단계	• 안정적 분위기 조성: 클라이언트가 편안하고 안정감을 느낄 수 있도록 조성 • 클라이언트의 변화 및 의미 고찰: 면접 이후 변화에 대한 질문과 오늘 면접 설명 • 지난 면접의 정리와 앞으로 면접의 진행방향성 설명·동의 • 사회복지사는 면접을 위한 시작단계에서 '의무를 성실히 이행하였는가' 자기평가 실시
중간 단계	• 계획의 점검 및 장애물 제거: 계획 수정 및 장애물 제거를 통한 점검 • 면접목적 달성을 위한 각종 전문기술 활용: 관찰, 초점화 기술, 해석·직면하기 등 • 클라이언트의 문제해결 및 과정 점검 • 사회복지사는 면접을 위한 중간단계에서 '의무를 성실히 이행하였는가' 자기평가 실시
종결 단계	• 면접의 종결준비: 종결 몇 분 전 안내를 통한 남은 시간의 적절한 배분 • 클라이언트의 면접 느낌 나눔: 중요한 사항에 대해 의견 확인, 느낌 교환 등 • 사회복지사의 클라이언트에 대한 감정표현 • 추후 면접일정 확인: 주로 1주일 간격을 두고 면접일정에 대한 설정 • 사회복지사는 면접을 위한 종결단계에서 '의무를 성실히 이행하였는가' 자기평가 실시

출처: 조상윤·서대석·오봉욱(2008). p.195-196.

사회복지사는 면접과정에서 효과적이고 효율적으로 운영될 수 있도록 체계화할 수 있는 책임을 갖고 있어야 한다. 그리고 면접이 목적한 바를 성취할 수 있도록 노력해야 한다.

이를 위해 클라이언트와의 첫 면접이 갖는 중요성을 이해해야 한다. 클라이언트는 첫 면접을 통해 자신의 마음을 알아주고, 문제가 객관적으로 보이는 것을 경험함으로써 사회복지사에 대한 믿음을 갖게 된다. 그리고 그 과정에서 사회복지사의 전문성을 인식하게 되고, 자연스럽게 자신에 대한 변화를 기대하며 다음의 만남을 기대하게 된다(배주연, 2013). 따라서 사회복지사는 클라이언트와의 첫 면접을 위해 충분한 준비가 되어 있어야 한다.

사회복지실천에서 면접의 신뢰성과 타당성을 증진시키기 위해 첫째, 가능하면 구조화된 면접을 사용하고, 둘째, 구조화된 면접의 사용여부와 관계없이 라포 형성, 경청, 적절한 시기와 방법의 질문, 비언어적 행동에 대한 관찰 등의 면접기술이 요구되며, 셋째, 환자의 기대와 동기가 무엇인지를 알아야 하고, 넷째, 면접자 자신의 기대와 편견, 가치 등을 인식하는 것이 필요하다(Trull & Phares, 2001; 안창일 외, 2002: 146 재인용).

생각해봅시다

1 사회복지사와 클라이언트의 관계형성이 중요한 이유는 무엇인지 설명해 봅시다.

2 사회복지실천에서 사회복지사와 클라이언트 간의 전문적 관계의 특성은 무엇인지 설명해 봅시다.

3 다음의 상황에서 사회복지사는 관계의 기본 요소 중 무엇을 활용하면 좋을지 논의해 봅시다.

1) 클라이언트가 자신의 문제에 대해 회피하거나 외면하려고 할 때
2) 클라이언트의 감정과 관점을 이해해야 할 때
3) 클라이언트가 자신의 상황을 이해하지 못할 것이라고 부정적인 모습을 보여서 사회복지사가 자신의 어린 시절에 경험한 바를 이야기해야 할 때

4 사회복지실천에서 관계형성의 7대 원칙(기본 원리)에 대해 설명해 봅시다.

5 사회복지사가 클라이언트에게 제공하는 사회복지서비스의 효과에 관계형성이 미치는 영향은 어떠할지 생각해 보고 설명해 봅시다.

6 사회복지사가 클라이언트와 면접을 실시하는 이유는 무엇인지 설명해 봅시다.

7 사회복지실천에서 면접은 목적에 따라 어떻게 구분되는지 설명해 봅시다.

8 다음의 상황에서 사회복지사는 의사소통 기술 중 무엇을 활용하면 좋을지 생각해 봅시다.

1) 사회복지사와 면접을 진행하는 동안 클라이언트가 다른 방향을 보면서 눈을 마주하지 않거나 반복적으로 사용하는 언어가 있을 때
2) 사회복지사가 클라이언트와 면접을 진행하는 동안 정보를 수집하고자 할 때
3) 면접이 진행되는 동안 클라이언트가 말하는 것에 대해 주의 깊게 듣고, 클라이언트가 말하는 것에 대해 공감하면서 그에 따라 반응을 하면서 듣고 있음을 보여주어야 할 때

9 사회복지사가 클라이언트와 면접을 진행할 때 기록이 중요한 이유와 기록의 유형을 잘 선택해야 하는 이유는 무엇인지 설명해 봅시다.

10 사회복지실천현장에서 사회복지사는 클라이언트를 대상으로 면접을 진행할 때 책임감을 가져야 하는데, 그 이유는 무엇인지 설명해 봅시다.

Part 03

사회복지실천의 과정

Chapter 09

사회복지실천 과정론 I: 접수, 자료수집

사회복지실천 과정은 접수로 시작해서 종결로 이어지며 이 과정을 통해 클라이언트의 문제와 욕구를 해결하게 된다. 접수에서 사회복지사는 클라이언트와 처음 대면하며 관계 형성을 하고, 클라이언트의 상황, 문제의 원인, 주변체계와의 역동을 다차원적으로 측정하는 자료수집을 진행한다. 이 장에서는 사회복지실천 과정에 대한 여러 학자들의 의견을 살펴보고 사회복지실천 과정인 접수, 자료수집 과정에서 알아야 할 사회복지이론과 실천 사례를 중심으로 사회복지사의 역할을 이해하고자 한다.

학습목표

1 사회복지실천 과정의 전체적인 흐름과 내용을 이해할 수 있다.

2 사회복지실천 과정에서 접수과정의 의미와 중요성을 알 수 있다.

3 클라이언트의 문제해결을 위해 필요한 자료와 출처 및 활용방법에 대해 알 수 있다.

4 사회복지실천 초기관에서 요구되는 사회복지사의 역할과 실무에 대해 알 수 있다.

주제어

사회복지실천 과정, 접수(Intake), 타 기관 의뢰, 자료수집

01 사회복지실천의 과정

1) 사회복지실천 과정의 구성

사회복지실천 과정은 사회복지사가 문제(problem)와 욕구(need)를 가진 클라이언트와 클라이언트를 둘러싼 환경 내의 체계들을 변화시키기 위해 사회복지 분야의 전문직 가치와 지식에 기초하여 개입하는 전체적인 과정을 말한다. 또한 클라이언트를 위한 체계적이고 전문적인 개입과정을 의미기도 한다.

학자들마다 사회복지실천 과정에 포함된 절차와 내용에는 다소 차이가 있으며, 실제로 서비스 대상이나 방법에 따라 실천과정은 다르게 전개될 수 있다. 먼저 셰퍼와 호레이시(Sheafor & Horejsi, 1997)는 사회복지실천 과정을 접수와 관계 형성, 자료수집과 사정, 계획과 계약, 개입과 모니터링, 평가와 종결의 과정으로 구분하였다. 양옥경 외(2011)는 접수, 자료수집 및 사정, 목표 설정 및 계약, 개입, 평가 및 종결로 구분하여 설명하고 있으며, 그 외 학자들의 의견은 표 9-1과 같다.

• 표 9-1 • 사회복지실천 과정에 대한 학자들의 의견

학자	사회복지실천 과정
Sheafor 외	접수와 관계형성 – 자료수집과 사정 – 계획과 계약 – 개입과 모니터링 – 평가와 종결
김융일 외	접수 및 참여 유도 – 자료수집·사정·계획 – 개입 – 평가 및 종결
장인협	사정 – 계획 – 개입 – 평가 – 종결
양옥경	접수 – 자료수집 및 사정 – 목표 설정 및 계약 – 개입 – 평가 및 종결

위와 같이 학자마다 사회복지실천 과정에 대해 다른 입장을 취하고 있으나, 학자마다 주장하고 있는 모든 과정들은 클라이언트

및 클라이언트 환경의 변화를 도모하고, 효과성을 높이기 위한 체계적이고 구조화된 과정이라는 공통의 목적을 가지고 있다.

이 책에서는 여러 학자들의 관점과 의견 그리고 우리나라 사회복지실천현장에서 진행되는 과정을 반영하여 그림 9-1과 같이 사회복지실천 과정을 다루고자 한다.[4]

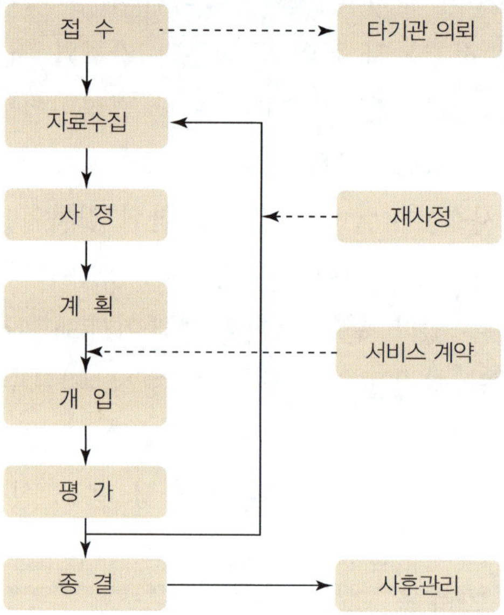

• 그림 9-1 • 이 책의 사회복지실천 과정

위와 같이 사회복지실천 과정의 일반적인 과정인 접수, 자료수집, 사정, 계획, 개입, 평가, 종결과정으로 사회복지실천 과정을 구분하고, 타 기관 의뢰, 서비스 계약, 재사정, 사후관리를 포함하였다.

사회복지사와 클라이언트의 '관계형성'은 접수와 자료수집 과정에서 반드시 요구되나, 8장에서 소개되었으므로 포함된 타 기관 의뢰, 재사정, 서비스계약, 사후관리에 대해서만 설명하고자 한다.

4) 우리나라 사회복지실천현장인 지역사회복지관, 장애인복지관의 사회복지실천과 사회복지기관 평가기준을 참고하였다.

먼저 '타 기관 의뢰'는 방문한 기관에서 원조를 결정하게 되면 진행하지 않는 과정이다. 접수과정에서 클라이언트의 욕구나 문제가 파악되는데, 이 과정에서 클라이언트의 문제해결이 기관의 정책이나 서비스에 부합되지 않을 때 사회복지사는 타 기관 연계를 고려하게 된다. 그리고 '서비스계약'은 서비스계획 수립 후 계획에 대해 클라이언트와 기관의 사회복지사가 서비스 개입에 대해 동의하는 과정이다. '재사정'은 그림에서 설명하고 있는 바와 같이 평가 후 문제가 변화되었거나, 다른 문제가 나타났을 경우에 종결하지 않고 환류하여 추가적인 자료수집과 함께 서비스를 제공하는 과정이다. 서비스 종료 후에 실시하는 '사후관리'도 기관에서 일반적으로 요구되므로 사회복지실천 과정에서 포함하여 다루었다.

02 접수

접수(Intake)는 문제나 욕구를 가진 사람이 사회복지기관을 찾아왔을 때 사회복지사가 방문자의 문제와 욕구를 확인하고 기관의 정책과 서비스와 부합하는지의 여부를 판단하는 과정이다. 접수과정을 통해 기관에서 서비스를 제공할 수 있다고 판단되어 잠정적인 서비스 계약상태가 되면, 문제와 욕구를 가진 사람은 클라이언트가 되며 자료수집과 사정의 단계를 거쳐 서비스를 지원받게 된다.[5)]

5) 사회복지사를 처음 만나는 개인은 대부분 아직 클라이언트로 결정된 것이 아니므로 클라이언트 전 단계를 지원자(applicant)라고 하기도 하고(이윤로, 2006), 잠재적 클라이언트라고도 하며, 가족과 같이 여러 사람이 만난 경우에는 한 집단으로 보고 클라이언트체계라고 한다. 본서에는 학습자의 이해를 위해 사회복지실천 과정의 전체에서 클라이언트로 설명한다.

사회복지사는 클라이언트를 만날 때, 첫째, 클라이언트가 가지는 두려움, 긴장감 혹은 양가감정을 완화시키고 비자발적인 클라이언트가 동기를 가질 수 있도록 도와야 한다. 둘째 클라이언트 문제가 기관에서 다룰 수 있는 문제인지를 판단하여 서비스 제공 여부를 결정해야 한다. 자세한 접수과정의 내용은 다음과 같다.

1) 접수과정의 내용

클라이언트의 욕구를 확인하고 서비스 제공여부를 결정하는 접수과정에서 사회복지사가 수행해야 하는 역할과 기능은 다양하다. 접수과정에서 여러 학자들이 공통적으로 강조한 사회복지사의 역할인 문제 확인, 관계형성, 참여유도, 부정적인 감정해소, 타 기관 의뢰의 내용은 다음과 같다.

(1) 문제 확인

문제 확인이란 클라이언트의 방문목적, 즉 문제가 무엇인지를 확인하는 것을 말한다. 문제는 클라이언트가 겪고 있으며, 해결을 필요로 하는 어려움이나 욕구이다. 기관을 방문한 클라이언트는 사회복지의 결핍, 문제, 욕구를 가진 상태라고 할 수 있다. 접수과정에서의 문제 확인은 심층적인 분석보다는 클라이언트가 직접 호소하거나 찾아온 이유 등 표면적으로 드러난 문제에 집중하는 것이 바람직하다. 클라이언트는 흔히 처음부터 자신의 기대를 명확하게 표현하지 않을 수 있으므로, 사회복지사는 이를 고려하여 문제를 확인하고 기관의 정책과 서비스에 부합하는지를 판단해야 한다.

(2) 관계형성

사회복지사는 클라이언트와의 첫 대면에서부터 '관계형성'에 대해 신중해야 한다. 만약 클라이언트가 사회복지사와 첫 만남에서 자신의 문제나 욕구를 해결 받을 수 없을 것 같다는 막연한 느낌을 받거나, 불친절하다고 판단되면 접수자체를 거부할 수 있다. 보호관찰이나 가족의 의뢰 등 비자발적인 상황을 제외하고, 클라이언트가 자발적으로 복지기관을 방문했을 때 클라이언트는 사회복지사와의 첫 만남에서의 느낌이나 감정에 따라 기관 이용이나 재방문 여부를 결정하게 된다.

사회복지사는 접수과정에서 클라이언트가 거절이나 취소하지 않도록 클라이언트와의 '관계형성'을 위해 신중한 자세를 가져야 한다. 일반적으로 관계형성은 쌍방 간에 이루어지지만, 문제를 가지고 낯선 기관을 방문하는 클라이언트를 위해서 사회복지사가 먼저 노력해야 한다. 예를 들어 방문하기로 한 클라이언트의 기본 정보(이름, 거주지, 방문약속 기억 등)에 대해 숙지하고 면담하거나 사전에 클라이언트를 맞이할 준비(공간, 채광, 냉난방)를 하는 것도 노력이 될 수 있다. 처음 만날 때는 '무엇을 도와 드릴까요?', '어떻게 오셨어요?'로 인사하고 클라이언트가 면담할 마음의 준비가 될 때까지 날씨나 교통 등 일반적인 이야기로 기다려 주는 것도 관계형성에 도움이 될 수 있다.

사회복지사는 관계형성을 위해 처음 방문하는 클라이언트가 가질 수 있는 여러 가지 심리적 갈등이나 불편함을 이해할 수 있어야 한다(남기철·정성욱·조성희, 2010). 클라이언트에 따라서는 이전의 타 기관 이용경험이나 원조에서의 부정적인 경험, 거부당할지도 모른다는 막연한 두려움, 낯선 사회복지사를 만나 도움을 요청한다는 상황을 불편하게 생각할 수 있다. 또한 클라이언트의 욕구가 사적인 자기노출이 수반되는 경우에는 기관 방문을 결심한 클라이언트라 할지라도 사회복지사의 태도나 역량에 대해 고민할 수 있다.

이와 같이 심리적 갈등과 불편함이 있는 클라이언트를 위해 사회복지사는 효과적인 의사소통으로 클라이언트와 신뢰감을 형성하도록 한다. 신뢰감이 형성된 긍정적인 관계를 라포(Rappot)라고 하며, 클라이언트와 사회복지사 간에 라포가 형성되면 클라이언트는 사회복지사 자신을 이해하고 자신의 복지에 진심으로 관심을 가지고 있다고 느낄 수 있게 된다(Hepworth & Larsen, 1997). 특히 초기에 라포가 형성되면 클라이언트는 자신의 문제를 노출하는데 어려움을 덜 느끼게 되고, 앞으로 전개되는 실천과정에도 적극적으로 참여하려는 의지를 가질 수 있으므로 사회복지사는 초기 접수과정에서 긍정적인 관계형성 즉 라포를 형성할 수 있어야 한다.

한편 비자발적으로 기관을 방문한 클라이언트와의 관계형성은 쉽지 않을 수 있다. 비자발적인 클라이언트 중에는 자신이 왜 기관에 의뢰되었는지 이해하지 못하거나, 가족이나 친지의 의뢰를 심정적으로 동의하지 못한 상태에서 기관을 방문할 수 있다. 예를 들어 보호관찰 처분 등으로 자원봉사 시간을 의무적으로 채워야 하는 경우에는 사회복지사를 만나야 하는 상황 자체에 분노할 수 있다. 부정적인 감정을 가진 상태에서 초기면접을 하게 되면 클라이언트는 사회복지사의 질문에 답하지 않거나 부정적인 태도를 보일 수 있다. 아무래도 문제해결이나 상황 극복의 의지가 상대적으로 낮다 보니 사회복지사와의 관계형성에 미온적인 태도로 일관할 수 있다.

동기부여가 안 된 비자발적인 클라이언트를 대할 때 사회복지사는 클라이언트가 기관방문의 목적을 받아들일 수 있도록 인내심을 갖고 기다릴 수 있어야 한다. 클라이언트가 조금만 노력하는 모습을 보여도 격려하고 지지하는 태도는 관계형성에 도움이 될 수 있다.

(3) 참여유도

사회복지실천은 클라이언트의 자발성에 의존된다. 보호관찰 등 일부를 제외하고 대부분의 기관방문은 클라이언트 또는 가족의 의지로 이루어진다. 만약 사회복지실천 과정에서 클라이언트의 참여와 의지가 없으면 문제해결이라는 목적은 실현되기 어려울 뿐만 아니라 사회복지실천 과정도 진행되기 어렵다.

우선 클라이언트의 동기와 의지가 있어야 사회복지사와 전문적인 원조관계가 수립될 수 있으므로 접수과정에서 사회복지사는 클라이언트의 참여 동기나 의지를 확인하고, 관계형성과 함께 동기화, 저항감 해소, 양가감정 수용과 같은 과업을 담당해야 한다. 클라이언트가 지나치게 낙담하거나 더 이상의 변화를 기대하지 않을 경우에는 지난 시절이나 현재의 어려움을 이해하고 격려하며 동기부여와 참여를 위해 독려하도록 한다.

(4) 부정적인 감정해소

기관을 방문하는 클라이언트는 여러 가지 부정적인 감정을 가지고 있을 수 있다. 부정적인 감정의 원인은 결핍이나 문제로 인한 고통일 수 있고, '변화를 원하는 마음'과 동시에 익숙해진 생활방식이나 행동양식을 바꿔야 할지도 모른다는 '변화를 원치 않는 마음'인 양가감정이 원인일 수 있다. 때로는 솔직하게 이야기 했을 때 혹시 자신의 지위나 자원이 상실될지도 모른다는 두려움으로 비협조적인 태도를 보일 수도 있다.

이러한 불안으로 자신의 상태를 이야기하지 않거나 노출을 꺼려하는 클라이언트 중 일부는 비현실적인 신념이나 생각 또는 잘못된 정보를 가지고 있는 경우도 있다. 예를 들어 장애인손자와 살고 있는 조부모가 손자의 경제활동이 기초생활 수급 자격에 영향을 미칠 것을 우려하여 단순한 일조차 원하지 않는 경우이다.

클라이언트에 따라서는 주변의 도움 자체를 수용하지 못하는 경우도 있다 예를 들어 사회복지사가 이웃집의 요청으로 남편과 사별한 독거노인을 방문하였으나, 남편의 부재와 갑자기 어려워진 형편을 수용하지 못하여 외부로부터 의식주 문제를 해결 받는 것 자체를 꺼려하여 원조를 거부하는 경우이다.

사회복지사는 접수과정에서 클라이언트가 부정적인 감정인 양가감정이나 기타 여러 가지 이유로 불안을 가지고 있을 수 있다는 것을 이해하고, 클라이언트의 부정적인 감정을 수용하고 자유롭게 표현할 수 있는 분위기를 조성하여 저항감을 해소할 수 있도록 해야 한다.

(5) 타 기관 의뢰

클라이언트의 기관방문은 주로 본인의 거주지를 중심으로 이루어진다. 클라이언트의 문제는 가까운 지역사회복지관에서 해결될 수도 있지만, 내용이나 상황에 따라서는 보다 특성화되고 전문화된 기관 이용이 바람직할 수 있다. 이와 같이 클라이언트의 문제나 욕구를 기관에서 해결할 수 없거나 보다 적합한 기관이 바람직하다고 판단되었을 때 다른 기관으로 이첩하는 것을 '타 기관 의뢰(referral)'라고 한다. 예를 들어, 노인의 의식주의 문제는 사회복지기관에서 원조하는 것이 일반적이나, 노인의 고독, 자살, 외로움의 문제는 오랫동안 관련서비스를 전문적으로 진행한 상담센터나

노인복지관이 더 적절할 수 있다.

타 기관 의뢰는 접수면담에서 클라이언트의 기관방문 목적을 듣고 사회복지사가 판단하게 된다. 타 기관 의뢰를 진행할 때는 클라이언트가 기관에서 자신을 거부한다는 부정적인 인식을 갖지 않도록 타 기관 의뢰의 필요성을 충분히 전달하고, 동의를 구한 다음에 진행해야 한다. 그리고 해당기관의 담당자와 직접 연락하여 방문계획을 수립하고, 의뢰된 이후에도 클라이언트가 적절한 서비스를 받는지를 확인하는 것이 바람직하다.

다음은 헵워스와 라슨(Hepworth & Larsen, 1986)이 제시한 타 기관 의뢰의 지침이다. 다음 내용을 참고로 타 기관 의뢰를 진행하도록 한다(양옥경 외, 2011).

- 새로운 서비스에 대한 불신, 걱정, 잘못된 개념에 대한 클라이언트의 감정을 끌어내서 다뤄 주고 의뢰과정이 꼭 필요하다는 것을 강조하면서 준비시킨다.
- 클라이언트에게 최선의 서비스가 무엇인지를 함께 결정한다. 이를 위해 사회복지사는 지역사회 내 다양한 자원을 알고 있어야 하고, 그에 대한 적절한 정보를 제공하여 클라이언트가 잘 알고 판단할 수 있도록 해야 한다.
- 의뢰의 가능한 대안들을 제시하고 다만 사회복지사는 가장 도움이 될 만한 것을 제안하되 항상 클라이언트의 자기결정권을 존중해야 한다.
- 다른 기관에서 제공하는 서비스에 대한 비현실적인 확신이나 보증은 피해야 한다.
- 의뢰하는 다른 기관의 기능을 명확히 밝혀 두는 것은 좋지만 그곳의 사회복지사가 사용하게 될 방법까지 구체적으로 알려주지 않도록 한다. 왜냐하면 사회복지사마다 스타일과 사용하

는 방법이 달라 클라이언트에게 선입견을 줄 수 있기 때문이다.

사회복지사는 타 기관 의뢰를 위해 사회복지 분야와 지역사회에 대한 폭넓은 정보와 이해를 가지고 있어야 하며, 타 기관 의뢰가 결정되면 '타기관 의뢰서'를 작성하여 진행하도록 한다.

2) 접수양식과 접수내용

사회복지사가 클라이언트의 접수내용을 기록하는 양식을 초기면접지라고 한다. 기관마다 형식은 다를 수 있으며 일반적으로 공통된 내용을 수록한 양식이 사용된다.

클라이언트에 따라서는 직접 작성(기본적인 내용)하기도 하고, 노인이나 아동 등 본인이 작성하기 어려운 경우에는 사회복지사가 면담과정이나 면담 후 기록하기도 한다. 면담과 기록과정으로 클라이언트의 방문 목적이 무엇인지를 파악하고 그 문제나 욕구를 기관에서 해결할 수 있는 것인지를 결정하게 된다.

접수양식에 포함되는 내용은 다음과 같다(엄명용 외, 2005 참고).

(1) 기본정보

이름, 성별, 나이, 결혼관계, 주소, 전화번호, 직업 등

(2) 주요문제

클라이언트가 사회복지 기관에 도움을 요청하게 된 문제나 욕구가 무엇이며, 언제부터 어떤 과정 속에서 지속되었는지를 파악한다.

(3) 기관에 오게 된 동기(경위)

기관을 어떻게 알고 찾아오게 되었는지를 알아보는 과정으로, 타 기관의 소개인지 기관 소개 홍보를 보고 오게 되었는지를 묻는다.

(4) 의뢰이유

클라이언트가 자발적으로 온 것이 아니라, 타 기관이나 가족에 의해 의뢰되었을 때 의뢰된 이유와 경위(추천자, 특이사항)를 알아본다.

(5) 이전의 사회복지서비스를 받은 경험

욕구와 문제를 가진 클라이언트가 기관을 방문하기 이전에 다른 복지기관을 이용했거나, 이용했다면 어떠한 기관의 서비스를 받았는지를 알아본다.

(6) 기본적인 가족관계

현재 동거 중인 가족을 중심으로 가족원의 이름, 나이, 직업, 교육정도, 관계를 기록한다.

03 자료수집

클라이언트가 가지고 있는 문제를 이해, 분석, 해결하기 위해서는 다양하고 명확한 자료수집이 필요하다. 자료수집은 클라이언트에 대한 서비스 개입 가능성과 개입에 도움이 될 수 있는 자료를 모으는 과정이며, 수립된 자료로 사정을 진행하게 된다. 클라이언트의 문제해결을 위해서 명확하고 적절한 사정이 중요한 만큼 사정의 근거가 되는 자료수집은 구체적이고 정확하게 이루어져야 한다.

자료수집은 객관적으로 펼쳐져 있는 정보를 일방적으로 수집하는 것이 아니다. 클라이언트가 처한 외부적 상황과 함께 클라이언트의 생각과 인식이 포함하기 때문에 사회복지사의 풍부한 경험과 전문성이 요구된다. 클라이언트와의 대면으로 자료를 수집하고 자료수집 과정에서 사정이 동시에 이루어지기도 한다. 사회복지사는 질문하고 응답하는 과정에서 '문제의 근원은 무엇인가'에 대한 의도된 생각을 가지고 자료를 추가적으로 수집하도록 한다.

자료수집 과정에서 파악되는 내용은 다음과 같다(Hepworth, 2006; 최해경, 2009 재인용).

- 클라이언트가 작성한 기본정보
- 면접을 통해 얻은 정보들, 즉 클라이언트의 문제와 그동안의 사건 경과, 견해, 생각 등
- 비언어적 행동에 대한 직접적 관찰
- 부부, 가족구성원, 집단구성원 간의 상호작용에 대한 직접적 관찰
- 친척, 친구, 의사, 교사, 고용주, 다른 전문가들로부터의 정보
- 검사, 평가도구

- 클라이언트와의 직접적 상호작용에 근거한 실천가의 개인적 경험

1) 자료의 출처

(1) 클라이언트

재스트로(Zastrow, 1995)는 자료를 얻는 중요한 정보원으로 클라이언트의 이야기, 클라이언트가 작성한 양식, 부수정보, 심리검사, 클라이언트의 비언어적 행동, 중요한 사람과의 상호작용 및 가정방문, 직접 상호작용하면서 느끼는 사회복지사의 감정이라고 하였다(양옥경 외, 2011). 이 중 클라이언트로부터 얻는 정보가 가장 중요한 정보이다. 클라이언트가 가족의 문제로 방문하는 경우도 있지만 클라이언트집단과 표적집단이 일치하는 경우가 많기 때문에 클라이언트 자신으로부터 본인의 문제, 문제에 대한 감정, 문제해결을 위한 자원과 노력 등을 실질적으로 알 수 있기 때문이다.

사회복지사는 클라이언트 개인으로부터 자료를 수집할 때 보고(Bogo, 2006)가 제시한 내용을 활용하여 질문할 수 있다(최해경, 2009).

- 주요역할, 발달단계와 관련해서 직장 또는 학교에서 문화적 기대의 맥락 속에서 과거와 현재의 클라이언트 기능의 특성은 무엇인가?
- 클라이언트는 적정한 주택, 소득, 직업, 교통편, 영양상태, 의복, 여가생활을 갖추고 있는가?
- 클라이언트의 건강상태는 어떠한가? 심각한 건강 문제가 있고 규칙적으로 약을 복용하고 있는가?
- 정신과 진단이 있었는지 여부를 포함하여 클라이언트의 정신건강상태는 어떠한가?

- 클라이언트의 음주 또는 약물 사용의 특성은 무엇인가?
- 인지기능, 판단, 지적능력과 문제해결능력은 어떠한가? 클라이언트의 현실에 대한 견해, 태도, 가정, 문화적 경험, 그리고 생활 경험의 맥락 속에서 자신과 타인에 관한 핵심신념은 무엇인가?
- 자신의 문제, 중요한 관계, 사회복지사에 대한 정서적 표현은 어떠한가?
- 클라이언트의 가족구성원, 친밀한 관계를 맺고 있는 사람들, 친구들에 대한 대인관계 기능은 어떠한가? 클라이언트는 다른 사람들의 욕구를 이해하고 주고받을 줄 알며, 대인관계에 자신감이 있는가?
- 스트레스에 어떻게 대처하고 갈등은 어떻게 해결하는가?
- 클라이언트는 일상생활 속의 가족, 동료, 이웃 주민과의 관계에서 폭력 혹은 폭력 위협을 경험하는가?
- 현재 클라이언트에게 영향을 미치고 있는 학대, 정신적 충격, 강제격리수용, 수감과 같은 중대한 생활경험이 있는가?

클라이언트로부터 정보를 얻을 때 클라이언트의 대처능력도 파악해야 한다. 외부자원의 개입만으로 클라이언트의 문제해결이 쉽지 않을 때 클라이언트의 인식변화나 태도변화는 원만한 개입과 문제해결로 연결될 수 있기 때문이다(최해경, 2009). 사회복지사는 클라이언트의 강점과 능력을 문제해결에 활용하기 위해 클라이언트가 호소하는 문제와 관련하여 개인이 어느 정도까지 기능을 유지, 혹은 증진시킬 수 있는가? 현재의 문제 혹은 이와 유사했던 과거의 문제에 대하여 어떻게 대처해 왔으며 또 대처할 수 있었는가? 클라이언트는 문제와 관련하여 어느 정도의 육체적·심리적·지적·경제적·정신적 힘을 가지고 있는가에 대한 정보를 수집하도록 한다.

사회복지사는 클라이언트로부터 자료를 수집하는 과정에서 클라이언트의 태도를 통해서도 자료를 얻을 수 있다. 예를 들어 적절한 면담기술을 활용하여 면담하는 과정에서 클라이언트가 확인을 거부하거나 주저하는 태도를 보이고 시선을 회피한다면 문제와 관련되어 의미가 있을 수 있으므로 사회복지사는 언어적 표현 외에도 비언어적 행동도 관찰할 수 있어야 한다.

비언어적 행동에 대한 의미는 개인에 따라 차이가 있을 수 있으므로, 다음의 네 가지 차원을 고려하여 의미를 파악하도록 한다.

- 클라이언트의 언어적 보고: 문제묘사, 감정표현, 사건진술, 관점제시
- 비언어적 행동의 직접 관찰: 말투나 목소리의 떨림, 주먹을 불끈 쥔 모습이나 손의 떨림, 다문입술, 표정변화, 시선회피, 침묵, 주저하는 태도 등
- 가정방문 시 상호작용 관찰: 배우자, 가족구성원 사이의 행동관찰
- 클라이언트의 자기모니터링: 자신의 생각을 수치 등으로 표현

만약 클라이언트가 기억의 오류, 편견, 불신, 제한된 자아 인식 등의 이유로 정확한 상황을 적절하게 설명하지 못한다고 판단되면 다른 정보의 출처에서 자료를 보완하도록 한다. 기관 내 상담과 함께 가정방문을 병행하는 것도 다양한 정보를 획득할 수 있는 방법 중 하나이다. 가정은 자신이 가장 편하게 생각하는 공간이자 문제가 발생하거나 문제의 상황을 이해하는 장소일 수 있기 때문이다. 예를 들어 경제적 문제와 건강의 문제를 호소하는 독거노인을 가정방문한 사회복지사는 주방의 청결상태나 환경을 통해 최근의 식사활동을 짐작할 수 있다.

마지막으로 사회복지사는 클라이언트 개인으로부터 자료를 수집할 때 클라이언트의 이야기가 객관성을 갖는지에 대해 관심을 기울여야 한다. 공식적인 자산조사가 요구되는 공적 부조와 달리 사회복지서비스에서는 클라이언트의 진술과 이야기를 바탕으로 문제를 파악하게 되는데, 때때로 클라이언트 진술은 주관적인 경향이나 본인의 편견 및 감정에 의해 왜곡될 수 있기 때문이다.

사회복지사는 클라이언트 본인이 진술하는 이야기 자체는 수용하되 필요시 객관적인 사실인지 여부를 확인하도록 한다. 클라이언트가 초기 면접 시 작성한 양식에 포함된 이름, 성별, 나이, 직업, 주소나 전화번호, 호소하고 있는 문제, 가족구성원에 대한 자료도 필요시 재확인할 수 있어야 한다.

(2) 가족이나 주변 사람들

클라이언트 본인이 직접 기관을 방문하지 않았거나, 클라이언트와의 의사소통이 어려울 경우에는 부모나 형제자매 등 가족으로부터 정보를 얻을 수 있다. 가족 외에도 이웃, 친구, 친척, 다른 기관, 학교 등 주변체계에서 클라이언트로부터 얻지 못한 정보를 얻을 수 있다. 검사나 진단내용 또는 장애인등록증과 같은 객관적인 자료를 통해서도 정보를 얻을 수 있다.

사회복지사는 클라이언트의 주변 환경으로부터 자료를 수집할 때 다음과 같은 질문을 참고하여 필요한 정보를 얻을 수 있다(Bogo, 2006; 최해경, 2009 재인용).

- 클라이언트의 환경적 특성은 무엇인가?
- 주요 대인관계와 체계는 누구인가(예: 친밀한 관계, 핵가족과 확대가족, 친구, 직장동료, 이웃주민, 지역사회, 종교단체, 기타 사회적 관계망, 보건, 교육, 사회서비스 체계)

- 심리적 역동, 패턴, 제휴, 갈등과 갈등 해결방식, 의사결정 패턴, 지지와 같은 차원에서 중요한 대인관계 특성은 무엇인가?
- 클라이언트 삶에서 어떤 문화적·사회적 요소들이 중요한가?
- 주요 사회제도 및 서비스 프로그램에 대한 클라이언트의 경험은 어떠한가? 클라이언트는 차별과 소외를 경험한 적이 있는가?

가족, 친구, 이웃으로부터 클라이언트에 대한 정보를 얻으면서 클라이언트가 주변 인물들과 어떠한 관계를 맺고 있는지를 파악할 수 있다. 만약 클라이언트의 문제가 이들과의 상호작용이나 상호의존으로부터 발생되었거나 심각성이 있다면, 이들은 문제해결 과정에서도 변화매개체계로서 영향을 미칠 수 있다.

무엇보다 사회복지실천의 원조과정은 외부환경에서 주어지는 지원, 즉 사회적 지지 등 비공식자원들이 함께 개입할 때 효과적일 수 있다. 사회복지사는 클라이언트 주변의 비공식적 지지체계인 가족, 친구, 이웃들이 클라이언트에게 어떠한 영향을 미치는지와 사회적 지지체계로서의 영향력을 자료수집에 포함하여 잠재적인 활용 가능성을 파악하고 문제해결과정에 동원할 수 있어야 한다.

가족이나 주변사람들로부터 정보를 얻을 때 주의할 점은 이들이 제공하는 정보와 진술에 대한 객관성이다. 주변체계는 클라이언트 진술과는 다른 관점과 사실에 대해 정보를 제공해 줄 수 있지만, 이들도 각자의 주관성과 관점이 있으므로 정보수집 시 감안하도록 한다. 사회복지사는 클라이언트의 동의과정을 거쳐 주변체계와 접촉하고, 정보제공자에 대한 신뢰성을 직간접적으로 확인하도록 하다.

(3) 면접과정에서의 클라이언트에 대한 사회복지사의 감정

사회복지사는 클라이언트와 면접하면서 클라이언트의 상호작용 능력이나 스타일을 알 수 있다. 면담이 비자발적인지 자발적인지에 따라 클라이언트가 보여주는 수동적, 공격적, 의존적인 성향을 이해하고, 클라이언트의 태도를 통해 평소 대인관계능력을 예측할 수 있다. 주의해야 할 점은 오랫동안의 관찰이 아닌 만큼 예측은 신중해야 하고 클라이언트 태도가 일상적인 대인관계 성향인지 면담이라는 특정 상황에 대한 대처방법인지 구분할 수 있어야 한다.

면담과정에서 클라이언트의 저항이나 부정적인 태도는 클라이언트의 일반적인 대인관계 성향일 수도 있고, 문제로 인한 혼란, 두려움, 무기력의 표현일 수 있다. 사회복지사의 능숙하지 못한 태도가 클라이언트의 부정적인 반응을 초래할 수 있다. 특히 사회복지사의 미숙한 면담준비나 태도, 권위적 말투나 태도, 전문용어 남발, 도덕적으로 심판하는 태도가 사회복지사 본인이 의식하지 못한 상태에서 언어적·비언어적으로 클라이언트에게 전달되면 클라이언트의 수치심과 열등감이 자극되어 저항과 같은 태도가 나타날 수 있다.

사회복지사는 클라이언트의 수동적·공격적·의존적인 성향의 원인을 파악하기 위해 클라이언트의 반응을 주의 깊게 관찰하고, 관찰 결과는 신중하게 해석하여 클라이언트의 면담태도가 일반적인 성향인지 아니면 면담에 대한 저항의 표현인지를 구분할 수 있어야 한다.

2) 자료수집에서의 유의사항

사회복지사는 자료수집 과정에서 다음과 같은 오류가 발생될 수 있으므로 유의하도록 한다(Gambrill, 2006; 최해경, 2009 재인용).

- 과다하고 불필요한 자료 등 부적절한 자료의 수집
- 선입견을 지지하는 자료의 선택적 수집
- 타당도가 낮은 표준화된 측정도구의 사용
- 환경적 요소의 역할 간과
- 자료출처의 정당성과 수용성에 영향을 미치는 문화적 차이의 간과
- 문제와 선택을 명백하게 하기 위해 필요한 실생활이나 역할극에서의 행동관찰 기회의 무관심
- 자료수집에서 클라이언트의 행동에 영향을 미치는 중요한 사람들을 제외함
- 문제를 명료화하지 않는 자료의 모호성
- 관심의 대상인 행동과 관련되어 발생한 사건, 선행사건, 결과를 기술하지 않는 것
- 다른 전문가들의 지지를 받지 못하는 의견을 신뢰함
- 사례 기록에 제시된 근거 없는 자료의 신뢰
- 선행 사건이나 결과가 행동에 미치는 영향을 측정하기 위해 실시해야 하는 상관관계 검증을 하지 않음
- 경미한 단점 때문에 가치 있는 평가도구를 사용하지 않음
- 대상자의 인구사회학적 특성을 고려하지 않은 평가도구의 사용이나, 비전문적 지식을 바탕으로 한 표준화된 도구의 해석
- 편파적이고 대표성이 없는 표본의 사용

위와 같은 자료수집의 오류를 방지하기 위해 사회복지사는 다각화(triangulation) 방법을 사용할 수 있다. 다각화 방법은 여러 가지 방법을 함께 사용하는 것으로, 흔히 발생하는 자료수집의 오류를 최소화할 수 있는 방법이다. 예를 들어, 자료수집 과정에서 클라이언트 외에도 가족이나 주변 환경에서 자료를 수집하고 자료수집 장소도 기관에 국한하지 말고 가정방문이나 클라이언트가 원하는 장소를 포함할 수 있다. 그리고 클라이언트의 관찰, 자기보고, 표준화된 척도와 검사도구 등 주관적이고 객관적인 방법을 다양하게 활용할 수 있다.

생각해봅시다

1 접수과정의 내용이 무엇인지 설명해 봅시다.

2 자료수집 과정에서 파악되어야 할 내용을 중심으로 첨부된 Intake sheet지를 작성해 봅시다.

3 자료를 수집할 수 있는 출처와 장단점을 논의해 봅시다.

4 면접, 자료수집에서 필요한 사회복지실천기술을 예비사회복지사로서 어떻게 내재화할 수 있을지 논의해 봅시다.

Chapter 10

사회복지실천 과정론 III: 사정

사회복지실천 과정에서 사정은 접수와 자료수집 과정에서 수집된 클라이언트의 정보를 바탕으로 클라이언트의 문제 전반을 규명하는 과정이다. 클라이언트의 문제를 해결하기 위해서는 무엇이 문제인지 규명해야 하는 바, 클라이언트가 인식하고 있는 문제에서부터 문제에 영향을 미치는 다양하고 복잡한 환경에 대해 사회복지사는 전문적인 관점으로 진단할 수 있어야 한다. 이 장에서는 사정의 개념과 특성을 알아보고, 개인 및 가족대상의 사정의 구체적인 내용과 방법에 대해 학습하고자 한다.

학습목표

1 사회복지실천 과정에서 사정의 개념을 이해할 수 있다.

2 사정에서 이루어지는 문제 진단의 내용을 학습한다.

3 클라이언트의 문제 규정에 활용되는 사정도구를 알고 사용할 수 있다.

4 사정과정에서 요구되는 사회복지사의 역할과 실무에 대해 알 수 있다.

주제어

사정개념, 문제발견, 문제형성, 사정도구(가계도, 생태도), 검사도구

01 사정

1) 사정의 개념

사정(assessment)은 클라이언트의 문제가 무엇인지를 구체화하는 과정이다. 사정은 수집한 자료를 바탕으로 어떠한 원인으로 문제가 발생되었고 문제는 어떤 의미를 갖고 있으며, 이러한 문제를 해결하기 위해서 무엇이 변화되어야 하는지를 추론하는 사회복지실천의 핵심적인 과정이다. 정확한 사정이 이루어질 때 문제해결을 위한 계획과 개입이 효과적이라는 점에서 사정은 의사의 진단과 마찬가지로 사회복지실천 과정에서 사회복지사의 전문성과 경험이 가장 많이 요구되는 과정이라고 할 수 있다.

사정에 포함되는 내용은 클라이언트의 정서·심리상태, 역할수행상의 문제, 클라이언트의 생활력, 자기방어기제, 클라이언트의 강점과 대처방법, 가족(가족구조, 가족기능), 사회적 지지 등이다. 사회복지사는 사정을 실시할 때 사회복지실천의 기본적 관점인 '환경 속의 개인'이라는 이중점 관점을 유지해야 한다. 인간은 환경 속에서 성장하고 살아가기 때문에 양육환경(nursing environment)과 유지환경(sustainment environment)의 이중적 환경차원에서 문제의 근원이 파악되어야 하고, 문제해결 역시 이중적 관점에서 모색되는 것이 바람직하다. 그림 10-1은 이중적 관점으로 클라이언트의 환경을 조망했을 때 해당되는 범주들이다(엄명용 외, 2011).

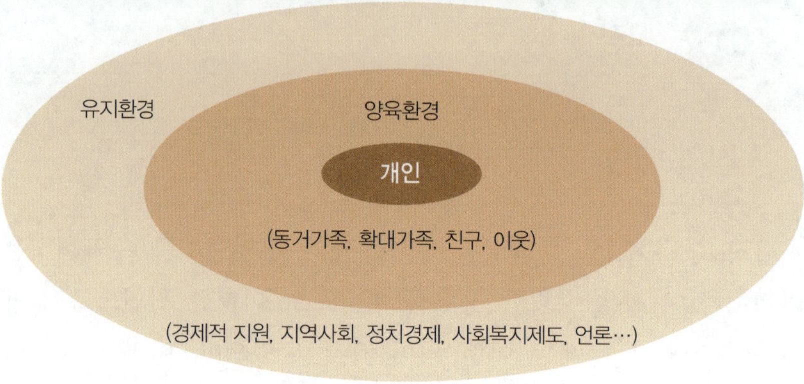

출처: Norton, D.(1978). The Dual Perspective. NY: CSWE., 엄명용 외, 2011 재인용.

• 그림 10-1 • 이중적 관점

사회복지사는 사정과정에서 클라이언트와 주변사람 및 객관적인 자료를 통해 얻은 자료를 분석하고 종합하면서 존슨(Johnson, 1989)이 기술한 사정의 열 가지 특성을 참고로 사정과정을 수행할 수 있다(양옥경 외, 2011).

(1) 사정은 지속적인 과정이다

사정은 접수와 자료수집이 끝난 후에 수행되는 과정이면서 실천과정 전반에서 지속적으로 이루어지는 과정이기도 하다. 자료수집에서는 주로 클라이언트의 상황과 문제에 대한 자료를 수집하지만 사정과정이나 개입에서도 초기면접과정에서 파악하지 못한 클라이언트의 특성이나 가족 간의 역동과 같은 새로운 정보가 나타나기도 한다. 사회복지사는 초기에 얻은 정보에 한정하지 말고 수시로 자료를 수집, 분석, 종합하는 판단을 유동적으로 수행할 수 있어야 한다.

(2) 사정은 이중초점을 가진다

수집된 정보를 바탕으로 클라이언트를 사회, 환경적인 맥락에서 이해하는 이중초점을 가져야 한다. 모든 인간은 인구사회학적 조건이나 그가 처한 환경의 특성이 반영된 환경 가운데 성장하므로 가정과 같이 그를 둘러싼 작은 체계나 지역사회와 같은 큰 체계에 속해 있다는 '상황 속의 인간'이라는 개념을 반영하여 이해해야 한다.

(3) 사정은 클라이언트와 사회복지사의 상호작용이다

자료수집의 과정에서 클라이언트가 생각하고 있는 본인의 문제에 대한 인식, 질문에 대한 반응, 문제해결에 도움이 될 수 있는 강점을 알기 위해서는 사회복지사와 클라이언트 간에 관계형성이 우선되어야 하고, 원만한 상호작용이 이루어져야 한다. 클라이언트의 응답이나 반응은 사회복지사의 상호작용 능력에 영향을 받게 된다. 따라서 문제의 근원을 규정하는 사정과정에서 클라이언트와 사회복지사의 상호작용은 중요하게 작용한다.

(4) 사정은 사고의 전개 과정이다

사정은 필요한 정보를 수집하고 그 정보를 중심으로 클라이언트의 상황을 이해하며, 부분적인 내용을 전체적인 맥락 속에서 통합해서 이해하는 사고의 전개 과정이다. 클라이언트가 겪고 있는 결핍과 문제적 상황은 클라이언트의 과거로부터 현재, 클라이언트의 특성과 주변 환경과의 관계, 미시체계에서 거시체계 간의 복합적인 영향으로부터 발생되기 때문에 지속적인 사고과정을 통해 문제의 근원, 문제의 심각성, 문제의 영향요인을 규정할 수 있어야 한다.

(5) 수평적·수직적 탐색 모두 중요하다

초기 과정에서는 수평적인 정보(현재의 상황, 관계, 능력, 기능 등)를 중심으로 클라이언트의 욕구를 발견하고, 점차 시간이 경과하면서 수직적인 정보(과거력, 개인력, 문제력 등)를 수집하여 사정해야 한다. 사회복지사는 상황과 필요에 따라 수평적·수직적 탐색을 하고, 해당 정보를 사정에 반영할 수 있어야 한다.

(6) 클라이언트를 이해하기 위한 지식적 근거가 필요하다

사회복지사는 사정과정에서 클라이언트의 상황을 이해하기 위해서 전문적 지식을 활용해야 한다. 관련된 전문적 지식은 인간행동, 가족관계, 집단과 지역사회, 정책, 행정에 대한 지식이다. 그리고 사회복지 대상자의 특성에 따라서 정신의학, 장애, 아동, 노인, 분야에 대한 지식도 요구되고, 문화적 다양성과 같은 새로운 패러다임이나 영향을 미치는 정책도 클라이언트를 이해하는 데 필요할 수 있다.

(7) 일반적인 생활 속에서 욕구를 발견하고 문제를 정의한다

클라이언트의 욕구를 발견하고 문제를 정의하는 과정에서 클라이언트의 문제가 병리적이거나 독특한 상황에서 발생된 것으로 이해하는 것은 바람직하지 않다. 사회복지실천에서 클라이언트의 문제는 개인과 환경과의 적응상의 문제이며 그 원인이 어디에 있는가를 규명하여 개입하는 것이다. 따라서 클라이언트의 문제도 인간의 생애주기관점에서 일반적이고 자연스러운 과정에서 발생한 것으로 이해하고, 방해요인이 무엇인지를 명확히 하도록 한다.

(8) 사정은 개별적이다

사정을 진행할 때 사회복지사는 개별화의 시각으로 진행해야 한다. 비슷한 문제라 하더라도 클라이언트마다 상황은 모두 다르며, 상황의 전후 관계도 같을 수 없다. 또한 생애주기 과정이나 개인의 특성에 따라 다른 삶을 살고 있는 만큼 개별화하여 이해해야 한다.

(9) 판단이 중요하다

사정과정에서는 사회복지사의 판단과 결정이 필요하다. 클라이언트와 주변사람들로부터 수집한 자료를 지속적인 사고과정을 거쳐 판단해야 한다. 예를 들어 '어떻게 문제정의를 할 것인가?', '어떤 지식을 적용할 것인가?', '개입에서 어떤 부분을 고려할 것인가?', '욕구와 문제해결을 위해 클라이언트와 환경과 어떻게 연결시킬 것인가?'에 대해서 사회복지사는 결정하고 판단해야 한다.

(10) 클라이언트 이해에 대한 한계

사회복지사가 대면을 통해 자료를 수집하고 사정한다고 해도 이는 클라이언트의 삶의 일부분에 대한 이해이다. 사회복지사는 클라이언트 개인과 처한 상황을 이해해야 하지만, 타인을 완벽하게 이해하는 것은 불가능하고 경험해 보진 못한 타인의 상황을 이해하는 데는 한계가 있다. 사정은 클라이언트를 이해하고자 노력하는 과정이며, 사정은 사회복지사가 클라이언트를 이해하는 보조적인 수단과 방법이라고 할 수 있다.

2) 사정의 내용

클라이언트의 욕구나 문제해결에 접근하기 위해서 사회복지사는 사정과정에서 수집된 자료를 바탕으로 클라이언트의 제반 상황을 파악하고 클라이언트의 문제의 발견, 문제를 좀 더 잘 이해하기 위한 정보의 발견, 정보 분석을 위한 문제형성을 진행하게 된다.

(1) 문제의 발견

사정단계에서 일차적으로 '문제를 발견'해야 한다. 문제를 발견하기 위해서는 우선 클라이언트가 제시한 문제(presenting problem)에 초점을 두어야 한다. 면담에서 클라이언트가 표현하는 문제는 클라이언트가 느끼고 있는 가장 시급한 문제라고 할 수 있다. 그 문제 때문에 기관의 도움을 의뢰했기 때문에 사회복지사는 '클라이언트의 표현된 문제'에 일차적인 관심을 기울여야 한다. 관련하여 사회복지사는 클라이언트가 보편적으로 직면하는 문제의 유형들을 파악하고 있어야 한다.

클라이언트가 빈번하게 직면하는 문제들은 다음과 같다(Kirst-Ashman & Hull, 1993; 김융일·조홍식·김연옥, 1995 재인용).

- 인간관계 갈등: 주변 사람들과의 관계에서 명백한 어려움이 있는 문제를 말한다.
- 사회관계 불만족: 사회적 관계에서의 불만족을 말한다. 클라이언트가 소극적이거나 자기주장에 익숙하지 못한 성격으로 인하여 대인관계에서 심리적인 문제를 겪거나 대인관계기술이나 경험부족으로 갈등을 느끼는 문제이다.

- 공식 조직과의 문제: 직장 상사가 자신을 무시한다거나 바라는 만큼의 급여나 처우를 보장하지 않는다고 불만을 갖는 문제이다.
- 역할수행문제: 자신의 지위에 따라 사회적·문화적으로 기대되는 행동 양식을 수행하는 데 어려움을 느끼는 문제이다.
- 생의 전환기에서 파생하는 문제: 사람들은 일생동안 진학, 취업과 전직, 결혼, 임신, 이혼 등과 같은 중요한 전환기를 겪는다. 이에 적응하지 못하고 심각한 정서적인 혼란을 겪거나 대처하지 못해 문제 상황에 놓이게 된다.
- 심리 행동상 문제: 우울증, 불안, 강박증과 같은 심리·정신적 문제나 알코올중독과 약물중독 및 범죄행위 등과 같은 통제되지 않는 행동으로 인한 문제들이다.
- 자원부재나 결핍문제: 생활비 부족과 같이 사람이 살아가는데 필요한 기본적인 자원이 없고, 개인과 가족구성원의 인구사회학적 특성으로 그 문제를 스스로 해결하지 못해 발생하는 문제이다.
- 의사결정의 어려움: 무엇인가 선택해야만 하는 생의 중요한 갈림길에서 개인의 판단능력이나 자기결정능력이 부족하고, 정보가 충분하지 못해 겪는 감정적인 혼란의 문제이다. 또는 클라이언트의 성격이나 특성으로 객관적이고 합리적인 선택을 하지 못하는 경우에 발생하는 문제이다.
- 다문화적인 갈등: 서로 다른 인종·문화로 인해 파생되는 갈등의 문제이다.

이외에도 클라이언트가 겪는 문제는 부모나 형제자매와 같이 가까운 사람들의 사망이나 관계 상실에 대한 클라이언트의 부적응과 부적절한 정서적 반응이나, 중도장애나 질병과 같이 예기치 못한 사건도 문제에 해당된다.

문제는 바라보는 사람에 따라서 다른 시각과 관점이 있을 수 있으므로 '표현된 문제', '진술된 문제'에 대해 사회복지사는 다각적으로 탐색해야 한다. 클라이언트가 표현하고 있는 문제는 클라이언트의 입장에서 자신의 가치와 상황 속에서 정의되어 제시된 문제라고 할 수 있다. 따라서 사회복지사는 바로 '문제'로 단정하기보다는 클라이언트가 느끼거나 제시한 문제의 이면과 보다 근본적이고 포괄적인 문제가 있는지를 탐색하도록 하고, 주어진 정보와 클라이언트의 반응을 통해서도 문제를 발견하고 정의할 수 있어야 한다.

(2) 정보와 자료수집

정보와 자료의 수집은 사정과정에서도 이루어진다. 접수–자료수집–사정은 순차적으로 진행되기도 하지만, 자료수집과 사정이 동시에 이뤄지기도 하고 순환적으로 이루어지기도 한다.

문제의 원인을 파악하고 규정하는 것은 사정과정에서 이루어지지만, 자료수집 과정에서도 클라이언트의 진술을 듣기 위해 문제의 원인에 대해서 질문하게 된다. 또한 사정과정에서도 클라이언트의 언어적·비언어적 표현과 행동의 해석으로 문제와의 관련성을 추론하며 추가적인 정보를 얻게 되므로 사정과정에서도 정보와 자료수집이 이루어지게 된다.

사회복지사는 사정과정에서 정보를 수집하는 지침을 참고하여 필요한 정보를 얻고 이를 바탕으로 보다 정확한 사정을 실시해야 한다.

사정 시 정보를 수집하는 유용한 지침 12가지(Brown & Levitt, 1979: 408~415)

- 누가 문제체계에 관여되어 있는가?
- 참여자들은 어떻게 관여하는가?
- 클라이언트가 문제에 어떤 의미를 부여하는가?
- 어디서 문제행동이 일어나는가?
- 언제 문제행동이 일어나는가?
- 문제행동이 일어나는 빈도는 어느 정도인가?
- 문제행동은 언제부터 있어 왔는가?
- 문제와 관련하여 채워지지 않는 욕구는 무엇인가?
- 문제에 대한 클라이언트의 정서적 반응은 어떠한가?
- 클라이언트는 그 동안 문제에 어떻게 대처해 왔으며, 문제를 해결하는 데는 어떤 사회복지기술이 필요한가?
- 클라이언트가 가지고 있는 장점과 기술은 무엇인가?
- 클라이언트가 필요로 하는 외적 자원은 무엇인가?

사정과정에서 클라이언트가 문제에 어떤 의미를 부여하는지에 대한 새로운 정보의 획득은 클라이언트의 문제행동의 동기, 문제가 해결되지 않은 이유, 문제해결에 방해되는 원인이 무엇인지를 알 수 있게 한다. 특히 클라이언트가 부여하는 '문제의 의미'에서 기존에 클라이언트가 표현한 문제와 실제 문제가 일치하는지의 여부에 따라 어떤 문제가 더 심각한 것인지, 문제의 유발 원인이 무엇인지에 대해서도 시사점을 주게 된다.

예를 들어, 자녀에게 폭력을 행사하는 아버지는 아들에 대한 폭력을 '자녀를 훈육하는 방법'이라고 진술하였다. 아내는 남편의 행동이 적절하다고 생각하여 방임했다면 아동학대인 육체적 폭력은 부부에게 문제로 인식되지 않는다는 것을 알 수 있다. 이 경우 사회복지사는 아버지의 문제에 대한 의미 파악으로 '아동폭력'이라는 문제행동의 동기, 문제가 해결되지 않은 이유, 문제해결에 방해되는 원인에 대한 정보를 사정과정에서 추가적으로 얻게 된다.

사회복지사는 클라이언트가 '문제의 의미'에 대해 적절하지 못한 관점과 생각을 부여하고 있다는 것을 알게 되면 문제의 근원적 해결을 위해 개입에 반영할 수 있다. 앞의 사례에서 자녀에게 폭력을 행사하는 아버지가 폭력을 '훈육'이라고 생각하고 있다면 아동학대의 문제해결과 함께 폭력이 잘못된 훈육 방법이라는 인식 자체를 변화의 목표로 수립할 수 있다.

허비츠(Hurvitz, 1975)는 표 10-1에서 보는 바와 같이 변화를 방해하는 클라이언트의 의미부여 형태 아홉 가지를 제시하였다. 사회복지사는 클라이언트와의 면담에서 얻은 자료를 바탕으로 사정과정을 진행하면서 클라이언트가 문제에 대해 어떠한 의미를 부여하고 있는지와 문제인식에 대한 추가적인 정보를 얻어 반영할 수 있어야 한다.

• 표 10-1 • 변화를 방해하는 클라이언트의 전형적인 의미부여 형태 9가지

사이비 과학적 설명	"사주팔자가 그래서 어쩔 수 없어요" "그 행동은 유전인 것 같아요"
심리적 낙인	"대인기피증이 있어서 아무리 이야기해도 만나고 싶지 않아요"
다른 사람에게 변화의 능력이나 동기가 없다는 믿음	"어렸을 때부터 그런 성격을 가지고 있어서 받아들이려 하지 않는다" "내가 수도 없이 이야기했지만, 역시 사람은 변하지 않아요"
변화될 수 없는 외적요인	"내가 다시 태어난다면 가능 하겠지요" "내가 여자가 된다면 상황은 달라지겠지요" 등
변화할 수 없는 내적 속성에 대한 잘못된 믿음	"나는 원래 내성적이라 어쩔 수 없어요" "처음에도 다들 나를 좋아하지만, 막상 나를 알고 나면 사람들이 싫어해요"
무력함에 대한 비현실적인 감정	"내가 아무리 열심히 해도 형처럼은 안 될 거예요" "내가 노력하는 만큼 다른 사람들도 노력하기 때문에 내 생활은 나아질 수 없어요"
고정된 철학적·종교적 원칙	"인생은 고진감래라고 했으니, 다음 번에는 좋은 일이 생길 거예요" "이미 마음 속으로 죄를 지었기 때문에 나는 자격이 없어요"

(계속)

인간본질에 대한 가정을 주장	"노인이 되면 모두 어린아이가 되는 거지" "남자는 원래 뇌구조상 여자와 달라서 여자를 이해할 수 없어요"
문제에 관련된 다른 사람 한계점을 주장	"남편은 귀하게 커서 자기밖에 생각하지 못해요" "직장경험이 없는 아내는 남편인 나를 이해하지 못해요"

출처: Hurvitz, 1975; 양옥경 외, 2011 재인용, 내용 수정

(3) 문제형성

문제형성(formulation of problem)은 수집한 정보들을 분석하여 사회복지사가 전문적 시각에서 문제를 판단하는 과정으로 '문제규정'이라고도 한다. 문제형성은 클라이언트가 호소한 문제와 충족되지 못한 욕구, 욕구충족을 방해하는 요인을 고려하여 문제를 규정하게 된다.6)

존슨(Johnson, 1989)은 문제형성을 위해, 첫째, 충족되지 못한 욕구를 찾아내고, 둘째, 어떤 요인들이 욕구충족을 방해하는지를 고려해야 한다고 하였다. 먼저 '충족되지 못한 욕구가 구체적으로 무엇인가?'라는 질문은 사정단계에서 문제를 형성하는 데 가장 중요한 질문이라고 할 수 있다. 따라서 사회복지사는 클라이언트의 표

6) 존슨과 얀카(Johnson & Yanca, 2007)는 사정에서 문제를 규정할 때 활용할 수 있는 원칙을 다음과 같이 제시하였다(최해경, 2009)
- 개별화: 상황 속의 각각의 개인과 체계는 각각의 특성이 있으므로 클라이언트 체계로부터 체계를 이해해야 한다.
- 참여: 클라이언트 참여로 클라이언트의 욕구와 강점을 파악하여 문제를 규정한다.
- 인간발달: 개인 및 사회의 발달과정과 문화적인 요인을 바탕으로 사정한다.
- 인간의 다양성: 개인, 체계, 문화적 집단에 따라 독특한 특성을 반영하여 사정한다.
- 목적이 있는 행동: 모든 행동에는 목적이 있을 수 있으므로 행동 이면의 의미를 이해한다.
- 체계적 상호 교류: 환경 속의 인간을 이해하면서 다양한 체계와의 상호작용에 따른 개인의 반응을 파악한다.
- 강점과 자원: 클라이언트와 환경의 강점과 자원, 긍정적인 속성을 규명하고 인식한다.

현된 욕구를 중심으로 문제를 발견하고, 클라이언트가 호소하는 문제는 무엇이며 그 문제가 클라이언트에게 얼마나 중요한 것인가에 대해 추가적인 정보와 수집을 통해서 문제형성을 하도록 한다.

사회복지사는 클라이언트의 표현된 욕구, 주요문제, 문제의 발생경위 및 경과를 고려하여 문제를 형성하고 문제를 형성할 때는 '충족되지 못한 욕구'에서 '필요한 욕구'로 재진술하게 되면 보다 원활한 개입방법을 제시할 수 있다(Hepworth & Larsen, 1995; 양옥경 외, 2011 재인용).

사례 ①

학교에서 동급생들과 사소한 일로 자주 싸움을 하는 청소년 자녀를 둔 어머니가 기관을 찾아왔다. 사회복지사는 청소년 아들을 면담한 결과 어머니가 제시한 '아들의 학교 부적응' 문제를 '아들이 관심받고 중요한 존재로 인정받고 싶어 하는' 욕구로 재진술하는 것으로 아들을 원조하기로 하였다.

사회복지사는 문제형성에서 클라이언트의 욕구가 욕구(need)인지 필요(want)인지를 구분해야 한다. 일반적으로 욕구(need)는 인간이 사회체계 내에서 기능하는데 필요한 기본적 자원, 심리사회적 자원, 인간관계상의 욕구, 적절한 역할 수행 욕구라고 할 수 있다. 필요(want)는 인간이 공통적으로 갖는 욕구와는 다르게 만족과 안녕을 증대시키기 위한 것으로 꼭 충족되어야 하는 것은 아니며, 욕망(desire)도 개인에게 있어서는 간절하게 원하는 내용이지만 필요와 마찬가지로 반드시 해소되어야 하는 내용이 아닐 수 있고, 사회복지실천에서는 접근하기 어렵기 때문에 욕구와 구분하도록 한다.

두 번째로 '욕구충족을 방해하는 요인들은 무엇인가?'라는 질문으로 어떤 이유에서 욕구가 해결되지 않고 있는지를 알고 문제를 형성해야 한다. 개인이나 가족 차원에서 해결되지 못한 욕구가 있고 방해 원인이 무엇인지 파악하게 되면 필요한 개입을 구체적으로 모색할 수 있다. 사례 ①-1은 욕구충족에 방해하는 요인이 무엇인가를 사례 ①의 내용을 바탕으로 사정한 내용이다.

사례 ①-1

사례 1에서 사회복지사가 파악한 아들이 동급생과 싸우는 원인은 다음과 같다. 아들은 어릴 적부터 맞벌이하는 부모님이 자신에게 관심이 없다고 느꼈고, 평소 자신보다 공부를 잘하는 동생과도 비교한다고 생각하고 있었다. 그리고 고등학교에 진학하면서 중학교 때 같이 지내던 친구들과 멀어지면서 외톨이가 된 것 같은 기분이 들어 우울하였다. 자신이 또래보다 체구가 작아 주변에서 무시당한 경험이 있었으며, 새로운 집단에서 무시당하기 전에 먼저 강한 모습을 보여줘야 한다는 생각에 사소한 일에도 싸움으로 대응하게 되었다.
부모님은 평소 두 아들을 다르게 대한 적은 없다고 생각하고 있었다. 오히려 큰아들이 사춘기가 되면서 부모님과의 대화를 피하고 소원하게 대한다고 느끼고 있었다. 부모가 혼자만의 공간과 시간을 갖는 것이 좋을 것 같아 배려한 행동이 큰아들에게는 무관심한 인상을 주게 되었다.

가족의 욕구만족을 방해하는 요인

첫째, 부모님은 사춘기 큰아들에 대한 이해와 관심이 필요하다.
둘째, 아들은 고등학교 진학에 따른 친구 및 학습에 대한 적응과 노력이 필요하다.
셋째, 가족 간의 의사소통 능력이 필요하다. 부모는 사춘기 아들의 대화방식을 알고 관심 받고 존중받고 싶은 마음을 표현할 수 있는 정기적인 대화의 기회조성과 부모와 아들간의 대화기술을 가르쳐 줄 수 있다.

사회복지사는 문제형성에서 클라이언트의 강점을 파악하여 반영할 수 있어야 한다. 강점사정(strengths assessment)은 클라이언트의 문제를 규정함에 있어 욕구와 잠재력을 발견하는 것이다. 클라이언트의 스트레스 대처능력, 판단력, 정서적 특성, 책임감, 대인관계능력을 사정하여 계획 수립에 반영할 수 있다. 코저(Cowger, 1994)는 개인의 강점사정 틀을 다음과 같이 제시하고 있다(이윤로, 2006).

- 인지: 세상을 보는 방식과 환경으로부터 정보를 받아들이는 방식이 적응적인가?
- 정서: 생산적인 방식으로 감정을 인정하고 용납하고 표현할 수 있는 능력이 있는가?
- 동기: 문제를 인정하고 해결하려는 동기가 있는가?
- 대처능력: 스트레스와 문제에 유연하고 계획성 있게 반응할 수 있는 능력이 있는가?
- 대인관계 형성: 협력적이고 지지적이며 안정적인 관계를 형성할 능력이 있는가?

사례 ①-2는 사례 ①에서 부모와 아들의 강점을 사정한 내용이다.

사례 ①-2

- 부모: 아들의 문제로 기관을 방문하는 등 문제해결에 적극적이다. 복지관에서 제공하는 정보를 수용하고 있다.
- 아들: 현재는 고등학교에 적응하지 못하고 있지만, 이전 또래와의 경험이 긍정적이고 주변체계와의 관계개선을 원하고 있다. 자신의 상황과 스트레스를 인식하고 있다.

3) 사정도구

사정을 위해 활용할 수 있는 도구는 개인의 사회적 지지체계를 위한 사정도구, 가족 차원의 사정도구, 집단차원의 사정도구와 기타 사정도구가 있다.

사회복지실천 사정도구

- 개인의 사회적 지지체계를 사정할 수 있는 도구
  - 사회지지망 목록(social support network inventory)
  - 사회적 상호작용에 대한 면담계획표(interview schedule for social interaction)
  - 사회지지망 인지목록(perceived social support network inventory)
  - 사회적 관계망 격자(social network grid)

- 가족 차원의 사정도구
  - 가계도(family genograms)
  - 생태지도/생태도(ecomap)
  - 가족조각

- 집단차원의 사정도구
  - 소시오그램

- 기타 이론과 방법
  - 성원의 자기관찰, 사회복지사의 관찰, 외부전문가의 보고, 표준화된 사정도구 의사소통, 응집력, 사회적통제와 집단문화,

다음은 사회복지실천에서 주로 사용되는 사정도구인 가계도, 생태도, 사회적 관계망 격자에 대한 내용이다.

(1) 가계도

가계도(genogram)는 클라이언트 가족의 역사와 주된 사건을 한눈에 볼 수 있게 하는 사정도구이다. 주로 2~3세대의 가족관계에 대한 정보를 제공하며, 사회복지사와 클라이언트가 현재 제기된 문제의 근원을 도표로 제시한다(Zastrow, 1995; 양옥경 외, 2011 재인용).

가계도는 가족구성원의 세대 간의 정서·행동상의 문제행동을 검토하는데 유용하게 활용된다. 가계도로 클라이언트를 중심으로 여러 세대가 생물학적, 법적, 정서적으로 어떻게 관련되어 있는지

를 상징을 통해 알 수 있고 가족 전반의 관계성에 대해서도 통찰 있는 해석이 가능하다(김유숙·이영분 역, 1992). 가계도를 통해 알 수 있는 정보는 다음과 같다.

가계도의 상징을 통해 알 수 있는 정보

- 2~3세대 가족구성원의 과거나 현재의 결혼상태(별거, 이혼, 재혼, 사별 등)
- 질병, 사망 등 중요한 생활사건과 인종, 민족, 종교, 직업 등 인구사회학적 특성
- 가족내 역동이나 여러 세대에 걸쳐 발전된 가족역할, 유형, 관계

가계도는 일정한 상징으로 가족관계를 표기하며, 공통적으로 사용하는 상징들은 그림 10-2와 같다.

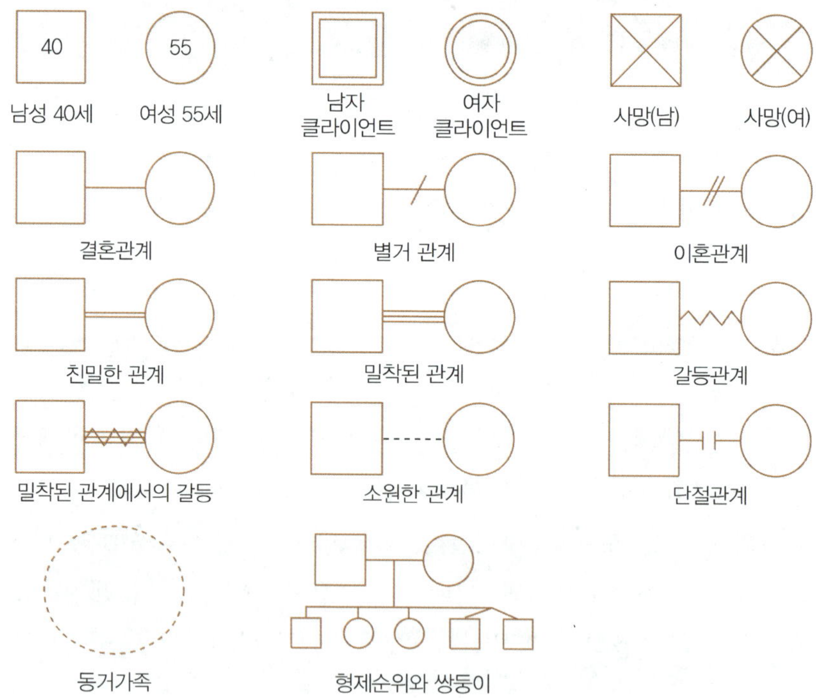

• 그림 10-2 • 가계도의 상징들

다음 사례 ②를 가계도의 상징들을 이용하여 작성한 가계도는 그림 10-3이다.

사례 ②

박미숙(가명, 48세)씨는 5년 전 이혼하고 딸을 키우고 있는 모자가정 가장이다. 클라이언트는 딸 김정희(가명, 16세, 고등학생)가 최근 옷차림이 이전과 달라지고 신경질적인 태도를 보일 뿐만 아니라 무단가출이 잦아지고 있어 고민 하던 중 집 근처에 있는 본 복지관을 방문하게 되었다. 가족복지 담당 사회복지사는 한 달 동안 클라이언트와 클라이언트의 딸을 면담한 결과, 딸 김정희의 최근 심경 변화와 행동의 이면에는 엄마 박미숙씨의 재혼계획이 영향을 미친 것으로 판단되었다. 딸 김정희는 어릴 적부터 부모님의 잦은 싸움을 목격하며 성장했고 지금은 떨어져 살지만 10살까지 자신을 돌봐 준 외할머니를 의지하며 살아왔다. 한 달 전 외할머니로부터 엄마가 재혼을 계획하고 있다는 사실을 전해 들었고 새아버지와 살기 싫으면 할머니와 같이 살자는 권유를 받았다고 한다. 딸 김정희는 엄마의 재혼으로 행복한 가정을 갖게 된다는 기대는 갖고 있지 않았다. 또한 새아버지와 함께 산다는 것을 낯설고 불편한 상황으로 인식하고 있었고, 할머니는 좋지만 할머니와 살게 되면 지금과는 다른 환경에 적응해야 하는데 이 부분에 대해서도 확신이 없는 상태이다. 무엇보다 엄마와 떨어져 사는 것을 이혼한 아버지에 이어 엄마에게도 '버림 받는다'라고 해석하고 있었다. 부모 모두가 자신들의 행복만을 우선시하고 딸인 본인의 감정이나 입장은 전혀 고려하지 않아 화가 나고 화가 날 때마다 대면하고 싶지 않아 집에 안 들어갔던 것이다. 3년 전 외할아버지가 돌아가셨는데 외할머니마저 돌아가시면 자신은 어떻게 해야 하나 두려움이 큰 상태이다.

엄마 박미숙씨는 2남 1녀의 막내이다. 고등학교 졸업 후 직장생활을 하였고 직장에서 만난 남편과 3개월만에 결혼하였다. 결혼 당시 남편은 박미숙 보다 아홉 살이 많았고 만난 기간도 짧아 주변의 반대가 있었으나, 남편이 자신의 삶에 울타리가 되어 줄 것이라는 믿음이 있어 결혼했다고 한다. 그러나 결혼 후 남편의 외도와 가정에 충실하지 못한 모습에 실망하게 되었고, 무조건 손자를 원하는 시어머니의 요구로 힘든 결혼생활을 보냈다고 한다. 남편과의 잦은 싸움과 이혼으로 힘들다 보니 딸인 김정희를 잘 돌보지 못하고 친정엄마에게 맡기기도 하였지만 딸은 자신에게 가장 소중한 존재라고 하였다.

현재 엄마 박미숙씨는 사춘기를 맞은 딸이 대화시도에 반응을 안하고 연락 없이 밤늦게 들어오는 일이 빈번하며 수차례 가출까지 하고 있어 어떻게 대처해야 할지 몰라 혼란스러운 상태이다. 게다가 결혼 초부터 친정어머니로부터 딸 김정희의 양육 등 여러 가지 도움을 받았는데 얼마 전 큰오빠가 "언제까지 연로하신 친정어머니의 도움을 받을 거냐?"라는 핀잔을 들으면서 여러 가지로 자신감이 떨어진 상태이다. 이혼 후 전남편과의 왕래는 없는 상태이다. 1년 전 양육비 중단으로 연락하였으나 사정이 어렵다는 부정적인 답변만 들었다고 한다. 현재 생계를 위해 직장을 다니고 있으나 결혼으로 인한 경력 단절로 단순노무직에 근무하고 있어 경제적으로 힘든 상태이다. 6개월 전 친척의 소개로 사별한 남성을 소개받았으며, 그 남성은 자신의 사정을 잘 이해해 주고 권위적인 전남편과는 많이 다르다고 한다. 아직은 재혼에 대한 확신이 없어 신중하게 고려하고 있는 상태에서 친정엄마가 딸인 본인의 재혼을 원하면서 손녀인 김정희에게 먼저 이야기한 상태이다.

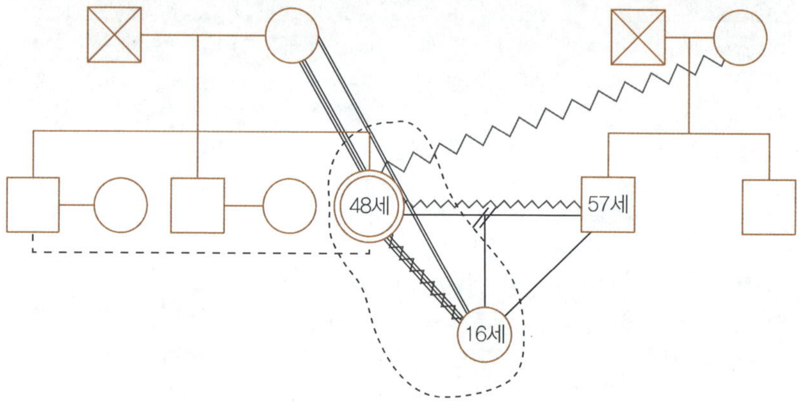

• 그림 10-3 • 사례 ②의 가계도

가계도를 통해 분석할 수 있는 내용은 다음과 같다(김혜란·홍선미·공계순, 2001).

① 가족의 구성과 구조를 분석할 수 있다. 이혼, 재혼 등 결혼 상태와 형제순위, 자녀에 대한 부모의 기대와 태도 등이 분석 된다.

② 가족의 생애주기를 분석할 수 있다. 가족이 생애주기에 따른 변화에 성공적으로 적응해 왔는지를 검토한다.

③ 세대 간에 유형의 반복이 있는지 분석할 수 있다. 적응 유연성, 강점, 창조성 등의 적응적 유형과 가정폭력, 알코올남용, 자살 등 부적응 유형 그리고 상호작용에서 친밀감, 소원감, 단절, 갈등, 삼각관계 등이 세대 간에 반복되는지 검토한다.

④ 가족구성원들의 역할과 기능이 균형을 이루고 있는지 분석할 수 있다. 부부 간, 형제 자매 간 혹은 능력이나 부모의 편애, 가족가치 등에서 차이가 있는 가족구성원 간에 힘의 균형이 어떻게 이루어지고 있는지, 불균형이 있는 경우 가족이 이 문제를 어떻게 해결하는지, 균형을 이루기 위해 가족구성원이 어떻게 변화해야 하는지 등에 대해 검토할 수 있다.

가계도 분석 내용을 참고로 그림 10-3의 가계도를 해석한 내용은 다음과 같다.

문제를 의뢰한 클라이언트(박미숙, 48세)는 2남 1녀의 막내로 태어났으며, 부모 중 아버지는 사망하였고 본인은 이혼하였다. 현재 딸과 둘이 살고 있으며, 친정어머니와는 밀착된 관계를 가지고 있다. 큰오빠와 소원한 관계를 유지하고 있고, 전남편(57세)과 시어머니와는 갈등관계이다. 딸(16세)과는 깊은 밀착된 관계이나 재혼문제로 갈등관계가 있다.

(2) 생태도

생태도(ecomap)는 클라이언트 및 클라이언트와 관련된 사람, 직접적으로 관련된 사회체계와의 상호작용 상태를 그림으로 표현한 것이다. 생태학적 관점에서 클라이언트의 현재 상황을 통합적으로 이해할 수 있게 하는 사정도구로서 특정문제에 대한 개입계획을 세우는 데 유용하게 활용되는 도구이다(남기철·정성욱·조성희, 2010). 자연의 생태계와 마찬가지로 사람은 주변 환경과의 유기적인 관계 속에서 살아가기 때문에 생태도를 통해 클라이언트를 둘러싼 체계에서의 자원의 흐름, 유용한 자원이나 환경, 체계와 어떠한 관계를 맺고 있는지를 이해할 수 있다.

생태도는 개입초기에 가족을 사정하는 도구로 활용할 수 있고 서비스 전후 변화를 확인하는 도구로 반복해서 사용할 수 있는데, 이를 연속생태지도라고 한다. 생태도는 가계도와 마찬가지로 클라이언트와의 면담을 통한 정보수집을 바탕으로 사회복지사가 해석하고 판단한 결과를 표현하는 사정도구이다. 사정 결과를 수록한 생태도를 보고 클라이언트가 외부체계와 어떠한 관계에 있는지를 해석할 수 있다. 다음은 생태도에서 사용되는 주요기호이다.

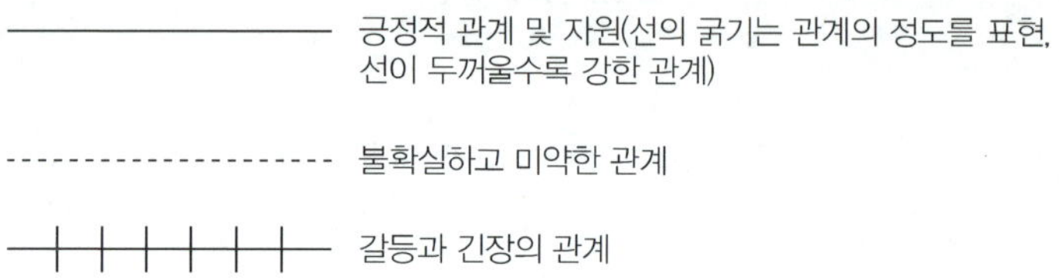

• 그림 10-4 • **생태도에서 사용되는 기호**

사례 ②의 사례를 생태도로 그려보면 그림 10-5와 같다.

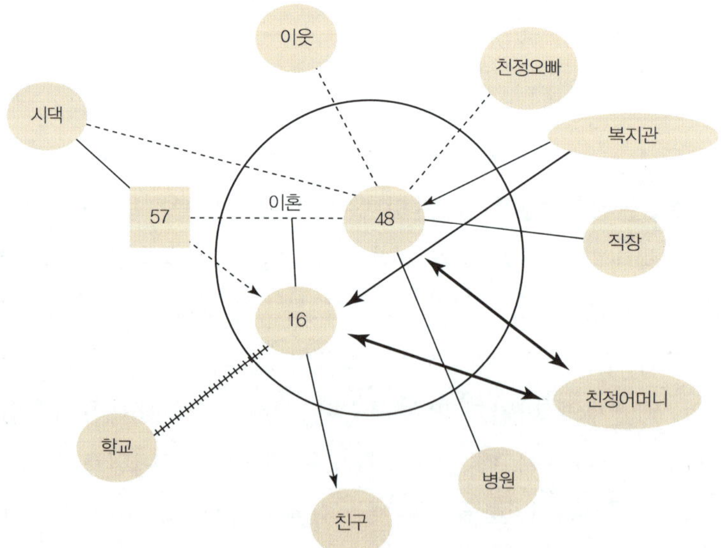

• 그림 10-5 • **사례 ②의 생태도**

생태도를 보고 분석할 수 있는 내용은 다음과 같다(김혜란·홍선미·공계순, 2001).

① 생태학적 환경에서 가족을 전체적으로 이해할 수 있다. 가족이 이용할 수 있는 주요 자원이나 지지는 무엇인지, 가족과 환경 간의 관계의 본질은 무엇인지 등을 알 수 있다.
② 가족과 환경 간의 경계에 대해 이해할 수 있다. 에너지, 혹은 자원의 투입과 산출의 흐름이 쌍방적인지, 환경에서 가족으로 일방적인지, 가족에서 환경으로 일방적인지 알 수 있다.
③ 가족 내부에 대해 이해할 수 있다 가족구성원들이 외부체계들과 어떻게 연결되어 있는지, 일부 가족구성원들이 환경으로부터 단절되어 있는지, 가족구성원 중 누가 주변 환경과 긴장관계에 있는지, 가족이 함께, 혹은 개별적으로 다른 체계들과 상호작용하는지 등을 알 수 있다.

생태도 분석내용을 바탕으로 그림 10-5의 생태도를 다음과 같이 해석할 수 있다.

클라이언트인 박미숙은 친정어머니와 가장 긍정적인 관계를 유지하고 있으며, 직장이나 정기적으로 진료 받고 있는 병원과는 원만한 관계를 유지하고 있고, 이웃, 친정오빠와는 미약한 관계를 보이고 있다. 현재 클라이언트는 복지관에 딸과의 갈등관계를 해소하고자 직접 문제를 의뢰한 상태이다. 클라이언트가 자발적으로 기관을 방문하였고, 이후에도 딸과 상담일정에 맞춰 기관을 방문하는 등 적절한 관계를 유지하고 있어 변화가능성이 높다고 할 수 있다. 특히 친정어머니는 클라이언트와 표적체계인 딸 모두와 긍정적인 관계에 있으므로 갈등과 스트레스 해소를 위한 중요한 자원으로 볼 수 있다.

(3) 사회적 지지체계 사정도구

PIE(person in environment) 관점에서 클라이언트를 이해하기 위해서는 클라이언트를 둘러싼 사회 환경에 대한 사정이 이루어져야 한다. 클라이언트의 욕구나 문제적 상황은 본인 스스로 해결하지 못한 상황이거나 관계망이나 주변으로부터의 사회적 지지가 부족한 상태이기 때문이다.

인간은 성장발달의 특성상 가족의 돌봄과 친구, 학교, 직장 등 외부환경에 해당되는 사회적관계망과 이들로부터 주어지는 사회적 지지가 필요하다. 사회적 지지는 친밀한 사람들이 제공하는 언어적·비언어적 표현이며, 수혜자에게 정서적으로나 행동적으로 바람직한 효과를 제공하는 원조와 행동으로서 개인의 전체 생활주기에서 보호적 역할을 담당한다(엄명용 외, 2011).

사회적 지지는 정보의 형태지만 의미 있는 사람들로부터 주어지는 사회적 지지의 영향력은 매우 크다고 할 수 있다. 걸음마를 배우는 아이에게 부모의 언어적 격려와 칭찬은 동기를 부여하게 되듯이 사회적 지지는 좌절하거나 의욕을 잃은 클라이언트들에게 물질적 지원뿐만 아니라 물질로 해결할 수 없는 부분을 조력하여 효과를 기대할 수 있게 하는 자원이다.

사회복지사는 클라이언트가 현재 어떠한 관계망을 형성하고 있으며, 사회적 지지를 어떻게 주고받고 있는지를 사정하기 위해 다음과 같은 도구들을 활용할 수 있다.

- 사회적 상호작용 조사표(schedule for social interaction)(Henderson, Duncan-Jones, Byrne, & Scott, 1980)
- 사회적 지지망 척도(social support network inventory)(Flaherty, Gaviria, & Pathak, 1983)
- 주관적 사회적 지지망 척도(perceived social support network inventory)

(Oritt, Paul, & Behrman, 1985)

- 사회적 관계망 격자(social network grid)(Tracy & Wittaker, 1990)

위의 사정도구 중에서 사회복지실천에서 자주 사용되는 도구는 사회적 관계망 격자(social network grid)이다. 사회적 관계망 격자는 클라이언트의 문제를 효과적으로 해결하는 데 동원할 수 있는 사회적 지지의 내용과 정도를 확인하는 데 활용될 수 있다.

사회적 관계망 격자의 내용은 다음과 같다.

- 사회적 관계망의 중요한 인물, 지지를 받는 생활영역, 지지의 특정유형
- 지지 제공자의 중요성
- 지지가 상호적인지 일방적인지의 여부
- 지지의 성격
- 개인적 친밀감 정도, 접촉빈도
- 관계기간

사회적 관계망 격자의 사례는 표 10-2와 같다.

• 표 10-2 • 사회적 관계망 격자

사회적 관계망에서 중요한 인물 (지지 제공자)	생활영역	물질적지지	정서적지지	친밀감	만나는 빈도	알고지낸기간
	① 가족원 ② 다른가족 ③ 직장/학교 ④ 조직 ⑤ 친구 ⑥ 전문가 ⑦ 기타	① 전혀없다 ② 가끔 ③ 자주	① 전혀없다 ② 가끔 ③ 자주	① 친하지 않음 ② 가까운 정도 ③ 매우친함	① 1년에 서너번 ② 한 달에 한 번 ③ 매주 만남 ④ 매일	① 1년이하 ② 1년에서 5년사이 ③ 5년이상
친정어머니						
친구						
전남편						
오빠						
직장동료						

(4) 소시오그램

소시오그램(sociogram)은 대인관계에서 끌리는 정도와 집단성원 간의 사회적 유대관계를 그림으로 나타내는 사정도구이다. 소시오그램을 통해 집단성원 간 무관심, 배척하는 정도와 유형을 파악할 수 있으며, 하위집단 형성 여부를 알 수 있다. 다양한 시점에서 작성된 집단의 소시오그램을 비교해보면 집단성원들 간의 인정성과 변화를 살펴볼 수 있다.

그림의 상단과 하단은 집단 내에서의 지위를 나타내고, 성원들 간의 관계는 호의적, 무관심, 적대적인 관계로 표현되며, 이러한 관계가 쌍방이 아닌 일방적일 때는 화살표로 표현하게 된다. 사회복지사는 소시오그램을 통해 집단 내의 소외자, 하위집단, 연합 등을 파악할 수 있다(Toseland & Rivas, 1995; 양옥경 외, 2011 재인용). 사회복지사가 소시오그램을 사용하기 위해서는 전문교육을 이수해야 하고, 소시오그램은 클라이언트 단독의 면담을 통해서는 파악할 수 없으며 그림 10-6에 등장하는 모든 사람에 대해 검사를 실시하여 작성하게 된다.

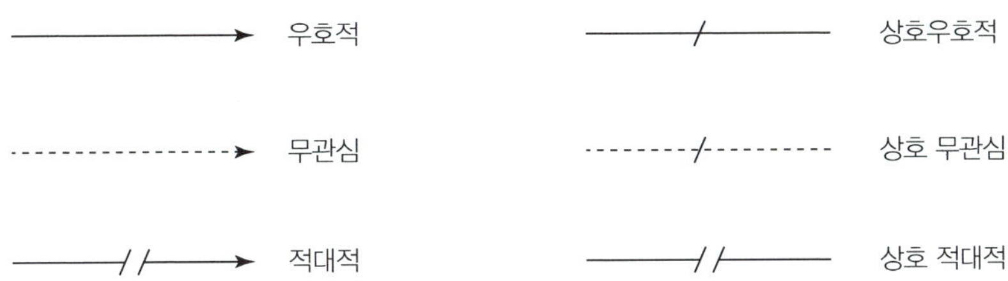

• 그림 10-6 • **소시오그램에서 사용되는 상징**

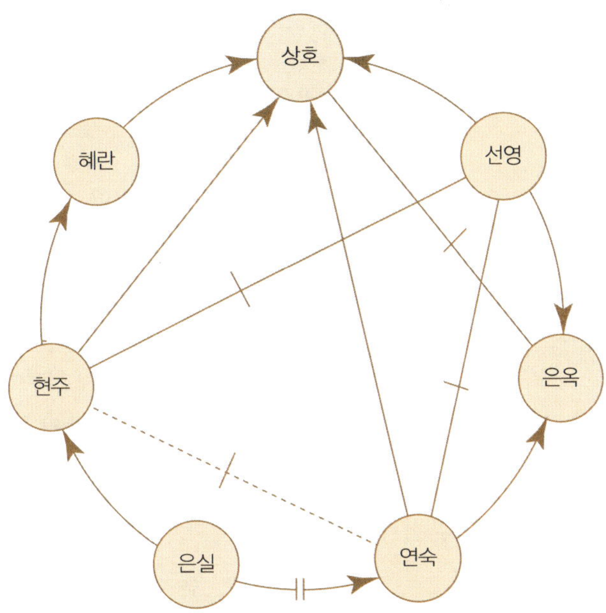

• 그림 10-7 • **소시오그램 사례**

(5) 기타 검사도구

사회복지사는 클라이언트의 진술 외에도 심리상태나 지능, 동기화, 대처행동의 유형, 불안이나 우울 등 문제의 심각성, 만족상태

등을 알아보기 위해 다양한 척도를 활용할 수 있다. 표준화된 검사도구를 사용할 때는 검사도구의 성격과 대상자의 특성을 고려해야 한다. 아동이나 정신적 장애인(지적, 자폐, 정신), 인지적 손상이 있는 노인과 같이 자기기입식 평가가 어려운 대상자에게는 관찰로 평가하는 검사도구를 활용해야 한다.

검사도구 활용의 예

관절염으로 고생하고 있는 독거노인을 가정방문 한 사회복지사는 클라이언트가 의식주의 문제 외에도, 신체적 어려움으로 복지관 등 외부외출을 하지 못하고 있으며, 가족, 친인척, 이웃의 방문이 거의 없어 심리정서적인 어려움이 있을 것으로 파악하였다. 이에 노인의 심리정서적 문제에 대한 심각성을 진단하고자 '고독감', '사회적 배제', '자살생각'에 대한 표준화된 척도를 활용하였다.

사회복지사는 표준화된 검사도구 외에도 정신역동적 사정, 행동주의적 사정, 인지적 사정 등 치료모델에 입각하여 특정 정보를 얻을 수 있다. 클라이언트의 문제와 내용에 따라 정신역동적 사정을 실시할 경우에는 어린 시절의 발달상의 문제, 부모의 이혼, 유기, 어린 시절의 학교생활과 친구관계, 신체적·심리적 외상 또는 치료 등에 대한 정보를 얻어 분석할 수 있다.

클라이언트의 행동관찰이 필요할 경우에는 행동주의적 사정을 실시할 수 있다. 행동주의적 사정에서는 클라이언트의 문제의 존재 유무, 문제의 강도, 기간, 빈도 네 가지를 활용하여 문제를 측정한다. 예를 들어 컴퓨터중독과 같이 부적응적 행동을 보이고 있는 클라이언트를 대상으로 일정 기간 동안 수면시간, 흡연 및 음주량의 행동을 측정하여 문제가 얼마나 오랫동안 지속되고 있는지에 대해 특정 기간 동안 관찰하여 행동의 빈도로 파악할 수 있다.

사정과정에서 문제의 근원이나 해결에서 클라이언트의 인지가 관련될 경우에는 인지적 사정을 실시할 수 있다. 인지적 사정으로 클라이언트가 가지고 있는 핵심적 신념이나 인지적 왜곡 내용을 파악할 수 있고, 클라이언트가 묘사하는 문제 상황으로 감정과 행동이 무엇인지 파악할 수 있다(이윤로, 2006).

이외에도 인간행동과 사회 환경에 대한 이론과 국가의 정책도 클라이언트가 호소하고 있는 문제의 원인을 추론하는 데 도움이 된다. 가부장적 가정분위기나 역할이론, 결혼이주민과 다문화정책, 북한이탈주민과 사회통합정책, 장애인정책이나 보육정책도 클라이언트가 겪는 문제에 영향을 미칠 수 있으므로, 특정 클라이언트의 개인적 정보와 주변체계의 특성뿐만 아니라 사회의 문화와 정책에 대한 관련성을 검토하여 사정과정에 반영할 수 있다.

생각해봅시다

1. 사정의 개념이 무엇인지 설명해 봅시다.
2. 사정과정에서 문제발견의 의미와 정보, 자료수집, 문제형성의 의미를 이해하고 구체적인 사례를 통해 학습해 봅시다.
3. 클라이언트가 인지하고 있는 문제와 문제에 영향을 미치는 다양하고 복잡한 환경에 대해 실천적 사례를 통해 설명해 봅시다.
4. 사정과정에서 이루어지는 정보 및 자료수집과 실천과정에서의 자료수집 과정과의 차이점이 무엇인지 설명해 봅시다.
5. 존슨(Johnson, 1989)이 기술한 사정의 특성 열 가지의 의미에 대해 논의해 봅시다.
6. 사회복지 사정도구에는 가계도, 생태도, 사회적 관계망 격자 등 여러 가지가 있는데, 본인 가족을 중심으로 3대까지 가계도를 그려 봅시다.
7. 사정과정에서 필요한 사회복지실천기술을 예비사회복지사로서 어떻게 내재화할 수 있을지 논의해 봅시다.

Chapter 11

사회복지실천 과정론 III: 계획 수립, 계약, 개입

사회복지실천 과정에서 클라이언트의 문제를 해결하기 위해 예측 가능한 변화로 목표를 수립하는 것을 계획이라고 한다. 서비스 개입 전에 사회복지사와 클라이언트는 서비스 계약과 동의과정을 거쳐 개입될 서비스에 대해 약정하고, 효과적인 개입목표 실현을 위해 직접적 또는 간접적 방법으로 개입하게 된다. 이 장에서는 사회복지실천의 내용과 방향성이 제시되는 목표수립의 중요성과 작성방법을 소개하고, 계약의 의미와 함께 실천적 개입방법을 구체적으로 알아보고자 한다.

학습목표

1 계획 수립에서 개입목적과 목표수립의 중요성을 이해할 수 있다.

2 계약의 필요성, 계약의 유형, 계약의 내용을 파악할 수 있다.

3 직접적 개입과 간접적 개입에 따른 개입방법들을 알고 적용할 수 있다.

4 계획, 계약, 개입단계에서 사회복지사의 역할과 과제를 이해할 수 있다.

주제어

개입목표, 계약, 직접적 개입과 간접적 개입, 사회복지사의 역할

01 계획 수립

사회복지실천에서 계획 수립은 클라이언트의 문제와 상황에 대한 사정이 끝난 후 문제해결과정이 시작되는 단계이다. 계획단계에서는 목표 설정 뿐만 아니라 개입방법, 평가방법 등 클라이언트의 문제해결을 위한 전반적인 내용을 계획하게 되며 계획 수립과정은 그림 11-1과 같다.

1단계	클라이언트와 의견 공유	• 클라이언트와의 대화로 욕구와 기대 명료화 • 클라이언트 참여로 동기화 증대와 자기결정 존중
2단계	문제 우선순위 설정	• 클라이언트의 문제에 대한 인정 • 현실 가능한 문제설정 • 사회복지사와 클라이언트의 문제 우선순위 설정
3단계	목적과 목표설정	• 클라이언트에 대한 궁극적인 복지 상태인 목적 설정 • 목적 실현을 위한 구체적인 목표 설정 • 실천의 세부적인 내용을 포함하는 목표 설정
4단계	계약의 공식화	• 클라이언트와 사회복지사(기관)와의 실천활동의 동의 • 목표달성을 위한 전략, 역할, 개입, 평가방법 포함

• 그림 11-1 • 계획 수립 과정

1) 목표 설정

목표(objective)는 개입으로부터 얻게 될 바람직한 성과(outcome)를 의미하며 계획단계에서 수립한다. 목표는 목적의 하위과정으로 목적이 장기적이고 궁극적인 결과를 의미한다면, 목표는 목적실현을 위한 단기적이고 구체적인 활동으로 목표달성으로 목적이 실현될 수 있다.

목적이 추구하는 클라이언트 변화는 사정단계인 문제형성에서 고려된다. 무엇이 클라이언트의 문제이고, 방해요인이 무엇인지, 문제가 형성되면 해당 문제의 해결을 위해 구체적이고 단기적인 목표를 설정하여 개입한다.

목표 설정이 중요한 이유는 다음과 같다. 첫째, 목표 설정으로 변화가 필요한 부분과 변화의 방향이 명확히 제시될 수 있다. 명시적으로 진술된 목표에는 사회복지사가 해야 할 행동이 구체적으로 제시되어 사회복지사가 중도에 흔들리지 않고 실천활동을 지속할 수 있다. 둘째, 사회복지실천이 종결된 후 결과에 대해 평가할 수 있는 근거가 된다. 사회복지실천은 서비스 종결 후 평가를 실시하여 원하는 결과가 도출되었는지를 가늠하게 되는데, 구체적이고 현실 가능한 목표를 설정하면 평가의 기준이 명확하여 객관적인 평가가 가능할 수 있다. 셋째, 목표 수립에 클라이언트가 참여하게 되어 변화의 의지를 고취시킬 수 있고, 원조과정에서도 적극적인 참여를 유도할 수 있다.

2) 목표가 추구하는 변화

변화는 사회복지실천의 목표이자 문제적 상태에서 복지적 상태 또는 만족된 상태로의 이전을 의미한다. 변화의 내용에는 클라이언트가 겪고 있는 문제해결을 위해 필요한 내용을 포함하게 된다. 사회복지사는 목표가 추구하는 변화의 유형과 목표의 종류를 참고하여 명확하게 목표를 수립해야 한다.

목표가 추구하는 변화의 유형(Johnson & Yanka, 2001).

- 관계형성 유지: 현 상황에서는 외부적 지지가 필요하나 부족한 경우에 다른 사람과의 관계를 변화시키거나 자신의 인식을 변화시키는 것
- 구체적인 행동의 변화: 클라이언트가 특정 행동으로 어려움을 겪고 있을 경우
- 관계형성의 변화: 주변 체계들과의 관계의 갈등이 심한 경우
- 환경적 변화: 환경의 변화를 통해 문제 욕구가 충족될 경우
- 방향잡기: 가치의 갈등이 있거나 클라이언트 목적이 불분명한 경우

변화의 내용에는 클라이언트의 문제해결에 필요한 내용이 포함된다. 클라이언트의 문제에 따라 클라이언트 개인의 변화, 미시적 체계나 거시적 체계의 변화가 추구된다. 사정결과 클라이언트가 주변 체계들과 갈등관계에 있고, 그 원인이 클라이언트의 특정 행동이라고 진단되었다면 변화의 목표는 클라이언트의 행동이 될 수 있다. 이때 사회복지사는 클라이언트가 가지고 있는 역기능적 행동이나 습관을 기능적 행동으로 변화되도록 목표를 설정하게 된다. 표 11-1은 역기능적 행동유형과 기능적 행동의 유형이다.

• 표 11-1 • 역기능적 행동유형과 기능적 행동유형

행동자원	역기능적 행동유형	기능적 행동유형
능력·통제	• 독재적, 고압적, 공격적, 무자비, 엄격, 오만 • 남을 통제, 수동적, 복종적 결과과정에 타인을 배제함	• 민주적, 협조적, 자기주장 강함, 결과과정에 타인참여 유도 자신의 권리옹호
도움·원조	• 자기중심적, 거절, 비판적 완강함, 헐뜯음, 냉담, 처벌적, 트집, 이기적, 남에 대해 둔감하거나 무관심함	• 남을 돌봄, 남의 의견에 찬동, 남에게 베풂, 동정적, 격려, 참을성 있음, 관대, 이타적, 따듯함, 수락함, 지지적, 남에 대한 관심 많음.
책임감	• 의존할 수 없음. 변덕스러움, 책임회피 • 책임보다 즐거움 추구, 문제의 책임을 외부로 돌림	• 의존할 만함, 침착함, 일관됨, 신뢰할 만함, 끝까지 노력, 책임성 인정, 문제의 부분인정
사교기술	• 마찰을 일으키기 쉬움, 비꼼, 성마름, 무감각함, 쌀쌀맞음, 나서기 꺼림, 빈정댐, 불만 많음, 소극적, 내성적, 남의 비위를 맞춤, 사교성과 섬세함 부족	• 외향적, 침착, 매력 있음, 언변이 유창함, 붙임성 있음, 재기발랄함, 공손함, 애교 있음, 협력적, 자발적, 타인존중, 타인감정에 민감, 예의바름
대처유형	• 완고, 충동적, 반항적, 문제직면을 회피, 스트레스 받을 때 알코올 및 약물남용, 허둥대기, 남에게 비난의 화살	• 유연함, 문제에 직면, 협상타협, 대안고려 평가, 결과예상, 평형유지, 성장추구, 조언 구하기 위해 남들과 상담
습관과 특징	• 무질서, 꾸물거림, 부정적, 강박적, 성미가 까다로움, 개인위생 불량, 과잉행동, 쉽게 예민해짐	• 계획적, 정돈됨, 효율적, 인내심, 자기수양, 단정함, 정직함, 개방적, 진지함, 규칙적, 따듯함, 사려 깊음, 공평함
정서적·성적	• 애정없음. 주저함, 냉담함, 성적으로 억제됨, 난잡한 섹스, 성적욕구 부족, 일탈적 성행위	• 따뜻함, 사랑함, 애정어림, 민주적, 성적으로 적당히 민감함

(계속)

행동자원	역기능적 행동유형	기능적 행동유형
의사소통	• 웅얼거리, 과도한 불평, 잔소리, 지나친 말 사용, 남의 이야기에 끼어듦, 남의 말에 귀 기울이지 않음, 말더듬음, 화나면 고함, 견해를 말하지 않음, 방어적임, 단조로움, 언쟁적임, 말없음, 심한 욕설	• 주의 깊게 들음, 유창하게 말함, 견해표현, 감정공유, 피드백이용, 남의 견해고려, 자발적으로 자신을 표현, 목소리 알아들을 수 있음, 상대방이 수용할 만한 범위에서 말함.
성취·독립	• 동기부재, 목표부재, 비생산적, 쉽게 낙담, 쉽게 산만, 목표를 온전히 성취 못함, 진취성 부족, 시도한 것의 완성이 적음, 일중독	• 야망, 근면, 자발성, 독립적, 생산적, 집중력 있음, 목표달성, 시도에 성공, 진취적, 상황개선 추구

출처: 허남순 외 역(2004), 〈사회복지실천이론과 기술〉, 나눔의 집. 양옥경 외, 2011 재인용

클라이언트의 문제가 환경의 영향으로 발생되었거나 클라이언트의 변화를 위해서 주변체계의 변화가 필요할 경우에는 미시적 체계와 거시적 체계 변화를 목표에 포함한다. 외부환경의 변화는 쉽지 않은 만큼 사회복지사는 개입시기, 목표 도달기한, 투입자원 등 기관의 여러 가지 요건을 감안하여 실현가능한 변화를 목표로 수립해야 한다.

사회복지사는 클라이언트와 주변체계의 변화를 목표로 수립할 때 두 가지 사항을 고려해야 한다. 첫째, 목표가 추구하는 변화에서 클라이언트가 받아들일 수 있는 가치의 반영이다. 클라이언트가 원하지 않는 가치와 변화를 포함하게 되면 클라이언트의 적극적인 참여를 기대하기 어렵고 결과적으로 원하는 변화를 추구할 수 없으므로 반드시 클라이언트가 원하는 가치와 변화가 포함되어야 한다. 둘째, 목표가 추구하는 변화는 사회복지사가 개입할 수 있는 변화여야 한다. 변화를 추구하기 위해서는 사회복지사와 기관의 자원이 투입된다. 이때 목표가 추구하는 변화는 사회복지기관의 기능, 사회복지의 전문성, 사회복지실천기술에 근거해야 한다. 예를 들어 우울증 완치나 독립보행과 같은 변화는 사회복지 전문성으로 해결할 수 없는 변화에 해당된다. 만약 클라이언트가

타 영역에 해당되는 욕구나 문제해결을 원한다면 사회복지사의 가치와 전문성 그리고 수행가능성의 범위 내에서 기관연계를 목표로 수립할 수 있다.

3) 개입목표 수립

(1) 목표 수립 시 고려사항

목표를 수립할 때 헵워스와 라슨(Hepworth & Larsen, 1986)이 제시한 지침을 참고하여 작성할 수 있다(최해경, 2009; 양옥경, 2011).

① 목표는 자발적인 클라이언트가 원하는 결과와 관련이 있어야 한다

대다수 복지욕구나 문제는 클라이언트의 인식과 요구에서 비롯된다. 따라서 클라이언트의 적극적인 참여를 유도하여 공동으로 설정한 목표실현을 위해서는 클라이언트가 원하는 결과를 포함해야 한다.

② 비자발적인 클라이언트의 목표는 클라이언트에게 동기부여해 줄 수 있는 것을 포함해야 한다

비자발적인 클라이언트에게 동기를 부여해 줄 수 있는 것을 포함해야 성공할 가능이 높아질 수 있으므로, 비자발적인 클라이언트가 목표 설정 과정에서 주도적인 역할을 담당할 수 있도록 한다.

③ 목표는 명확하고 측정 가능한 용어로 정의되어야 한다

목적은 이념, 가치와 같이 궁극의 복지 상태를 의미하므로 목적 실현을 위한 목표는 구체적이고 단기적인 실천내용으로 기술되어야 한다. 목표는 행동의 내용, 횟수, 기간 등을 구체적으로 제시하여 측정할 수 있어야 하고, 클라이언트의 참여와 사회복지사의 활동내용도 기술되어야 한다.

④ 목표는 현실적으로 달성 가능한 것이어야 한다

클라이언트의 상황과 여건은 모두 다르기 때문에 클라이언트가 처한 문제에 따라 목표를 설정하고, 목표는 클라이언트 입장에서 현실적으로 실현 가능해야 한다. 클라이언트 입장에서 너무 어렵거나 오랜 기간이 소요될 것으로 예상 되면 클라이언트는 좌절하거나 변화를 위한 시도를 주저할 수 있으므로 클라이언트의 현재 능력과 잠재력에 맞도록 목표를 설정하여 달성 가능하도록 수립해야 한다.

⑤ 사회복지사의 지식과 기술에 상응하는 것이어야 한다

사회복지사 자신의 전문성에 대한 고려가 있어야 한다. 사회복지사의 지식과 역할은 변화를 위한 개입에서 적절해야 하며 지식과 기술은 의도한 변화를 위해서 반드시 검토되어야 한다. 사회복지사의 역할 중 조력자, 지지자, 자원 연계는 목표로 설정할 수 있으나 교육자와 같은 역할은 자격과 경험이 갖추었을 때 가능할 수 있다.

⑥ 목표는 성장을 강조하는 긍정적인 표현으로 기술한다

목표를 기술할 때는 변화의 시간적 흐름의 순서대로 작성한다. 계량화된 수치적 표기가 바람직하고 부정적인 표현보다는 긍정적인 표현이 바람직하다. 예를 들어 '남편에 대한 비난의 빈도를 줄인다'는 문제행동을 소거하는 것이지만, '남편에 대한 장점을 알아 가고 긍정적인 대화의 빈도를 늘린다'로 설정하는 것은 긍정적인 행동과 기술을 증대하는 것이므로 보다 바람직할 수 있다.

⑦ 사회복지사는 기관과 자신의 가치나 권리에 맞지 않는 목표에는 동의하지 말아야 한다

목표 설정 시 클라이언트가 참여하고 동의하는 과정에서 클라이언트가 원하는 목표가 기관의 이념이나 가치에 부합되지 않거나, 사회복지사 윤리강령에 위배되는 내용이라면 설정하지 않도록 한다.

⑧ 목표는 기관 기능과 일치해야 한다

사회복지기관의 설립근거에는 기관이 지향하는 이념과 가치가 기술되어 있다. 따라서 사회복지사는 자신이 할 수 있는지의 여부가 아니라, 기관차원에서 개입여부를 판단하여 목표를 설정해야 한다. 기관마다 기능과 역할이 다르기 때문에 클라이언트가 방문 기관을 선호하더라도 기관의 기능과 맞지 않는다면 다른 기관에 이관하는 것이 바람직하다.

(2) 목표의 우선순위 설정

클라이언트의 문제는 대부분 복합적인 경우가 많기 때문에 개입목표 설정시 사정과정에서 드러난 문제들 중에서 가장 중요하고 시급한 문제로 우선순위를 정할 필요가 있다. 목표의 우선순위 설정으로 사회복지사는 단계별로 원활하게 진행할 수 있고 클라이언트 변화에 대한 모니터링과 실천결과 평가에도 유용할 수 있다.

목표의 우선순위를 정할 때는 팀버레이크, 파버와 사바티노 (Timberlake, Farber& Sabatino, 2002)가 제시한 질문을 활용할 수 있다(최해경, 2009).

① 일차적으로 어떤 문제를 다룰 것인가?
② 어디서부터 시작할 것인가?
③ 개입의 일차적 초점을 둘 문제를 어떤 근거로 선택할 것인가?

다음으로 사회복지사는 사정과정에서 진단된 문제와 개인 및 환경을 참고로 우선순위를 결정할 수 있다. 문제, 개인, 환경 세 영역 중 변화가능성이 가장 높은 영역의 순서로 개입목표를 수립하게 되면 보다 효과적인 변화를 추구할 수 있다.

목표의 우선순위 설정 기준

① 클라이언트에게 가장 시급한 문제(표적문제)를 우선순위로 한다.
※ 사정과정에서 나타난 복잡한 여러 가지 문제 중에서 가장 중요하고 시급히 해결해야 할 문제를 표적문제라고 하며, 개입목표를 설정하기 위해서 우선 표적문제를 찾아내야 한다.
② 가장 단기간에 달성할 수 있어 성취감을 느낄 수 있는 목표를 우선순위로 한다.
③ 클라이언트가 다른 목표에 도전할 수 있도록 강한 동기를 제공할 수 있는 것을 우선순위로 한다.
④ 사회복지사의 능력, 기관의 기능상 무리 없이 달성 가능한 것을 우선 순위 목표로 한다.

목표달성척도(goal attainment scale)의 활용으로도 목표의 우선순위를 설정할 수 있다. 목표달성척도는 클라이언트의 문제를 파악한 후에 점수를 매겨서 문제들의 가중치를 부여하는 방법이다. 예를 들어 클라이언트가 가, 나, 다 세 개의 문제를 가지고 있다면 가중치의 총합이 100인 상태에서 각각의 문제에 대한 가중치를 부여한다. 가의 문제는 30점, 나의 문제는 20점, 다의 문제는 50점으로 부여하여 문제해결의 중요성을 파악하고, 개입의 우선순위에 대해 클라이언트와 사회복지사 서로가 합의하여 목표의 우선순위를 정하게 된다.

(3) 목적과 목표 수립

광범위하고 장기적인 목적 달성을 위해 단기적이고 구체적인 목표를 작성하도록 한다. 목표를 작성할 때는 측정 가능한 용어로 누가, 무엇을, 어떤 상황에서, 언제, 어느 정도를 할 것인지 구체적이고 현실적이며 시의 적절하게 수립하도록 한다. 다음은 목적에 따른 목표의 작성 사례이다.

- 목적: 청소년 자녀와 부모와의 관계를 개선한다.
  목표: 주 3회 이상 자녀와 식사하며 긍정적인 언어로 대화한다.
- 목적: 저소득 독거노인의 식생활 지원으로 건강한 노년생활을 지원한다.
  목표: 주 4회 복지관에서 직접 조리한 반찬을 가정방문으로 지원한다.
- 목적: 후원행사로 저소득 가정에게 안전하고 따뜻한 월동생활을 지원한다.

목표: 난방시설이 부족한 저소득 가정에게 전기장판을 제공하기 위해 후원자 20명을 개발한다.

02 계약

1) 서비스 계약

계약(contract)은 목표 설정과 달성을 위해 클라이언트와 사회복지사의 역할, 시간, 장소, 비용, 개입기법, 평가방법 등에 대해 사회복지사와 클라이언트가 동의하는 것을 의미한다. 접수과정에서부터 클라이언트와 사회복지사는 원조를 전제로 한 공식적인 계약관계이나, 서비스 개입 전에 실시하는 '서비스 계약'은 개입목표, 개입내용, 클라이언트의 역할에 대해 기관이 '고지'하고 클라이언트가 '동의'하는 것을 의미하는 계약이다.

서비스 계약에서 문제해결에 대한 클라이언트의 의견이 반영되어 클라이언트의 권리가 보장될 수 있고, 동의여부로 서비스 개입이 결정되기 때문에 사회복지 실천과정에서 클라이언트의 통제능력이 확대 될 수 있다. 그리고 계약에는 서비스의 기간과 내용이 포함되어 있어 기관이나 사회복지사의 사정에 따라 일방적으로 서비스가 변경되는 것을 방지할 수 있다. 무엇보다 서면 또는 구두로 진행되는 계약과정에 클라이언트가 참여하게 되면 클라이언트 자신이 영향을 줄 수 있다는 사실을 알게 되어 문제해결과 과업수행에 대한 동기가 촉진될 수 있다.

기관의 입장에서도 서비스 계약은 클라이언트의 과업과 의무를 공식화하고 명확히 전달 할 수 있는 기회가 된다. 사회복지실천은 여러 가지 사유로 중도에 서비스가 조정되거나 중단되는 일이 발생될 수 있는데, 이러한 내용을 사전에 명시하여 서로가 의무를 다할 수 있도록 할 수 있다.

2) 계약방법

사회복지서비스 계약은 주로 개입 전 '서면'으로 이뤄지기도 하고, 클라이언트에 따라서는 구두로 진행되기도 한다. 서면계약은 준비 시간이 필요하고 클라이언트(노인, 장애인)에 따라서는 추가적인 가정방문이나 내방이 진행되는 번거로움이 있을 수 있으나, 문서화로 클라이언트의 지속적인 참여의지를 고취시킬 수 있고 언제라도 문서내용을 확인할 수 있다는 장점이 있다.

구두계약은 클라이언트의 상황을 고려할 수 있고 서면계약에 비해 신속하게 진행할 수 있으며, 서명과정을 불편하게 여기는 클라이언트의 저항을 최소화할 수 있는 장점이 있다. 그러나 구두계약은 합의한 내용을 자세히 기억하기 어렵고 서로 간에 공식적인 확인이 어려울 수 있다. 이전까지 많은 기관에서 암묵적인 계약으로 서비스를 제공하였으나 사회복지사는 가급적 서면계약을 진행하고, 만약 기관과 사회복지사의 사정으로 구두계약으로 진행되어야 한다면 사회복지사가 구두 전달한 구체적인 사실(전달시기, 전달내용)과 클라이언트의 반응에 대해 기록하고 자료화하도록 한다.

3) 계약 내용

계약에 포함되어야 할 요소로는 클라이언트와 사회복지사가 합의한 목표, 시간제한, 구체적인 개입기법, 참여자의 역할, 사용되는 개입형태 및 기법, 시간적 조건, 평가방법, 시작일, 약속취소와 변경의 조건, 비용과 관련된 관리사항 등이다. 사회복지실천에서 계약에 포함되고 있는 주요 내용은 다음과 같다.

서비스계약 주요 내용

- 구조적 요인: 사례번호, 날짜, 장소, 참여자
- 문제: 클라이언트가 규정한 문제, 사회복지사가 규정한 문제, 개입행동을 위해 합의된 문제개요
- 최종목표: 명확하고 구체적으로 기술하고 목표달성 정도가 측정될 수 있는 기술
- 계획: 접근방법, 클라이언트 과제, 사회복지사의 과제, 세션 내의 과제, 평가계획(목표와 과정에 대한 평가)
- 서비스 조정 및 중단: 서비스 중단 요건, 서비스 조정 요건
- 서명날인: 사회복지사, 클라이언트

사회복지사와 클라이언트가 합의한 대로 계약서를 작성한 후에는 오해를 방지하기 위해 최종적으로 서로가 상호 이해한 내용을 재검토하는 과정을 거치도록 한다.

4) 계약에서 사회복지사 역할

사회복지사는 클라이언트가 문제와 개입방법을 이해할 수 있도록 계약내용을 자세히 설명해야 한다. 계약내용에는 목표실현을 위해 클라이언트와 사회복지사의 역할이 포함되어 있으므로, 이를 전달하고 구체적으로 어떻게 실천할 것인가에 대해서도 전문적 의견을 전달하도록 한다. 계약은 사회복지실천의 개입을 공식화하는 과정인 만큼 기관이나 사회복지사의 입장보다는 클라이언트가 우선적으로 선택하고 결정할 수 있도록 해야 한다. 만약 목표달성에 어려움이 있다고 예측되는 경우에는 극복하거나 최소화할 수 있는 전략 자체를 목표로 수립하도록 하고 계약서에 포함하여 원조할 수 있어야 한다.

03 개입

1) 개입의 이해

개입은 설정된 목표달성을 위해 구체적으로 실행하는 과정이다. 클라이언트의 문제해결을 위해 가장 적절한 방법으로 모색한 계획을 사회복지사와 클라이언트가 행동으로 옮기는 것으로 사회복지실천이 실질적으로 진행되는 과정이라고 할 수 있다.

클라이언트의 문제해결을 위해 개입할 수 있는 방법은 다양하다. 사회복지사는 광범위한 방법 중에서 클라이언트의 상황에 가장 적절한 방법으로 개입하여 문제해결과 변화에 결정적인 영향을 미칠 수 있어야 한다. 개입방법은 초점이 되는 문제가 무엇인지에 따라 미시적, 거시적 수준에서 고려된다.

미시적 개입은 개인의 변화를 전제로 하는 개입방법으로 사정단계에서 클라이언트의 문제가 클라이언트가 가지고 있는 행동, 사고, 감정에 원인이 있고, 욕구가 본인의 잘못된 믿음에 근거하고 있는 경우에 해당된다. 개인을 둘러싸고 있는 가족, 동료, 친구, 직장 등 클라이언트가 속한 체계에서 역기능적 관계 또는 부적응 상태에 있다고 진단된 경우에도 개인 수준에서 개입한다. 그리고 클라이언트의 문제가 자원의 결핍이나 부적절한 생활환경상의 문제가 있고 클라이언트 개인차원에서 극복하는데 한계가 있으며, 지역사회 변화가 필요할 때는 거시적 수준으로 개입하게 된다.

이 장에서는 표 12-2와 같이 사회복지실천에서 이뤄지는 개입을 직접적 개입과 간접적 개입으로 구분하고, 개인, 집단, 가족, 지역사회의 수준에서 개입방법을 모색하였다.

•표 11-2• 직접적 개입과 간접적 개입

직접적 개입	간접적 개입
• 클라이언트와 직접 관계하여 변화 추구 • 클라이언트를 직접 변화시켜 클라이언트 문제해결 • 정서, 인지에 개입 • 행동변화기술 • 정보제공, 가족치료, 교육, 상담 등	• 클라이언트를 둘러싼 환경 변화 개입으로 클라이언트의 문제해결 • 사회적 지지체계 개발 • 서비스 조정에 관련된 활동 • 프로그램 계획과 개발 • 환경조정(조작), 옹호, 자원개발, 의뢰 등

2) 직접적 개입

직접적 개입방법으로 클라이언트는 자신과 상황을 이해하고 통제력을 갖게 되며, 주변체계와의 관계가 개선되어 문제가 해결될 수 있다. 직접적 개입은 개인 수준, 가족 수준, 집단 수준으로 이루어지며, 클라이언트의 문제해결을 위해 가장 합리적이고 체계적인 방법으로 개입하여 바람직하지 않은 행동, 사고, 감정이 변화되도록 다양한 행동기법을 사용한다.

(1) 개인 수준의 개입방법

개인 수준의 개입방법은 심리적·내적측면에 대한 개입으로 주로 일대일 관계를 기반으로 개인의 욕구와 문제해결을 지원하게 된다. 개인에 대한 개입활동이 필요한 경우는 다음과 같은 문제를 가지고 있는 경우이다(엄명용 외, 2011).

- 문제가 주로 클라이언트의 내적, 주관적 원인에서 비롯된 경우
- 대인관계가 문제가 있는 경우
- 문제의 초점이 애매모호하여 문제해결에 어려움이 있는 경우
- 위기상황에 처하여 감정이 복잡하고 갈등을 겪고 있는 경우
- 자원을 이용할 수 있는 클라이언트의 능력이 손상된 경우

사회복지실천기술은 효과적인 변화를 위해 클라이언트가 가지고 있는 감정, 주관적 사실, 사고와 행동적 반응 방식에 우선적으로 초점을 둔다. 개인 수준의 개입에서 주로 진행되는 면담과 상담기술은 효과적인 변화에 장애가 되는 개인의 태도와 행동, 인간관계의 왜곡을 수정할 수 있다.

구체적으로 개인 수준의 개입방법에는 정서·의사소통 개입기술, 행동변화기술, 문제해결기술, 사회기술훈련, 자기주장훈련, 스트레스 관리(이완훈련) 방법이 있다. 세부적으로 정서·의사소통 개입기술에는 격려, 재보증, 일반화, 환기법, 재구조화, 초점화, 직면, 정보 제공, 조언이 있고 행동변화기술에는 모델링, 타임아웃, 토큰강화, 행동조정, 역할교환, 행동계약, 시연의 방법이 있다.

① 정서 · 의사소통 개입기술

정서·의사소통 개입기술은 클라이언트의 정서적 안정, 왜곡된 인지의 변화, 상황인식 능력의 향상을 목적으로 한다. 정서적 안정은 낙담, 좌절, 의기소침, 무력감, 자신감 결여와 같이 부정적인 심적 상태를 가진 클라이언트가 건강하고 자신감 있는 상태로 회복되고 불안, 분노, 죄의식 등 불합리하고 불건전한 정서 상태를 해소하도록 지원하여 자아기능을 회복시키는 것을 말한다. 왜곡된 인지의 변화는 클라이언트가 비합리적인 사고를 변화시켜 자신과 상황을 보다 객관적이고 현실적으로 인식하도록 돕는 것이며, 클라이언트의 상황 인식 능력의 향상은 클라이언트 자신의 정서 상태, 인지구조, 행동과 주변 환경의 상황 및 자원에 대해 클라이언트의 통찰력을 높이는 것이다.

사회복지사는 클라이언트가 정서적문제가 있거나 왜곡된 인지 또는 상황인식에 대한 능력이 부족하다고 진단되면 다음과 같은 정서·의사소통 개입기술은 사용하도록 한다(김융일·조흥식·김연옥, 1995; 엄명용 외, 2005, 최해경, 2009; 이영실 외, 2010; 길귀숙, 2011; 양옥경, 2011; 나눔의 집, 2013).

가. 격려

격려(encouragement)는 클라이언트의 문제해결능력을 향상시키려는 방법이다. 클라이언트가 자신감이 없거나 자존감이 낮을 경우 또는 경험이 별로 없어서 두려워 할 때 사회복지사는 격려로 개입할 수 있다.

격려는 칭찬과는 달리 남과 비교하지 않으며 작은 것이라도 향상되고 노력한 것에 대해 제공할 수 있고, 스스로 가치 있는 사람이라고 느끼도록 도울 수 있다. 무엇보다 격려는 스스로 만족하지 못하거나 실패했을 때도 적용할 수 있으므로(윤애희·박정민, 2010), 클라이언트가 현재의 결핍상태와 관련하여 이전에도 실패한 경험이 있고 반복되는 실패의 경험으로 자신을 신뢰하지 못하고 있다면 격려를 사용하도록 한다.

격려는 문제해결을 위해 클라이언트 자신을 동기화시킴으로써 적절한 행동을 취하도록 지원하여 적극적인 참여를 유도할 수 있다. 사회복지사는 클라이언트의 행동이나 태도를 인정하고 격려하며, 격려의 내용이 클라이언트의 행동이나 태도와 직접적으로 관련되어 그 의미가 구체적이고 분명하게 전달되도록 한다.

예 "아직까지는 목표로 한 아내와의 관계개선이 이뤄지지 않는 것 같아요"라고 생각하는 클라이언트에게 사회복지사는 "지금까지 약속을 잘 지키는 것도 대단한 노력이라고 생각해요. 앞으로도 지금처럼 정기적으로 시간을 가지면 점차 서로를 이해하게 될 거예요."

나. 재보증

재보증(reassurance)은 클라이언트의 능력이나 자질에 대해 사회복지사가 신뢰를 표현함으로써 클라이언트에게 불안과 불확실성을 제거하고 위안을 주는 방법이다. 재보증은 이전에 긍정적인 경험이 부재하거나 자아 효능감이 낮은 클라이언트에게 적용할 수 있다. 이전의 부정적인 경험으로 클라이언트가 사회복지실천 결과가 현실적으로 가능할지 또는 합리적인지 의구심을 갖는다고 판단될 때 재보증을 사용한다. 사회복지사는 클라이언트의 불안 해소를 위해 재보증할 때 지나친 재보증이나 불필요한 재보증을 실시하면 이후에 클라이언트가 재보증을 신뢰하지 못할 수 있으므로 유의해야 한다.

예 "남편과 좋은 관계로 변화할 수 있는 충분한 능력이 있다고 생각해요. 지금처럼만 한다면 결과는 걱정 안 해도 될 것 같아요."

다. 일반화

일반화(generalization)는 클라이언트가 자신의 상황이나 여건이 독특하여 변화에 어려움이 있다고 생각하는 경우에 사용한다. 사회복지사는 클라이언트의 생각, 느낌, 행동 등이 이상하거나 독특한 것이 아니라, 비슷한 상황에 있는 다른 사람과 같다고 말해 줌으로써 이질감이나 소외감, 일탈감을 해소하고 자신에 대한 신뢰감과 자신감을 회복시킬 수 있다.

예 자녀의 양육에 어려움을 호소하는 클라이언트에게 사회복지사는 자녀에게 문제가 있다기보다는 영유아의 자아 발달 과정에서 나타나는 일반적인 모습이라고 말해 준다.

그리고 대부분의 어머니가 첫 자녀 양육에서 자녀양육 경험의 부재로 어려움을 겪는다고 설명한다.

라. 환기법

클라이언트가 문제 또는 상황에 대해 지나치게 감정적으로 반응하는 경우가 있다. 격한 감정상태가 지속되거나 해소되지 않으면 문제해결 단계에 진입하지 못할 수 있으므로, 사회복지사는 클라이언트가 가지고 있는 분노, 증오, 슬픔, 죄의식, 불안에 대한 감정을 의도적으로 표현할 수 있도록 환기법(ventilation)을 사용한다. 감정의 강도를 약화시키거나 해소시킬 수 있도록 '지금-여기'의 상황에 초점을 두고 억압된 감정을 해소하여 문제해결능력과 대처능력 향상을 지원한다.

예 중학교 때 집단따돌림과 학교폭력의 경험으로 군대나 직장과 같은 집단생활에서 스트레스를 받고 있는 클라이언트가 있다. 사회복지사는 편안하게 감정을 표현할 수 있는 환경을 조성하고 어린 시절 당신을 힘들게 했던 동급생을 만났다고 가정하게 한다. '자신을 왜 괴롭혔는지' 하고 싶은 말과 감정을 표현하도록 한다.

마. 재구조화

재구조화(reframing)는 어떤 문제에 대해 클라이언트가 부여하는 의미를 수정해 줌으로써 클라이언트의 시각을 긍정적으로 변화시키는 방법으로 재명명이라고도 한다. 개인이 느끼고 있는 문제적 상황을 사실에 근거하여 바람직한 방향으로 재구조화를 시도할 수 있다. 재구조화에서 사용되는 새로운 시각과 해석은 사회복지사의 주관이나 강요보다는 객관적인 사실이고 신뢰할 만한 사실에 기반을 두어야 한다.

예 청소년기에 접어든 자녀가 전에 없던 반항적인 모습을 보이고 부모와 대화하려 하지 않아 걱정하는 부모에게 자녀의 전반적인 태도나 행동은 일탈적 상황이 아니라 청소년의 발달단계에서 겪는 자연스러운 현상이라고 설명하고 인식하도록 한다.

바. 초점화

다양한 문제적 상황과 어려움을 겪고 있는 클라이언트는 이전의 경험, 가치관, 습관에 따라 자신의 문제를 언어로 표현할 때 의도치 않게 산만할 수 있다. 초점화(focusing)는 제한된 시간 내에 최대의 효과를 추구해야 하는 전문적 관계에서 불필요한 방황과 시간낭비를 차단할 수 있다. 시의 적절한 초점화로 클라이언트가 말하고 있는 내용에 대해 숨겨진 선입견, 가정, 혼란의 내용을 스스로 인지할 수 있도록 개입한다. 사회복지사는 면담목적을 위해 초점화를 시도할 때 클라이언트가 지적받는다는 느낌이 들지 않도록 대화를 이끌어 가도록 한다.

예 학교부적응을 겪고 있는 청소년과의 면담에서 청소년은 부모님이 자신에 대한 기대가 부담스럽고 다른 자녀와 비교당하는 것이 싫다고 하였다. 부모의 의견과 상반되는 자신의 장래희망이 있지만, 자신의 능력이 부족한 것 같아서 혼란스러워 하는 클라이언트에게 사회복지사는 '본인이 원하는 장래희망이 무엇인지'에 대해서 설명할 수 있도록 한다.

사. 직면

직면(confrontation)은 클라이언트의 자아 인식을 고양하고 변화를 촉진하는 기술이다. 클라이언트는 문제해결과정에서 자신은 문제가 없다고 부정하거나 면담 과정에서 발생되는 불안이나 불편함을 회피할 수 있으며, 자신의 행동에 대한 합리화로 자신은 변화의 대상이 아니라고 개입을 거부할 수도 있다. 직면은 이러한 클라이언트에게 말과 행위 사이의 불일치나 표현한 가치와 실행 사이의 모순에 대해 스스로 주목할 수 있게 해주는 의사소통 방법이다.

사회복지사는 클라이언트가 자신의 문제가 중요하지 않은 것처럼 생각하고 있거나 특정 행동에 대해 문제가 없다고 생각하고 있지만, 특정 행동에서 문제의 중요성이 있다고 판단되면 직면을 시도할 수 있다. 클라이언트의 언어적·비언어적 의사소통의 불일치를 스스로 인지할 수 있도록 직면시키면서 문제에 대한 통찰력을 갖게 하거나 자신을 개방하도록 지원할 수 있다.

예 자녀학대로 아동학대예방센터로부터 방문을 받은 클라이언트가 자녀에 대한 학대사실을 부정하거나 평소 말을 듣지 않는 자녀에게 책임을 돌리면서 자신은 자녀를 훈육했을 뿐이라고 주장하고 있다. 클라이언트에게 직면기법을 사용하여 클라이언트의 행동이 자녀에게 도움이 되지 않고 심신의 상처만 주게 된다고 설명한다. 체벌로는 훈육의 목적도 실현시킬 수 없을 뿐만 아니라 관찰학습을 통해 부모의 폭력적인 행동이 자녀에게 모방이 될 수 있다고 설명하여 자신의 행동을 재인식하도록 한다.

아. 정보 제공

정보(information)제공은 어떤 상황이나 사건에 관한 지식을 확장시킬 수 있도록 사실이나 의견, 생각을 제공하여 클라이언트의 문제를 해결하는 방법이다. 정보를 제공하는 것만으로도 클라이언트가 겪고 있는 문제를 효과적으로 해결할 수 있다. 예를 들어 기초생활 수급자격, 임대주택의 조건, 장애등록절차, 신규서비스와 같은 정보제공으로 의료나 의식주의 근본적인 문제를 해결할 수 있다. 사회복지사는 지역사회의 다양한 최신 정보를 확보하여 적절히 제공할 수 있어야 하고, 클라이언트에 따라서는 정보를 이해하고 처리하는 과정에서 개인차가 있을 수 있으므로 클라이언트가 충분히 이해했는지를 확인하고 필요할 경우에는 직접 연결하거나 서면으로 정리하여 전달하며 진행 과정도 검토하도록 한다.

예 장애자녀 양육에 대해 고민하는 부모에게 지역사회 내에서 이용할 수 있는 기관과 장애자녀를 양육하는 부모들의 자조모임을 소개한다.

자. 조언

조언(advice)은 클라이언트가 미처 생각하지 못하고 있는 방법이나 우선적으로 해야 할 일에 대해서 사회복지사가 추천하거나 제안하는 것이다. 조언이 적절하면 클라이언트는 적절히 수용하는 자세를 보이게 되지만, 조언을 받아들일 마음의 준비가 되어 있지 않았거나 조언의 전달방식이 지나치게 권위적이거나 지적한다고 생각되면 저항이 나타날 수 있으므로 사회복지사는 전달시기와 방식을 고려해야 한다.

예 "지금은 남편에게 화가 나겠지만 우선은 부모의 다툼으로 충격받았을 자녀를 먼저 생각해야 하지 않을까요?"

② 행동변화기술

행동변화기술은 클라이언트가 새로운 행동을 학습하거나 기존의 행동을 수정하도록 돕는 것이 목표일 때 사회복지사가 사용할 수 있는 가장 강력한 개입방법이다(Sheafor & horejsi, 2006). 사회복지사는 특정한 행동을 강화 혹은 증가시키거나, 반대로 약화 또는 감소시키기 위한 목적으로 다음과 같은 행동변화기술들을 사용할 수 있다(이윤로, 2006; 최해경, 2009; 양옥경 외, 2011; 나눔의 집, 2013).

가. 모델링

모델링(modelling)은 클라이언트가 시행착오를 거치지 않고 바람직한 행동을 학습할 수 있도록 모델을 설정하여 학습하도록 하는 방법이다. 바람직한 태도나 행동을 보이는 타인이나 문제해결에 도움이 되는 특정 행동을 모방할 수 있도록 예시를 제시한다. 모델링 방법에는 세 가지가 있다. '즉석 모델링'은 사회복지사가 바로 그 자리에서 모델링을 해서 제시하는 것이고, '상징적 모델링'은 영화나 영상매체 등 다른 미디어 기술을 활용하여 원하는 행동을 모방하도록 하는 방법이다. '복합 혹은 다중 모델링 방법'은 집단 상담과 같이 여러 사람을 한꺼번에 모델링하는 방법이다.

모델링은 아래 A, B의 절차를 통해 진행할 수 있다. 가능하면 클라이언트가 원하는 모델을 설정할 수 있도록 하여 클라이언트의 참여를 높이도록 한다. 바람직한 행동에 대한 모델이 설정되었다면 행동이 내재화될 수 있도록 클라이언트에게 일정 기간 동안 실생활 속에서 수행하도록 요구한다.

모델링 절차(A)

- 변화를 필요로 하는 구체적인 행동을 파악한다.
- 모델을 제시한다.
- 클라이언트가 모델에 주의와 관심을 갖도록 한다.
- 모델의 행동을 따라하도록 한다.
- 따라한 행동을 강화한다.

모델링 절차(B)

- 변화를 필요로 하는 구체적인 행동을 파악한다.
- 클라이언트가 모델에 주의와 관심을 갖도록 한다.
- 모델을 제시한다.
- 모델의 행동을 따라하도록 한다.
- 따라한 행동을 강화한다.

나. 타임아웃

타임아웃(time-out)은 바람직하지 못한 행동, 소거하고자 하는 행동을 최소화하기 위해 특정 행동을 하지 못하도록 환경이나 조건을 차단하거나 변경하는 방법이다. 타임아웃은 아이들의 나쁜 행동을 수정 및 변화할 목적으로 사용하기도 한다. 예를 들어 친구를 때리는 등의 바람직하지 않은 행동을 했을 경우 '생각하는 의자'에 10분 동안 앉아 있을 거라고 미리 경고를 주고 실제로 상황이 발생하면 실행에 옮긴다. 이 방법은 사전에 충분히 설명하고 시간은 짧을수록 좋다.

예 서로에 대한 욕설과 비난으로 형제 사이가 원만하지 않은 자녀들에게 특정 행동이 나타날 경우에 사전 약속된 지정 장소로 이동하고 일정시간동안 머물도록 한다.

다. 토큰강화

토큰강화는 여러 가지 바람직한 행동과 습관을 구체적으로 미리 정해 놓고 그 행동을 했을 때 그에 상응하는 토큰(스티커, 징표)을 줌으로써 체계적으로 강화하는 방법이다. 토큰경제라고도 하는 이 방법은 서로 약속한 행동을 하면 토큰을 주고, 여러 개를 모으면 원하는 것을 할 수 있도록 하도록 한다. 모은 토큰을 교환해 주거나 보상해 주면 참여자의 동기를 강화시킬 수 있다.

예 자기관리가 필요한 자녀들에게 방청소와 책상정리를 할 때마다 토큰을 주고, 일정 개수 이상이 되면 자녀가 원하는 것을 하도록 한다.

라. 행동조정

행동조정(shaping)은 강화의 원리를 가장 원칙적으로 따르는 행동변화기법으로 행동수정의 대표적인 방법이다. 행동조정에서는 특정 행동 수준까지 끌어올리기 위해 작은 단위의 행동으로 나누어 과제를 준다. 처음에는 아주 간단한 반응을 요구하지만 점점 강화물을 주는 기준을 까다롭게 하여 좀 더 복잡하고 정교한 반응을 습득하게 한다.

예 컴퓨터게임 중독이 있는 자녀에게 일일 평균 약속한 시간동안만 게임을 하면 특정 보상을 준다고 제시한다. 2주 후 일일 평균 이용 시간을 20% 줄이고 특정 강화물을 제시한다.

마. 행동계약

행동계약은 두 사람 이상이 서로 약속된 기간 동안 무엇을 할 것인가를 구체화해서 동의하는 것을 말한다. 행동계약의 목적은 바람직하지 못한 행동을 하는 사람들에게 책임이 따른다는 것을 가르쳐 주고, 자기 자신을 스스로 통제할 수 있는 능력을 활용하도록 사용한다.

예 부모관계가 원만하지 않은 부부에게 서로에게 원하는 행동 열 가지를 기재하여 서로 교환하도록 한다. 일주일동안 서로 지키고 만약 지키지 못할 상황이 발생하면 사전에 이유를 설명하도록 한다.

바. 역할교환

역할교환은 클라이언트가 다른 사람의 입장에서 바라보고 의견을 말하게 하는 방법이다. 사람들은 각자 다른 생각을 가지며, 자신의 생각과 신념대로 행동하기 때문에 자신의 행동이 타인에게 어려움을 주거나 영향을 미치는 것을 인식하지 못할 수 있다. 역할교환은 영향을 미치는 관계에서 서로가 각자의 역할을 바꿔 연기하도록 하여 자신의 행동이 타인에게 어려움이나 영향을 미칠 수 있다는 것을 인식하게 하는 방법이다.

예 남편의 외도에 대한 불만으로 자녀를 돌보지 않고 가정에 냉담했던 어머니의 역할은 딸이 맡고, 남편 역할은 아내가, 남편은 딸이 되어 각자가 생각하는 모습으로 연기함으로써 서로 공감하고 이해할 수 있는 경험을 갖게 한다.

사. 시연

시연(rehearsal, roall play)은 클라이언트가 습득한 행동기술을 현실세계에서 직접 실행하기 전에 사회복지사 앞에서 반복적으로 기술을 연습하도록 하여 본인의 행동으로 내재되도록 하는 방법이다. '숨겨진 시연'은 클라이언트가 원하는 반응에 대해 속으로 상상해 보고 반영해 보는 것이며, '명백한 시연'은 클라이언트가 원하는 행동을 역할극에서 실제로 말로 표현하고 행동으로 나타내는 것이다.

③ 문제해결기술

클라이언트의 문제는 클라이언트의 일상생활이나 특정 상황에서 발생되기 때문에 사회복지사의 개입에는 한계가 있다. 문제해결기술(problem-solving skills)은 클라이언트에게 다양한 문제 상황에 적용할 수 있는 기술을 습득하도록 지원하는 방법이다. 클라이언트가 스스로 해결할 수 있는 능력, 즉 문제해결능력이 증진되면 클라이언트는 미래에 직면하게 될 많은 어려움을 효과적으로 대처할 수 있다. 클라이언트는 문제해결기술을 습득하는 과정에서 타인의 욕구에 반응하고, 타인의 입장을 이해할 수 있는 기회를 갖게 되어 바람직한 결과를 위한 행동과 방법이 무엇인지를 알게 된다. 또한 그동안 자신의 경험과 신념에 기반을 둔 충동적이고 비합리적인 의사결정을 수정하고 합리적인 의사결정의 방법을 습득할 수 있다. 무엇보다 문제해결기술을 습득한 클라이언트는 실제 생활에서 하나의 원칙으로 여러 상황에 응용하여 적용하는 경험이 증대되어 점차적으로 사회복지사에 대한 의존도가 줄어들 수 있고 자신감과 자기효율성이 고취될 수 있다.

사회복지사는 클라이언트에게 문제해결기술을 훈련할 때 성공적인 문제해결을 위한 지침과 개입단계를 참고하여 개입하도록 한다.

가. 성공적인 문제해결을 위한 지침

- 문제를 자세히 언급한다.
- 과거의 어려움보다 현재 문제에 초점을 맞춘다.
- 한 번에 한 가지 문제에만 초점을 맞춘다.
- 개인의 문제를 나눌 때에는 경청한다.
- 긍정적이고 건설적인 방식으로 문제를 함께 나눈다.

나. 문제해결기술을 향상시키기 위한 개입단계(Hepworth & Larsen, 1986; 최해경, 2009 재인용 참고)

- 1단계: 문제인식
  - 문제가 무엇인지 확인한다.
- 2단계: 문제분석과 참여자들의 욕구 발견
  - 문제를 분석하고 참여자의 욕구를 파악한다.
- 3단계: 가능한 대안을 위한 브레인스토밍
  - 가능한 해결책을 만들기 위해 서로 자유롭게 의견을 공유한다.
- 4단계: 참여자들의 욕구를 고려한 대안 평가
  - 참여자들의 욕구를 고려하면서 각 대안을 평가한다.
  - 결정과정의 핵심 단계로서 각 해결책에 대한 찬반양론을 신중하게 평가하여 모든 참여자의 욕구에 맞는 가장 적절한 대안 중 하나를 선택하도록 한다.

- 5단계: 선택된 대안 실행
  - 선택한 대안을 실행한다.
- 6단계: 문제해결 노력 결과 평가
  - 대안 실행 후 문제가 해결되었는지, 해결되지 않았다면 왜 해결되지 않았는지를 평가한다.
  - 만약 실패할 경우 두 번째 단계(문제분석과 참여자들의 욕구 발견)로 돌아가 욕구를 파악하고 대안을 정하는 과정을 거친다.

④ 사회기술훈련

사회기술훈련(social skills training: SST)은 클라이언트의 문제가 생애주기과정에서 요구되는 사회기술이 부족하거나, 사회기술이 습득되면 주변 체계와의 소속이나 결속이 강화되어 미래의 문제가 사전 예방될 수 있을 경우에 적용할 수 있다. 사회기술훈련을 통해 클라이언트는 체계와의 원활한 관계를 유지하고, 부적응, 잠재능력 개발 실패, 생산성 상실과 같은 부정적인 상황에 대한 대처기술을 습득하여 사회적 역기능이 예방될 수 있다.

사회기술훈련의 절차와 내용은 다음과 같다.

가. 학습목적의 논의 및 기술 설명

- 적용 가능한 상황을 언급하고 필요한 기술을 간략하게 소개한 다음 클라이언트가 어려움에 처하거나 비효과적인 대처 때문에 불리한 결과를 초래한 상황들을 이야기하도록 한다.
- 자신의 경험을 나눈 후 기술 습득으로 얻을 수 있는 이득에 대해 설명하여 동기를 강화할 수 있다.

나. 사회기술을 구성하는 요소 확인

- 사회기술은 많은 요소로 구성된다는 것과 그 중요성을 설명한다.
- 구성요소로 인한 어려움이 어떤 것이었는지 질문하면서 참여자들을 논의에 포함시킨다.

다. 시범(model)

- 대리경험을 배우는 것으로서 자신의 효능감을 높이는 자원이다.
- 관찰한 참여자들이 모델을 비판하고 토론함으로써 평가의 효과를 얻는다.

라. 각 요소를 이용한 역할극

- 참여자들이 돌아가면서 각 요소들을 연습하고 서로 피드백을 주고받는다.
- 처음에는 쉬운 상황에서 시작하고, 그 기술에 익숙해지면 좀 더 힘든 역할극을 진행한다.

마. 역할극 평가

- 역할극을 마친 후 마음을 열 수 있는 분위기를 조성하기 위해 처음에는 긍정적인 피드백을 하도록 격려한다.
- 피드백은 언어와 비언어적 행동 모두를 포함한다.
- 아주 사소한 변화에도 긍정적인 피드백을 해주며, 긍정과 부정적 측면 모두에 초점을 맞추면서 참여자들 스스로 역할극 수행을 평가하도록 하고, 경험했던 감정을 나누도록 요청한다.

바. 실제 삶의 상황에 사회기술 적용

- 이번 주 동안 실제 일어날 것 같은 상황을 유도하고 새롭게 습득한 기술을 이 실제 상황에 적용할 수 있도록 격려하고 참여자들을 준비시킨다.

⑤ 자기주장훈련

자기주장훈련(assertiveness training: AT)은 클라이언트의 문제가 자신의 사고나 감정의 미성숙한 표현이나 공격적인 방법으로 표현하는 것에 원인이 있을 때 적용할 수 있는 행동변화기술이다. 체계 내에서 살아가는 개인이 적절하지 못한 자기주장을 하게 되면 대인관계에서 갈등이 유발되거나 체계 내 부적응으로 일상생활에까지 영향을 받게 된다. 또한 자기주장에 지나치게 소극적인 클라이언트는 자존감이 낮을 수 있고 타인에게 의존되는 삶을 살아갈 수 있다.

자기주장의 행동유형이나 반응으로는 원하지 않은 요청 거부하기, 분위기에 어울리지 않더라도 자신의 의견 표현하기, 자신의 약점을 솔직히 인정하기, 타인으로부터의 칭찬수용하기, 긍정적인 감정 표현하기, 행동 변화를 요구하기, 대화를 주도하는 것을 부담스럽게 생각하지 않고 유지하기가 있다.

사회복지사는 자기주장훈련을 통해 클라이언트가 자신과 타인의 권리를 동등하게 존중하면서 자신의 사고, 감정, 원하는 것, 의견 등을 단호하게 요구하거나 표현하는 것을 습득하도록 하여 문제를 해결하거나 사전 예방할 수 있도록 훈련한다.

⑥ 스트레스 관리(이완훈련)

클라이언트는 문제적 상황이나 불만족 상태의 지속으로 다양한 스트레스에 노출될 수 있다. 가정폭력과 같은 위기상황에서 사람들은 장기적으로 긴장과 불안을 겪게 되며, 결핍과 방임 및 분리와 같이 외부환경으로부터 불편한 상황이 예상되면 긴장성 두통, 편두통, 가슴팽창, 호흡곤란, 기타 생리심리학적 불편함과 고통을 느낄 수 있다. 그리고 클라이언트가 불면증이 있거나 분노 통제에 어려움이 있는 경우 또는 경미한 우울증이 있는 경우에도 스트레스 상황에 대처할 수 있는 방법을 지원할 수 있다.

스트레스 관리는 클라이언트가 스트레스 상황에 직면했을 때 대처할 수 있는 관리방법을 훈련하는 것이다. 우선 그동안 클라이언트가 적용했던 방법이 있다면 적절한지 점검하여 강화하도록 한다. 일반적인 스트레스 관리방법에는 특정 근육의 수축, 이완하는 기술, 규칙적이고 깊이 호흡하는 방법이 있다. 스트레스가 유발될 수 있는 상황에서 즐거운 생각이나 이미지를 떠올려 스트레스로 전개되지 않도록 하는 훈련방법을 제시한다.

(2) 가족 수준의 개입

영유아기에 걸쳐 청소년기에 이르기까지 타인의 보살핌과 양육이 요구되는 인간에게 가족은 물질적 필요뿐만 아니라 인간의 기본적인 욕구인 애정과 지지를 상호 제공하고 실현하는 근원지라고 할 수 있다. 부부의 만남으로 자녀가 출생되고 성장의 환경을 제공하는 가족은 사회의 연속성과 안정성 차원에서도 핵심적인 역할을 담당한다. 그러나 가장의 실직, 이혼, 사망 등 여러 가지 원인으로 이러한 역할을 수행하지 못하여 가족구성원인 개인이 심리적·정서적·경제적 문제를 겪거나 다른 구성원에게 영향을 미치지만 가족 차원에서 해결하기 어려울 경우에는 개인 수준의 개입 외에도 가족 수준의 개입을 고려해야 한다. 개인이 겪는 문제는 개인의 특성에도 원인이 있을 수 있지만 가족의 특성으로부터 지대한 영향을 받기 때문이다.

가족 차원의 개입은 사회복지실천의 정보수집과 사정과정에서 검토된다. 클라이언트 가정의 물질적인 환경을 조사하고 가족구성원의 역동에 대해 자료를 수집하여 문제를 진단한다. 클라이언트가 겪고 있는 문제가 가족구성원과 관련하여 '이중구속 메시지와 위장'이나 '대칭적이거나 보완적인 관계'에 있을 수 있고 가족구성원이 지나치게 '밀착·유리된 가족'이거나 역기능의 형태가 '속죄양'에 근거하고 있을 수도 있다. 가족구성원 전체에 영향을 미칠 수 있는 심각한 문제인 '가정폭력'이나 '알코올이나 물질남용'의 문제 또는 잘못된 '가족신화'로 원활한 의사소통이 이뤄지지 않는 문제 등이 있다고 사정될 경우에는 가족 수준으로 개입해야 한다(Goldenberg & Goldenberg, 1985; 양옥경, 2011 재인용; 나눔의 집, 2013). 가족 차원의 개입에 대한 자세한 내용은 6장 '사회복지실천 대상체계와 접근 I'에서 다루고 있다.

(3) 집단 수준의 개입

집단사회복지실천은 구조화된 집단의 상호작용을 통해 집단구성원인 개인들의 사회기술향상이나 대인관계기술 등을 습득할 수 있도록 지지하고 자극하는 활동이다. 집단사회복지의 목적은 집단경험을 통해 성원들이 의사소통능력, 적응적 대처기술, 효과적인 문제해결기법을 개발하는 것이다(이윤로, 2006).

집단 수준의 개입은 자신에게 집중된 사회복지사의 개입을 부담스러워 하는 클라이언트나 자신의 독특한 경험을 이해받지 못할 수 있다는 생각을 하는 클라이언트에게 적용할 수 있다. 집단 수준의 개입에서 비슷한 경험을 가진 사람들이 함께 경험을 공유하고 지지를 주고받으며 변화의 계기를 마련하게 된다.

집단 수준의 개입을 결정하기 위해서는 해결하고자 하는 문제나 욕구가 개인 수준이나 가족 수준의 개입보다 집단 수준이 적절하다는 사정평가를 바탕으로 클라이언트가 집단구성원으로 적절한지를 고려해야 한다. 집단 수준의 개입에서 가장 중요한 것은 집단구성원이기 때문에 효과적인 개입결과를 위해서는 집단구성원 개인들이 의사결정, 경험의 공유, 상호 간에 지지가 가능할 수 있도록 유사한 경험이나 문제를 가지고 있는 클라이언트로 구성해야 한다.

사회복지사는 집단 수준의 개입에서 집단 내 모든 클라이언트가 집단 활동에 적응할 수 있도록 개별적으로 관심을 갖는 동시에 집단 서로 간의 상호작용, 경험의 공유, 상호지지가 이루어질 수 있도록 조언, 과제부여로 개입할 수 있어야 한다. 집단차원의 개입에 대한 자세한 내용은 7장 '사회복지실천 대상체계와 접근 II'에서 다루고 있다.

3) 간접적 개입

간접적 개입은 클라이언트를 둘러싼 환경에 개입하여 변화를 도모하는 방법이다. 사회복지실천의 목표도달을 위해서는 클라이언트 개인의 변화만으로는 부족할 수 있다. 클라이언트의 많은 문제들은 가족이나 학교 직장 외에도 지역사회의 문화나 정책 등 외부환경에 영향을 받아 초래된다. 따라서 직접적인 개입만으로 문제를 해결하는데 한계가 있고, 직접적 개입과 간접적 개입이 동시에 개입될 때 효과적인 문제해결이 기대될 때는 간접적 개입을 검토해야 한다. 예를 들어 학교생활의 부적응으로 심리적 어려움을 겪은 클라이언트가 개인 수준의 개입으로 회복되었다 하더라도 역기능을 유발했던 요인인 학교환경이나 더 나아가 국가의 교육 정책이 바뀌지 않는다면 부적응의 문제는 다시 재발될 수 있기 때문이다.

또는 클라이언트의 인구사회학적 특성에 따라 간접적 개입이 요구되기도 한다. 예를 들어 아동은 전적으로 주위환경의 보호와 양육이 필요한 대상으로 방임과 부적절한 양육환경에 노출되었을 때 아동 스스로는 문제를 해결할 수 없다. 노인도 경제적 문제를 해결하고 싶어도 직업을 갖거나 자원을 확보하기 어렵고 본인의 노력으로 새로운 지지체계를 확보하는 데는 한계가 있다. 또한 심신의 장애가 있는 경우나 환경적 제한 등이 있는 경우에도 개인차원의 성장과 노력만으로는 사회복지의 문제를 해결할 수 없기 때문에 지역사회나 국가 정책과 같은 간접적 개입이 필요하게 된다.

간접적 개입의 유형은 사회적 지지체계 개발, 서비스 조정에 관련된 활동, 프로그램 계획과 개발, 클라이언트 옹호, 지역사회 내 기관간의 협력, 환경조정, 개입점검으로 이루어진다. 간접적 개입에 대한 자세한 내용은 7장 '사회복지실천 대상체계와 접근 II'에서 다루고 있다.

생각해봅시다

1 존슨과 얀카(Johnson & Yanka, 2001)가 제시한 개입목표가 추구하는 변화의 유형을 설명 하고, 유형에 해당되는 사회복지 문제에 대해 논의해 봅시다.

2 서비스계약이 개입 전에 진행되어야 하는 이유에 대해 논의해 봅시다.

3 개인 수준의 개입방법에서 정서·의사소통 개입기술에 대해 설명해 봅시다.

4 〈사례〉를 읽고 어떻게 개입하는 것이 좋을지 개인 수준, 가족 수준, 지역사회수준으로 개입방법을 모색해 봅시다.

자녀학대 신고로 아동학대예방센터에서 클라이언트(45세) 가정을 방문하였다. 클라이언트는 자녀(남, 10세)에 대한 학대사실을 부정하면서, 자녀가 평소 말을 잘 듣지 않아 훈육한 것이라고 주장하고 있고, 부인(42세)은 남편의 훈육방식(체벌)에 대해 동의하는 입장이다.

5 개입에서 사회복지사는 중개자, 조력자, 교육자, 중재자, 옹호자 등 다양한 역할을 수행해야 한다. 예비 사회복지사로서 사회복지사의 역할을 수행하기 위해 어떻게 준비하고 노력할 것인지 논의해 봅시다.

Chapter 12

사회복지실천 과정론 IV: 평가, 종결

사회복지실천과정에서 평가는 클라이언트의 문제해결을 위해 수립한 목표의 달성, 즉 변화가 이루어졌는지를 확인하는 과정이다. 평가결과에 따라 사회복지사는 재개입을 위한 환류 또는 종결을 진행하게 되며, 서비스 종결 후에는 기관차원에서 사후관리를 실시하게 된다. 이 장에서는 사회복지실천의 평가, 평가방법, 종결 및 사후관리의 내용을 소개하고 사회복지사의 역할에 대해 학습하고자 한다.

학습목표

1 사회복지실천에서 평가의 중요성을 이해할 수 있다.

2 사회복지실천에서 사용되는 평가방법을 알고 활용할 수 있다.

3 종결의 의미와 종결유형을 파악할 수 있다.

4 종결에 따른 클라이언트의 반응과 사회복지사의 대처방안을 습득할 수 있다.

5 사후관리의 중요성을 이해하고 실천방법을 습득할 수 있다.

주제어

평가, 결과평가방법, 과정평가방법, 종결, 종결유형, 클라이언트의 종결반응, 사후관리

01 평가 및 종결의 이해

사회복지실천은 클라이언트의 문제를 해결하기 위해 목표를 설정하고 개입하며, 개입 이후에는 목표의 달성, 즉 변화의 정도를 알아보는 평가를 실시한다. 평가방법은 개입 유형, 내용, 서비스의 속성, 서비스 대상에 따라 적합한 방법으로 실시한다.

평가는 평가목적에 따라 서비스 중간 또는 서비스 제공 후에 실시한다. 평가와 종결은 서로 연결되어 있어 수순으로 진행되는 것이 일반적이나, 클라이언트의 문제나 욕구에 따라서는 평가 후에 재이용이 검토될 수 있다.

종결은 클라이언트와 사회복지기관이 유지했던 공식적인 관계가 마무리되는 것을 의미한다. 종결은 시간의 제한에 영향을 받는 사회복지의 특성상 종결시점이 예정된 경우도 있고, 클라이언트나 사회복지사의 사정에 의해 종결되는 경우도 있다. 종결의 원인에 따라 클라이언트의 다양한 반응이 있을 수 있으며, 사회복지사는 클라이언트의 반응 유형과 원인에 따라 전문적인 실천기술로 대처할 수 있어야 한다.

서비스 종결로 사회복지사와 클라이언트와의 전문적관계가 종결된 이후에는 기관차원에서 '사후관리'를 실시하는 것이 바람직하다. 기관의 서비스가 종료된 이후에 클라이언트의 긍정적인 상태가 지속되는지 확인하고, 필요하다면 기관소개나 재이용을 권유할 수 있다.

그림 12-1은 사회복지실천 과정인 평가와 종결과정이다.

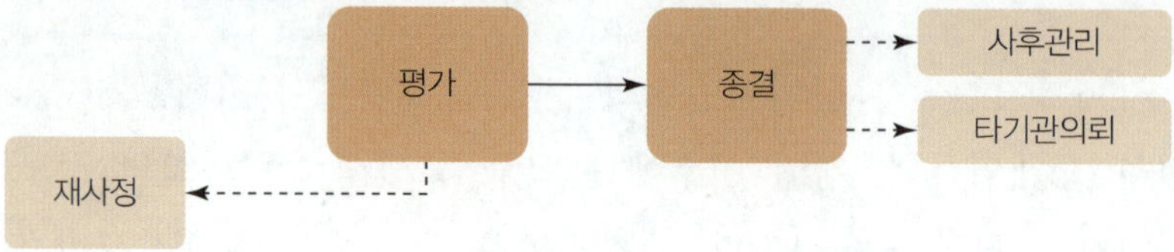

• 그림 12-1 • 사회복지실천의 평가와 종결과정

02 평가

사회복지실천에서 평가는 클라이언트의 문제 해결을 위한 개입이 효과적이었는지를 기준을 통해 가늠하는 것이다. 즉, 개인이나 가족, 집단, 지역사회를 대상으로 실시한 개입이 평가시점에서 의도된 변화로 나타났는지 또는 어느 정도의 변화가 이루어졌는지 기관차원에서 공식적으로 확인하는 것이다.

사회복지실천에서 평가는 사회복지기관의 기능이자 의무사항에 해당된다. 사회복지실천을 위해 건립된 사회복지기관은 모든 서비스(프로그램)에 대해 효과성(effectiveness)과 효율성(efficiency)을 측정해야 한다. 효과성은 실천 목표의 달성, 즉 변화가 있었는지를 평가하는 것이며, 효율성은 사용된 자원(시간, 노력, 비용 등)과 얻어진 성과간의 비율을 의미한다.

한편 사회복지실천에서 평가는 여러 가지 측면에서 중요하다. 평가를 통해 클라이언트의 문제가 해결되었는지 객관적으로 알 수 있고, 사회복지실천 이론의 타당성과 효과성을 확인할 수 있다. 만약 바라는 결과가 달성되지 못했다고 평가되면 개입방법을 수정할 수 있는 근거로 활용될 수 있다. 또한 클라이언트의 반응을 파악할 수 있고 사회복지실천을 수행, 점검, 평가하는 과정에서 사회복지사의 전문성이 향상될 수 있다.

사회복지사는 평가과정에서 적절한 평가방법을 선택해야 한다. 다양한 평가방법 중에서 개입목표가 달성되었는지를 알 수 있고 효과성과 효율성을 객관적으로 측정할 수 있는 방법을 선택해야 한다. 구체적으로 '무엇을 평가할 것인가'에 대한 평가내용과 '평가결과를 어떻게 해석할 것인가'에 대한 평가기준을 마련해야 한다. 평가결과에 따라 재사정을 실시할 것인가, 서비스를 종결할 것인가, 보다 적절한 기관에 의뢰할 것인가에 대한 의사결정을 할 수 있도록 평가방법 선택, 평가기준의 설정, 평가결과의 해석을 위한 평가계획을 수립해야 한다.

1) 평가준비

평가과정은 주로 ① 평가목적 확인, ② 평가목표 진술, ③ 평가설계 선정, ④ 평가도구 선택, ⑤ 평가자료 수집, ⑥ 평가결과 분석, ⑦ 평가결과 보고, ⑧ 평가결과 활용으로 구성된다. 사회복지사는 목표가 어느 정도 달성 되었는지 평가하기 전에 준비사항으로 평가결과에 영향을 미칠 수 있는 요인을 검토해야 한다. 서비스의 전반적인 진행에서 결과에 영향을 미칠 수 있는 요인은 다음과 같은 질문을 통해 사전 파악할 수 있고, 질문을 통해 얻은 자료는 평가실시 후 결과 해석에 활용할 수 있다(정무성·정진모, 2009).

- 서비스의 수행은 무리 없이, 지체됨 없이 적절하게 수행되었는가?
- 투입된 자원은 어느 정도이며, 예정된 계획과 어느 정도 일치하는가?

- 서비스 제공에서 구체적으로 위험대상과 표적대상이 설정되어 있는가?
- 클라이언트의 욕구, 개입해야 할 상황이나 문제는 근거에 의하여 타당하고 객관적으로 규정되어 개입되었는가?
- 클라이언트는 욕구 등에 대하여 얼마나 심도 깊게 인식하고 있는가?
- 목적을 달성하기 위한 목표는 측정-관찰 가능한 수준으로 구체적이고 명확하게 수립되었는가?
- 목적을 달성하기 위해 투입되는 전문 지원 및 슈퍼비전 체계가 타당하고 충분한가?

2) 평가계획

평가계획은 사회복지 실천목표를 수립하면서 목표를 평가할 수 있는 평가요소, 즉 평가내용, 평가기준, 평가도구를 설계하는 것이다. 평가내용은 비용과 자원측면의 효율성, 의도한 변화인 효과성 외에도 서비스 적용대상, 서비스전달, 재정집행 및 보고, 법률적 조건이행, 윤리강령 준수, 이용자의 사회적 이미지, 욕구중심 제공 여부가 포함될 수 있다(정무성 외·정진모, 2009).

평가기준은 개입목표를 어떤 기준으로 평가할 것인지에 대한 기준을 의미한다. 클라이언트의 상황과 문제의 정도는 모두 다르기 때문에 이를 반영한 개입목표도 다르고 평가기준도 달라진다. 예를 들어 장애인 취업과 관련하여 개입목표는 취업이 될 수도 있고 사회적응훈련이 될 수도 있다. 평가내용을 취업으로 했을 경우에 평가기준은 '취업면접 응시 여부'나 '취업 후 3개월 유지'를 평가기준으로 할 수도 있다. 따라서 사회복지사는 개입목표인 '변화'에 대해 '어느 정도를 변화되었다고 할 것인가'에 대해 현실적이고 객관적인 잣대를 마련해야 한다. 평가기준은 평가도구 설정과도 관련이 있다. 평가도구를 사용하여 '어떤 변화를 어떻게 평가할 것인가'를 구체적으로 결정할 수 있기 때문이다. 평가내용, 평가기준, 평가도구에 사례는 다음과 같다.

장애아동을 양육하는 어머니의 스트레스 경감을 개입목표로 설정했다면 '양육스트레스 감소'가 평가내용이 될 수 있다. 평가기준은 사회복지사와 클라이언트인 어머니와 '이전 스트레스보다 10% 경감'으로 결정하고, 평가도구는 표준화된 척도인 '장애아동 양육스트레스 검사도구'를 사용하기로 계획하였다. 장애아동 어머니의 스트레스 전후 변화는 '단일집단 사전-사후 비교방법'으로 실시하기로 하였다.

평가계획에서 고려해야 할 사항은 사회복지실천의 목적이 '변화'라는 인간의 심리내적인 요소를 평가한다는 것이다. 행동의 변화를 관찰하는 것은 어렵지 않지만, 때때로 사회복지실천의 목표가 '자아효능감', '자아탄력성', '삶의 만족'과 같이 개인이 느끼는 생각이나 감정을 평가내용으로 할 경우 객관적 관찰이나 평가가 쉽지 않을 수 있다.

만약 클라이언트의 행동변화나 내면의 변화를 목표로 수립하였다면 평가전에 평가기준과 평가도구를 명확히 수립할 수 있어야 한다. 우선 검증된 도구인 표준화된 측정도구(standardized measures)로 '변화'를 객관적으로 측정하는 데 활용할 수 있다. '알코올중독', '사회적 지지', '생활만족', '삶의 질'과 같이 특정한 문제나 강점을 평가할 수 있는 표준화된 질문지 혹은 척도를 활용하게 되면 면담이나 관찰평가보다 신뢰성, 타당성, 유용성 면에서 객관성을 가지게 된다. 대상자 및 문제의 특성으로 표준화된 척도의 적용이 제한적일 때는 '직접적 관찰(direct observation)'방법을 활용할 수 있다. 사회복지실천에서는 사회복지사가 직접적으로 관찰하는 것도 클라이언트의 행동을 체계적으로 평가하는 방법이므로 관찰평가를 평가도구로 할 때 사회복지사는 클라이언트가 요청한 원조 내용을 중심으로 평가하도록 한다. 예를 들어 클라이언트가 취업의 욕구가 있다면 '구직활동'을, 노년기에 '무위'로 심리적 어려움을 겪고 있다면 '공동작업장 방문'이나 '경로당 방문'을 평가내용으로 하고 목표횟수나 여부로 평가기준을 정하도록 한다(최해경, 2009).

평가기준과 평가도구를 계획한 이후에는 가시적인 변화정도를 파악하기 위해 평가방법을 계획한다 사회복지실천에서 사용되고 있는 평가방법에는 단일집단 사전-사후 비교방법, 목표달성척도, 과제성취척도, 클라이언트 만족도 조사, 동료평가방법 등이 있다. 사회복지사는 개입목표를 감안하여 한 개 또는 복수의 평가방법을 선택하여 평가를 실시하도록 한다.

3) 평가진행

평가는 기관차원에서 실시하며 평가계획에서 수립한 평가시점, 평가요소(평가내용, 평가기준, 평가도구, 평가방법)에 따라 진행한다. 사회복지사는 자신이 수립한 실천목표에 대해 다음과 같은 질문을 실시하며 목표단위별로 평가를 실시한다(Timberlake, Farber, & Sabatino, 2002; 최해경, 2009 재인용).

① 목표가 달성되었다면, 혹 개입계획 이외의 요인에 의해 달성되었는가?(외부요인)

② 목표가 달성되지 못했다면 다음과 같은 질문들을 적용해 볼 수 있다.

- 문제가 최초로 확인된 이후로 클라이언트 체계, 행동체계 또는 표적체계는 목표를 어느 정도 달성했는가?(목표달성 평가)
- 목표달성이 개입계획 이외의 요인에 의해 기대한 만큼 달성되지 못했는가?(외부요인)
- 목표달성시기 결정에 오류가 있었는가?(시기 선택)
- 과업을 수행하기로 되어 있는 개인 혹은 체계가 과업을 완수하지 못했는가?(약정)
- 과업이 부적절하게 선택되었거나 순서가 잘못되었거나 부적절하게 묘사되었는가?(과업)
- 목표는 달성되었으나 문제가 지속되고 있다면 문제가 부정확하게 규정된 것인가?(문제)
- 목표달성을 방해하는 것이 사회복지사와 클라이언트 체계의 관계에 있어서 어떤 요소인가?(내부요인)

4) 평가방법

사회복지실천에서 평가는 평가시기에 따라 결과평가, 과정평가로 구분되고, 평가 주체에 따라 사회복지사 평가, 클라이언트 평가, 동료평가로 구분될 수 있다. 평가의 유형에는 사례연구, 단일체계설계, 과제성취평가, 목표달성평가 방법 등이 주로 사용되고 있다. 이 책에서는 평가방법을 결과평가와 과정평가로 구분하여 평가방법을 다루고자 한다.

(1) 결과평가

결과평가(outcome evaluation)는 설정했던 목표들이 종료시점에서 결과적으로 얼마나 달성되었는지를 평가하는 것으로 성과평가라고도 한다. 개입을 통해 원했던 변화가 일어났는가와 원하는 변화가 사회복지실천의 개입으로 일어났다는 것을 검증하는 평가이다. 개입의 효과를 검증하는 결과평가방법에는 사전-사후 비교방법, 목표달성척도, 과제성취척도, 클라이언트 만족도 조사방법이 있다.

① 단일집단 사전-사후 비교

단일집단 사전-사후 비교방법은 사회복지실천 평가에서 많이 사용되는 방법으로 단일사례설계(single subject design), 단일체계설계(single system design)라고도 한다(Johnson & Yanca, 2007; 최해경, 2009 재인용).

단일집단 사전-사후 비교방법은 클라이언트 개인이나 가족 또는 집단을 대상으로 개입 전에 변화하고자 한 문제 수준을 측정하고 개입 이후에 어떻게 변화하였는지 측정하는 방법이다. 측정 전후의 변화를 개입의 결과로 해석한다. 만약 개입 후 문제 수준이 감소하였다면, 개입이 문제를 감소시키는데 영향을 미쳤다고 판단하고 서비스 개입의 효과성이 증명될 수 있다.

개입단계에 따른 변화를 그래프나 그림의 시각적 자료로 제시하고 변화를 추론할 수 있는 내용은 그림 12-2와 같다. 점선부분은 서비스나 프로그램 투입을 의미하며, 점선 좌측은 투입 전이고 오른쪽은 투입 후 결과이다(이윤로, 2006).

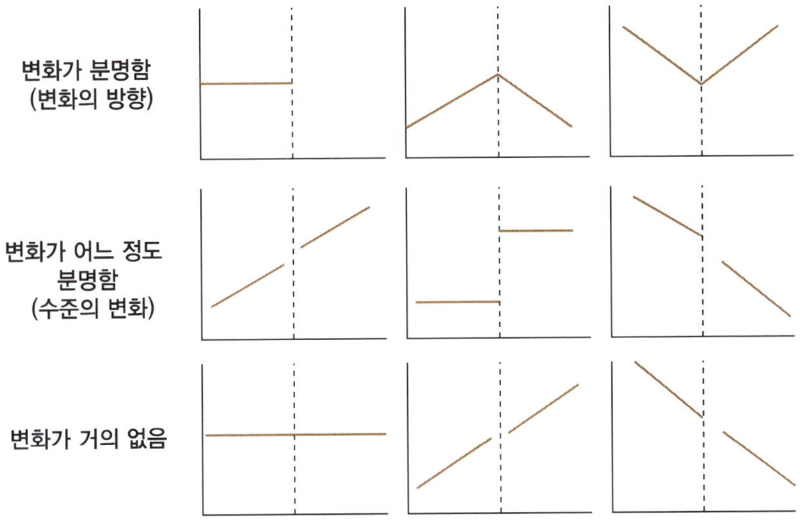

출처: Berlin, S., & Marsh, J.(1993). Informing practice decisions. Allyn & Bacon. 이윤로 2006 재인용.

• 그림 12-2 • 그래프를 통한 기초선과 개입 단계의 변화 추정

단일집단 사전-사후 비교방법에는 설계에 따라 AB설계, ABA, ABAB설계 등 여러 가지가 있다. 일반적으로 사용되는 AB설계 외에도 ABA설계가 있다. ABA설계는 개입의 효과를 보다 명백하게 검증하기 위해 사용한다. 일정 기간 개입한 이후에 개입을 중단하는 것으로 중단한 이후에 다시 기초선으로 돌아갔는지의 여부로 개입의 효과를 증명하는 방법이다.

단일집단 사전-사후 비교방법은 강도, 빈도, 기간 차원에서 측정하기가 쉽고 명확하게 구별되는 행동에 개입의 초점이 있을 때 유용하게 사용할 수 있지만, 사회복지실천의 목표가 의뢰, 중재, 조정, 옹호와 같이 변화 자체를 측정하기 어려운 경우에는 적합하지 않을 수 있다(최해경, 2009).

표 12-1은 AB설계(A는 기초선, B는 개입)의 적용 사례이다.

• 표 12-1 • 단일집단 사전-사후 비교방법에서 AB설계 적용 사례

설계절차	적용 사례
목적을 구체화한다(표적문제의 설정).	목적: 성인 지적장애인의 자립생활능력의 향상 목표: 10주간의 자기결정 훈련으로 초기평가대비 10% 향상
적절한 측정도구를 설정한다 (직접관찰을 통해 행동의 수를 세거나, 표준화된 척도사용)	척도: 성인지적장애인 자립생활능력평가척도(ILS-A)
기초선을 기록한다.	기초선: 정신적자립생활영역 중 자기결정능력 평가 후 기록
개입을 수행하고 모니터한다.	10주 자기결정 훈련
시각적 분석이나 통계적 분석을 통해 변화를 사정한다.	10주 후 평가결과 기록
효과를 추론한다.	평가결과에 대해 효과 추론 • 평가결과 자기인식에 대한 전·후 비교결과 전·후 대비 13%의 능력향상이 있는 것으로 평가되어 훈련의 효과성이 있었다. 단 '선택기술'은 훈련 전·후 4%로 목표인 10%보다 낮았다. 이는 '선택기술'이 다양한 상황을 전제로 하여 보다 장기적인 훈련을 필요로 하기 때문인 것으로 평가되었다.

② 목표달성척도

목표달성척도(goal attainment scaling: GAS)는 개입으로 발생하는 목표달성을 초기 단계에서 작성한 목표달성척도를 활용하여 평가하는 방법이다. GAS방법은 세부적인 목표에 대해 달성 단계를 클라이언트에 맞게 설정하고 실천 후 달성정도를 파악한다. GAS방법은 수치적으로 개입 후 어느 정도 목표가 달성되었는지를 제시할 수 있다는 장점이 있으며, 다른 평가방법과 마찬가지로 심리 내적인 변화와 같이 측정하기 어려운 목표의 적용에는 한계가 있을 수 있다.

목표달성평가의 수행방법은 다음과 같다(Sheafor & Horejsi, 2006; 이윤로, 2006 재인용; 최해경, 2009).

- 각 개인에 대하여 해결할 목표를 2~5개 선정한다.

- 각 표적문제의 목적을 5단계로 세분화한다. 개입이 시작되기 전에 클라이언트의 상태를 평가하여 0점에서 1점을 할당한다 (0점이나 1점은 기대이하의 결과를 의미). 최소한의 기대수준에 2점, 상당한 변화 혹은 기대이상의 성공은 3점, 가장 긍정적인 최선의 결과에 4점을 할당한다. 목표를 정하고 각각에 대해 5점 척도를 만든다.
- 상대적 중요성을 표시하기 위해 각 목표 영역에 가중치를 부여한다. 중요한 목적에 가중치를 높게 줄 수 있으며 가중치의 합은 100이 되도록 한다. 중요도가 같다면 가중치를 같게 부여한다.
- 개입이 시작되기 전 상태에 클라이언트 상태를 기술한 칸에 체크(∨)표시를 한다.
- 개입이 종결되었을 때의 상태에 × 표시를 한다.
- 각 목적의 변화점수를 계산한다.
  (개입 후 점수 − 개입 전 점수) × 가중치
- 각 목적의 최대 변화 증가점수를 계산한다. 클라이언트가 얻을 수 있는 최고의 점수를 먼저 계산한다. 그리고 이를 실제 변화된 점수로 나누어 백분율을 계산한다.
- 전체적인 목표달성률을 계산한다. 여러 개의 척도에서 얻어진 점수를 합산한다.

표 12-2는 목표달성평가(GAS)의 적용 사례이다. 사례 속의 클라이언트는 고등학교 진학 후 학교생활에 적응하지 못하고 대인기피와 컴퓨터게임에 집착하고 있는 16세 남자 청소년이다.

• 표 12-2 • 목표달성평가 사례

(√)=시작시점 (×)=종결시점	〈척도1〉 또래친구와의 참여활동을 찾아보고 참여하기	〈척도2〉 학교생활의 어려움 표현하기	〈척도3〉 컴퓨터게임시간 줄이기	〈척도4〉 컴퓨터중독점수
달성수준 (0) 가장 최악의 결과	또래친구나 외부활동이 없으며 방과후 자기 방에서 나오려 하지 않음(√)	가족이나 주변사람에게 학교에서 본인과 관련된 일에 대해 이야기하거나 표현하지 않음	방과후 대부분의 시간을 자기 방에서 컴퓨터 게임을 하고 있음(√)	85점 (70~100점 생활상의 문제로 즉각적인 개입 필요)(√)
(1) 기대 이하의 결과	또래와의 어울림과 활동을 원하고 있으나, 이를 위한 행동이 없음	가족과 대화하고 싶지 않다는 의사를 표현함(√)	이전보다 게임시간은 다소 줄었으나 다른 활동을 하지 않음.	75~70점 이하
(2) 최소한의 기대 수준	또래와의 어울림과 활동을 원하고 모임이나 전화등을 이용하여 교류를 시도함(×).	가족 중에 대화를 할 수 있는 사람을 결정하거나 가까운 사람을 멘토로 결정함.	방과후 집에서 생활하는 시간의 절반을 컴퓨터게임 이외의 활동을 함	69~55점 이하 (40~69점 컴퓨터로 인해 약간의 문제발생)(×)
(3) 기대 이상의 결과	일주일에 1번 이상 친구들과 모임이나 전화등을 이용하여 교류함	가족이나 멘토에게 학교생활에 대해 어려움을 표현함(×).	일일 컴퓨터게임을 3시간이하로 줄이고 공부나 외부활동으로 대신함(×).	54~40점 이하
(4) 최상의 결과	일주일에 3번 이상 친구들과 모임이나 전화등을 이용하여 교류함.	수시로 가족 중 한 사람에게 학교생활에 대해 어려움을 표현하고 나아지기 위해 상의함.	일일 컴퓨터게임을 1시간이하로 줄이고 공부나 외부활동으로 대신함.	39점 이하 (20~39점 평균적으로 이용하는 사람)
가중치	20	25	25	30
변화점수	2	2	3	2
가중치가 반영된 변화점수	40	50	70	60
가능한 가중치 반영점수	80	75	100	120
목표달성비율	50%	67%	70%	50%

가중치가 반영된 변화점수 합계(220) / 가능한 가중치가 반영된 점수(375)= 58.6%

③ 과제성취척도

과제성취척도(task achievement scaling: TAS)는 클라이언트에게 주어진 과업의 완성정도를 측정하여 평가하는 방법으로 과업중심실천에서 사용할 수 있는 방법이다(Sheafor & Horejsi, 2006; 최해경, 2009 재인용).

사회복지실천에서 목표달성은 목적 실현을 위한 구체적인 실천과 행동을 과업으로 설정하며 TAS는 해당 과업의 달성으로 목표가 실현되었는지 평가하는 방법이다. 예를 들어, 독거노인의 '삶의 질'은 가치이자 목적에 해당된다. 목적실현을 위한 개입목표는 식생활 해결, 건강지원, 여가문화지원이 될 수 있다. 목표에서 식생활해결은 '무료급식', '반찬지원', '후원물품전달', '결연후원' 등의 과업으로 달성될 수 있다. 결과적으로 설정된 과업이 달성되면 식생활문제가 해결되고, 최종적으로 '삶의 질 향상'과 같이 객관적 평가나 측정이 쉽지 않은 목적이 지향될 수 있다.

과업성취 평가는 서비스가 상대적으로 단기적이고 활동들이 구체적일 때 유용하게 사용할 수 있는 방법이다. 간단하기 때문에 시간이나 자료가 부족하여 다른 평가방법을 사용하지 못할 때 사용할 수 있다. 반면 클라이언트의 문제를 해결하는 데 타당하지 않은 과업이 설정되면 과업의 완성도가 높더라도 실제로 클라이언트 문제해결에는 도움이 되지 않을 수도 있다.

과업성취 평가방법은 많은 경우 사회복지사가 전문적 책임과 기록 유지를 위해 단독으로 실시한다. 먼저 클라이언트의 동의하에 목적에 도달하기 위한 구체적인 과업(세 개 이내)을 할당하고, 주어진 기간(2~3주) 안에 동의한 행동이나 결정의 수행정도를 평가한다. 수행정도 평가 시 리드와 엡스타인(Reid & Epstein)이 제시한 4점 척도를 이용하여 평가할 수 있다. 1점은 최소로 성취되었거나 성취되지 않았음, 2점은 부분적으로 성취되었으나 해야 할 일이 상당히 남아 있음, 3점은 상당히 성취되었으나 행동이 아직 필요함, 4점은 완전히 성취되었음을 의미한다(김융일·조흥식·김연옥, 1995).

표 12-3은 TAS의 4점 척도를 활용한 사례이다. 클라이언트는 모자가정의 어머니로 경제적으로 어려움을 겪고 있어 취업을 희망하고 있는 48세 여성이다.

• 표 12-3 • 과업성취 척도 사례

과업	성취정도	평점
1. 구직활동하기	이력서와 자기소개서를 작성하고, 다양한 출처의 구직란을 확인하였으나 면접을 위한 연락은 취하지 않음	2
2. 자녀와 시간보내기	주 3회 이상 일정한 시간 동안 자녀와 시간을 보내고 있음	3
3. 사회적 지지체계 확보하기	타지에 거주하는 언니와는 유선통화 하였고, 부모님을 1회 방문하였음	2

④ 클라이언트 만족도 조사

클라이언트 만족도 조사는 사회복지기관이 제공한 서비스에 대해 클라이언트의 의견으로 평가하는 방법이다(Sheafor & Horejsi, 2006). 사회복지기관의 성과평가는 '효율성', '효과성', '프로그램의 만족'으로 구성되는데, 효율성과 효과성은 기관입장에서 평가하고 '프로그램 만족도'는 클라이언트 입장에서 평가한다.

클라이언트 만족도는 클라이언트가 느끼는 개입의 성공 외에도 원조 전 과정에 대한 내용이 포함된다. 예를 들어 이용정보에 대한 접근성, 편의성, 담당자의 태도나 전문성 등에 대해 클라이언트의 의견을 수집하게 된다.

클라이언트가 와상노인 또는 아동과 같이 설문지를 이해하기 어려운 경우에는 당사자가 아닌 보호자에게도 설문을 실시할 수 있다. 클라이언트 만족도 조사는 서비스 수혜자인 클라이언트 입장에서 목표달성과 서비스의 질을 다각적으로 평가할 수 있는 방법이지만, 클라이언트의 주관성이 개입될 수 있으므로 다른 평가 방법과 병행하여 실시하도록 한다.

표 12-4와 표 12-5는 클라이언트 만족도 조사 사례이다.

• 표 12-4 • 서비스에 대한 만족도 조사

문 항
1. 현재 이용하시는 서비스의 질에 대해서 만족하고 계십니까?
2. 프로그램에 필요한 시설 및 장비의 활용이 적절하다도 생각하십니까?
3. 담당직원은 귀하가 참여하고 있는 프로그램에 대한 일정이나 과정에 대해 자세히 설명해 줍니까?
4. 복지관 서비스의 이용이 전반적으로 귀하의 문제해결에 도움이 된다고 생각하십니까?
5. 복지관에서는 귀하의 욕구나 불만을 충분히 반영한 후 서비스를 제공합니까?
6. 서비스의 이용시간이 적당합니까?
7. 만약 귀하 주변에 귀하와 비슷한 문제를 가지고 있다면 이 복지관을 추천하겠습니까?

• 표 12-5 • 사회복지사에 대한 만족도 조사

문 항
17. 사회복지사는 이용자에게 항상 친절 합니까?
19. 사회복지사는 업무를 적극적으로 처리합니까?
20. 사회복지사는 서비스 시간을 비롯하여 약속을 잘 지킵니까?
21. 사회복지사는 귀하의 문제를 이해하기 위해 귀하의 이야기를 열심히 듣는 편입니까?
22. 사회복지사는 궁금한 사항을 질문할 때 충분히 설명해 줍니까?
24. 사회복지사는 담당업무에 대해 충분한 전문지식과 기술을 갖추었다고 생각하십니까?
25. 사회복지사와 의사소통이 잘 이뤄지는 편입니까?
26. 사회복지사는 서비스를 위해 미리 준비를 철저히 한다고 생각하십니까?

출처: 2009년 대덕구장애인종합복지관 이용자 만족도 조사 일부 발췌

(2) 과정평가

과정평가(process evaluation)는 사회복지실천 과정을 분석하기 위한 평가방법이다. 성과평가는 주로 개입 결과에 대해 평가하고 과정평가에서는 프로그램의 준비, 진행, 종결과정에서 환경적인 요인과의 관련성을 알아보는 평가이다. 사회복지실천에서 추구하는 변화는 환경적인 요인이나 투입되는 자원의 영향에 따라서 결과가

달라질 수 있기 때문에 실천과정이 어떠했는지에 대한 과정평가가 이루어지지 않으면 결과평가를 해석하는 데 어려움이 있을 수 있다. 따라서 과정평가로 개입과정이 클라이언트에게 도움이 되고 있는지, 클라이언트가 원조과정을 어떻게 인지했는지, 원조과정에서 도움이 되었거나 방해되었던 기술과 사건이 있었는지, 변화를 위한 단계적 실천과정이 적절했는지를 평가하게 되면 결과평가 해석에서 인과적인 설명이 가능해질 수 있다.

사례

예를 들어 복지관에서 어르신 월동지원을 위한 바자회를 개최하였다. 결과목표는 수익금으로 목표 가정 수만큼 난방기구를 보급하는 것이다. 과정평가에서 바자회 진행 10일전까지 목표한 바자회 후원물품이 확보되었는지에 평가하였다. 만약 결과평가에서 목표를 달성하지 못했다면 과정평가 결과(바자회 후원물품 확보)가 결과평가에 미쳤을 영향정도를 분석할 수 있다.

과정평가에는 목표달성을 알아보기 위해 사용한 평가방법과 기법을 활용할 수 있고 동료평가를 활용할 수도 있다. 동료평가는 기관 내 동료가 실시하는 평가로 개입과정에서 나타나는 문제점을 수정하고, 개선하며, 기관의 정책이나 절차에 반영하기 위한 목적으로 실시한다. 평가대상 서비스는 담당 사회복지사가 가장 잘 파악하고 있으나 동종분야 전문가인 동료 사회복지사는 담당자가 직시하지 못하고 있는 사안을 평가할 수 있고 새로운 개입과 관점을 제시할 수 있다.

동료평가에서는 결과보다는 개입의 과정에 초점을 두고 바람직한 실천활동이란 어떤 것인지에 대한 기준과 원칙을 논의하며, 실천 활동의 수준을 발달시키기 위해 어떠한 개입이 필요한지에 대해 평가한다.

동료평가를 실시할 때 평가하는 내용은 다음과 같다(나눔의 집, 2013).

- 클라이언트의 문제가 명확히 제시되었는가?
- 클라이언트와 그의 가족은 개입계획에 참여하였는가?
- 개입계획은 기록으로 정리되었는가?
- 개입방법은 클라이언트의 문제에 적합한 것이었나?
- 클라이언트와의 접촉빈도와 기간은 클라이언트의 문제와 관련해서 적절했나?
- 개입계획, 사회복지사의 행동, 사용된 접근방법은 장기적인 계획을 염두에 두고 있는가?
- 지역사회에 존재하는 자원을 적절하고 효과적으로 사용했는가?
- 목표달성을 위한 과정들이 진척되었는가?
- 사례에 대한 기록이 명확하고 분명하며 간결한가?
- 필요한 기관양식이 기록되었나?

03 종결

사회복지실천은 시간제한의 특성을 가지기 때문에 일정 기간 동안 클라이언트의 문제해결을 위해 개입된 모든 사회복지실천은 종결과정을 거치게 된다. 종결시기는 원조의 내용이나 클라이언트의 상황과 특성에 따라 다르게 진행된다. 주로 개입목표의 달성 정도, 서비스 시간 내 제공완료 여부, 클라이언트의 문제 상황의 해결 정도, 사회복지사와 기관의 투자노력, 서비스가 도움이 되지 않으리라는 서로의 합의, 클라이언트의 의존성, 클라이언트에 대한 새로운 서비스의 적합성 여부가 결정된 경우에 종결시기가 결정된다.

사회복지사는 서비스 종결을 결정할 때 다음 사항을 검토해야 한다(Sheafor & Horejsi, 2006; 최해경, 2009 재인용).

- 개입목표가 달성되었는가?
- 서비스 제공이 개입 전에 합의된 시간에 도달했는가?
- 클라이언트가 기관에 가지고 온 문제나 상황이 충분히 해결되어 클라이언트가 현재 만족스러운 수준으로 기능하고 있으며, 자신이나 다른 사람에게 문제를 발생시킬 여지는 없는가?
- 사회복지사와 기관은 더 이상 만족할 만한 성과의 기대 없이 시간과 자원을 투입하고 있는가?
- 클라이언트와 사회복지사가 앞으로의 접촉으로 더 이상 서로에게 이득이 되지 않는다는 결론에 이르렀는가?
- 클라이언트가 사회복지사나 기관에 부적절하게 의존하게 되었는가?
- 클라이언트를 위해 다른 기관이나 전문가에게 의뢰하는 것이 더 적합한가?

종결은 사회복지사와 클라이언트가 공식적인 관계가 끝나는 것을 의미하며, 이 과정에서 사회복지사의 전문적인 실천기술이 요구된다. 클라이언트와 사회복지사는 자료수집을 위한 면담과정과 서비스가 제공되는 동안 관계를 형성하고 문제해결 과정에서 상호협력적 관계를 유지하게 된다. 따라서 사전에 서비스 종결이 고지되었어도 클라이언트나 사회복지사 모두는 이별과 관련된 복잡한 감정을 가질 수 있으므로 원만한 종결을 위해 전문적인 개입이 요구된다.

사회복지사는 클라이언트의 서비스 종결이 결정되면 우선 종결 원인을 명확히 해야 한다. 목표가 성취되어 서비스가 종료되는 것인지, 목표를 성취하지 못하여 서비스에 대해 불만을 갖은 상태에서 클라이언트가 종결을 원하는 것인지, 클라이언트가 중도에 포기하여 종결을 희망하는 것인지, 클라이언트의 거주지 이전이나 가정 내 다른 사정으로 지속이 어려워서 종결하는 것인지, 사회복지사가 기관을 떠나게 된 경우인지, 서비스의 예정된 시간에 따른 종결인지 등과 같이 종결의 유형은 다양할 수 있다.

사회복지사는 종결유형을 명확히 한 후에 ① 종결의 시기를 결정하고, ② 종결에 대한 클라이언트의 반응에 대해 상호 해결하고, ③ 개입의 목표달성 정도를 평가하고, ④ 개입을 통해 획득한 이득을 유지하며, 계속적인 성장이 이루어질 수 있도록 전문적인 역할을 수행해야 한다(Hepworth, 1986; 엄명용 외, 2011 재인용).

1) 종결의 유형

서비스 종결의 유형은 크게 계획된 종결(planned endings)과 비계획된 종결(unanticipated endings)로 구분된다. 처음부터 종결 시기를 계획하여 종결하는 경우가 계획된 종결이다. 종결시간을 정하지 않았지만 목표가 이루어져 더 이상 서비스가 필요하지 않다고 서로 합의 하에 종결하는 경우도 계획된 종결에 해당된다. 비계획된 종결은 예측하지 못한 클라이언트의 사정이나 사회복지사의 사정에 의해 이루어지는 종결이 해당된다.

사회복지실천에서 종결은 개입 전에 주로 언급된다. 서비스 개입 전 클라이언트의 '동의'과정을 거치면서 작성하는 '서비스 동의서'에는 주로 서비스 개시시점과 종결시점이 포함되어 있어 클라이언트에게 서비스의 기한, 즉 종결시점이 고지된다. 계획된 종결이 아니더라도 서비스가 종결될 사유가 발생하게 되면 해당 사유를 클라이언트에게 고지하고 기관의 절차대로 종결하게 된다.

계획된 종결이라고 할지라도 종결시점을 명확히 정하기는 쉽지 않다. 클라이언트의 문제나 욕구는 단기간에 해결되지 않고 장기간의 서비스를 필요로 하기 때문이다. 한정된 자원과 공간에서 서비스를 제공하는 기관에서는 일반적으로 정기적인 평가를 실시하여 서비스 지속 여부나 종결을 결정하는데 표 12-6과 같이 관련내용을 서비스 운영규정에 명시하고 있다.

• 표 12-6 • 기관의 서비스 종결 사례

8) 서비스 종결

가. 종결사유

가) 계획종결: 서비스 제공기간(서비스 시작일로부터 2년)이 경과한 경우에 평가결과에 의거하여 실시 - 계획된 서비스가 제공되어 목표가 달성된 경우에 실시

나) 중도종결: 특별한 사유로 인하여 중도에 종결되는 경우에 실시
이용자가 본인의 의사로 서비스를 중단하고자 할 경우에 실시

다) 임의종결: 진행 중인 서비스에 무단으로 0회 이상 결석한 경우에 실시 동의서에 고지된 의무사항을 0번 이상 위반한 경우에 실시

나. 모든 사례의 종결은 종결평가회의를 통해 결정한다.

〈○○종합복지관 서비스운영규정〉

사회복지실천의 종결유형은 계획된 종결과 비계획된 종결로 구분되며, 사례 기관의 종결에도 계획된 종결과 비계획된 종결인 중도종결과 임의종결을 포함하고 있다. 이 책에서는 헵워스와 라슨(Hepworth & Larsen, 1986)이 구분한 계획된 종결과 비계획된 종결을 중심으로 종결의 유형을 다루고자 한다(최해경, 2009; 양옥경, 2011; 나눔의 집, 2013 참고).

(1) 계획된 종결

① 사전 시간제한을 계획한 서비스의 종결

서비스를 시작할 때 사회복지사와 클라이언트가 기간을 정하고 시작한 서비스에 해당되는 종결이다. 예를 들어 '8주 과정 부모교육', '5주 과정 청소년 진로탐색 프로그램'과 같이 모집당시부터 시간을 제한한 경우이다. 시간제한이 있는 종결은 제한이 없는 종결에 비해서 클라이언트가 정서적 애착과 의존감 또는 종결에 따른 상실감을 덜 느낄 수 있으나 전혀 없을 수는 없다. 사회복지사는 시간제한이 있는 서비스를 진행할 때 마지막 직전의 모임이나 면담에서 공식적인 종결에 대해 전달하도록 한다. 그리고 예상된 종결시점이 도래하면 클라이언트의 감정 상태를 파악하여 적절하게 개입하도록 한다.

② 서비스 평가에 따른 종결

종결시점을 정하지 않았지만 목표가 이루어져 더 이상 서비스가 필요하지 않다는 것을 사회복지사와 클라이언트가 합의하고 종결 하는 것도 계획된 종결에 해당된다. 기관에서는 서비스 운영 정책에 따라 정기적인 평가를 실시하여 클라이언트의 문제해결이 어떻게 진행되고 있는지, 서비스의 욕구변화가 있는지, 서비스를 지속할 것인지를 검토한다. 해당 평가에서 클라이언트에게 서비스가 더 이상 필요하지 않거나, 서비스를 제공하는 것이 현 시점에서 더 이상 이득이 되지 않는다고 판단될 때 종결을 실시하게 된다.

클라이언트와 사회복지사가 서비스 개입이 더 이상 필요하지 않다고 합의했어도 종결시점은 사회복지사 임의로 정하지 않도록 주의한다. 시간제한이 없는 종결에서 종결시기를 정하는 것은 가장 중요한 과업이므로 종결시점은 클라이언트의 욕구에 근거하여 결정하도록 한다. 처음부터 이용제한이 없다고 알고 있던 클라이언트는 목표가 도달되어 종결하기로 합의했어도 장기간에 걸쳐 자신의 삶에 영향을 미쳤던 사회복지사와의 이별에 대해 때때로 감정적인 어려움과 충격을 받을 수 있다. 특히 장기간의 서비스 이용으로 클라이언트의 의존성이 높아진 경우나 서비스를 만족하고 있는 경우에는 강한 정서적 반응이 나타날 수 있으므로 종결시점은 클라이언트의 정서적 상태와 욕구를 반영하여 체계적이고 단계적으로 진행하도록 한다.

③ 기관의 기능과 시간 제약에 의한 종결

서비스가 기관의 기능과 시간 제약에 의해 일정한 기간에만 제공되는 경우에는 계획된 종결을 실시한다. 예를 들어 동·하계 방학에만 제공되는 계절학기 프로그램, 공간 부족으로 10명이 6개월 동안 이용할 수 있는 서비스, 입소기간 동안에 제공되는 서비스의 종결이 해당된다. 기관의 기능과 시간적 제약에 영향을 받는 서비스의 종결은 이미 알려진 사실이기 때문에 클라이언트 입장에서는 갑자기 종결을 맞이하는 것보다는 감정적으로 덜 당황할 수 있고 시간을 갖고 미리 준비할 수 있다.

그러나 종결시점에서 클라이언트가 서비스의 목표에 충분하게 도달되지 못했다고 느끼게 되면 예정된 종결도 서비스의 중단으로 받아들일 수 있다. 사회복지사도 남아 있는 문제의 해결을 위해 다른 기관에 의뢰해야 하는 부담을 가지게 된다. 사회복지사는 종결 전에 평가를 실시하여 클라이언트가 서비스에 대해 만족하지 못했다고 판단되면 기관의 한계를 충분히 이해할 수 있도록 설명한다. 그리고 신뢰관계가 손상되지 않도록 주의하면서 본인의 의사를 바탕으로 타 기관 의뢰를 검토하도록 한다.

(2) 비계획적인 종결

① 클라이언트의 일방적인 종결

사회복지실천 과정에서 클라이언트의 상황은 수시로 변화될 수 있고 클라이언트의 여러 가지 사정으로 일방적인 조기종결이 있을 수 있다. 일방적인 종결은 종결사유가 발생했을 때 기관에 전달하고 평가과정을 거쳐 종결하는 것이 아니라 클라이언트가 갑자기 종결을 선언하고 서비스의 단절을 원하는 것을 말한다. 주로 서비스의 불만족이나 사회복지사나 기관에 대한 불만 등이 있을 때 나타난다.

클라이언트의 일방적인 종결에는 여러 가지 의미가 내포될 수 있으므로 기관과 사회복지사는 관심을 가져야 한다. 클라이언트의 문제에 따라서는 다양하고 장기적인 원조가 필요한데 클라이언트 입장에서 서비스의 예후가 불투명하다고 생각하거나 다른 기관을 이용하는 것이 어떨까 하는 생각으로 일방적인 종결을 선언할 수 있다. 반대로 아직 문제가 해결되거나 회복되지 않았는데도 본인 생각에 해결되었다고 믿는 경우나, 서비스의 조정절차가 까다롭고 번거롭다고 느끼게 되면 일방적인 종결을 선언할 수 있다. 때로는 자신이 현재 서비스에 불만족하고 있다는 사실을 강하게 전달하기 위해서 일방적인 종결을 선언할 수도 있다.

사회복지사는 클라이언트가 일방적인 종결이 일어나기 전에 나타날 수 있는 의미 있는 행동들을 알고 있어야 한다. 예를 들어, 약속을 반복적으로 어기거나, 이런 저런 핑계를 대면서 올 수 없다고 알리거나, 참여에 소홀하거나 의미를 갖지 않는다거나, 자기 문제를 노출시키지 않으려는 행동들을 보인다면 클라이언트가 일방적인 조기종결을 할 수도 있으므로 관심을 기울여야 한다. 또한 클라이언트의 서비스 만족상태를 지속적으로 확인하여 일방적인 조기종결이 최소화 되도록 해야 한다.

만약 서비스의 불만족, 저항, 클라이언트의 심경변화 등으로 일방적인 조기종결이 선언되었다면, 서비스의 조정 가능성을 검토하고 클라이언트의 부정적인 감정을 해소할 수 있도록 관여해야 한다. 그리고 미성년자나 장애인 등 보호자 결정에 의한 서비스 제공에서 보호자의 일방적인 결정으로 서비스를 종결한다면, 종결 이후의 서비스 지속여부나 연계에 관심을 가지도록 한다.

사회복지사는 클라이언트의 예기치 못한 일방적인 조기종결이라 할지라도 우선 클라이언트의 자기결정권을 존중하고 종결의 원인을 파악하여 전문가의 의견을 제시하며 언제든지 다시 이용할 수 있다는 사실을 전달하도록 한다.

② 사회복지사의 사정으로 인한 종결

사회복지사의 개인적인 사정으로 서비스가 중단될 수 있다. 갑작스런 이직이나 퇴직, 장기병가의 사유로 서비스가 종결될 수 있는데, 이 경우 기관에서는 대체인력을 확보하여 서비스를 지속적으로 제공하게 된다. 그러나 이미 관계가 형성된 사회복지사가 변경된다는 사실에 대해 클라이언트는 서운함, 배신감, 거부당한 느낌 등의 상처를 받을 수 있고, 사회복지사도 클라이언트에게 충격과 실망감을 주었다는 복잡한 감정을 가질 수 있다.

사회복지사의 사정으로 종결하게 되면 사회복지사는 남은 시간동안 클라이언트가 정서적으로 극복할 수 있도록 지원해야 한다.

부정적인 감정을 표현할 기회를 주고 극복할 수 있도록 도와준 후 다른 사회복지사에게 의뢰하는 것을 수용할 수 있도록 지원한다.

2) 종결에 따른 반응

클라이언트의 종결에 대한 반응은 종결이 계획적인지 또는 비계획적인지, 어떤 원인으로 종결되는지에 따라 다를 수 있다. 무엇보다 클라이언트의 상황과 성향에 따라 종결의 반응은 달라질 수 있으므로 경험이 많은 사회복지사라 할지라도 반응을 예측하기는 쉽지 않다.

사회복지사는 사회복지실천에서 빈번하게 나타나는 종결에 대한 클라이언트의 부정적인 반응과 원인을 알고 전문적인 역할을 수행하도록 한다(Levinson, 1977; 양옥경 외, 2011 재인용).

(1) 사회복지사에게 매달리는 반응

종결반응에서 클라이언트가 사회복지사에게 매달리는 반응을 보이는 경우는 주로 서비스를 통해 의존심이 증가하였거나 원조과정에서 외부관계의 확장보다는 해당 사회복지사와의 원조관계에 만족하여 포기하고 싶지 않을 때 나타난다.

다양한 유형의 종결에 즈음하여 클라이언트가 이와 같은 반응을 보인다면 사회복지사는 적절한 개입으로 대처할 수 있어야 한다. 우선 사회복지사 자신이 그동안 클라이언트에게 집착하여 클라이언트로 하여금 의존심을 유발하지는 않았는지, 클라이언트의 감정을 존중하고 성장과 기회를 주기보다는 클라이언트 약점, 결함, 부족에만 초점을 두어 클라이언트로 하여금 종속적 관계형성 또는 자신이 치료나 해결해 주는 사람으로 인식된 것은 아닌지 성찰해 보도록 한다. 매달리는 반응을 보이는 클라이언트 모두가 과거에 부모나 다른 사람에게 거부나 버림받은 경험이 있는 것은 아니지만, 사회나 사람으로부터 배제된 경험이 있을 수 있으므로 사회복지사가 매달리는 반응을 무시했을 때 클라이언트에게 미칠 수 있는 영향을 고려해야 한다.

사회복지사는 클라이언트에게 문제해결은 사회복지사가 아니라 본인의 참여와 결정으로 해결하는 것이라고 충분히 설명하고 원조를 제공하는 기관이나 사회복지사에 대해 유연하게 반응할 수 있도록 설득한다.

(2) 과거문제 재발

서비스 종결시점에 이르러 그동안 발생하지 않았던 과거 문제가 다시 발생하는 경우이다. 실제로 문제가 재발될 수도 있고, 클라이언트의 생각으로 재발되었다고 호소하거나 재발될 것이라고 믿는 경우이다.

과거문제 재발은 원조과정에서 서비스나 사회복지사에게 의존성이 심화되었다는 것을 보여주는 현상으로 클라이언트의 불안 정도를 파악할 수 있는 반응이다. 사회복지사는 클라이언트가 종결 이후의 삶과 관련된 두려움이나 불확실성이 있다는 것을 알고 대처하는 것이 중요하다. 먼저 과거문제의 재발 여부와 클라이언트의 감정을 탐색하여 공감하고, 클라이언트가 이룬 성과(관계형성, 자원 확보, 전후 변화)에 대해 강조하여 클라이언트가 자기 자신에 대한 믿음을 가질 수 있도록 한 후에 종결을 진행하도록 한다.

(3) 새로운 문제 호소

클라이언트의 새로운 문제 호소는 종결단계에 이르러 원조관계를 계속하기 원할 때 주로 나타난다. 클라이언트가 새로운 스트레스나 문제를 호소하거나 말하지 않은 비밀이 있다고 하여 사회복지사와의 면담과 추가 개입을 원하는 반응이 해당된다. 사회복지사는 새로운 문제나 정보의 중요성을 간과해서는 안 되지만, 우선 종결에 대한 클라이언트의 감정을 탐색한 후 그 문제와 정보에 관심을 갖는 것이 중요하다. 만약 새로운 문제가 있는 것으로 파악되면 기존 문제에 대한 평가와 종결과정을 거친 후에 재사정의 절차를 진행하도록 한다.

(4) 사회복지사를 대체할 대상 발견

클라이언트가 사회복지사를 대신하여 의존할 다른 대상을 찾는 반응으로 상실을 보상받기 위해 나타난다. 사회복지사는 클라이언트의 감정적 상태와 마음의 역동을 인식하고, 자신이 선택한 것이 어떤 결과를 가져올지 숙고할 수 있도록 도와주어야 한다. 만약 개인이 아닌 집단구성원이 이러한 반응을 보인다면 필요한 사회적 지지체계의 개발이 아니라 단순히 다른 집단에 소속되어 집단에 대한 상실을 보상받으려는 행동임을 클라이언트가 알 수 있도록 한다. 그리고 대체할 대상을 찾기 위해 사람이나 집단에 가입하게 되면 실망하거나 다시 대체할 대상을 찾는 일이 반복될 수 있으므로 본인에게 무엇이 필요한지 알게 한 후 종결을 진행하도록 한다.

3) 부정적인 정서적 반응의 대처

(1) 사회복지사가 떠날 때 생기는 정서의 관리

사회복지사의 이직 등으로 종결되는 경우에는 대부분 갑작스럽게 종결이 이루어지지 때문에 클라이언트는 종결사실을 부정하거나, 사회복지사와 기관을 상대로 상처, 분노, 거부감을 표현할 수 있으므로 사회복지사는 클라이언트의 정서적 관리에 신중해야 한다.

특히 이전에 반복하여 거절을 경험한 클라이언트는 상처받기 쉽고 자존감이 약해진 상태이기 때문에 예측하지 못한 종결에 대해 사회복지사가 자신을 거절한 것으로 잘못 해석할 수 있다. 그리고 종결사유를 전달한 이후에 클라이언트가 전혀 동요하지 않는다면, 종결을 수용한 것일 수도 있지만 상실감을 부정하고 있거나 고통스러운 현실과 감정을 피하기 위한 시도일 수 있다는 것을 알아야 한다.

사회복지사는 시간이 허락하는 한 클라이언트의 부정적·긍정적인 모든 감정 표현을 허용하고 직면할 수 있도록 해야 한다. 만약 감정표현에서 종결과 관련된 오해가 나타났다면 이해시키고 서운함이 있다면 전후사정을 충분히 설명하고 위로하도록 한다. 이때 주의할 것은 사회복지사가 미안한 마음에 과도한 수용이나 위로 또는 다시 보게 될 것이라는 불투명한 희망을 주어서는 안 된다. 감정의 동요를 진정시킨 후에는 서비스 지속을 위해 다른 사회복지사의 의뢰 가능성을 전달하고 수용할 수 있도록 지원해야 한다.

사회복지사의 정서적 관리에도 불구하고 클라이언트는 자신의 고통과 분노를 표현하고, 사회복지사에 대한 서운함과 비난을 멈추지 않을 수 있다. 이때 사회복지사는 관계의 종결이 개인적인 거부가 아니라 사회복지서비스에서 반드시 진행되는 과정이라는 것을 지속적으로 인식시키고, 상실감을 충분히 수용하여 감정을 정리할 수 있도록 개입해야 한다.

(2) 서비스 목표 실패로 인한 종결

사회복지사와 클라이언트가 문제해결을 위해 열심히 노력했음에도 불구하고 평가결과 문제해결이 어렵다고 판단되면 사회복지사는 서비스 종결을 검토해야 한다. 또한 지속적인 원조에도 클라이언트가 변화할 의지가 전혀 없거나, 문제가 오히려 심화되고 있다면 서비스 종결을 검토해야 한다. 원조의 실패로 종결이 이루어지면 클라이언트 개인이나 집단구성원 모두 혼란스럽고 실망스러워 하여 기관이나 사회복지사를 탓할 수 있고 집단구성원은 집단리더나 구성원 중 일부를 비난할 수 있다.

사회복지사는 서비스의 목표가 성취되지 못하여 종결을 실시할 경우에 우선적으로 클라이언트의 반응을 수용해야 한다. 그리고 사회복지의 목표나 과제는 여러 가지 내적 상황과 변수로 인해 기대했던 만큼의 결과가 나오지 않을 수 있다는 것을 이해할 수 있도록 충분히 설명한다. 만약 서비스의 실패에 있어 원인이 명확하다면 상처받지 않도록 주의하면서 원인을 공유하고, 사회복지실천은 결과만 중요한 것이 아니라 과정도 중요하다는 것을 설명하면서 과정상의 성취에 대해 공유하게 되면 부정적인 감정을 최소화하는 데 도움이 될 수 있다. 무엇보다 서비스 목표 실패는 클라이언트의 기관의 재이용과 사회복지서비스의 신뢰감에 영향을 미칠 수 있으므로, 실패에 대한 부정적인 감정을 극복할 수 있도록 사회복지사는 클라이언트의 감정에 초점을 두고 개입할 수 있어야 한다.

04 사후관리

사후관리(follow-up session)는 종결 이후에도 클라이언트가 획득한 기술이나 자원으로 문제나 욕구가 재발되지 않았는지 종결 후 1~6개월이 지났을 때 클라이언트의 변화를 평가하고 유지하는 것을 말한다. 핀커스와 미나한(Pincus & Minhan, 1973)은 사후관리를 안정화(stabilization)라고 하여 사회복지실천이 사후관리를 통해 문제가 해결되었음을 최종적으로 확인, 즉 더 이상 문제가 발생하지 않고 안정화에 접어들었다는 것을 알 수 있다고 하였다.

사후관리는 클라이언트 변화, 즉 문제해결을 위해 획득한 자원, 행동, 태도, 능력이 지속적으로 생활 속에서 반영되어 문제가 재발되지 않는지를 확인하는 것을 목적으로 한다. 실제로 많은 클라이언트들이 원조 종료 후, 공식적으로 돕는 과정에서 획득한 기술 등을 유지하지 못하는 것으로 사후조사 결과에서 나타났다(문인숙, 1994). 클라이언트가 획득한 기술을 유지하지 못하는 이유는 이전의 습관으로 되돌아가려는 자연적인 현상일 수 있다. 또는 클라이언트의 문제 자체가 외부체계의 영향으로 발생되었고 외부체계의 고정성으로 변화가 어렵기 때문일 수 있다(김융일·조홍식·김연옥, 1995). 다른 한편으로는 문제해결을 위해 습득한 행동이 불충분하거나 한계가 있다는 것을 의미하기도 한다. 실제로 사회복지사에게 의뢰된 문제나 욕구는 원조가 있어도 해결 능력을 내재화하거나 관련된 문제를 근본적으로 해결하기 어려운 경우가 있다. 예를 들어, 클라이언트 개인에게 대인관계의 문제가 있어 일정 기간 동안 대인관계 훈련을 실시했으나 오랜 기간 의사소통, 대인관계기술 등의 문제가 지속되면서 외부체계와의 갈등과 부적응으로 확대된 경우에는 서비스가 종료되면 이전의 상태로 되돌아 갈 수 있다.

사후관리는 주로 전화나 가정방문으로 진행되며 사회복지사는 성공적인 원조 결과가 지속되도록 독려하고 기능의 퇴보를 막기 위해 추가적인 서비스 개입의 필요성을 전달해야 한다. 사후관리 결과에 따라서 서비스 재이용에 대한 의견을 타진하고, 타 기관 이용이 적절하다고 판단되면 해당 정보를 제공하거나 직접 의뢰하도록 한다. 무엇보다 사회복지사는 원조과정 초기에서부터 사후관리가 원조의 일부임을 명확히 설명하여 사후관리가 사생활 침해나 사회복지사 개인적인 차원에서 실시하는 것이 아니라 기관의 공식적인 절차임을 인식할 수 있도록 해야 한다.

생각해봅시다

1 결과평가에서 개입의 효과성을 검증할 수 있는 평가방법의 종류를 설명해 봅시다.

2 목표달성척도(GAS)와 과제성취척도(TAS)는 사회복지실천에서 자주 사용되는 척도이므로, 10장에 등장하고 있는 〈사례 ①〉의 개입목표를 설정하고 목표달성척도(GAS)와 과제성취척도(TAS)를 활용하여 평가해 봅시다.

3 종결과정에서 요구되는 사회복지사의 기술과 능력에 대해 논의해 봅시다.

4 클라이언트의 예기치 않은 일방적인 조기종결이 내포할 수 있는 의미에 대해 논의해 봅시다.

5 클라이언트가 사전에 종결계획을 알고 있었음에도 불구하고 종결시점을 전달받고 다음과 같이 반응하고 있다. 어떻게 대처하는 것이 바람직한지 논의해 봅시다.

"저는 기관을 찾아오는데 많은 용기가 필요했어요. 만약 처음에 선생님을 만나지 않았다면 기관을 이용하지 않았거나 중도에 포기했을 거예요. 제 성격을 너무 잘 아시겠지만 다른 사회복지사를 만나 지금과 같은 관계를 형성하는 건 불가능할거라고 생각해요 그리고 기관의 정책에 의한 종결이라고 설명하셔도 왠지 선생님이 저를 거부하는 것 같아 속상해요."

6 서비스 종결 후 진행되는 사후관리의 중요성에 대해 발표해 봅시다.

Chapter 13

사회복지실천 통합사례관리

최근 공공영역에서의 사회복지서비스는 찾아가는 상담을 통해 복지·보건·고용·주거·교육·법률 등 주민들의 복합적인 복지욕구를 파악, 공공 및 민간 자원 연계를 통한 맞춤형 복지서비스를 제공하여 저소득층의 탈빈곤 및 지역주민의 복지체감도를 향상시키고자 희망복지지원단 사업을 운영 중이다. 이때 통합사례관리를 통해 탈수급을 희망하는 기초수급자 가구, 빈곤을 예방할 수 있는 차상위가구 등 저소득 가구를 대상으로 대상자 접수(동 주민센터), 욕구조사, 대상자 구분 및 선정, 사례회의, 서비스 제공계획 수립, 서비스 제공 및 점검, 종결, 사후관리(동 주민센터)의 과정으로 진행하고자 한다. 또한 사회복지전담공무원의 인력 충원을 통한 보다 체감할 수 있는 사회복지서비스를 제공한다는 점에서 사회복지학을 전공하는 학생들에게 사례관리에 대한 이해와 실천은 매우 중요하다.

학습목표

1 사회복지실천에서 사례관리 도입배경과 개념을 이해할 수 있다.
2 사회복지실천에서 사례관리의 특성, 목적, 개입 원칙을 살펴보고 이해할 수 있다.
3 사회복지실천에서 사례관리 과정을 파악할 수 있다.
4 사회복지실천에서 통합사례관리에 대해 파악할 수 있다.

주제어

통합사례관리, 사례관리(case management), 연결망(network), 사례관리의 대상, 사례관리자, 사례관리 기관 또는 조직

01 사회복지실천에서의 사례관리

사회복지실천에서 사례관리(case management)는 다양한 문제와 복잡한 욕구들로 인해 여러 종류의 도움을 동시에 필요로 하는 클라이언트에게 종합적인 서비스를 연계해 제공하기 위한 실천방법이다. 또한 복합적인 욕구를 가진 사람들의 사회적 기능 수행과 복지향상을 돕기 위해 공식적, 비공식적 활동들 간의 연결망(network)을 조직하고, 유지하여 계획된 목적을 성취하는 것이다(엄명용 외, 2000).

1) 사례관리의 개념

바커(Barker, 1987)는 사례관리에 있어서 "적합한 형태의 모든 서비스 보장과 공급"을 강조하였고, 목슬레이(Moxley, 1989)는 "복합적인 욕구를 지닌 사람들의 기능 함양과 복지를 위한 공식적·비공식적 자원과 활동의 망을 구축하고 조정 및 유지하는 것"으로 사례관리를 이해하였다. 또한 베이커와 인테그리아타(Baker & Intagliata, 1992)는 "사례관리는 통합적이고 효과적이며 효율적인 방식으로 필요한 서비스를 제공받도록 보장하는 과정"이라고 정의하였다. 또한 미국사회복지사협회(NASW, 1992)는 "사례관리는 서비스 전달체계의 요소들을 연결하고 조정하는 것을 통하여 개인의 보호를 위한 욕구를 충족시킬 수 있는 포괄적인 프로그램을 확실히 제공할 수 있도록 하기 위한 하나의 기제(mechanism)"라 하였고, 한국사회복지협의회(1994)는 사례관리를 "복합적인 원인으로 요보호의 상태에 있는 클라이언트에게 다양한 지역사회 자원을 연결시켜 관리하는 원조대책으로서 정신장애인, 질병으로 누워 있는 노인,

치매성 노인 등이 가지고 있는 여러 가지 욕구를 조기에 적절하게 대응하는 지역보호체계"로 정의하고 있다(최윤영 외, 2013: 136). 벨로우와 밍크(Ballow & Mink, 1996)는 "사례관리는 한 번에 여러 원조자들로부터 원조가 요구되는 많은 문제로 인해 그들의 삶이 만족스럽지 않거나 생산적이지 못한 사람들을 돕는 과정이다"라고 하였다. 커머(Kumar, 2000)는 "사례관리는 사정, 계획, 조정, 전달과 모니터링을 통하고 적절하고 책임성 있는 서비스로의 접근성을 용이하게 함으로써 클라이언트 중심의 서비스 통합을 달성하기 위한 과정이며 전문적 서비스이다."라고 하였다(권진숙·박지영, 2010; 최덕경 외, 2012: 293-294; 이기연·유서구, 2012: 12-13 재인용).

조홍식 외(2000: 373)는 사례관리는 장애인, 노인, 정신질환자 등의 주로 장기적 문제를 가진 클라이언트를 대상으로 사례관리자가 오랜 시간 동안 책임지고 필요로 하는 서비스를 다양한 원천으로부터 동원하여 연결하고 모니터하는 활동이라고 하였다.

사례관리란 대인 서비스 실천의 다양한 분야에서 복합적인 욕구를 가진 클라이언트들의 욕구를 사정한 후 욕구들을 충족시키기 위한 적절한 서비스나 기회 또는 급여를 확인하고 포괄적인 서비스 계획을 개발하여 각종 서비스에 대한 클라이언트의 접근을 용이하게 하고, 지지와 옹호를 통해 적절하고 효과적인 서비스의 전달을 점검하거나 평가하는 활동을 말한다.

위의 정의를 정리해보면, 사례관리는 첫째, 클라이언트와 함께 활동하는 것과 그들 스스로가 사례관리의 과정을 결정하는 힘을 갖고 있음을 보여주는 측면, 둘째, 자원을 찾고 연결하는 면을 강조하면서 점검하는 등의 서비스로 그 과정이 지속될 수 있도록 하는 행정적 관리의 측면으로 나누어 볼 수 있다.

이에 사례관리의 정의를 서비스 성격 차원과 서비스 과정 차원에서 살펴보면 다음과 같다.

(1) 서비스 성격 차원

① 서비스 체계 중심의 개념

사례관리의 간접적인 서비스 제공 기능을 강조한 것으로 라우버(Lauber, 1992)는 사례관리를 단편적인 서비스의 연결, 서비스의 분산과 중복 방지, 지속적인 서비스 촉진, 비용효과의 증대를 위한 서비스 전달체계의 한 방법이라 정의하였다. 루빈(Rubin, 1987)은 사례관리를 지역사회의 복합적인 서비스 욕구를 가진 클라이언트를 보호하기 위해 복잡한 서비스 전달체계와 연계하고, 적절한 시기에 필요한 서비스를 제공받도록 보장하는 것으로 정의하고 있다.

② 클라이언트 체계 중심의 개념

사례관리란 클라이언트와 사례관리자와의 치료적 관계를 바탕으로 클라이언트의 정신 내적, 대인 관계적, 환경적 개입이 상호 연합하는 것을 의미한다. 즉, 클라이언트에 대한 대면서비스에 초점을 두고 직접적 서비스 기능을 강조하는 개념이다. 램(Lamb, 1987)은 '치료자-사례관리자' 개념을 사용하여 고도의 전문적, 치료적 개입을 통해 정확한 클라이언트의 욕구를 사정, 평가하고 클라이언트가 사례관리 과정에 참여할 수 있도록 촉진시키며, 치료적, 직접적 서비스 부분을 강조하였다.

③ '상황 속의 인간'을 강조하는 개념

체계적 관점의 개념을 기반으로, 개인과 환경의 상호작용의 입장에서 클라이언트 차원의 개념과 서비스 체계 차원의 개념을 포괄적으로 수용하는 것으로 무어(Moore, 1990)는 단순한 서비스 중개부터 클라이언트에 대한 직접적·치료적 기능을 강조한 임상사례관리에 이르기까지 그 개념의 변화 과정을 지적하면서 가능케 하는 영역(직접적인 서비스 영역: 치료적 기능과 촉진시키는 영역, 서비스 차원의 개입: 서비스 연계 기능)으로 구분하였다.

(2) 서비스 과정 차원(김만두 역, 1992)

① 사정: 클라이언트와 환경이 가진 모든 자원과 지지망, 심리적이고 사회적인 기능을 모두 사정하는 다차원적인 접근을 말한다.

② 계획: 사정에서 얻어진 자료를 바탕으로 구체적인 서비스 계획을 세운다.

③ 연결: 클라이언트에게 공식적·비공식적인 모든 자원을 연결하는 것으로 주로 필요한 서비스를 보유하고 있는 기관에 대한 정보를 바탕으로 클라이언트에게 연계한다.

④ 점검: 서비스 전달의 지속적인 감시와 감독을 통해 서비스가 제대로 제공되는지 점검한다.

⑤ 권익옹호: 클라이언트를 둘러싼 환경으로부터 옹호와 지지를 한다.

이러한 사례관리의 기능을 살펴볼 때, 사례관리는 현장접근, 사정, 계획, 단순 의뢰와 같은 최소한의 서비스 제공에서부터 클라이언트와 직접 접촉함으로써 권익옹호, 직접적인 개별상담, 기술훈련, 공공교육, 위기개입, 약물관리 등을 포함하는 보다 포괄적인 서비스를 제공하는 것을 말한다.

2) 통합사례관리의 개념과 통합사례관리 사업의 이해

통합사례관리의 법제화는 2017년 3월 21일 「사회보장급여의 이용·제공 및 수급권자 발굴에 관한 법률」(이하 "사회보장급여법"이라 한다) 제42조의2 '통합사례관리'를 근거로 공공과 민간의 서비스를 종합하여 연계, 제공하는 통합사례관리와 통합사례관리사 배치 조항 신설에 의한다. 이 과정에서 지역사회의 공공복지를 담당하는 지자체에서 수행할 핵심적인 업무로서 '통합사례관리'라는 용어로 통칭하였다. 즉, 보건복지부장관, 시·도지사 및 시장·군수·구청장은 지원대상자의 사회보장 수준을 높이기 위하여 지원대상자의 다양하고 복합적인 특성에 따른 상담과 지도, 사회보장에 대한 욕구조사, 서비스 제공 계획의 수립을 실시하고, 그 계획에 따라 지원대상자에게 보건·복지·고용·교육 등에 대한 사회보장급여 및 민간 법인·단체·시설 등이 제공하는 서비스를 종합적으로 연계·제공하고 이를 지속적으로 상담·모니터링 해나가는 사업을 통합사례관리 사업이라고 말한다(보건복지부, 2020).

3) 사회복지실천에서 사례관리의 도입배경

현대적인 의미의 사례관리는 1970년대 시작되어 1976년 미국사회사업가협회에서는 사회복지실천의 관심이 치료에서 보호로 변화되고 있으며, 사례관리가 클라이언트 보호를 위한 실천의 새로운 출발점을 나타내는 개념이라고 제안되면서 1980년대 이후 본격적으로 사회복지현장에서 사용되기 시작했다. 정신 장애인을 비롯하여 노인, 아동, 장애인과 같은 다양한 대인서비스 영역에서 주목받았다. 역사적으로 사례관리는 보다 좋은 서비스의 제공을 위해 서비스 조정을 하는 동시에 효율적이고, 비용효과적인 방법으로 휴먼서비스를 전달하고자 하는 이원적인 목표를 지녀 왔다(김기태 외, 1997: 68).

목슬레이(Moxley, 1989)는 사례관리의 필요성을 아래와 같이 설명하고 있다(조홍식 외, 2000; 설진화, 2009; 권진숙·박지영, 2010; 오봉욱 외(b), 2013).

(1) 수용보호에서 탈 시설화의 영향

1960년대 초 미국은 대단위 수용시설에 있는 정신지체 장애인과 정신장애인을 퇴소시켜 지역사회로 돌려보내는 탈 시설화 정책을 실시하였다. 이것은 정상화의 이념에 기초하여 지역사회와 분리된 수용시설의 문제점이 부각됨에 따라 수용시설에 있는 장애인을 가정과 지역사회에서 안정적인 보호 체제로의 전환이 비용절감과 동시에 서비스 대상자의 만족감, 삶의 질 향상에 도움이 된다는 점에서 확대되었다. 탈 시설화로 인해 각 기관마다 보유한 자원과 수혜자격 요건이 달라서 이를 통합 관리하는 전문체계의 필요성이 대두되었다.

(2) 서비스 전달 공급주체 변화: 지방 분권화

사회복지서비스가 중앙통제 방식의 서비스에서 지방이양 및 지방자치제의 방식에 의한 지방분권화가 활성화되고 사회복지서비스의 공급주체가 중앙정부에서 지방정부로 변화되면서 서비스 제공 기관 간의 서비스 범람과 무질서 등이 혼재하면서 이를 조정 및 통합하여 효율적이고 안정적인 서비스 제공이 필요함을 인식하게 되었다.

(3) 다양한 욕구를 가진 클라이언트의 증가

수용시설에서 지역사회로 이동하여 생활하기 위해 생활전반에 걸친 다양한 욕구와 해결해야 하는 문제가 있어서 이것을 해결하기 위한 서비스를 조직화하고, 그 욕구를 충족시킬 수 있는 활동이 요구되었다. 사회변화와 다양한 사회문제 발생으로 인해 클라이언트가 경험하게 되는 어려움도 다양화되고, 그에 따른 욕구도 다양하고 복잡해지면서 이에 대한 맞춤식 서비스 제공에 대한 필요성이 대두되었다.

(4) 복잡하고 분산된 서비스체계의 통합 연계화

기존 서비스는 특정 서비스를 한정지어 서비스의 단편성과 분산화가 문제점으로 제시되었다. 즉, 서비스의 중복과 연계성이 부족하였다. 따라서 서비스의 복잡하고 분산된 사회복지서비스의 정글화 현상에 대해 서비스의 연계성과 서비스 공급기관 간의 상호조정 등의 원스톱 방식의 서비스 제공이 가능한 통합적 서비스 제공방식에 대한 필요가 사례관리 실천방식으로 이어지게 되었다.

(5) 공식적-비공식적인 사회적 지원체계의 통합화와 지원망의 중요성 인식 증가

사회적 지지망을 포함한 사회적 지지체계에 있어서 공식적인 사회적 지원체계뿐만 아니라 비공식적인 지원체계와 지원망을 조정하고 통합하려는 사례관리방법이 주목을 받게 되었다. 또한 지원망의 중요성에 대한 인식의 증가로 재가복지에 대해 관심을 갖게 되었다.

(6) 클라이언트와 그 가족에게 부과되는 과도한 책임

지역사회 내 적절한 환경자원이 마련되어 있지 않아 갖게 되는 과중한 부담과 책임으로 사회적인 환경자원 개발과 이들 가족과 클라이언트에게 연결하고 제공할 수 있는 기증과 후원이 요구되었다.

(7) 서비스 비용의 억제와 전달효과 최대화

한정된 자원 내에서 서비스 전달의 효과를 최대화하기 위해 서비스의 비용과 중복을 점검하는 전문기술의 필요성이 요구되고, 서비스 비용의 억제를 위하여 전체적으로 관리 및 평가 할 수 있어야 했다.

☞ 사례관리를 필요로 하는 사람들의 특징으로 자신의 잠재적인 원조자를 활용하지 않은 채 혼자서 자신의 문제를 해결하려고 애를 쓰다가 결국 도움을 적절하게 사용하는데 어려움을 갖고 있다. 따라서 사례관리는 도움을 필요로 하는 사람들에게 자원의 활용이 용이치 못한 클라이언트들을 위해 필요한 지원서비스이다.

4) 사회복지실천에서 사례관리의 중요성

사회복지실천현장에서 사례관리의 중요성에 대하여 다음과 같이 제시하였다(Kirst-Ashman & Hull, Jr., 1999; 양정남·최선령, 2011: 234).

① 클라이언트에게 최소한의 규제된 환경을 제공한다.
② 클라이언트가 시설보호에서 벗어나는 것을 목표로 한다.
③ 가능한 한 클라이언트가 지역사회에 거주하도록 한다.

④ 클라이언트에게 제공되는 보호비용을 감소하려고 노력한다.
⑤ 클라이언트의 자원 획득능력과 권리를 보호한다.
⑥ 클라이언트의 문제를 '질병'과 '치료'로 규정하는 의료모델의 관점을 감소시킨다.
⑦ 인간서비스 프로그램의 확장과 복합적 서비스를 제공한다.

5) 사례관리의 특성, 목적과 개입 원칙

사례관리의 특성, 목적과 개입 원칙은 다음과 같다.

(1) 사례관리의 특성

① 다양한 문제와 복합적인 욕구를 가진 클라이언트를 대상으로 한다.
② 클라이언트의 문제해결과 치료보다는 욕구충족과 보호에 더 중점을 둔다.
③ 클라이언트의 사회적 기능과 독립을 극대화하기 위해서 보호의 연속성과 책임성을 보장한다.
④ 서비스의 효과성과 효율성을 높이기 위해 포괄적인 서비스를 제공하고 서비스의 조정과 점검을 실시한다.
⑤ 클라이언트와 그들의 사회 환경과의 상호작용에 관심을 집중시키며, 다양한 지원체계의 광범위한 서비스를 활용한다.
⑥ 가정방문과 같은 출장원조, 안내와 의뢰 등과 같은 적극적인 클라이언트와의 접근을 강조한다.
⑦ 클라이언트 수준에서 클라이언트 각자의 욕구를 개별화하며, 개입과정에서 클라이언트의 참여와 자기결정을 촉진시킨다.
⑧ 개별적인 실천기술과 지역사회 실천기술을 통합한 형태다.

전통적 사회복지실천 방법과 사례관리의 차이점을 살펴보면 다음과 같다(전재일 외, 2004: 288; 이종복·전남련, 2011: 360 재인용).

첫째, 대부분의 사례관리 모델은 사정의 기능을 강조한다.

둘째, 사례관리는 서비스에 대한 점검과 평가의 기능을 매우 강조한다.

셋째, 사례관리는 자원의 연결과 자원의 조정에 대한 기능이 강화되었다.

넷째, 기존의 사회복지실천 방법이 클라이언트의 특성에 관계없이 일정한 형식을 유지한 채 전개되었다면, 사례관리는 비정형화된 형식으로 클라이언트의 특성에 상관없이 보편적으로 적용할 수 있다.

다섯째, 기존의 사회복지실천 방법은 보편성을 띤 획일적 서비스 제공방식이었으나, 사례관리는 대상, 장면, 사례관리자의 환경 등에 따라 그 적용방법이 상당히 달라지는 다양한 특성을 갖는다.

그 외 사회복지실천의 개별적 접근과 사례관리 사이의 상이한 특성을 살펴보면, 서비스의 목적에서 사회복지실천의 개별적 접근은 사회복지사와 클라이언트 간의 특별한 관계를 맺고, 특정한 목표를 달성하기 위해 개입목표를 세우고 개입을 시도하여 클라이언트를 변화시키려는 직접적 서비스의 제공을 목적으로 하지만, 사례관리는 직접서비스 제공보다는 간접적 서비스의 제공을 통해 보호의 연속성 보장, 비용효과성의 증대, 접근성과 책임성 증진, 일차집단의 보호능력의 향상 및 사회적 기능의 향상에 목적을 둔다(엄명용 외, 2006: 331).

(2) 사례관리의 목적 및 개입 원칙

사례관리 활동은 사례관리 대상자의 개인 능력 향상과 그에 따른 기능 증진에 그 실천적 목표와 의의가 있다. 따라서 복합적이며 개별적인 클라이언트의 욕구를 충족시키기 위해 지역사회 내 각종 자원 및 자원망을 개발·활용·관리함으로써 체계적이고 포괄적이면서도 지속적으로 클라이언트를 원조하여 개인의 기능 향상과 주체적인 환경 적응을 돕는 것이 사례관리의 목적이라고 정리할 수 있다. 또한 사례관리체계 내의 관련 전문가의 역할에 대해 중요하게 인식해야 한다. 존슨과 루빈(Johnson & Rubin, 1983)은 사례관리를 위한 사례관리 전문가의 책임 수용을 언급하면서, 클라이언트와 복잡한 서비스 공급 및 전달체계에 대한 연계활동을 통해 클라이언트가 적절한 서비스를 받을 수 있도록 보장하고, 이를 책임지는 것이 사례관리의 기본원칙임을 강조하였다(최윤영·이경준, 2013: 137).

① 사례관리의 목적

- 사례관리의 주요 목적(NASW, 1992)은 복잡하고 다양한 욕구를 가진 개인에게 가장 효율적이고 효과적인 방법으로 질적인 서비스를 제공함으로써 클라이언트의 기능을 극대화하는 데 있다.
- 사례관리의 일반적인 목적은 클라이언트의 삶의 질 향상, 보호의 연속성(지속성)을 가진 서비스 제공, 서비스의 통합성과 접근성 향상, 효과적인 자원의 개발과 분배, 양질의 보호, 효과성과 효율성이 보장되는 사회적 책임성, 옹호, 전인간적 관점, 클라이언트의 역량강화, 평가 등에 있다(정순둘, 2005; 현외성 외, 2012).

② 사례관리의 개입 원칙

사례관리의 개입 원칙은 다음과 같다(Gerhart, 1990: 216).

- 서비스의 개별화: 클라이언트 개개인의 특성(욕구와 강점)에 맞는 서비스 제공
- 서비스 제공의 포괄성: 다양한 욕구가 모든 분야에 충족되고 광범위한 지지와 조정, 점검이 될 수 있도록 포괄적인 서비스 제공
- 클라이언트의 자율성 극대화: 클라이언트의 자기결정권을 최대한 보장하면서 의존이 아닌 자립할 수 있도록 자기결정능력의 최대화
- 서비스의 지속성(연속성): 욕구의 점검을 통한 지속적이면서 장기적인 서비스 제공
- 서비스의 연계성: 복잡하고 분리된 서비스 전달체계의 연계와 지역 내 환경 등 자원의 적극적인 이용을 위한 원조

또한 사례관리의 개입 원칙에 있어 추가되는 부분이 있다면 아래와 같다.

- 서비스의 접근성: 클라이언트의 욕구에 맞는 서비스에 쉽게 접근하여 이용할 수 있도록 지원한다.
- 서비스의 체계성: 서비스 간 중복을 최소화하고 서비스와 자원들 간에 조정을 통하여 공식적·비공식적인 지원체계의 통합과 기능연결로 체계적인 지지망을 구축한다.

③ 통합사례관리사업의 목표

희망복지지원단의 통합사례관리 사업은 지역 내 공공·민간자원

에 대한 체계적인 관리·지원체계를 토대로 복합적이고 다양한 욕구를 가진 대상자에게 복지·보건·고용·주거·교육·신용·법률 등 필요한 서비스를 통합적으로 연계·제공하고, 이를 지속적으로 상담·모니터링 해나가는 사업으로 지역주민의 다양한 욕구에 맞춤형 서비스를 연계·제공함으로써 지역주민의 삶을 안정적으로 지원·지지하고, 복지제도의 효과성·효율성 향상을 목표로 한다(보건복지부, 2020).

6) 사례관리의 구성요소

사례관리 체계의 구성요소로는 사례관리의 대상, 사례관리자, 현존하는 서비스 체계(사례관리 기관 또는 조직, 사회자원 및 사회관계망)를 들 수 있다(오봉욱 외(b), 2013: 295-297 재인용).

(1) 사례관리의 대상

사례관리 대상인 클라이언트는 욕구의 중복으로 인해 한 가지 이상의 사회자원을 필요로 하지만, 이를 스스로 확보할 수 없는 사람을 말한다. 과거 사례관리서비스의 대상인 클라이언트는 주로 고령자, 정신보건 및 장애부문에서 진행되었지만, 점차 장기적이고 만성적인 서비스를 필요로 하는 대상이 증가하고 지역사회를 기반으로 하는 포괄적인 서비스로 요구가 커졌다. 즉, 아동서비스 분야, 정신보건 영역, 재가복지 영역, 성장 발달장애영역, 노인복지영역, 직업재활, 가족서비스 분야 등으로 확장되는 추세에 있다(현외성 외, 2012).

통합사례관리 사업대상은 일반적으로 지역주민을 대상으로 하나, 복지욕구 및 경제적 여건을 고려하여 빈곤계층의 탈빈곤·빈곤예방을 중점 목표로 설정하였다. 이에 중점 사업 대상은 통합사례관리를 통해 탈빈곤·자활 지원 가능 가구(기초생활수급자 중 특히 신규수급자, 기초수급 탈락자 등)와 차상위 빈곤가구. 특히, 긴급지원 대상가구 및 국민기초생활수급자 탈락 가구 중 통합사례관리를 통해 빈곤예방 지원이 가능한 가구, 지자체 복지사각지대 조사를 통해 발굴된 위기가구 중 통합사례관리가 필요한 가구로 청중장년 1인가구, 돌봄위기가구, 저소득 한부모 및 청소년 한부모가구, 휴·폐업자, 실직자, 자살 고위험군 등이다.

(2) 사례관리자

사례관리자는 대상의 욕구를 파악하고 각종 서비스를 조정, 확보하는 역할을 한다. 이는 전문적 지식을 가지고 서비스를 제공하기 위해 각종 자원을 개발하고 클라이언트의 역량을 강화하며, 삶의 질 향상을 위한 전반적인 역할과 기능을 수행한다. 이를 위해 의사소통을 위한 관계형성 기술, 욕구파악을 위한 정보수집과 기록, 지역사회 자원개발과 연계, 활용 기술을 사용하여 클라이언트에게 서비스를 제공한다.

(3) 현존하는 서비스 체계(사례관리 기관 또는 조직, 사회자원 및 사회관계망)

현존하는 서비스 체계는 사례관리서비스를 제공하는 기관과 클라이언트를 둘러싸고 있는 환경 및 자원을 의미한다.

① 사례관리 기관 또는 조직

사례관리 기관은 체계 및 조직의 수준에서 서비스 조정과 연계를 책임지는 역할을 담당하는 것으로, 서비스의 통합과 조정을 효과적으로 달성하기 위해 한 지역사회 내에 사례관리 기관이 유기적으로 연계하는 것이 중요하다. 최근 보건복지부의 희망복지지원단, 경기도의 무한돌봄센터와 같이 공공부문에서도 사례관리를 실천하는 중요한 체계로 참여하는 등 사회적으로 사례관리 실천에 대한 조직체계의 역할과 기능이 강조되고 있다.

예를 들어, 현재 운영되고 있는 희망복지지원단의 통합사례관리 사업 운영체계를 살펴보면, 다음과 같다(보건복지부, 2020).

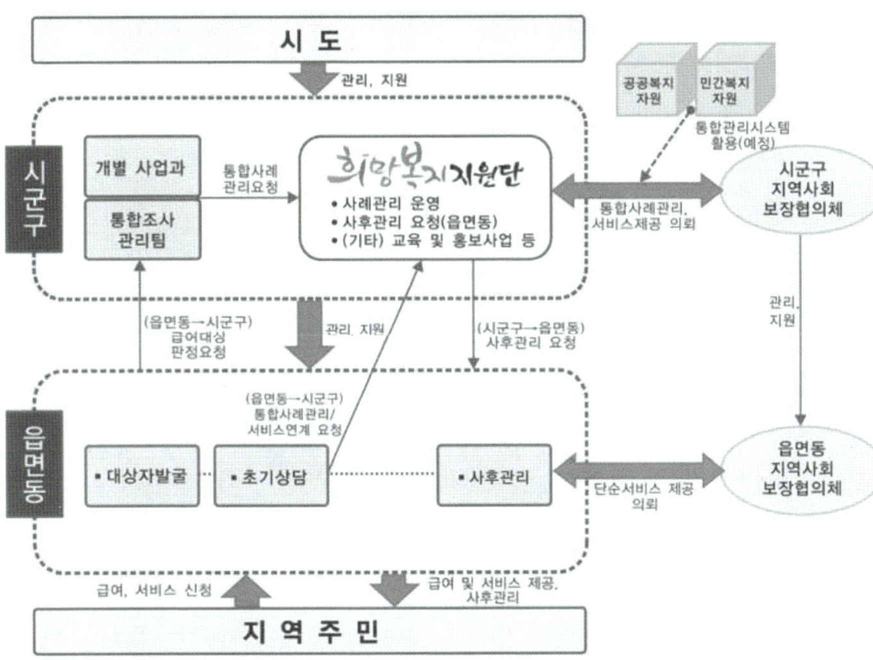

• 그림 13-1 • 통합사례관리사업의 운영체계

출처 : 2020 희망복지지원단 업무안내(보건복지부, 2020)

• 희망복지지원단: 통합사례관리 사업 총괄 수행 및 관리

읍면동 맞춤형복지 운영 모형에 따라 고난이도 사례관리, 슈퍼비전 및 솔루션회의 운영, 자원관리, 읍면동 관리 및 지원, 교육 및 홍보 업무 등 통합사례관리사업 총괄 수행·관리를 한다. 사업 수행과정에서 대상가구의 욕구와 가용자원 간의 연계 현황을 주기적으로 점검하여 희망복지지원단 내 자원관리 실무자에게 관련 정보를 제공하기도 한다.

통합사례관리 사업 팀장(또는 선임 복지직)은 통합사례관리 조정자 역할을 수행하고, 팀원(복지공무원 및 통합사례관리사)은 주사례관리자로서 실무를 수행한다. 사례관리 팀장은 본인 및 팀원의 업무 능력 향상을 위해 정기적인 교육과 훈련에 참여하고, 외부 전문가에 의한 슈퍼비전 기회를 마련, 자체 교육 등을 실시해야 한다.

• 읍 · 면 · 동: 통합사례관리 대상 가구 발굴, 초기상담, 통합사례관리 및 서비스 연계, 종결 가구에 대한 사후관리 등 수행

지역 특성에 따라 찾아가는 보건복지전담팀을 구성·운영하며 대상자 발굴, 초기상담, 통합사례관리(서비스 연계), 고난도 사례 직접 수행 또는 희망복지지원단으로 요청, 솔루션회의요청, 사후관리, 자원관리 및 지역보호체계 운영 업무를 수행한다.

• 민간 복지기관

통합적이고 효율적인 사례관리를 위하여 민간 사례관리 전문기관(지역사회 복지관 등)과 통합사례관리 협력 체계를 구축하여 대상가구 발굴 및 의뢰. 서비스를 제공한다.

• 통합조사관리팀

복지대상자에 대한 자산조사 수행 과정에서 인지한 정보를 토

대로 통합사례관리사업 필요가구를 읍·면·동에 의뢰한다. 특히, 국민기초생활보장수급 탈락가구에 대한정보는 원칙적으로 해당 읍면동에 전달한다.

- 지역사회보장협의체

공공·민간 간 사례관리 사업에 대한 정보 공유, 역량 강화를 위한 지원활동(교육, 공동 슈퍼비전 등) 수행한다.

- 교육청(학교)

교육복지우선지원사업 과 통합사례관리 사업간 연계·협력 수행. 특히 학교에 배치되어 있는 교육복지사, 상담교사 등을 사례회의 등에 참여를 유도한다.

- 고용센터

고용센터 구직 상담과정에서 복지대상자 발굴 및 희망복지원단 통합사례관리의뢰 등 상호 연계·협력, 필요한 경우 고용센터 담당자가 사례회의 등에 참여를 유도한다.

- 노인보호전문기관

통합사례관리 과정에서 노인학대사례에 대해서는 노인보호전문기관과 희망복지지원단의 통합사례관리사업간 사례회의 공동운영 및 점검 등 유기적 연계·협력체계를 지원한다. 단, 노인학대상담은 노인보호전문기관에서 운영하고 복지관련 서비스연계 필요가 있는 경우 희망복지지원단과 연계한다.

- 아동보호전문기관

아동학대 의심사례 발견 시, 아동보호전문기관에 신고 및 사례관리 과정에서협력이 필요한 경우 상호 연계 및 협조한다.

② 사회자원 및 사회관계망

사회자원은 클라이언트의 다양하고 복합적인 욕구를 충족시킬 수 있는 주체로서 시설, 설비, 자금이나 물자 또는 개인이나 집단의 지식과 기능 등을 의미한다. 이에 사례관리 활성화를 위해서는 다양하고 복합적이며 고도화되고 있는 클라이언트의 욕구 충족을 위해 사회자원의 종류를 확대하고, 질적 향상을 도모하면서 서비스 공급주체를 다원화할 필요가 있다. 사회자원을 서비스 공급주체별로 분류하면 공식 자원체계, 비공식 자원체계, 사회자원 체계로 구분할 수 있으며, 사회자원을 자원의 본질, 원천 및 유용성에 따라 분류하면 다음과 같다(이종복 외, 2008).

- 개인이나 집단의 내적 자원과 외적 자원
- 공식적 자원과 비공식적 자원
- 실재적 자원과 잠재적 자원
- 목적달성을 위해 어느 정도 통제 가능한 자원과 불가능한 자원

사회관계망은 사회제도 속에서 제도적, 비제도적으로 맺어진 관계망을 의미하며, 사회자본을 구성하는 하나의 요소이다. 사회자본이란 사회관계 속에 내재된 자본형태를 말하는 것으로 물적, 인적 자본과 같이 사회의 생산성을 담보하는 비실체적 존재이다. 이는 신뢰(trustworthiness), 상호호혜성(reciprocity)과 긴밀하게 상호 연결되는 개념으로, 신뢰는 상호작용을 통해 형성된 대인적 관계를 의미하며 구성원 간의 상호관계를 강화하는 역할과 동시에 존경과 우의 등 특별한 관계에 기반을 둔다. 상호호혜성은 개인 간 또는

집단 간에 공유된 표현, 해석, 의미체계 등을 말한다. 관계망은 개인이나 집단 등 행위자들 간의 전반적인 연계형태를 의미하며 누가 누구에게 어떻게 접근하는가 하는 관계구조이다(홍현미라, 2006; 이종복 외, 2008: 71 재인용).

7) 사례관리의 기능

사례관리는 클라이언트를 발견하고 사정, 서비스 계획의 수립과 서비스 연결 및 조정, 모니터링, 권익옹호 외에도 위기개입, 가족 및 이웃과의 원조관계 수립, 재가방문 및 자원개발 등 다양한 기능을 갖고 있다. 이로 인해 다양한 실천영역에서 사례관리를 활용하기 시작했다(김기태 외, 2001: 397-401).

02 사례관리의 실천과정 및 통합사례관리 절차

사회복지실천에서 사례관리(case management)는 다양한 문제와 복잡한 욕구들로 인해 여러 종류의 도움을 동시에 필요로 하는 클라이언트에게 종합적인 서비스를 연계해 제공하기 위한 실천방법이다. 또한 복합적인 욕구를 가진 사람들의 사회적 기능 수행과 복지향상을 돕기 위해 공식적, 비공식적 활동들 간의 연결망(network)을 조직하고, 유지하여 계획된 목적을 성취하는 것이다(엄명용 외, 2000).

사회복지실천에서 사례관리의 실천과정은 클라이언트나 기관의 성격, 사례관리자의 역할, 클라이언트의 목표 등에 따라 다르게 나타날 수 있다.

1) 학자 간 사례관리 주요과정

사례관리 과정에 대해 학자마다 다음과 같이 다양하지만, 사례관리 과정의 내용에 있어서는 큰 차이를 보이지 않는다.

• 표 13-1 • 학자 간 사례관리 과정

Steinberg & Carter (1983)	Weil & Karls (1985)	White & Goldis (1986)	Moxley (1989)	Challis & Davies (1989)	Doll (1991)	Rothman (1991)	장인협 · 우국희 (2001)	인천광역시 사회복지관협회 · 사례관리연구회 (2009)
가입 (사례발견, 사전적격 심사)	클라이언트의 확인과 출장원조	사례 발견		사례발견	홍보, 사정의 결정 수준	기관에의 접근, 접수	인테이크	초기면접
사정	개별적 사정과 진단	사정	사정	사정	욕구 사정	인테이크·사정과 목표수립	사정	사정
목표 설정, 서비스 기획, 능력조성	서비스 기획, 자원확인	보호 기획	기획	사례계획 및 서비스배정	보호 계획	개입계획·자원확인과 목록만들기	계획 수립	계획 수립
보호계획의 실행	서비스 연결, 서비스 실행과 조정	계획 실행	개입		보호 계획 실행	클라이언트 연결	실행	실행
재사정	서비스 전달의 점검 및 옹호	사후 검토, 재사정	점검	점검 및 재평가	점검	점검과 재사정	점검 및 재평가	점검 및 재사정
종결, 관계유지	평가		평가	종료	재평가	결과평가	평가 및 종결	평가와 종결

출처: 김기태 외, 1997: 101을 재구성한 백은령 외(2006) 인용.

2) 사례관리 실천과정

사례관리의 실천과정은 초기과정, 사정과정, 개입 계획 및 실행, 평가와 종결 등의 순서로 나눠 살펴보면 다음과 같다(오봉욱 외, 2013b: 300-312 재인용).

(1) 사례관리 초기과정

사례관리의 초기과정은 사례발견과 아웃리치(outreach)와 의뢰(referral) 및 스크리닝(screening), 인테이크, 계약하는 과정을 모두 포함한다. 즉, 사례를 발견하여 스크리닝하고 이를 확인하기 위해 클라이언트를 만나고 자료를 수집하는 과정을 말한다. 클라이언트가 사례관리대상으로 적합한가를 스크리닝하는 것이 선행되어야 하고, 이때 기관과 적합하지 않은 경우 타 기관에 의뢰해야 한다. 사례관리에서는 잠재적 클라이언트를 적극적으로 발견하고, 서비스를 제공하는 아웃리치(outreach)가 강조된다(장인협·우국희, 2001; 이종복 외, 2008; 현외성 외, 2012).

① 사례발견

사례발견은 사례관리 대상자가 직접적으로 서비스를 신청하여 접수되거나 아니면 타인에 의해 의뢰 또는 기관의 적극적인 아웃리치 등을 통해 이루어지게 된다.

가. 자발적 방문

사례관리서비스를 필요로 하는 잠재적 클라이언트가 직접적으로 서비스를 제공하는 기관에 방문 또는 전화로 서비스를 요청함으로써 사례관리가 시작되는 것을 의미한다. 이 경우는 클라이언트가 매우 적극적으로 서비스를 요청하는 경우이므로 문제해결의 과정 및 결과가 매우 긍정적이라 할 수 있다.

나. 아웃리치(outreach)

아웃리치는 자신의 욕구를 충족시킬 수 있는 서비스나 자원에 대한 정보가 부족하여 이에 대한 접근이 어렵거나 그러한 것들을 자발적으로 구하려는 동기가 부족한 잠재적 클라이언트로 하여금 서비스에 대한 접근성을 향상시키기 위해 서비스 기관에서 활용하는 방법이다. 즉, 서비스가 필요한 클라이언트를 확인하고 서비스의 제공과 급여를 그들에게 권유하며, 그들로 하여금 이용 가능한 서비스를 활용할 수 있도록 원조하는 방법이다(Toseland, 1981; 이종복 외, 2008: 88 재인용). 따라서 아웃리치는 사례관리 제공기관이 서비스를 필요로 하는 잠재적 클라이언트를 찾아 나서는 적극적인 사례 발굴 방법이다. 사례관리 대상자가 찾아오기를 기다리는 것이 아니라 서비스를 알지 못해 이용하지 못하거나 정보의 사각지대에 있는 접근성이 떨어진 잠재적 클라이언트에게 서비스가 도달될 수 있도록 적극적으로 다가가는 노력이다.

다. 의뢰(referral)

의뢰는 필요한 서비스를 제공할 수 있는 기관, 자원 또는 전문가에게 클라이언트를 직접 연결시켜 주는 방법이다(이종복 외, 2008). 이것은 공공기관에 의한 의뢰와 타 기관 및 타인에 의한 의뢰로 나룰 수 있는데, 공공기관에 의한 의뢰는 시군구 또는 읍면동에서 지역 내 수급권자 및 차상위계층 등 서비스가 필요한 잠재적 클라이언트를 발견하여 서비스가 제공될 수 있는 사회복지시설에 의뢰하는 것으로, 이는 서비스 제공기관과 주민자치센터, 사회복지전담공무원과의 의뢰시스템이 지역사회 내에 잘 구축되어 있어야 한다. 타 기관 및 타인에 의한 의뢰는 서비스 제공기관 간의 의뢰 및 클라이언트를 잘 알고 있는 이웃주민이나 친척, 가족 등에 의한 의뢰를 말하는 것으로, 이 과정에서 클라이언트의 자기결정권과 서비스 이용에 대한 선택권을 클라이언트가 가질 수 있도록 하며, 비밀보장과 함께 서비스 정보제공에 대한 개방적 시스템이 지역사회에서 이루어질 수 있어야 한다.

② 스크리닝(screening)

스크리닝은 잠재된 클라이언트가 사례관리서비스를 받을 자격이 있는지, 기관에서 제공하는 서비스를 이용할 수 있는 특성을 가지고 있는지를 파악하는 과정이다. 또한 클라이언트가 기관에서 제공하는 서비스에 적극적으로 참여할 의지가 있는지를 파악하는 것이다(장인협·우국희, 2001; 현외성 외, 2012: 120 재인용). 이는 부적절한 의뢰와 서비스가 필요하지 않는 사람을 사정 이전에 판단함으로써 실질적으로 서비스가 필요한 클라이언트에게 신속한 서비스를 제공하기 위함이다. 기준이 되는 사항으로는 시설보호에 대한 욕구, 배우자나 중요한 타자의 상실로 인한 고통, 일상생활의 원조에서 비공식 지원체계의 불충분, 기관의 서비스 제공 빈도, 서비스를 제공할 수 있는 장소, 진료기록의 유무 등이 있다(이종복 외, 2008).

•표 13-2• 스크리닝 판정 및 사유(양식)

판정결과	( )잠재적 대상, ( )의뢰 대상, ( )정보제공 대상, ( )서비스 거부, ( )종결
판정사유	

출처: 서울복지재단, 2010: 80.

•표 13-3• 스크리닝 판정 및 사유(예시)

판정결과	( )잠재적 대상, (○)의뢰 대상, (○)정보제공 대상, ( )서비스 거부, ( )종결
판정사유	클라이언트의 욕구 및 문제와 관련하여 본 기관보다는 타 기관에 의뢰하는 것이 좋을 것으로 판단되며, 그 기관이 인근지역에 있으므로 기관에 대한 정보를 제공해주면 될 것으로 판단됨

출처: 서울복지재단, 2010: 80.

③ 인테이크(intake)

인테이크는 복합적이고 다양한 욕구를 가진 클라이언트를 발견하고 접수과정을 통해서 클라이언트의 상황과 욕구를 파악하고 서비스 제공 등의 적격성 여부를 판정하는 과정이다. 이 과정에서 사례관리자의 과업은 원조를 필요로 하는 클라이언트의 장애나 욕구를 개략적으로 파악하는 것이다. 또한 사례관리를 통해 제공해 줄 수 있는 원조의 내용을 클라이언트에게 상세히 설명하여 클라이언트가 그러한 원조를 수령할 것인지의 여부를 확인하고 계약하는 일이 중심이 된다(장인협·우국희, 2001; 현외성 외, 2012).

인테이크에서 가장 중요한 것은 자료수집과 수집된 자료를 정리하는 것이다. 자료수집의 방법으로는 가정방문을 통해 주요 문제를 파악하며 대화를 통해 확인한다. 이때 면접 상담을 원칙으로 하는 것으로 만약 면접상담이 어려운 경우 그 대리인 및 가족 등과의 면접을 실시하여야 한다. 자료 수집은 일반적으로 클라이언트의 신상에 대한 정보와 가족 및 구성원에 대한 정보, 경제 및 주거에 대한 정보를 수집하고, 건강 및 심리사회적 상황에 대한 정보와 클라이언트의 사회적 관계에 대한 정보, 문제와 욕구, 강점에 대한 정보도 수집해야 한다(양정남 외, 2009; 현외성 외, 2012).

• 표 13-4 • **무한돌봄센터의 초기상담지(intake)(양식)**

초기 상담자			신규 / 기존
접수번호		상담일시	
상담자		소속	
접수경로	□ 대상자 요청 □ 타 기관의 의뢰	□ 사례관리자의 발굴 □ 통장 및 이웃주민 등	□ 기관내 의뢰 □ 기타
상담 장소	□ 가정 / 지역사회기관 방문	□ 내방	□ 전화
대상자 성명		성별	남 / 여
주민등록번호		전화번호	
주소			
가구유형	□ 부부중심가구 □ 독거노인가구 □ 조손가구	□ 청장년 1인 가구 □ 미혼모, 모가구 □ 한부모가구	□ 소년소녀가구 □ 장애인가구 □ 노인부부가구
상담내용			
주요문제	□ 안전의 문제 □ 가족생활문제 □ 생활환경 및 권익보장의 문제	□ 신체 및 정신건강 문제 □ 사회적 관계 □ 교육 및 학습의 문제	□ 경제적 문제 □ 일상생활 유지문제 □ 취(창)업 및 직무수행상의 문제
상담결과	□ 국민기초생활보장 □ 한부모가족 □ 장애인복지	□ 아동 □ 사회복지서비스(바우처)	□ 청소년특별지원 □ 긴급복지 □ 기타 사회복지서비스
판정의견	□ 서비스연계 / 사례관리 대상 □ 서비스 연계(요청)	□ 사례관리 □ 서비스 연계(실행)	□ 서비스 제외
상담자 종합의견			

출처: 경기복지재단, 2010: 26.

사회복지사는 위의 양식을 활용하여 순서대로 물어보는 경우도 있지만, 자연스럽게 면접을 통해 정보를 수집하면서 관계를 형성해 나가는 것이 중요하다.

• 표 13-5 • 무한돌봄센터의 초기상담지(intake)(예시)

초기 상담자			신규 / 기존
접수번호	클라이언트 이름 기재	상담일시	00월 00일 00: 00-00: 00
상담자	000000 - 0000000	소속	00팀/부서명
접수경로	□ 대상자 요청 □ 타 기관의 의뢰	■ 사례관리자의 발굴 □ 통장 및 이웃주민 등	□ 기관내 의뢰 □ 기타
상담 장소	■가정 / 지역사회기관 방문	□ 내방	□ 전화
대상자 성명	클라이언트 이름 기재	성별	(남) / 여
주민등록번호	000000 - 0000000	전화번호	000-0000
주소	00시 00구 00동 000 000-000		
가구유형	□ 부부중심가구 ■ 독거노인가구 □ 조손가구	□ 청장년 1인 가구 □ 미혼모, 모가구 □ 한부모가구	□ 소년소녀가구 □ 장애인가구 □ 노인부부가구
상담내용	현재 혼자 거주하고 계신 어르신의 가정 및 생활환경, 경제적 생활에 대해 이야기를 나눴으며, 여름철 및 겨울철 냉난방에 대한 준비가 되지 않아 건강과 안전에 위험성이 내포되어 있는 것으로 판단됨. 식사와 목욕을 하지 못해 건강과 위생문제도 심각함. 다른 사람들에게 피해를 줄까봐 도움을 요청할 생각을 하지 못했다고 함.		
주요문제	■ 안전의 문제 □ 가족생활문제 □ 생활환경 및 권익보장의 문제	■ 신체 및 정신건강 문제 □ 사회적 관계 □ 교육 및 학습의 문제	■ 경제적 문제 ■ 일상생활 유지문제 □ 취(창)업 및 직무수행상의 문제
상담결과	■ 국민기초생활보장 □ 한부모가족 □ 장애인복지	□ 아동 □ 사회복지서비스(바우처)	□ 청소년특별지원 □ 긴급복지 ■ 기타 사회복지서비스
판정의견	□ 서비스연계 / 사례관리 대상 □ 서비스 연계(요청)	■ 사례관리 □ 서비스 연계(실행)	□ 서비스 제외
상담자 종합의견	현재 혼자 거주하고 계신 어르신의 가정 및 생활환경, 안전을 고려할 때 다양한 어려움을 갖고 있는 것으로 사료되며, 이에 본 기관에서 사례관리를 진행해야 할 것으로 판단됨.		

출처: 경기복지재단, 2010: 26.

④ 계약

계약은 클라이언트가 사례관리서비스를 제공받기 원하여 사례관리자와 함께 서비스 제공에 동의하는 서식에 서명하는 것을 말한다. 계약에 포함되어야 할 사항으로는 클라이언트의 기대, 클라이언트에 대한 관심과 프로그램의 중요성, 프로그램의 기능과 수행방법, 클라이언트가 수용해야 할 조건과 책임, 클라이언트나 친족에 대한 선택과 통제 권리의 보장, 클라이언트가 된다는 동의, 필요한 응급조치, 다음 단계에 대한 약속과 조정, 이전의 타 기관에 대한 통보 등이 있다(이종복 외, 2008).

(2) 사례관리 사정과정

사례관리의 사정과정은 1단계인 접수과정에서 수집된 클라이언트의 욕구와 자원을 종합적으로 분석하여 클라이언트가 어떤 유형의 서비스를 필요로 하는가를 결정하는 것으로 이러한 결정은 서비스의 계획과 개입에 연결되어야 한다(정순둘, 2005; 현외성 외, 2012). 사정(assessment)은 접수과정에서 사례관리서비스 대상으로 결정된 클라이언트들의 복합적인 욕구와 현존하는 문제, 현재의 기능, 생활상태, 그들의 장점과 잠재능력, 공식 비공식적 자원체계의 그들에 대한 지원능력 등에 관하여 전반적인 자료를 수집하고, 종합적으로 분석하는 집중적이고 체계적인 과정이다. 사정의 목적은 클라이언트가 필요로 하는 서비스의 형태가 무엇인지, 클라이언트 능력부족으로 충족되지 못한 욕구는 무엇인지를 검토하는 것이다(이종복 외, 2008: 90-91).

① 클라이언트 욕구 및 문제 사정

클라이언트의 욕구와 문제를 사정하기 위한 영역을 목슬레이(Moxley)는 다음과 같이 예시하고 있다(장인협·우국희, 2001; 현외성 외, 2012: 139-140).

- 수입: 수입은 기본적인 생존에 적절한 수준으로 충분해야 한다. 클라이언트가 공적지원, 실업급여 등의 대상이 되는지 여부를 평가한다.
- 주거: 주거지역이나 환경, 주택소유 여부, 주거내부 환경, 즉 주방시설이나 전기시설, 난방문제, 화장실 상태, 실내이동 시의 안정성 문제 등을 평가한다.
- 고용: 클라이언트의 이전 직업, 기술, 실업이나 실직상태, 구직의 어려움 등을 파악하고 직접안내, 평가, 배치, 훈련기회 등을 확인한다.
- 건강: 신체적·치의학적·영양학적·예방적 측면을 포함한다. 과거의 병력이나 가족력, 건강에 대한 클라이언트의 개인적 신념 등을 검토한다.
- 정신건강: 클라이언트의 행동이나 주관적 표현, 클라이언트가 일상생활에 어떻게 대처하는지 대처방식 등을 통해 확인한다. 불안, 우울, 슬픔, 음주, 일시적인 정서장애 및 성격상의 문제 등이 평가대상이다.
- 사회적·개인적 문제: 사회적 혹은 가족들로부터 고립되어 있는 객관적인 상태와 주관적인 고독감의 양면을 검토한다. 이는 친밀감, 사회적 통합, 자기존중감, 상호원조의 욕구를 충족시켜 주는 데 중요한 요소이다.
- 레크리에이션과 여가: 삶의 질에 영향을 미치는 것으로 여가 기회의 이용 가능성이 포함된다. 클라이언트에게 이러한 기회

가 있는지, 적절한지 여부를 물어 본다.

- 일상에서의 활동: 클라이언트가 독립적인 일상생활을 유지할 수 있는지 여부로 도구적 일상생활능력과 세면, 목욕, 옷 입기 등의 일상생활 동작능력을 검토한다.
- 이동: 클라이언트가 혼자서 독립적으로 거동할 수 있는지, 원조가 필요한지를 평가하고 교통편의 서비스 제공의 필요성을 평가한다.
- 법률적 원조: 법적인 보호나 상담이 필요한지를 평가한다.
- 교육: 교육에 대한 열의와 교육수준 등을 평가한다. 교육은 직업상, 의사소통, 사회적 그리고 문화적 성장에 필요한 부분이다.

② 클라이언트의 능력사정

클라이언트의 능력사정은 클라이언트의 약점이나 결함보다는 강점과 발전가능성, 문제해결능력 등과 같은 잠재능력에 초점을 두고 사정하여야 한다. 목슬레이(Moxley)가 제시하는 클라이언트의 능력사정은 다음과 같다(장인협·우국희, 2001; 현외성 외, 2012: 141).

- 신체적 기능상태: 질병의 유무, 신체적인 에너지와 힘, 약물치료, 상처, 감각기관의 수용력, 심리학적 혹은 건강상태 등에 대해 평가한다.
- 인식 기능상태: 실제 적응능력, 지적인 수용력, 판단, 유연성, 인식의 결합, 가치와 그것들의 행동과 자아개념의 일관성을 검사한다.
- 감정 기능상태: 우울증의 유무, 근심, 정서관련 감정의 범위와 그것을 조절하는 방식과의 관계, 감정이 상황에 적합한 것인지를 검사한다.

- 행동적인 기능상태: 타인에 대한 민감성, 협동성, 독단성, 개인의 위생상태, 경청기술, 자기표현기술, 좌절에 대한 행동의 반응 등을 파악한다.

③ 클라이언트 지원체계의 능력사정

클라이언트의 욕구를 충족시키기 위한 공식적, 비공식적 지원체계의 능력을 클라이언트와 함께 사정한다. 클라이언트의 공식적 지원체계는 사회복지시설, 지역사회의 공공기관, 단체, 정부기관 등이 해당되며, 비공식 지원체계는 가족, 친척, 이웃, 종교집단 등이 해당된다. 비공식적 지원체계에 대한 사정은 자원의 수, 그들의 이름과 관계, 관계의 질, 제공하고 있는 서비스의 종류, 그들의 능력, 부담감 등에 관한 정보를 통합하며, 공식적 지원체계에 대한 사정은 서비스의 이용가능성, 서비스 양의 적정성, 욕구에 대한 서비스의 적절성, 클라이언트에 대한 서비스의 수용가능성, 서비스에 대한 접근가능성 등을 고려하여 실시한다(이종복 외, 2008).

④ 지원체계 활용의 장애사정

공식적, 비공식적 지원체계 활용에 있어 장애가 되는 요인이 무엇인지를 파악하는 것으로 이는 앞서 사정한 공식적, 비공식적 지원체계를 사정하고, 이들의 활용에 부정적인 영향을 미치고 있는 요인이 무엇인지를 확인하여야 한다. 장애요인으로는 이동의 부자유나 교통편의 부족 등으로 인한 접근성의 문제, 지원체계에 대한 부정적 이미지로 자원이용에 대한 거부, 낙인감, 무기력, 동기부족 등 심리·사회적 문제, 신체적·인지적·정신적 능력의 부족 등으로 인한 자원 이용의 불가능성, 자원의 부족, 정보의 부족, 서비스의 단편성과 불연속성, 비공식 지원체계의 무관심과 책임성 결여 등이 있다(이종복 외, 2008).

사정과정에서 중요한 것은 사례관리에 활용될 자원을 사정하는 것이며, 클라이언트에게 요구되는 서비스 유형에 초점을 두는 이용가능성(availability), 클라이언트에게 필요로 하는 서비스의 양이 충분한지에 대한 적정성(adequacy), 자원이 클라이언트의 욕구에 부합할 수 있는지에 대한 적절성(appropriateness), 클라이언트의 선호에 부응하는 서비스를 개발하는 수용성(acceptability), 제공될 서비스가 접근 가능한가에 대한 접근성(accessibility)을 제안하였다(양옥경, 1996: 179).

(3) 사례관리 개입계획과 실행

개입계획은 전 단계에서 작성된 사정을 바탕으로 확인된 욕구에 대한 충족을 위해 제공될 자원들을 연결시켜 나가는 과정에 대한 서비스 제공자와 서비스 이용자의 합의과정이다. 또한 개입계획은 개입목표 설정과 개입의 세부적인 계획이 수립되는 것이다. 즉, 개입계획은 대상자의 특성에 적합한 실천과정을 구체적으로 문서화시킨 것이라 하겠다(현외성 외, 2012).

① 개입계획

사정과 계획의 차이는 사정이 해결되어야 할 문제와 서비스의 목적을 확인하는 데 초점을 둔 것이라면, 계획은 이들 욕구를 충족시킬 수 있는 적절한 수단의 실제적 선택에 초점을 둔다(Challis & Davies, 1986; 이종복 외, 2008: 94 재인용).

가. 목표 설정

사례관리자의 판단에 따라 개입계획이 세워지면, 첫 단계로는 클라이언트의 문제해결을 위한 목표를 설정한다. 목표는 클라이언트가 요구하고 있는 욕구를 바탕으로 하며, 대개 생활환경의 개선, 능력 향상, 지원체계 개발과 강화에 있다. 이러한 목표는 장·단기로 구분하며 장기 목표는 복합적인 문제들에 대한 최종 욕구 해결이며, 단기목표는 클라이언트가 현재 가지고 있는 문제해결에 대한 직접적인 목표가 된다.

사례관리자는 클라이언트가 스스로 직접 목표를 결정하게 하며, 명료하고 구체적으로 정해질 수 있도록 또한 현실적으로 실현가능한 목표가 정립되도록 도와야 한다.

나. 서비스 계획의 수립

목표가 결정되면 목표에 따른 서비스를 결정한다. 이는 클라이언트에게 어떠한 서비스가 언제, 어떤 방식으로, 얼마나, 어느 정도 제공되어야 하는지를 문서화하는 것이다. 서비스 계획의 수립은 다학제 간의 협력을 통하여 이루어지며, 클라이언트의 적극적인 참여와 협조가 중요하다.

② 실행

서비스 실행의 단계는 사례관리자와 클라이언트가 상호 합의하여 결정한 문제해결을 위한 계획을 구체적인 행동으로 실천하는 단계로 이를 통해 의도하는 변화를 유발하는 단계이다(김융일 외, 1995; 현외성 외, 2012: 166-167 재인용). 즉, 클라이언트에게 필요한 서비스를 연결하거나 실시하고 그 과정에서 클라이언트가 적절하게 서비스를 받을 수 있도록 장애 요인을 제거하고, 클라이언트의 적극적인 참여와 의지를 향상시키기 위한 격려, 욕구해결에 필요한 자원을 개발하거나 발굴, 연계하는 등의 노력을 실천한다.

가. 장애극복과 옹호

서비스를 적합한 시기에 적절히 제공하고 효율적으로 활용하기 위해서는 보호계획의 수행 시 발생하는 장애를 극복할 필요가 있다. 그 장애에는 선천적 무능력, 내부 장애, 외부 장애가 있다.

선천적 무능력은 장애나 약물중독과 같은 것으로 전문가에 의한 진단적 사정과 서비스 계획의 자문을 구하고 유지 가능한 지원체계를 개발할 필요가 있다. 내부 장애는 클라이언트의 동기부족, 낙인감, 불신 등 심리·사회적 문제로 그 본질을 확인하여 자원을 연결하고 동원하는 방법이 필요하다. 외부요인은 자원의 결여, 자원의 부족, 자원에 대한 정보의 부족과 접근성의 결여 등으로 이를 해결하기 위해 권리적 옹호, 새로운 관계의 개선 등 적극적인 사회행동이 필요하다(이종복 외, 2008).

나. 서비스 계획의 수행

클라이언트에 대한 장애가 점차 극복되면, 사례관리자는 클라이언트의 환경에 맞게 보호계획을 수행하게 되는데, 사례관리자는 클라이언트와 비공식 지원체계, 서비스 제공자 및 사례관리 기관과 함께 수행한다(Steinberg & Carter, 1983; 이종복 외, 2008: 96 재인용). 이는 서비스 개입 계획에 따라 사례관리자가 서비스 제공기관 및 자원체계와의 연계를 통해 안정적이고 지속적으로 사례관리 대상자의 욕구 해결을 위한 실천에 개입하게 된다는 것이다.

다. 서비스의 조정

서비스 계획의 수행이 클라이언트에게 필요한 서비스를 연결하고 계획된 서비스가 제공되도록 하는 것이라면, 서비스의 조정은 클라이언트에게 제공되는 서비스를 적절히 배열, 정리하여 서비스의 효과성과 연속성을 보장할 수 있도록 하는 것이다(이종복 외, 2008). 이는 서비스 진행과정에서 발생하는 상황에 따라 당초의 목표나 수행방법을 일부 수정 및 조율하는 노력을 통해 보다 효과적인 서비스 개입의 긍정성을 가져오는 실천방법이라 할 수 있다.

라. 자원 동원

클라이언트의 욕구를 해결하기 위해서는 많은 자원이 필요하다. 서비스의 제공과, 조정 등이 이루어지는 동시에 적절한 서비스의 제공을 가능하게 하는 다양한 자원체계를 함께 발굴하고 연계하는 노력이 필요하다. 이는 후원자, 자원봉사자, 임상심리상담사 등의 인적 자원과 현금, 물품, 서비스 등의 물적 자원, 사회복지서비스의 정보에 대한 정보적 자원 등을 파악하고 연결함으로써 보다 적극적이고 안정적이며, 목표달성에 긍정적인 효과를 가져올 수 있다.

③ 모니터링(Monitoring)

모니터링은 사례계획이 적절하게 실행되고 있는지, 서비스 이용자가 기대하는 서비스를 제공받고 있는지, 서비스 이용자에게 제공되는 서비스가 필요하고 적절한지, 서비스 이용자의 지원체계가 서비스 제공과 지지역할을 제대로 수행하고 있는지, 실제로 서비스가 전달되는 동안 기존의 사례계획이 서비스 이용자에게 만족스러운지 또는 사례계획의 수정이 필요한지를 지속적으로 점검하는 과정으로 적극적이고 유동적인 활동이며, 서비스 진행과정을 조정하는 기능을 한다(Patton, 1987; 임병우, 2003; 현외성 외, 2012: 176 재인용).

가. 서비스에 대한 모니터링

클라이언트에게 제공되는 서비스에 대한 모니터링은 서비스 질에 대한 수준과 클라이언트의 수준, 서비스 제공자의 수준에서 이루어진다(Holt, 2000; 이종복 외, 2012: 98 재인용). 따라서 사례관리 대상자의 특성과 개입과정에서의 변화들에 대해 면밀히 민감하게 관찰하여야 하며, 이를 통해 즉각적이고 계획적인 개입들에 대한 조정들을 관계기관 간에 적절히 시행하여야 한다.

모니터링은 사례관리의 과정에서 가장 어려운 부분으로 서비스를 제공하는 기관의 직원들은 서비스를 점검하는 사례관리자를 간섭하는 사람으로 생각할 가능성이 있기에 효과적인 모니터링을 위해서는 그들과 신뢰적 관계 속에서 서로 간에 영향력을 행사할 수 있어야 한다. 따라서 기관 간 협정, 계약, 사례회의 등을 활용할 필요가 있다. 서비스 전달을 점검하는 방법으로는 대면접촉, 관찰, 가정방문, 직접 면접, 전화, 서신, 사회적 지원망 구성원들의 모임, 사례회의, 질문지 발송, 기관 간 회의 등이 있다(이근홍, 1998; 이종복 외, 2008: 99).

나. 재사정

재사정은 서비스 계획의 수행 중에 주기적인 사정을 통하여 클라이언트에게 제공되는 서비스의 적합성, 보호계획 변화의 필요성과 변화방식을 결정하는 과정이다. 재사정은 서비스 계획의 적합성을 판단하는 것으로 이를 통해 서비스를 조정하거나 목표를 수정할 수 있다(이종복 외, 2008).

재사정은 정기적인 주기에 따라 이루어지는 것이 중요하다. 클라이언트의 욕구에 따라 이용자의 견해와 선호 등을 파악하고, 이를 기반으로 서비스의 효과성을 판단하게 된다. 재사정 과정에는 초기 사정 단계에 참여했던 사람들이 모두 관여하는 것이 중요한데, 재사정은 초기에 계획된 서비스의 철회나 클라이언트나 그 가족에 예기치 않은 위기나 손상이 발생할 때, 클라이언트의 상황이 호전되었을 때, 클라이언트와의 종결이 필요한 상황 등에서 재사정은 이루어진다.

※점검은 “정해진 활동이 계획대로 잘 이루어지고 있는지”를 살펴보는 것이고, 평가는 “사례관리자의 활동이 클라이언트의 삶에 어떤 차이점을 만들어 가고 있는가”를 보는 것이다.

(4) 사례관리 평가와 종결

① 평가

사례관리 과정에서 평가는 사례관리자와 클라이언트가 초기에 결정한 욕구와 문제해결을 위해 수립된 목표가 어느 정도 달성됐는가를 확인하는 종결여부를 결정하는 과정이며, 다른 한편으로는 사례관리자와 클라이언트가 좀 더 진보된 다음 단계로 진입하기 위한 점검의 의미를 갖는다. 따라서 평가는 사례관리의 질을 강화하는 과정이라 할 수 있다(권진숙·박지영, 2010; 현외성 외, 2012: 185 재인용).

사례관리서비스 평가는 클라이언트와 서비스 체계 두 가지 측면에서 실시된다(이종복 외, 2008).

가. 클라이언트 측면에서의 평가기준

제공된 서비스의 형태와 수준의 클라이언트 수용 가능성, 제공된 서비스의 적당성, 제공된 서비스 실천기준의 적합성, 의도한 결과 초래 여부, 클라이언트의 만족도, 한정된 서비스와 위기 클라이언트 전달 정보 등을 평가한다.

나. 서비스 체계 측면에서의 평가기준

클라이언트의 장·단기 목표달성에 있어 서비스 계획의 적절성, 서비스 계획에 기술된 활동과 서비스 실행방법의 적절성, 클라이언트 욕구충족에 있어 서비스 계획의 적합성, 서비스 제공 기관의 정책과 프로그램의 클라이언트 욕구충족의 기여 정도 등을 평가한다.

② 종결

종결은 사례관리 과정을 통해서 목표가 달성되었거나 서비스가 이미 클라이언트의 삶의 질 향상을 위해 필요하지 않거나 클라이언트의 중대한 변화로 인하여 사례관리 과정을 계속 수행할 수 없을 경우에 서비스 제공을 종료하는 과정이다(Steinberg & Carter, 1983; 이근홍, 2008; 현외성 외, 2012: 194 재인용). 사례관리의 클라이언트는 문제가 쉽게 해결되는 단기서비스보다는 대개 만성적이고 상태가 점점 악화될 가능성이 있어 장기서비스를 필요로 하기 때문에 종결에 어려움이 있다. 하지만 다음과 같은 경우에는 종결이 이루어진다(Steinberg & Carter, 1983; 이종복 외, 2008: 102).

- 클라이언트가 스스로 사례를 종결시킬 경우
- 주요한 서비스 제공자가 종결을 권고할 경우
- 사례목표가 달성된 경우
- 서비스 제공자 한 사람이 서비스의 책임을 포괄적으로 맡을 경우
- 대규모 보호시설에 입소하거나 사망한 경우
- 타 지역으로 이주한 경우
- 클라이언트가 사례관리자가 연결한 서비스를 비생산적이라고 하거나, 서비스 계획을 거부하거나, 다른 방법으로 자원을 소비하거나 또는 기관의 신뢰성과 책임성을 위협할 정도로 비협조적일 경우
- 클라이언트의 욕구가 충족되고 문제가 완화되며, 사례관리자가 클라이언트 또는 가족 스스로 서비스 확보와 조정 등을 수행할 수 있다고 판단할 경우
- 클라이언트 간에 정해진 서비스 우선순위에 따라 다른 위급한 클라이언트를 위해 서비스를 제공받는 사람의 서비스를 철회할 필요가 있는 경우 등

3) 통합사례관리사업의 절차 및 과정

(1) 통합사례관리사업의 절차

통합사례관리사업의 절차는 대상자 발굴, 초기상담, 대상자 접

수, 욕구 및 위기도 조사, 사례회의, 대상자 구분·선정, 서비스제공계획 수립, 서비스제공 및 점검, 종결, 사후관리 총10단계로 구성되어 있으며 희망복지지원단의 경우, 읍면동에서 초기상담 후 의뢰된 사례관리가구에 대해 대상자 접수부터 종결까지의 사례관리를 수행한다.

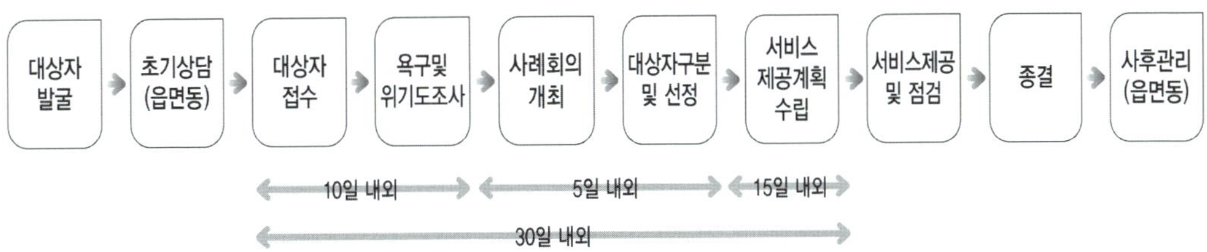

• 그림 13-2• 통합사례관리사업의 절차

출처 : 2020 희망복지지원단 업무안내(보건복지부, 2020)

(2) 통합사례관리사업의 과정

희망복지지원단 통합사례관리사업의 과정은 다음과 같다(보건복지부, 2020).

① 대상자 접수

읍면동에서 초기상담을 거쳐 희망복지지원단에 의뢰한 통합사례관리 사업대상가구로 접수가 되며, 읍면동을 거치지 않고 희망복지지원단에 직접 의뢰가 되는 경우에도 읍면동에 전달하여 초기상담 등 절차를 이행하도록 한다. 단, 이관콜(복지로 포함) 접수 사례는 제외된다.

② 욕구 및 위기도 조사

욕구조사는 통합사례관리가 필요한 가구를 대상으로 욕구영역별 현상 및 원인을 파악하여 그 결과에 따라 사례관리 가구와 서비스연계 가구로 구분 선정하기 위한 심층조사이다. 욕구조사는 통합사례관리 사업 절차를 진행하는 과정에서 대상가구의 주요 욕구가 변화된 경우 추가로 실시한다.

위기도 조사는 사례관리 대상자 선정을 위한 기준으로, 대상가구의 위기정도 파악 및 사례관리 종결의 적정성 판단 등에 활용한다. 그리고 위기도 조사는 욕구조사와 병행하여 실시하되, 사례관리 종결 전에도 다시 한 번 실시하여 통합사례관리의 효과성 및 종결의 적정성을 판단하는 기초 자료로 활용한다.

이때 수행주체는 주사례관리자이며, 사회보장정보시스템(행복e음)에 의한 통합사례관리 사업 요청일로부터 10일 냉회의 기간 중에 실시해야 한다. 그리고 대상가구의 특성 및 안전문제를 고려하여 2인 동행 방문을 실시한다.

③ 사례회의 개최

대상자 선정, 종결 시 필수로 진행하되 대상자 구분·선정 및 사례관리 가구에 대한 서비스제공계획 수립부터 사례관리가 진행된 이후 대상 가구의 욕구 변화 및 문제해결 정도, 서비스 제공 점검, 주사례관리자의 개입방법, 사례관리 종결 등을 협의하기 위하여 수시로 실시한다. 시군구에서 직접 수행하는 사례의 경우, 내부사례회의와 통합사례회의를 개최하며 읍면동에서 수행하는 사례의 경우 희망복지지원단에 솔루션회의를 의뢰할 수 있으며 희망복지지원단은 솔루션회의 지원 후 결과에 대한 이행 점검할 수 있다.

여기서, 솔루션 위원회는 통합사례회의를 진행(최소 1회 이상) 해보았으나 더 큰 범위의 자원과 더 높은 수준의 전문적 지식이 필요한 사례에 대해 해결책을 제시하기 위하여 그에 맞는 다양한 기관 및 전문가로 구성된 맞춤형 자문기구를 말한다. 이때 주요 역할은 슈퍼비전 제공과 통합사례관리 지원이다.

④ 대상자 구분 및 선정

사례회의 결과를 바탕으로 대상가구를 사례관리가구와 서비스연계가구로 구분·선정한다. 욕구 및 위기도 조사 결과를 토대로 사례회의를 통해 시군구 사례관리 팀장이 주사례관리자와 협의하여 대상가구 구분을 사례관리 가구, 서비스연계가구, 미선정 가구로 결정한다. 사례관리 가구는 원칙적으로 대상가구의 특성 및 가용자원 등을 감안하여 개입 기간을 기준으로 1개월 이상 예상되는 가구이다. 서비스 연계 가구는 대상가구의 특성 및 가용자원 등을 감안하여 개입 기간이 1개월 미만으로 예상되는 가구로 선정 후 30일 이내 관련 서비스를 연계한다. 미선정 가구는 통합사례관리 사업이 불필요한 경우, 대상자 연락두절 및 거부 등으로 인해 기한 내에 욕구조사를 수행하지 못한 경우를 말한다.

• 표 13-6 • 대상자의 사례관리서비스 유형

구분		설명
읍면동 서비스연계		1개월 미만의 단편적 단순 서비스 연계를 통해 문제 해결이 가능한 가구원
사례관리	단순 사례관리	문제와 욕구의 심각성이 상대적으로 낮으며 개별기관에서 지원 가능한 가구원
	긴급 사례관리	복합적 문제를 가지고 있으며 문제와 욕구의 심각성이 높아 통합적 접근을 요구하는 가구원 1) 의료적 진단과 개입이 요구되나 현 시점에서 자원 연결이 불가능한 경우 2) 성학대를 포함하여 방임, 학대 등이 연루되어 있거나 학대 가능성이 있으나 현 상황에서 가족원의 안전문제 해결을 위해 관련 기관의 충분한 협력을 얻을 수 없는 경우
	집중 사례관리	복합적인 문제를 가지고 있으며, 문제와 욕구가 심각하여 다양한 자원의 긴급한 개입을 요구하는 가구원 1) 폭력(학대, 폭력, 자살 등) 발생 또는 위험성이 높다고 판단된 경우 2) 갑작스러운 실직, 질병, 사망 경제적, 사회적 위기에 직면한 경우
잠재적 사례관리		현재 특별한 복지서비스를 필요로 하지 않으나 언제든지 위기상황에 놓일 가능성이 있는 지역 주민

⑤ 서비스 제공계획 수립

사례회의 결과를 토대로 선정된 사례관리 가구에 대한 개입목표(장·단기)를 설정하고, 구체적인 서비스 제공 계획 수립한다.

⑥ 서비스 제공 및 점검

사례관리 가구에게 서비스 제공계획에 따른 서비스를 제공하고, 이행 상황 및 대상가구의 환경·욕구 변화 등을 주기적으로 점검·파악한다. 공공·민간 서비스 제공기관이 제공하는 서비스뿐만 아니라, 주사례관리자가 제공하는 직접서비스(전문적인 지지·상담개입 등)도 포함된다.

⑦ 종결

사례관리의 개입목표가 달성되었거나 거부 등의 사유로 사례관리 개입이 불가능할 경우 사례회의를 통해 종결 여부 결정한다.

⑧ 사후관리

통합사례관리가구(사례관리 가구 및 서비스연계 가구)에 대한 개입 종결 후 일정기간을 설정하여 대상가구가 변화를 지속적으로 유지하는지 등을 모니터링한다. 사후관리 결과 새로운 문제나 욕구가 발생할 경우에는 재개입 필요성 등을 판단하여 위기상황의 재발을 예방한다. 보통 종결 후 9개월 내 2회 실시하며, 단 최초 1회는 3개월 이내에 실시한다(서비스 연계가구는 1회 실시). 그리고 희망복지지원단 및 읍·면·동에서 종결된 통합사례관리 가구는 주소지 읍·면·동에서 사회보장정보시스템(행복e음)을 통해 '모니터 대상자'로 확인이 가능하다.

마지막으로 통합사례관리 업무 담당자(희망복지지원단, 읍면동 찾아가는 보건복지전담팀)는 욕구조사 등을 통해 확보한 대상가구의 개인정보가 훼손 및 유출되지 않도록 철저하게 관리해야 한다.

03 사례관리자의 역할

사례관리자는 사례관리와 관련된 서비스 제공자로서의 역할과 자신의 활동내용을 조정할 수 있어야 한다. 즉, 클라이언트에게 필요한 원조 형태를 구체화하고, 사회적 지지체계의 장애물을 확인하고 극복함으로써 직접적인 서비스 제공과 함께 잠재적인 원조자와 연결하고, 문제가 해결될 때까지 연결망이 유지되도록 간접적인 조정 서비스를 제공한다. 사례관리자는 지역사회 실천기술을 필요로 한다. 또한 클라이언트 욕구파악과 서비스 제공에 관해 명백한 인식을 가져야 하고, 사례관리 시 필요한 다른 집단과 협력해야 한다.

사례관리자의 역할을 구체적으로 살펴보면 다음과 같다(엄명용 외, 2009).

첫째, 사정자로서의 사례관리자는 클라이언트의 부정적인 요소보다는 긍정적인 요소에 중점을 두고 클라이언트의 욕구를 수집하고 분석하며 종합한다. 이를 위해서 사례관리자는 사정할 수 있는 능력을 갖추기 위한 풍부한 경험과 근무경력이 요구된다.

둘째, 계획자로서 사례관리자는 클라이언트의 욕구를 충족시키기 위한 사례계획, 치료, 서비스 통합, 기관의 협력 및 서비스망을 설계하고 체계적인 개입계획이 이루어질 수 있도록 한다.

셋째, 상담자로서의 사례관리자는 클라이언트에 대한 이해를 발전시키고 본인 스스로 사회 지지체계를 개발 및 유지하는 방법을 알 필요가 있음을 가르친다. 또한 사례관리자는 다양하고 복잡한 욕구가 있는 클라이언트에 대한 이해를 위해 전반적인 지식을 갖고 있어야 한다.

넷째, 중개자로서 사례관리자는 클라이언트의 지식과 능력부족 혹은 기관에 의해 서비스를 제공받지 못할 경우 다른 자원을 연계할 수 있도록 한다. 이를 위해서는 사례관리자는 지역사회에 클라이언트의 욕구충족을 위해 제공될 수 있는 서비스를 제공하는 기관에 대한 최근 정보를 갖고 있어야 한다.

다섯째, 조정자로서의 사례관리자는 클라이언트와 원조자 사이에서의 자원 연계와 지지 간에 조정과 타협의 책임을 갖고 수행하며 필요한 경우 갈등감소와 지지망의 효과성 증진을 위해 원조자와 의사소통을 한다.

여섯째, 평가자로서의 사례관리자는 클라이언트에게 제공된 프로그램에 대하여 프로그램의 효과성, 효율성 및 비용 효과성을 검토하기 위해 자료와 정보를 수집하고 분석한다. 이를 통해 보다 나은 서비스가 클라이언트에게 제공될 수 있도록 한다.

일곱째, 옹호자로서의 사례관리자는 자기 자신에 대한 옹호와 대변 능력이 부족한 클라이언트에게 지역사회 자원이 적절하게 공급과 분배될 수 있도록 노력하고, 클라이언트의 옹호자로서 클라이언트의 권리를 침해한 기관 혹은 사람들에게 옹호를 위해 활동한다.

04 사회복지실천으로서의 사례관리 특징

사회복지실천으로서의 사례관리 특징을 살펴보면 다음과 같다(조상윤 외, 2008).

첫째, 사례관리는 지속적이고 통합적인 서비스로 일반적으로 사회복지실천은 기관의 서비스와 프로그램에 클라이언트가 참여하지만 사례관리는 클라이언트의 욕구중심으로 사회복지기관을 벗어나 지역사회까지 그 범위를 확대하여 서비스를 제공하고 점검과 재사정을 통해 클라이언트의 다양한 욕구를 만족시키고자 지속적이고 통합적으로 서비스가 제공되는 실천방법이다.

둘째, 사례관리는 클라이언트 중심철학이며, 적극적인 지역사회보호를 강조하는 실천방법이다. 여기서 '클라이언트 중심 철학'은 클라이언트 욕구에 기초한 서비스의 개발과 제공을 하는 것이다. 또한 '적극적인 지역사회보호'는 단편화되고 분산된 지역사회서비스를 조정하고 통합하는 것이다. 따라서 사례관리자는 클라이언트를 둘러싼 지역사회자원에 대한 충분한 지식과 정보를 바탕으로 클라이언트의 복지에 대한 욕구를 만족시킬 수 있도록 해야 한다.

셋째, 사례관리는 자원관리와 조정 등의 간접적 서비스 제공과 클라이언트와 환경체계를 사정하여 클라이언트의 다양한 욕구를 만족시킬 수 있는 서비스 제공과 연결 그리고 직접적 서비스도 제공함으로써 인간을 둘러싼 환경에 대한 종합적인 사정이 되어야 한다. 따라서 체계이론과 생태체계이론이 이론적 배경이 된다.

넷째, 사례관리는 사회복지실천의 전통적 방법인 개별실천, 집단실천 및 지역사회복지의 몇 가지 측면을 통합한 실천의 핵심적인 기술 중의 하나로 하나의 영역에 제한되지 않고 다양한 사회복지 실천분야(재가보호영역, 정신보건영역, 재활영역, 노인복지영역, 발달장애영역 등)에서 폭넓게 활용되고 있다. 여기서 '사회복지실천의 개별접근'은 특정 목표를 달성하고자 클라이언트를 변화시키려는 직접적인 서비스의 제공을 목적으로 하지만, '사례관리'는 직접적인 서비스의 제공보다는 간접적인 서비스의 제공을 통해 보호의 연속성의 보장, 비용-효과성의 증대, 접근성과 책임성의 증진, 일차집단의 보호능력의 향상 및 사회적 기능의 향상을 목적으로 한다.

사례관리는 직접적인 서비스 제공보다는 간접적인 서비스 제공으로 클라이언트에 대한 서비스의 연속성 보장, 비용효과성의 증대, 접근성과 책임성 증진, 일차보호집단의 보호능력의 향상 및 사회적 기능의 향상을 목적으로 한다. 이런 점에서 사례관리는 여러 사회복지실천 영역에서 폭넓게 활용되고 있다.

생각해봅시다

1 사회복지실천현장에서 사례관리의 도입이 필요하게 된 배경에 대해 설명해 봅시다.

2 사례관리의 정의에 대해서 설명해 봅시다.

3 사례관리의 구성요소에 대해서 설명해 봅시다.

4 사회복지실천 영역 중 자신이 관심을 갖는 대상자와 관련된 사례를 제시하면서 사례관리 접근의 중요성에 대해 논의해 봅시다.

5 자신이 관심을 갖고 있는 분야에 대한 사례를 발굴하여 이를 통합 사례관리의 실천과정에 접목시켜 단계별로 논의해 봅시다.

참고문헌

Reference

가족치료연구모임(2001). 해결중심적 단기가족치료. 서울: 하나의학사.

강문희, 박경, 강혜련, 김혜련(2011). 가족상담 및 심리치료. 서울: 신정.

강선경(2010). '이중관계와 관련된 윤리적 딜레마에 대한 교육'. 한국사회복지교육. 12. pp.31-49.

강선경, 최원석(2012). 사회복지실천의 이해. 경기: 양서원.

경기복지재단(2010). 무한돌봄센터 사례관리 매뉴얼·경기복지재단 연구보고서.

고기홍(2001). 개인상담 면접기록의 원리와 방법. 학생생활연구. 22. pp.223-256.

고수현(2014). 사회복지윤리와 철학. 경기: 양서원.

구혜영(2013). 사회복지실천기술론. 서울: 신정.

국가인권위원회(2008). 노인분야 인권교육 교재.

권선진(1994). 사회복지관의 조직효과성에 관한 연구, 연세대학교 대학원 박사학위논문.

권진숙, 박지영(2010). 사례관리의 이론과 실제(2판). 서울: 학지사.

금기윤, 김미연, 김은희, 류동수, 이태희(2013). 사회복지실천기술론. 경기: 공동체.

금명자, 이장호(1990). 상담에 대한 내담자의 기대. 한국심리학회지: 상담 및 심리치료. 3(1). pp.23-43.

길귀숙, 강희숙, 이재호, 천덕희, 김상곤(2010). 사회복지실천론. 경기: 양서원.

김경희(2000). 사회복지관 사회복지사의 책무성에 영향을 미치는 변인. 서울여자대학교 박사학위논문.

김계현(1990; 2007). 카운슬링의 실제. 서울: 성원사.

김규수(1999). 의료사회사업 실천론. 서울: 형설출판사.

김기덕(2002). 사회복지윤리학. 나눔의 집.

김기덕, 최소연, 권자영(2012). 사회복지 윤리와 철학. 경기: 양서원.

김기태(2006). 위기개입론. 서울: 대왕사.

김기태, 김수환, 김영호, 박지영(2008; 2009). 사회복지실천론. 경기: 공동체.

김기태, 최송식, 이명옥, 이경희, 박봉길(1997). 사례관리실천의 이해. 서울: 만수출판사.

김기태, 황성동, 최송식, 박봉길, 최말옥(2001). 정신보건복지론. 경기: 양서원.

김동배, 이윤로(2004). 집단사회사업의 실천과 평가. 서울: 21세기사.

김만두 역(1992). 케이스워크 관계론. 서울: 홍익제.

김병외(2017). 지역복지론. 서울: 창지사.

김수정(2014). 사회복지사의 인권증진 역할과 인권관점 실천전략. 임상사회사업연구, 11(1). pp.21-37.

김영란, 연문희(2002). 상담단계별 상담자 공감과 내담자 체험 및 상담성과와의 관계. 한국심리학회지: 상담 및 심리치료. 14(1). pp.19-38.

김용환, 김승돈, 박선애, 안외자, 양정안, 오정옥 공저(2013). 사회복지실천기술론. 서울: 동문사.

김용환, 김승돈, 안외자, 양정안, 오정옥, 이현선(2013). 사회복지실천론. 서울: 동문사.

김융일(2003). 사회복지개론. 서울: 동인.

김융일, 조홍식, 김연옥(1995). 사회사업 실천론. 서울: 나남출판.

김융일, 조홍식, 김연옥, 황숙연(2009). 사회복지실천론. 서울: 나남출판.

김인숙, 김용석 역(2002). 사회복지실천기술연습. 서울: 나남출판사.

김정희, 이장호(1992). 현대심리치료. 서울: 중앙적성출판사.

김종운, 박성실, 박춘자, 정보현, 김효은, 강정임, 임은미, 이태곤, 장인영, 양민정, 이정이, 김현희(2012). 학교 집단상담의 이론과 실제. 서울: 동문사.

김진숙, 장연진(2012). '사회복지사의 윤리적 신념과 경험에 관한 연구-이중관계를 중심으로'. 사회복지연구. 43(2). pp.235-266.

김충식, 나용선, 서상범, 신상수, 최명주(2010). 사회복지실천기술론. 경기: 공동체.

김혜란 외(2003). 사회복지실천기술론. 경기: 나남출판사.

김혜란, 홍선미, 공계순(2001). 사회복지실천기술론. 서울: 나남출판사.

김혜영 외(2017). 사회복지실천론 제2판. 경기: 공동체.

김혜영, 석말숙, 최정숙, 김성경(2010; 2012). 사회복지실천론. 경기: 공동체.

김효선 외(2019). 사회복지실천론. 경기: 공동체.

남기철, 정성욱, 조성희(2010). 사회복지실천 기법과 지침. 서울: 나남출판.

남세진, 조흥식(1997). 집단지도방법론. 서울: 서울대학교출판부.

남연희, 박영국, 도기봉(2012). 사회복지실천론. 경기: 공동체.

노혁(2013). 사회복지실천론. 서울: 학지사.

대덕구장애인종합복지관(2009). 서비스운영규정.

문인숙(1994). 사회사업방법론. 경기: 보진제.

박미은, 서미경, 김영란(2001). '실천적 갈등상황에서 사회복지사들의 윤리적 선택에 관한 연구'. 사회복지연구. 17. pp.1-28.

박병현(2010). 사회복지의 역사. 경기: 공동체.

박세정, 손명희(2008). 사회복지실천론. 서울: 창지사.

박영신, 김의철(2008). 한국 청소년의 삶의 질과 인간관계. 교육심리연구. 22(4). pp.801- 836.

박영희(1993). 사회복지실천과 윤리. 서울: 한울아카데미.

박주현, 박연옥, 김준환, 배은숙, 박서춘, 박서영(2013). 사회복지실천론. 서울: 창지사.

박지영, 배화숙, 엄태완, 이인숙, 최희경(2010). 함께하는 사회복지의 이해. 서울: 학지사.

배은숙, 문혜숙, 김준환, 이금옥, 박주현(2013). 사회복지실천기술론. 서울: 창지사.

배주연(2013). 내담자가 경험한 첫 면접에 대한 질적 연구. 상담학연구. 14. pp.3453-3476.

백은령, 김선아, 양숙미, 엄미선, 윤철수(2006; 2007). 사회복지실천론. 서울: 대왕사.

보건복지부(2014). 2014년 희망복지지원단 업무안내 지침.

보건복지부(2018). "재가·지역사회 중심으로 사회 서비스 제공" 커뮤니티케어 (Community Care) 본격 추진(2018.3.12. 보도자료).

보건복지부(2020). 2020년 희망복지지원단 업무안내. 보건복지부 지역복지과.
사회복지교육연구센터(2013). 사회복지실천론. 서울: 나눔의 집.
서울특별시, 서울복지재단(2010). 사회복지관 프로그램 매뉴얼 지역사회보호사업: 사례관리 실천 매뉴얼. 서울복지재단.
서혜석, 이혜숙, 이윤형, 한경리(2013). 사회복지실천기술론. 경기: 양서원.
설진화(2008; 2012). 사회복지실천기술론. 경기: 양서원.
설진화(2009). 사례관리론. 경기: 양서원.
설진화(2010). 사회복지실천 기술론, 경기: 양서원.
성규탁(1993). 사회복지행정론. 경기: 법문사.
손광훈(2009). 사회복지실천기술론. 경기: 공동체.
송성자(1995). 가족과 가족치료. 경기: 법문사.
송유미(2008). 사회복지사의 전문성과 윤리적 책임행동 간의 관계를 통한 사회복지실천적 함의. 한국지역사회복지학. 27. pp.195-210.
송정아, 최규련(1997). 가족치료의 이론과 기법. 서울: 하우.
신성자(2000). 사회복지실천론, 서울: 고헌출판사.
신정완(2014). 복지국가의 철학. 인간과 복지.
안창일 편저. 박기환, 오상우, 박병관, 김지혜, 이경희, 이은영, 이임순, 이현수, 정진복, 권희경, 장재홍, 박경, 이정흠, 조선미, 한기연, 안귀여루(2002). 임상심리학. 서울: 시그마프레스.
양옥경(1996). 지역사회정신건강. 서울: 나남출판.
양옥경, 김정진, 서미경, 김미옥, 김소희(2005; 2010; 2011). 사회복지실천론. 서울: 나남출판사.
양정남(2016). 사회복지실천론. 경기: 양서원.
양정남, 권구영, 김화선, 최은정, 한혜경(2009). 사례관리. 경기: 양서원.
양정남, 이유리, 박순희(2012). 사회복지실천기술론. 경기: 양서원.
양정남, 최선령(2011). 사회복지실천론(3판). 경기: 양서원.
엄명용 외(2006). 사회복지실천기술론, 서울: 학지사.
엄명용, 김성천, 오혜경, 윤혜미(2000; 2006; 2009; 2011). 사회복지실천의 이해. 서울: 학지사.
엄명용, 노충래, 김용석(2008). 사회복지실천기술의 이해. 학지사. p36,

Brill, N.(1997). Working with People: The Helping Process (6th de., pp. 19-20). New York: Longman. 재인용

엄명용, 노충래, 김용석(2008; 2009). 사회복지실천기술의 이해. 서울: 학지사.

에썹 사회복지실천론, 2020년 시험대비 사회복지사 1급 수험서, 경기: 공동체.

연세사회복지실천연구회 역(2005). 사회복지실천이론의 이해와 적용. 프란시스터너편. 서울: 나남출판사.

오봉욱(a), 이명순, 이영주, 이태희, 장수복, 전수미, 한주빈(2013). 사회복지개론. 서울: 동문사.

오봉욱(b), 한주빈, 전수미, 이효순, 성치상, 최종복, 최세영, 전동일(2013). 사회복지실천기술론. 서울: 동문사.

오창순, 신선인, 장수미, 김수정(2010). 인간행동과 사회 환경. 서울: 학지사.

오혜경(2010). 사회복지실천에서의 이중관계에 관한 탐색적 연구: 사회복지사와 클라이언트의 관계 중심. 경성대학교 사회과학연구소. 사회과학연구 26(4). pp.199-222.

유성구종합사회복지관(2011). 서비스운영규정.

유수현(1996). 사회복지사와 슈퍼비전: 사회사업실천기술론. 서울: 한국사회복지사협회.

유태한(2019). 사회정의론에 기반한 사회복지철학이론의 탐색: 롤스와 샌델 비교. 사회복지정책, 46(2). pp.05-25.

이경준, 임수정(2019). 장애인 커뮤니티케어 서비스 구축을 위한 통합사례관리 연계방향. 2019 한국통합사례관리학회 추계학술대회 자료집(2019.11.08. 신한대학교).

이경준, 오봉욱, 박선아, 하태선(2014). 사회복지실천론. 서울: 동문사.

이경준, 오봉욱, 박선아, 하태선, 전대성, 이정미(2018). 사회복지실천론(개정판). 서울: 동문사.

이근홍(1998). 케이스 매니지먼트. 서울: 대학출판사.

이기연, 유서구(2012). 사례관리의 이해와 적용. 경기: 공동체.

이상균, 박현선(2002). **사회복지 면접의 길잡이**. 서울: 나눔의 집.
이순민(2014). **사회복지 윤리와 철학**. 서울: 학지사.
이신영, 박선영(2012). **사회복지실천기술론**. 경기: 양서원.
이영분 외(2002). **사회복지실천론**. 서울: 동인.
이영실, 나임순, 정명희, 황희숙, 최정자(2010). **사회복지실천론**. 경기: 양서원.
이영호(2008). **사회복지실천기술론**. 경기: 공동체.
이원숙(2008). **사회복지실천론**. 서울: 학지사.
이윤로(2006; 2007; 2008). **사회복지실천기술론**. 서울: 학지사.
이인정 외(2003). **인간행동과 사회환경**, 경기: 나남출판.
이장호(2005). **상담 심리학(제4판)**. 서울: 박영사.
이장호, 최윤미(1992). **상담사례연구집**. 서울: 박영사.
이종복, 이권일, 김화순, 오은경(2008). **사례관리의 이론과 실천**. 경기: 창지사.
이종복, 전남련(2011). **사회복지실천론(제3판)**. 경기: 학현사.
이종복, 전남련, 김덕일(2006; 2010; 2011). **사회복지실천론**. 경기: 학현사.
이준우, 이화옥, 임원선(2004). **사회복지실천론**. 서울: 인간과 복지.
이현경(2010). **임상장면에서의 가족상담과 치료: 이론과 실제**. 경기: 양서원.
이현림(2008). **상담이론과 실제**. 경기: 양서원.
이현주, 전수미, 강석임, 오봉욱, 김한나, 전동일(2014). **정신건강의 이해**. 경기: 공동체.
이효선(2003). **사회복지 윤리와 철학의 이해**. 서울: 학지사.
이효선, 정푸름(2012). **사회복지실천론**. 경기: 정민사.
이희(1995). **정신요법**. 서울: 일조각.
인천광역시사회복지관협회, 사례관리연구회(2009). 인천광역시 사회복지관 사례관리실천을 위한 매뉴얼 연구보고서.
인천기독교종합사회복지관(2009). 전문상담형 사례관리 사업과정 '5년간의 STORY'.
일급(1급) 사회복지사 시험연구회(2007). **1급 사회복지사 기본서 사회복지실천론**. 서울: 나눔의 집.

임병우(2003). 영국과 미국의 노인을 위한 지역사회보호에서 케어매니지먼트 비교. 한국노년학회.

임안나, 곽정국, 장승전, 임현진, 신후경, 김한덕, 이순자, 김덕주, 배재덕, 강혜자(2011). 사회복지실천기술론. 경기: 공동체.

장수미, 최정숙, 박형원, 김주현, 홍현미라, 이혜경, 이영선, 한인영(2010). 사회복지실천기술론. 서울: 학지사.

장인협, 우국희(2001). 케어·케이스 매니지먼트. 서울: 서울대학교출판부.

전남련, 신재명, 이권일, 김상조(2009). 사회복지실천기술론. 경기: 학현사.

전선영(2005). 사회복지 가치를 매개로 한 사회복지 교육과 옹호 태도 및 전략의 인과관계 분석. 한국사회복지학, 57(4). pp.35-65.

전재일, 이종복, 조운희, 이준상, 이애재, 이성희(2004; 2007). 사회복지실천론. 서울: 형설출판사.

전재일, 조운희, 이준상, 이성희(2009). 사회복지실천론. 서울: 형설출판사.

정무성, 정진모(2009). 사회복지 프로그램 개발과 평가. 경기: 양서원.

정순둘(2005). 사례관리실천의 이해. 서울: 학지사.

정원철(2005). 사회복지실천과 상담. 경기: 양서원.

조상윤, 서대석, 오봉욱(2008). 사회복지사 1급 수험서: 사회복지실천론. 서울: 와이드프로.

조휘일, 이윤로(2003). 사회복지실천론. 서울: 학지사.

조흥식, 오승환, 박현선, 공계순, 신영화, 우국희, 성정현, 오세란, 이상균, 황숙연, 이용표, 유채영, 김혜련, 조성희(2000). 사회복지실천분야론. 서울: 학지사.

주일정(2000). 초기상담에서 내담자의 회기 참여욕구와 귀인양식과의 관계. 이화여자대학교 석사학위논문.

최규련(2008). 가족상담 및 치료. 서울: 학지사.

최덕경, 이혜자, 이무영, 정혜선, 박경애, 김민경(2012). 사회복지실천론. 경기: 공동체.

최선화(2006). 풀어쓴 사회복지실천기술. 경기: 공동체.

최옥채(2001). 사회복지실천론. 경기: 양서원.

최원규(1996). 외국민간보조단체의 활동과 한국 사회사업 발전에 미친 영향. 서울대학교 박사학위논문.

최윤영, 이경준(2013). **장애인복지론(제2판)**. 서울: 학지사.

최일섭, 류진석(2002). **지역사회복지론**. 서울: 서울대학교출판부.

최해경(2009; 2010). **사회복지실천론**. 서울: 학지사

최혜지, 김경미, 정순돌, 박선영, 장수미, 박형원, 배진형, 박화옥, 안준희(2013). **사회복지실천론**. 서울: 학지사.

허남순, 한인영, 김기환, 김용석 공역(2004). **사회복지실천이론과 기술**. 서울: 나눔의 집.

현외성, 정재욱, 마은경, 이은정, 문정란, 김용환, 강환세, 박선애, 정민화(2012). **사회복지 사례관리론**. 경기: 공동체.

홍순혜, 한인영 역(1997). **사회사업기록**. 경기: 학문사.

KAVA 40년사 편찬위원회(1995). 외원사회사업기관 활동사. 외국민간원조기관 한국연합회 40년사. 서울: 홍익제.

Barker, R. L.(1987). *The Social work Dictionary*. Silver Soring Martland: NASW.

Barker, R. L.(1995). *The social work dictionary*. Washington, D.C.: NASW Press.

Barker, R. L.(2003). *The social work dictionary*(4th ed.). Washington, DC: NASW Press.

Bartlett, H. M.(1970), *The Common Base of Social Work Practice*, Washington, D. C.: National Association of Social Workers Inc.

Biestek, F. P.(1957). *The Casework Relationship*. Illinois: Loyola Univ. Press.

Boehem, W. W.(1958). The nature of social work, *Social Work*, 3(2).

Bogo, M.(2006). *Social work practice: Concepts, processes, and interviewing*. New York: Columbia University Press.

Brammer, L. M.(1979). *The helping relationship: Process and skills*(2nd ed.), Englewood Cliffs, N. J.: Prentice-Hall.

Brieland, D.(1995). *Social work practice: History and evolution*. In R. L.

Challis, D., & Davies, B.(1986). *Case Management in Community Care*. Gower Publishing Company.

Compton, B. R., & Galaway, B.(1994). *Social work processes*(5th ed.). Pacific Grove, CA: Brooks/Cole.

Compton, B. R., & GAlaway, B.(1989). *Social Work Process*. Belment, CA: Wadsworth.

Compton, B. R., & Gallaway, B.(1979). *Social Work Processes*. Illinois: The Dorsey Press. Homewood.

Congress. E.(1999). *Social Work Values and Ethics: Identifying and Resolving Professional Dilemmas*, Thomson Learning.

Corey, G. Corey, M. S., & Callanan, P.(1988). *Issues and ethics in the helping professions*. Pacific Grove, CA: Books/Cole.

Cournoyer, Barry R.(2000). *The Social work skills workbook*, 3rd. Cole Publishing Company. 김인숙 외 역(2002). 사회복지실천기술연습. 서울: 나남출판.

Craig, J. D.(1991). Preventing Dual relationships in Pastoral Counseling. *Counseling and Values*, 36, 49-54.

Dale Carnegie(2010). 인간관계론. 서울: 더클래식.

Dolgoff, R., D. Feildstein & L. Skolnik(1997), *Understand Social Welfare*, NY: Longman.

Dolgoff, R., Lowenberg, F. M., & Harrington, D.(2005). *Ethical Decisions for Social Work Practice*. Itasca, III.: Cengage Learning.

Gambrill, E.(2006). *Social work practice: A critical thinker's guide*(2nd ed.). New York: Oxford University Press.

Gerhart.(1990). *Caring for the chronic mentally ill*. Itasca, IL: Peacock.

Germain, C., & Gitterman, A.(1980). *The life Model of social work Practice*. NY: Free Press.

Gilliand, B., & R. James(1997). *Crisis Intervention Strategies*. Brooks/Cole.

Goldstein, E., & Noonan, M.(1999). *Short-term treatment and social work practice: An integrative perspective*. New York: Free Press.

Goldstein, H.(1973). *Social Work Practice: A Unitary Approach*, Columbia: Univ. of South Carolina Press.

Healy, K.(2005). *Social Work Theories in Context*. Palgrave Macmillan.

Hepworth, D. H., & Larsen, J. A.(1990). *Direct Social Work Practice: Theory and Skills*(3th ed.). Pacific Grove, CA: Brooks/cole publishing.

Hepworth, D. H., Rooney, R. H., Rooney, G. D., Strom-Gottfried, K. S., & Larsen J.(2006). *Direct Social Work Practice: Theory and Skills*(7th eds.). Thomson Brooks/Cole.

Hepworth, D., & Larsen, J. A.(1986). *Direct social work practice: Theory and skills*, Chicago: Dorsey.

Johnson, L. C., & Yanca, S. J.(2004), *Social Work Practice: A Generalist Approach*(8th eds.), BostonPerson Education, Inc.

Johnson, L. C., & Yanca, S. J.(2009). *Social Work Practice: A generalist approach*(10th ed.). Boston, MA: Pearson.

Johnson, P. J., & Rubin, A.(1983). *Case management in mental health: A social work Domain?*. Social work, 28(1).

Kadushin, A.(1972). *The Social work Practice: A Generalist Approach* (5th ed.), Boston: Allyn and Bacon Publishers.

Kadushin, A.(1983). *The Social Work Interview*(2nd ed). New York: Columbia University Press.

Kirst-Ashman, K. K., & Hull, Jr., Grafton H.(1993; 1999). *Understanding Generalist Practice.* Chicago: Nelson-Hall Publishers

Leighninger, L.(2008). The history of social work and social welfare. In K. M.

Levinson, H.(1997), "Termination of Psychotherapy: Some Salient Issues", *Socia Caeswork*, 58. pp.480-489.

Levy, C.(1973). "The Value Base of Social Work", *Journal of Education for Social Work*, Jan., pp.34-42.

Long, D. D., Tice, C. J., & Morrison, J. D.(2006). *Macro Social Work Practice: A Strengths Perspective*. Belmont, CA: Brooks/Cole.

Lowenberg, F., & R. Dolgoff(1998), *Ethical Decisions for Social Work Practice*, Itasca: F. E. Peacock.

Maguoire, L.(2007). *Clinical Social Work: Beyond Generalist Practice with Individual, Group and Families*. Wadsworth Pub Co.

Mattaini, M. A., & Meyer, C. H.(Eds).(1999). *The foundations of social work practice*. NASW Press.

McMahon, M. O.(1996). *The general method of social work practice: A generalist perspective*(3rd ed.). Boston, MA: Allyn & Bacon.

Miley, K. K., O'Melia, M., & DuBois, B. L.(1995). *Generalist social work practice: An empowering approach*. Massachusetts: Allyn and Bacom.

Miley, K., M. O'Melia, & B. L. DuBois(2007). *Generalist Social Work Practice: An Empowering Approach*(5th eds.). Pearson Education, Inc

Moore, S. T.(1990). A Social work Practice model of case management: The case management grid. *Social work*, 35(5), pp.444-448.

Moxley, D. P.(1989). *The Practice of Case Management*. CA: Sage Publications Inc.

NASW(1958). "Working Definition of Social Work Practice", reprinted in Donald Brieland, "Historical Overview", *Social Work*, Sep., p. 344.

NASW(1994). *National Association of Social Workers Code of Ethics*, Washington, D. C.: Author.

NASW(1995). *Encylopedia of Social Work*, Maryland: NASW.

Nichols & Schwartz(1995). *Family therapy: Concepts and methods*(3rd ed.). Boston: Allyn and Bacon.

Northen, H.(1982). *Clinical Social work*. New York: Columbia University Press.

Notron, D.(1978). *The dual perspecitive*. Now York: Council of Social Work Education.

Perlman, H. H.(1957). *Social casework: A problem solving process*. Chicago: University of Chicago Press.

Perlman, H. H.(1986). The problem-solving model. In F. Turner(Eds.). *Social Work Treatment: Interlocking theoretical approach*(3rd ed.). NY: Free Press.

Pincus, A., & A. Minahnan(1973). *Social Work: Social Work Practice: Model and Method*, Ithaca: F. E. Peacock.

Pope, K. S.(1991). Dual relationships in Psychotherapy. *Ethics and Behavior*, 1. pp.21-34.

Reamer, F.(1995). *Social work values and ethics*. New York: Columbia University Press.

Richmond, M. E.(1917). *Social Diagnosis*, NY: Russell Sage Foundation.

Richmond, M. E.(1992). *What is social case work?* NY: Russell Sage Foundation.

Saleebey, D.(2006). Introduction: Power in the People. In D. Saleebey (Ed.). *The Strenghs Perspective in the Social Work Practice*(4th ed., pp.1-24). Pearson Education, Inc.

Sheafor, B., C. Horejs & G. Horejsi(1988), *Techniques and Guidelines for Social WorkPractice,* 1st ed., Boston: Allyn and Bacon.

Skill: A Practice Handbook. Philadelphia, PA: Open University Press.

Steinberg, Raymond, M., & Carter, Genevieve, W.(1983). *Case Management and the Elderly*. Lexington, MA: Lexington Books.

Timberlake, E. M., Farber, M. Z., & Sabatino, C. S.(2002). *The general method of social work practice: McMahon's generalist perspective*. Boston, MA: Pearson Ally & Bacon.

Tinsley, H. E. A., & Harris, D. J.(1976). *Client expectations for Counseling*. Journal of counseling Psychology, 42(3), pp.307-317.

Toseland, R.(1981). Increasing Access: Outreach Methods in Social Work Practice. *Social CaseWork*, 62, Milwaukee, WI: Family Service America. Trevithick, P.(2000). Social Work Toseland, R.

W., & Rivas, R.(1995). An Introduction to Group Work Practice. Boston: Allyn and Bacon.

Turner, F. J.(1996). Social Work Treatment, NY: Free Press. Woods, M. E., & H. Robinson(1996). *Psychosocial Therapy and Social Work Treament*. In: Turner F.(ed.). Social Work Treatment. The Free Press, pp.555-580.

Zastrow, C.(1987), *The Practice of Social Work*, 5th ed., Pacific Grove: Brooks/Cole.

Zastrow, C.(1987). *Social Work with Groups*. Chicago: Nelson-Hall.

Zastrow, C.(1992). *The practice of Social Work*(4th ed.). Belmont, Califonia: Wadworth Publishing Company.

Zastrow, C.(1995; 2009). *The Practice of Social Work: A Comprehensive Worktext*.

찾아보기
Index

저자소개

이경준
독일 쾰른대학교(Univ. zu Köln) 박사(Dr. paed.)
현) 중부대학교 보건복지학부 교수
한국복지문화연구소 소장

오봉욱
가톨릭대학교 대학원 사회복지학 석사 및 박사
현) 국제사이버대학교 노인복지학과 객원교수
케이(K)디지털선배시민복지관 관장
전) 서원대학교 미래대학 사회복지학과 조교수
청주서원노인복지관 관장
경기과학기술대학교 사회복지과 조교수
국제사이버대학교 사회복지학과 실습전담교수
김포대학교 사회복지과 조교수

박선아
한남대학교 사회복지학 박사
현) 건양사이버대학교 사회복지학과 교수
전) 서남대학교 사회복지학과 교수
대덕구장애인종합복지관 사무국장

하태선
숭실대학교 사회복지학 박사
현) 아세아연합신학대학교 선교문화복지학과 교수
전) 천애원 희망의 집 시설장

김상용
가톨릭대학교 사회복지학 박사
미국 콜로라도 주립대학교 MSW 석사
현) 국민대학교 행정대학원 사회복지학 전공주임 교수

김경숙
조선대학교 대학원 사회복지학 전공 사회복지학 박사
원광대학교 대학원 유아교육학 전공 교육학 박사
현) 조선이공대학교 사회복지과 부교수
전) 조선대학교 행정복지학부 외래강사
조선대학교 대학원 사회복지학과 외래강사
송원대학교 상담복지과 외래강사

제3판 사회복지실천론

초 판 1쇄 발행 / 2014년 8월 30일
개정판 1쇄 발행 / 2018년 3월 5일
제 3 판 1쇄 발행 / 2020년 8월 30일
제 3 판 4쇄 발행 / 2025년 3월 5일

•

공저자 / 이경준 · 오봉욱 · 박선아 ·
하태선 · 김상용 · 김경숙
발행인 / 이 중 수
발행처 / 동 문 사

•

서울특별시 서대문구 홍제원 1길 12
(홍제동 137-8)
Tel: 02)736-3718(대), 736-3710, 3720
Fax: 02)736-3719
등록번호: 1974.04.27 제9-17호
가격: 22,000원

•

ISBN: 979-11-6328-219-8 (93330)
E-mail: dong736@naver.com
www.dongmunsa.com